# 09

# 世界で一番やさしい木造住宅 監理編

最新改訂版

安水正＝著

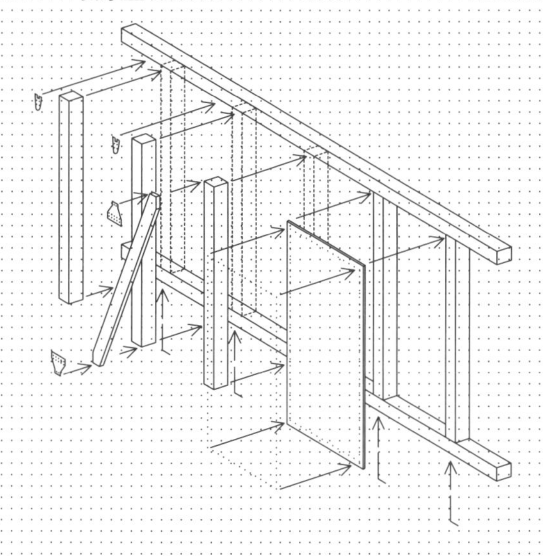

# CONTENTS

## 第1章 監理って何？



## 第2章 地盤と基礎



※本書は建築知識創刊60周年を記念し、ご好評いただいたエクスナレッジムック「世界で一番やさしい木造住宅監理編 増補改訂カラー版」（2013年5月刊）を加筆・修正のうえ、再編集したものです。

本文中の略称
法＝建築基準法、令＝建築基準法施行令、規則＝建築基準法施行規則、建告＝建設省告示、国交告＝国土交通省告示

## 第3章 軸組工事



## 第4章 屋根・外装工事

## 第5章 断熱工事



## 第6章 内装工事



## 第7章 設備と外構



## 第8章 耐震改修

## 第9章 引渡し

# 第1章

# 【監理って何?】

Keyword 001

# 工事監理とは何か

**工事が設計図書のとおりに実施されているかを確認し、そうでない場合は施工業者に対し、是正指示をする**

## 工事監理はなぜ重要か

東日本大震災、阪神・淡路大震災などの大きな災害で、多くの建物が倒壊し、流された。その原因として、構造計画に問題がある場合のほかに、施工管理、工事監理さえしっかりしておけば、尊い命を落とさずにすんだであろうケースもたくさんあった。また、耐震強度偽装問題、偽建築士事件などでは、これから家を持とうという人に大きな不安を与え、建築物の安全性・信頼性が大きく損なわれた。

身近なところでは、出来上がってすぐに雨漏りがした、外壁にひびが入った、家が傾いた、仕様・見積書どおりにできていない、工務店に連絡するけど電話にも出てこないなどの問題だ。こんなはずではなかったと、住宅に関するトラブルは絶えることがない。

そこで工事監理が重要となる。工事監理とは、建築士の資格を持った経験豊富な専門家が、その建物が設計図書、仕様書どおりにできているかをチェックすることである。トラブルを未然に防ぎ、建築主が安心して使える安全な建物をつくることが目的である。

## 監理者の使命

工事監理がしっかりとできていないと、予算がない、工期がない、人手不足といった理由で、見えない部分で手抜きをされてしまうことがある。本来、建築主は監理者を定めることになっているが、一部で、監理者というのは名前だけで、実際は正常に監理が行われていない場合がある。

工事監理が適切に行われていれば、こうした手抜きによる欠陥住宅を未然に防ぐことができるのである。

そして、この監理者となる建築士は、これまで培った知識、経験と創意工夫で、全身全霊、この業務に打ち込まなければならない。

# 工事監理の業務内容は法律で定められている

## 平21 国交告15号 工事監理に関する標準業務

| 工事監理に関する標準業務 |
|---|
| ① 工事監理方針の説明など<br>・工事監理方針の説明<br>・工事監理方法変更の場合の協議 |
| ② 設計図書の内容の把握などの業務<br>・設計図書の内容の把握<br>・質疑書の検討 |
| ③ 施工図などを設計図書に照らして検討および報告する業務<br>・施工図などの検討および報告<br>・工事材料、設備機器などの検討および報告 |
| ④ 工事と設計図書との照合および確認 |
| ⑤ 工事と設計図書との照合および確認の結果報告など |
| ⑥ 工事監理報告書などの提出 |

| その他の標準業務 |
|---|
| ① 請負代金内訳書の検討および報告 |
| ② 工程表の検討および報告 |
| ③ 設計図書に定めのある施工計画の検討および報告 |
| ④ 工事と工事請負契約との照合、確認、報告など<br>・工事と工事請負契約との照合、確認、報告<br>・工事請負契約に定められた指示、検査など<br>・工事が設計図書の内容に適合しない疑いがある場合の破壊検査 |
| ⑤ 工事請負契約の目的物の引渡しの立ち会い |
| ⑥ 関係機関の検査の立ち会いなど |
| ⑦ 工事費支払いの審査<br>・工事期間中の工事費支払い請求の審査<br>・最終支払い請求の審査 |

建築基準法では、建築物の安全性を確保するために、建築主が一定規模以上の建築物にあたっては、工事監理者を定めなければならないとしている。また、中間検査や完了検査の申請の際には、工事監理の状況を報告しなければなりません！

**【建築士法における工事監理の定義】**

建築士法2条7項に次のとおりに定義されている。

**「工事監理とは、その者の責任において、工事を設計図書と照合し、それが設計図書のとおりに実施されているかいないかを確認することをいう。」**

また、建築士法18条3項には次の記述がある。

**「建築士は、工事監理を行う場合において、工事が設計図書のとおりに実施されていないと認めるときは、直ちに、工事施工者に対して、その旨を指摘し、当該工事を設計図書のとおりに実施するよう求め、当該工事施工者がこれに従わないときは、その旨を建築主に報告しなければならない。」**

その他に監理の業務のなかには、**工程の監理**と**工事契約金額の調整**がある。契約により決められた工期どおりに工事が進んでいるか、無理な工程でないかなど、常にチェックする必要がある。また、契約金額が適正か、工事項目に脱落・重複がないか、追加変更見積りが適正かなど、工事は予算が非常に重要な部分を占めるので、コスト管理も重要である。そのために、監理者は日頃から建築主と業者としっかりとコミュニケーションをとり、豊富な知識と経験でもって、現場に頻繁に出向かなければならない

# 工事監理の流れ

**工事監理は、事前のチェック、現場でのチェック、建築主への報告からなる**

工事監理業務は、大きく分けると工事着工前の作業と工事が始まってからの作業がある。

## 工事着工前の作業

**①見積書の査定、施工者の選定**

出来上がった設計図書にもとづき、複数の施工会社に見積依頼し、出来上がった見積書を査定した後、最もふさわしい施工会社を決める。

**②契約の立ち会い**

施工会社が決まれば、建築主は施工会社と契約することになる。その契約書を十分に検討、チェックしたうえで契約に立ち会う。そして、工程を確認したうえで着工ということになる。

## 工事着工後の作業

工事契約が終わると、いよいよ着工だが、その工事が設計図書どおりに実施されているかどうかをしっかり確認する。

**①施工計画書のチェック**

それぞれの工事が始まる前に施工計画書をチェックする。施工計画書とは、各工事に入る前にどのようにして施工するのか施工要領を書類、図面などで確認する計画書のことである。その施工計画に問題がなければ承認し、工事を行うようにする。

**②現場のチェック**

工事が始まると、その工事が設計図書どおりにできているかどうかを確認する。もし、そのとおりにできていなければ、是正指示を与え、再度、確認するという作業を繰り返す。

この作業をおろそかにすると、欠陥住宅の原因となるので、工事監理者は徹底してこの作業を行う。

**③報告書の作成**

工程が終了するごとに建築主に対して監理報告書を作成し提出する。これをまめに行うことにより建築主との信頼関係が深まり、良質な監理ができる。

監理
地盤と基礎
軸組
屋根・外装
断熱
内装
設備と外構
耐震改修
引渡し

## 住まいづくりの流れ

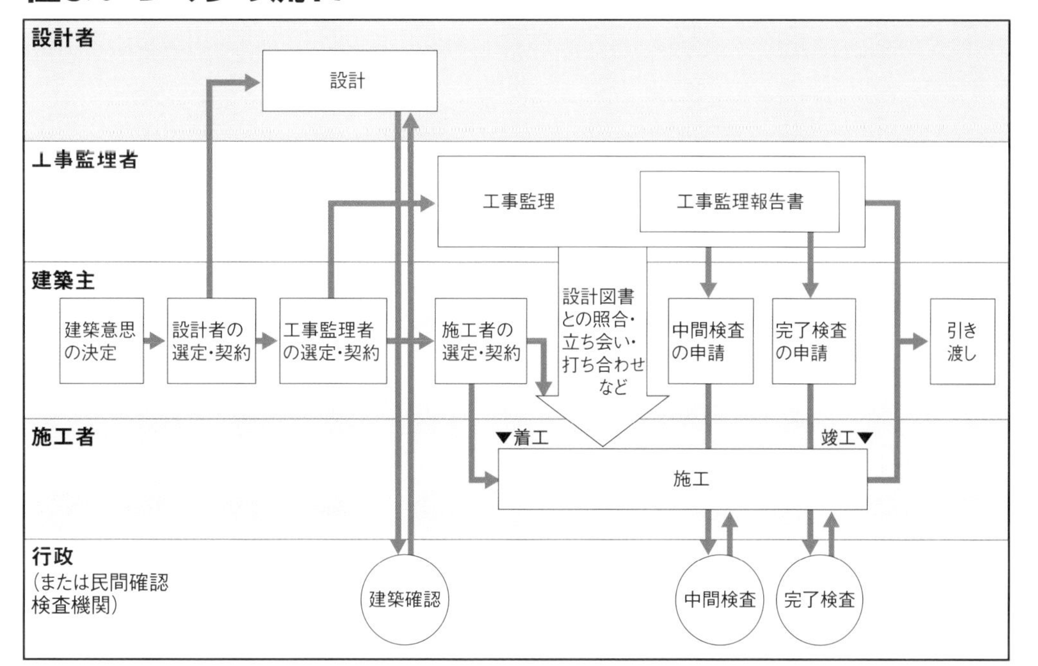


## 工事監理業務の流れ

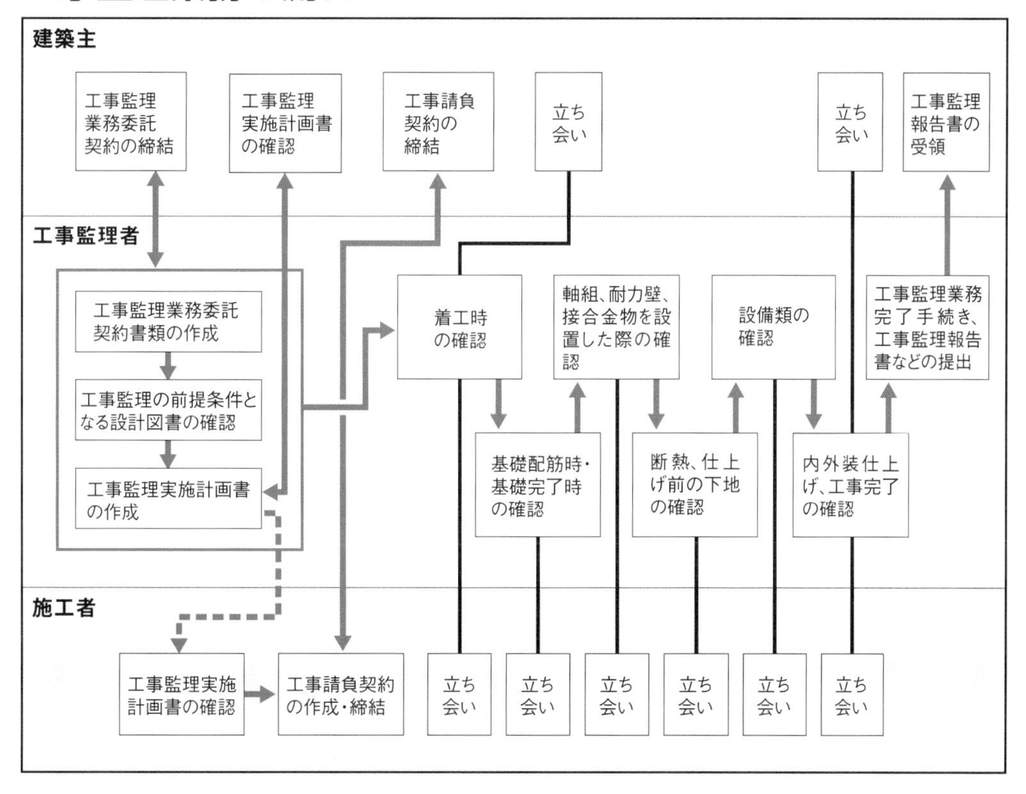

Keyword 003

# 工事監理契約

**健全な工事監理を行うためには、明確な業務内容、適正な工事監理費で契約する**

## 工事監理契約のポイント

工事監理業務に入る前に工事監理契約を行う。設計者と工事監理者が同一の場合は、設計業務に入る前に、設計監理契約というかたちで設計と工事監理をセットで契約するが、これを分離して契約することもできる。この契約が健全な監理ができるか否かの重要なポイントとなる。

健全な工事監理を行うには、基本的に施工者と工事監理者とは別でなければならない。設計施工が同一となる場合は、施工者とは利害関係のない建築士が第三者的に工事監理者として建築主により定められるべきである。

工事監理契約で明確にしておくべきことは、誰と契約するのか、物件内容、業務範囲、業務期間、報酬額と支払い方法、業務内容についてである。特に重要なのは報酬額と業務範囲、業務内容である。これらについては、左頁のように、民間（旧四会）連合協定など市販の契約書が出ているので参考にするとよい。

## 監理業務と報酬額

監理業務の建築士の報酬額というのは、平21国交告15号の規定にもとづき具体的に示されている。戸建住宅の標準労働量が床面積別に具体的に示されているので、それに人件費単価を乗じて、経費を加えたものである。支払いは一般的には契約成立時、上棟時、業務終了時など2～3回程度に分割する。監理者となる建築士は、健全なる監理業務を行うために安値で請けてはならない。また、建築主は適正価格で発注しなければならない。

業務範囲、内容に関しては前記告示にしたがい明確にする。市販されている契約約款で該当しない部分を抹消したり、適合しない部分を修正するなどして利用するのが無難である。

監理 地盤と基礎 軸組 屋根・外装 断熱 内装 設備と外構 耐震改修 引渡し

## 設計・監理業務委託契約書の例

印紙

建築設計・監理業務委託契約書

委託者＿＿＿＿＿＿＿＿＿＿＿＿を甲とし
受託者＿＿＿＿＿＿＿＿＿＿＿＿を乙として
件名＿＿＿＿＿＿＿＿＿＿＿＿＿＿の
建築設計・監理業務について、次の条項と添付の建築設計・監理業務委託契約約款、建築設計業務委託書及び建築監理業務委託書に基づいて、建築設計・監理業務委託契約を締結する。

1. 建設地＿＿＿＿＿＿＿＿

2. 建築物の用途・構造・規模

3. 委託業務内容
添付の建築設計業務委託書及び建築監理業務委託書に示すとおりとする。
これら委託書の※印を付した業務のうち、この契約に含むことを合意した業務名は次のとおりとする。
(1) 建築監理業務委託書　001 施工者選定についての助言、002 見積用図書の作成、003 工事請負契約の準備への技術的助言、004 見積徴収事務への協力、005 見積書内容の検討

4. 業務の実施期間

| | | |
|---|---|---|
| 調査・企画業務 | 年　月　日～ | 年　月　日 |
| 基本設計業務 | 年　月　日～ | 年　月　日 |
| 実施設計業務 | 年　月　日～ | 年　月　日 |
| 監理業務 | 年　月　日～ | 年　月　日 |
| その他の業務 | 年　月　日～ | 年　月　日 |

5. 業務報酬の額及び支払の時期

| | 報酬額 | （内取引に係る消費税及び地方消費税の額） |
|---|---|---|
| 委託契約成立時 | ¥ | （¥　） |
| | ¥ | （¥　） |
| | ¥ | （¥　） |
| | ¥ | （¥　） |
| | ¥ | （¥　） |
| | ¥ | （¥　） |
| 業務完了時 | ¥ | （¥　） |
| | ¥ | （¥　） |
| 業務報酬の合計金額 | ¥ | （¥　） |

6. 特記事項
(1) 建築士法第24条の6に定める書面に記載すべき事項のうち、この契約書及び建築設計・監理業務委託契約約款に記載していないものは、別途書面により交付する。

この契約の証として本書2通を作り、甲・乙両者が署名（又は記名）・捺印のうえ、それぞれ1通を保有する。

年　月　日

委託者　住所＿＿＿＿＿＿

氏名＿＿＿＿＿＿　印

受託者　住所＿＿＿＿＿＿

氏名＿＿＿＿＿＿　印

上図は民間（旧四会）連合協定による設計・監理業務委託契約書である。詳細は実物にて確認してほしい。なお、民間（旧四会）連合協定とは民間（旧四会）連合協定工事請負契約約款の略。㈳日本建築家協会、㈳日本建築学会、㈳日本建築士事務所協会連合会、㈳建築業協会、㈳日本建築士連合会、㈳全国建設業協会、㈳日本建築協会の7団体からなる。約款がこと細かく制定され、建築主の不利益にならないようにつくられているので一般的によく使用される

## 建築士の業務報酬の算定方法（平21国交告15号）

建築士事務所の開設者が設計・監理などの業務をする際の報酬の算定方法は、
**建築士の業務報酬＝①業務経費＋②技術料＋消費税**により算定することを標準とする。

①業務経費＝イ．直接人件費＋ロ．特別経費＋ハ．直接経費＋ニ．間接経費
イ．直接人件費：設計・監理などの業務を直接従事した建築士の人件費
ロ．特別経費：出張料などの特別な経費
ハ．直接経費：印刷製本代、複写費、交通通信費など業務を行うのに直接必要な経費
ニ．間接経費：建築士事務所を運営するために必要な人件費、通信費、消耗品費用など
②技術料
技術料は、設計・監理業務において発揮される技術力、創造力の対価として支払われる費用

### 直接人件費の算定方法（略算方法による）

直接人件費：建築物の類型に応じた標準業務人工・時間数（床面積別に示されている）に人件費単価を乗じて算定する
直接経費および間接経費の合計額：直接人件費の額に1.0を標準とする倍数を乗じて算定する

注　人件費とは、設計監理業務に直接従事する者のそれぞれについて必要な給与、諸手当、賞与、退職金、保険料など

# 見積書の査定方法

**雑な見積書は後のトラブルにつながりやすい。工事項目、数量、単価などを細かくチェックすること**

## 見積り依頼

設計図書が出来上がり、工事監理契約が終わったならば、本格的な工事監理の業務に入る。

監理業務としてまず行うことは、見積りを依頼する施工業者の選定である。そのときの工事にふさわしい施工業者を過去の実績などから数社選定し、見積りを依頼する。数社とするのは、1社だけでは見積りに提示されている数量、単価の妥当性が分かりにくいためである。通常、3、4社程度に見積りを依頼をする。依頼から3～4週間後に見積書が提出される。

## 見積りの査定

見積りの査定方法については、提出された見積書の内訳を項目ごとに一覧表にしてまとめる。これにより、単価、数量の比較がしやすくなる。

見積書の内容から、施工業者の仕事に対する姿勢を読み取ることができる。施工業者が見積りを行うとき、まずは設計図書にじっくりと目を通し、内容を整理して項目の書き出しを行う。それに対して、数量を計算し、単価を設定する。そうして全体の金額をつかみ、経費を乗せたうえで見積金額を算出する。

このような過程で見積りが行われるので、工事項目に重複、脱落がないか、数量に間違いがないか、単価が適切かどうかなど、監理者は細かいところまでチェックする。あまりに工事項目や数量に間違いが多いなら、その施工業者の図面を見る能力、注意力、チェック体制がどうなっているのかを疑うべきである。また、項目はきちんと出しているのに数量は一式でしか書いていない場合、その内容が分からず、追加変更の際にトラブルが発生しやすくなるのでできるだけ詳細な見積書を要求したい。

## 見積書の例

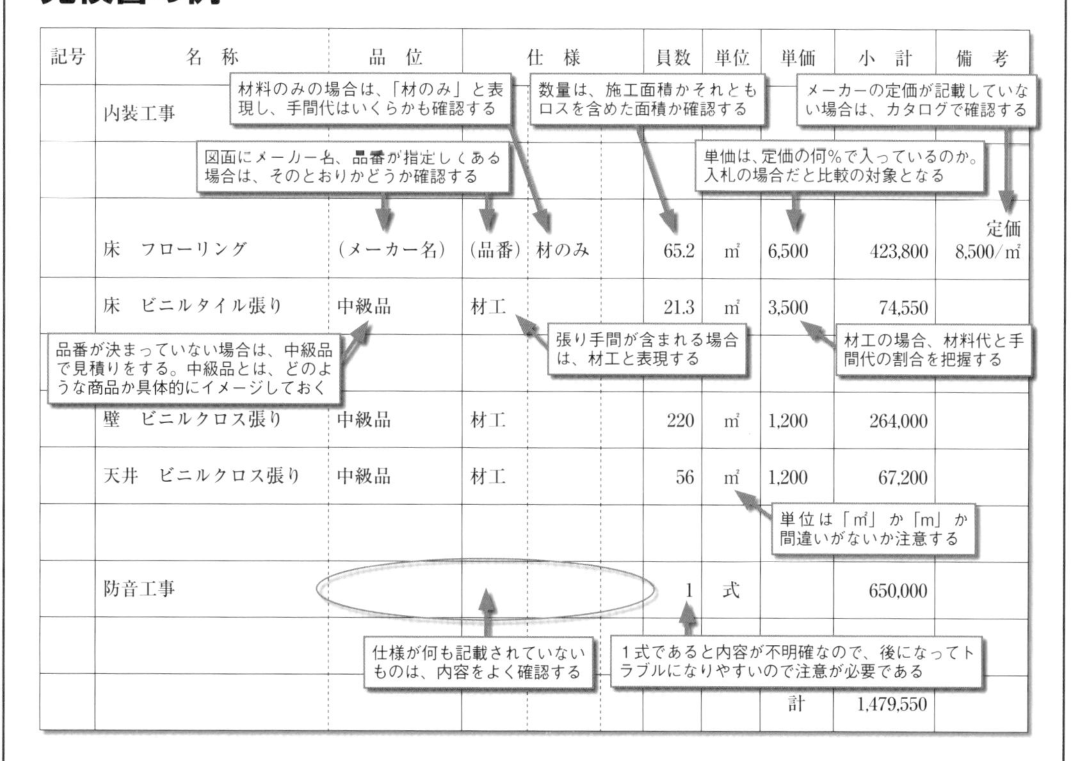

| 記号 | 名称 | 品位 | 仕様 | 員数 | 単位 | 単価 | 小計 | 備考 |
|---|---|---|---|---|---|---|---|---|
| | 内装工事 | | | | | | | |
| | | | | | | | | |
| | 床　フローリング | (メーカー名) | (品番) 材のみ | 65.2 | ㎡ | 6,500 | 423,800 | 定価 8,500/㎡ |
| | 床　ビニルタイル張り | 中級品 | 材工 | 21.3 | ㎡ | 3,500 | 74,550 | |
| | | | | | | | | |
| | 壁　ビニルクロス張り | 中級品 | 材工 | 220 | ㎡ | 1,200 | 264,000 | |
| | 天井　ビニルクロス張り | 中級品 | 材工 | 56 | ㎡ | 1,200 | 67,200 | |
| | | | | | | | | |
| | 防音工事 | | | 1 | 式 | | 650,000 | |
| | | | | | | | | |
| | | | | | | 計 | 1,479,550 | |



## 見積書のどこをどう見ればよいか

| | |
|---|---|
| 工事項目について | 見積りをする際には、設計図書から工事項目を細かく整理、分類して明細書に記入していく。この段階で脱落があれば、図面を見ていないか、不注意で脱落しているのかということになる。項目に重複があれば、出来上がった見積書を十分にチェックしていないということになる。また、材料などの仕様が設計図書と食い違っていないかもチェックする |
| 数量について | 項目の拾い出しと同時進行で数量を計算していく。設計監理者は、工事項目に対してどれだけの数量になるかは大方把握しておかなければならない。各社の数量比較も行い、明らかにおかしい数量はチェックする。それが多くある工務店は、図面を見る能力に欠けるといえる。また、なかには数量を記載することなく、一式で表現する場合があるが、これは、どのような考えで単価を設定したのか不明であり、追加変更の際にもトラブルが発生することが多い |
| 単位について | 対象となっている項目の単位が「㎡」なのか「m」なのか、もしくは「坪」なのか、間違ってないことを確認する |
| 単価について | 標準的な市場価格は調査会社により調査されている。それを参考にして、その標準価格からあまりにも高過ぎたり、安過ぎたりしたらいけない。適正な価格というのを見極める必要がある。単価には複合単価といって、材料と手間代を複合して設定している場合があり、よく「材工」と表示されている。複合単価は、査定する側にとってみれば、分かりにくく、材料と手間代を分けてそれぞれを分析しなければならない。また、既製品については定価を調べる。定価の何%で入っているのか一つひとつチェックする |
| 経費について | 諸経費という項目があるが、これには、会社、現場を運営していくための費用が含まれている。通常は、全体金額の10～15%くらいが適正。この経費が単価に含まれている場合もある |
| 値引きについて | 適正な見積金額が出たならば、どれだけ値引きしてくれるのかという交渉に入る。通常は、見積金額がでた段階で、工務店は過去の経験をもとに実行予算を組んであり、どれだけ値引きできるかという最低ラインをもっている。その値引き率は、利益を減らしてでもどれだけその仕事をやりたいのかということにもなる。あまりに値引きが大きいところは、注意が必要である |

# 施工業者の選び方

**いい家をつくるためには、優秀な施工業者が必要である。監理者はそれを見極めなければならない**

## 施工業者の特色

施工業者（工務店）は無数にあり、いろいろな特色がある。住宅を得意としているところ、住宅のなかでも建売住宅を専門にしているところ、注文住宅を得意とするところ、社員が何百人もいるところもあれば、社長1人でやっているところもある。なかには、悪徳な施工業者も存在する。

このように、さまざまに特色のある施工業者のなかから最終的に1社に決めるのは建築主であるが、設計監理者は、それを決めるための助言をする必要がある。良質な住宅をつくるためにどの施工業者に依頼するのかは大変重要なことである。

## 施工業者の選定ポイント

まず、住宅を施工したことがないような施工業者に依頼してはいけない。また、見積書に詳しい明細書を付けないような施工業者はトラブルの元である。さらに、経営状態が悪く工事中に会社が倒産してしまってはいけない。工事が終了し、入居したけれど、不具合だらけで呼んでもなかなか来ないし、定期点検にもまったく来ないという施工業者でもいけないのである。

設計監理者は建築主に代わり、これまでの経験、知識を駆使してさまざまな条件のなかから最もふさわしい1社を選定する。その選定要素とは、

**①過去の実績**
**②見積書の内容**
**③技術力**
**④会社の体制**
**⑤営業、現場監督の情熱、対応の仕方**
**⑥現場の状況**
**⑦アフターメンテナンスの体制**

などだ。設計監理者は、これらを総合的に見て1社を選定する。

①〜⑦のチェックポイントの詳細は次頁で確認してほしい。

## 施工業者のココをチェック！

| | |
|---|---|
| ① 過去の実績 | これまでにどのような住宅をつくってきたのか調べてみる。またその施工業者は、何を得意としているかを十分に調べる。経歴書や作品集を見たり、インターネットで調べたりして、依頼する物件がふさわしいかどうかを見極める |
| ② 見積書の内容 | ふさわしい施工業者を数社選んだら見積りを依頼するが、見積書の内容によりその施工業者の体制が分かる。項目に脱落、重複がないか、数量に間違いはないか、適正な単価を入れているか、経費はどれだけかかっているのか。よく一式だけで値を入れているところがあるが、追加変更工事の際にトラブルの元となる。見積書を十分に比較検討して適切な見積りをしている施工業者を選ぶようにする |
| ③ 技術力 | 施工業者には、リフォームしかやっていないところ、洋風住宅しかやっておらず、和風住宅は苦手なところ、木造ばかりで、鉄筋コンクリート造は苦手なところ、建売しかやっておらず、注文住宅はしていないところ、それぞれ、得意不得意がある。建売住宅しかやったことのない工務店に難しい注文住宅を依頼してはいけないのである |
| ④ 会社の体制 | その施工業者の仕事に対する体制を調べる。どのような組織でもって対応するのか、下請けに丸投げなどしていないか、現場監督はどれくらいの数の現場を担当しているのか、現場のチェック体制はどうなっているのか、トラブルがあったとき会社としての対処はどうしているのか、社員、協力業者の教育体制はどうなっているのか、会社の組織はどうなっているのか、経営状態はどうなのかなど、会社の内容を知ることは大事である |
| ⑤ 営業、現場監督の情熱、対応の仕方 | 営業、現場監督の仕事に取り組む姿勢を見ることは非常に重要である。何か質問をして、どれだけ誠実に迅速に対応してくれるのか、どれだけの知識・技術をもっているのか、仕事に対してどれだけの情熱をもっているのか、現場監督のやる気・情熱により家の質は大きく変わってくる |
| ⑥ 現場の状況 | 実際に施工中の現場を見せてもらう。現場は整理整頓されているか、職人がくわえタバコをしていないか、養生はきちんとされているかなど確認する。竣工した住宅に住んでいる人に感想を求めるのもよい。また、内覧会や現場見学会などがあれば参加する |
| ⑦ アフターメンテナンスの体制 | 「施工業者とは、完成してからがお付き合い」とはよくいうことである。家は実際に使ってみてからさまざまなことが起きる。建具が閉まりにくい、ひび割れが入った、雨漏りがする、などなど。一生懸命につくっても予期せぬ瑕疵はついてくるものである。そのときにどのような体制で対応してくれるのか、メンテナンス体制はどうなっているのかなどをしっかり確認する。メンテナンスが悪いような施工業者には依頼すべきではない |

工務店で建物の
品質がキマる！
しっかりと工務店
を見極めよう

Keyword 006

# 工事請負契約

**専門知識をもたない建築主に代わり、契約内容が適正であるかどうかをチェックし、契約に立ち会う**

## 工事請負契約とは

工事請負契約とは、施工業者が設計図書、見積書どおりの建物を完成させ、建築主はその仕事に対して報酬として対価を払うという契約である。施工業者（請負者）が決まったら、まず工事請負契約を結ぶ。工事請負契約は建築主が良質な住宅を取得するうえで、非常に重要なものなので慎重に行う必要がある。

## 契約のチェック内容

建築主と施工業者が契約するといっても、建築主には専門的な知識をもつ人は少ない。そこで、設計監理者が事前に契約内容をチェックし、契約時に立ち会う。契約書の内容に関しては、事前に雛形を請負者から取り寄せ、その内容をチェックする必要がある。内容がおかしいと思う場合は、事前に話し合って解決しておく。契約日までにチェックをせずに、いきなり契約することは、絶対にしてはならない。

契約書に記載するのは、契約者、請負者の氏名、建築場所、建築物の概要、工期、支払い金額と方法、工事監理者の氏名などである。添付する書類は、設計図書・仕様書、それに対する見積書、契約約款などである。

契約約款については、「民間（旧四会）連合協定工事請負契約約款」、「民間建設工事標準請負契約約款」、「住宅建築工事請負契約約款（日弁連）」など、市販されている契約約款を使用するとよい。これらをベースにしつつ、建築主と自由に話し合い、別に取り決めすることがあれば特約事項として、盛り込む。契約約款の内容は、工期が守れなかった場合の対処法、工事監理の進め方、費用の支払いができない場合の対処法、工事に関する瑕疵の対処法、工事に関するトラブル・紛争の対処法などについての取り決めである。

# 工事請負契約の仕組み

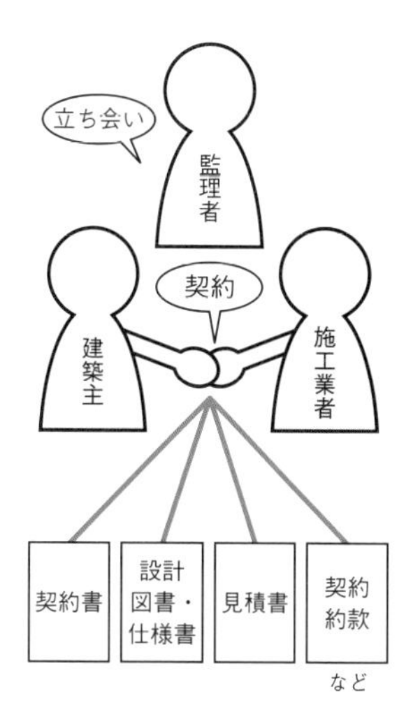


設計監理者は、専門知識がない建築主のために契約内容のチェックを行い、また契約時には立ち会う。事前に契約書をチェックすることなく、契約当日に押印してはいけない

## 契約書に記載すべき事

| | |
|---|---|
| 建築主、請負者の名前 | 契約をする人の氏名を明確に記載 |
| 現場の住所 | 建築確認書に記載の現場の地番を明確に記載 |
| 建築物の概要 | 建築確認書に記載の現場の構造、規模を明確に記載 |
| 工期 | 着工、竣工、引渡しの日を明確に記載。工期に関しては、適正な工事期間を事前に十分に打ち合わせる |
| 支払い方法 | 見積書により取り決めた工事金額をどのようにして支払うのかを明確に記載する。工事の進行具合より過払いしてはいけない。通常は、着工時、上棟時、引き渡し時の3回か、もしくは上棟時と引き渡し時の間に中間時を入れる場合もある。それぞれ、3分割かもしくは、4分割して支払う |
| 保証人 | 保証人を立てる場合は保証人の氏名を記載する |
| 工事監理者氏名 | 建築主と契約した工事監理者氏名を記載する |

**Point** 契約書類は事前に請負者から取り寄せ、十分に打ち合わせて検討したうえで押印する

## 工事契約約款の内容

| 工事契約約款とは | 建築主と施工業者の間で結ぶもので、工事中や引き渡し後のトラブル発生時の解決方法などを取り決めたもの |
|---|---|
| 工事監理の進め方 | 工事監理者はどのような立場であり、工事が始まるとどのようにして工事監理をしていくのか、その内容と方法が明確に記載されているかどうか。また、設計図書どおりにできていない場合の対処方法が明確に記載されているかどうか |
| 費用の支払いができない場合の対処法 | 工事が適正に進んでいるにも関わらず、支払いが滞っている場合、どのように対処するかが明確に記載されているかどうか |
| 工事に関する瑕疵の対処法 | 万が一、工事に関して瑕疵が発見された場合、どのように対処するのかが明確に記載されているかどうか |
| 工事に関するトラブル・紛争の対処法 | 万が一、工事に関してトラブル・紛争が起きた場合、どのように解決するのかが明確に記載されているかどうか |
| 監理者の立場 | 明らかに品質が確保できないおそれのある施工計画について施工者に助言し、建築主に報告すること |

**Point** その他、特別に決まりごとがあれば、特約事項として自由に取り決めをすればよい

# 工事請負契約書の見本（民間［旧四会］連合協定）

印紙

工 事 請 負 契 約 書

発 注 者 ＿＿＿＿＿＿＿＿＿＿＿＿＿＿＿＿ と
請 負 者 ＿＿＿＿＿＿＿＿＿＿＿＿＿＿＿＿ とは
（工事名）＿＿＿＿＿＿＿＿＿＿＿＿＿＿＿＿ 工事
の施工について、次の条項と添付の工事請負契約約款、設計図＿＿枚、仕様書＿＿冊にもとづいて、工事請負契約を結ぶ。

1. 工事場所 ＿＿＿＿＿＿＿＿＿＿＿＿＿＿＿＿
2. 工 期　着 手　平成＿＿年＿月＿日
　契約の日から＿＿＿＿＿＿日以内
　完 成　平成＿＿年＿月＿日
　着手の日から＿＿＿＿＿＿日以内
3. 引渡の時期　完成の日から＿＿＿日以内
4. 請負代金額　金＿＿＿＿＿＿＿＿＿＿＿＿
　うち　工事価格＿＿＿＿＿＿＿＿＿＿＿＿
　取引に係る消費税および地方消費税の額＿＿＿＿＿＿＿＿＿＿
　（注）請負代金額は、工事価格に、取引に係る消費税および地方消費税の額を加えた額。
5. 請負代金の支払　前 払　契約成立の時に＿＿＿＿＿＿＿＿＿＿
　部分払＿＿＿＿＿＿＿＿＿＿＿＿
　＿＿＿＿＿＿＿＿＿＿＿＿
　＿＿＿＿＿＿＿＿＿＿＿＿
　支払請求締切日＿＿＿＿＿＿＿＿＿＿
　完成引渡の時に＿＿＿＿＿＿＿＿＿＿
6. （1）部分使用の有無（有・無）
　（2）部分引渡の有無（有・無）
　（3）瑕疵担保責任の履行に関して講ずべき保証保険契約の締結その他の措置に関する定めの有無（有・無）（有の場合は添付別紙のとおりとする）
7. 解体工事に
　この工事
　12 年法律第
　場合、同法第
　紙のとおりとする
8. そ の 他

建築主にとって不利な契約となっていないか、内容に問題がないか、しっかりチェックしよう

この契約の証として本書2通を作り、当事者および保証人が記名押印して、当事者がそれぞれ1通を保有する。

平成　年　月　日

発 注 者 ＿＿＿＿＿＿＿＿＿＿＿＿＿＿＿＿
同 保証人 ＿＿＿＿＿＿＿＿＿＿＿＿＿＿＿＿
請 負 者 ＿＿＿＿＿＿＿＿＿＿＿＿＿＿＿＿
同 保証人 ＿＿＿＿＿＿＿＿＿＿＿＿＿＿＿＿

上記工事に関し、発注者との間の契約にもとづいて発注者から監理業務（建築士法第2条第7項および同法第18条第3項で定める工事監理を含む。）を委託されていることを証するためここに記名押印する。

（注）建築士法第2条第7項については、平成18年12月改正の建築士法（平成18年法律114号）の施行日以前は建築士法第2条第6項とする。約款においても同様とする。

監 理 者 ＿＿＿＿＿＿＿＿＿＿＿＿＿＿＿＿

Keyword 007

# 工程管理

**適切な工事期間を確保するために、常に工程を把握し、絶対に無理な工程を組まないようにする**

## 工程管理のチェックポイント

何事でもそうであるが、物事を成し遂げようとする場合、必ず期限がある。工事においても期限があり、いつから始めていつ終わるのか工程を明確にし、それが契約条件の1つになる。そして、その工程が予定どおりに進んでいるかを確認するのも工事監理者としての重要な仕事である。

工程管理をしていくうえでのチェックポイントは、全体の工期の長さが適正であるかどうかである。また、梅雨時の長雨や、台風時、正月やお盆をはさんだときの長期休止を考慮してあるか、各工事期間は適切か、全体工期は適切であっても躯体工事に時間をかけすぎて、仕上げ工事が短すぎるような工程ではいけない。次の職方を入れるタイミングは適切か、そのための準備期間はどうか、施工図・施工計画書は、いつまでに出してもらわなければならないのかは、全体工程を把握して各工事の開始日から逆算してその期限を決める。良質な建物をつくるためには、無理な工程は絶対に禁物である。

## 定期的打ち合わせ

工程を進めていくうえで、大切なことは施工業者任せにしてはいけない。建築主を交えながら、定期的に打ち合わせをして、工事の進捗状況はどうか、スムーズに工事を進めるために何をいつまでに決めないといけないのか、現場で何か不具合が発生し、工期がずれるようならばどう対処するのか、常に建築主と現場とのコミュニケーションを密に図るようにする。

この打ち合わせにより、全体の工程、月の工程、週の工程をそれぞれ決めていく。施工業者からは、毎週初めに週報を出してもらう。その週報には作業内容、出面、工事予定を記載してもらい、工事の進捗状況を正確に把握する。

# 工程表の例

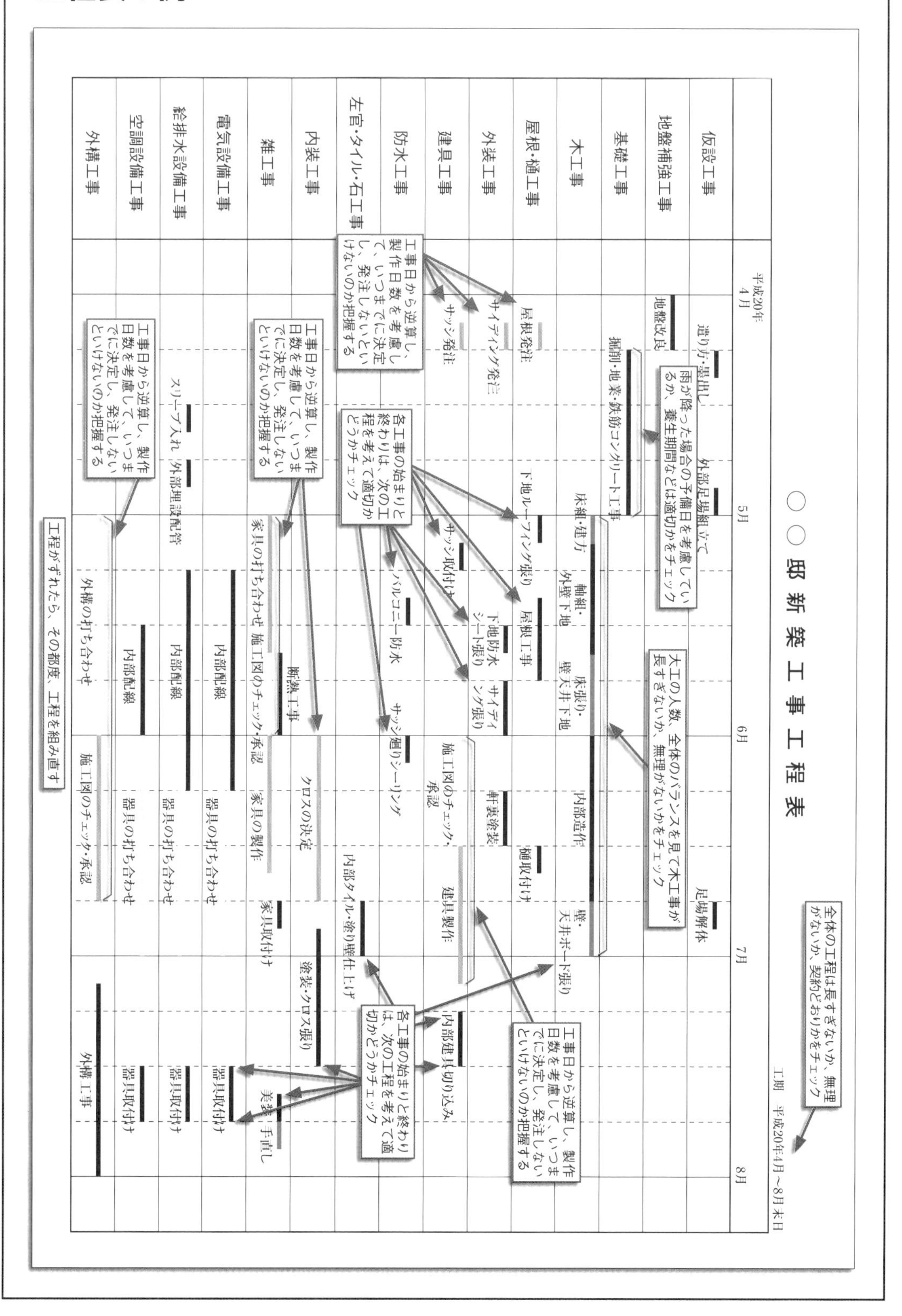

○○邸新築工事工程表
工期　平成20年4月〜8月末日
平成20年4月
5月
6月
7月
8月
仮設工事
地盤補強工事
基礎工事
木工事
屋根・樋工事
外装工事
建具工事
防水工事
左官・タイル・石工事
内装工事
雑工事
電気設備工事
給排水設備工事
空調設備工事
外構工事
遣り方・墨出し
外部足場組立て
足場解体
地盤改良
掘削・地業・鉄筋コンクリート工事
床組・建方
軸組・外壁下地
床張り・壁天井下地
内部造作
壁・天井ボード張り
内部建具切り込み
屋根発注
下地ルーフィング張り
屋根工事
樋取付け
サイディング発注
下地防水シート張り
サイディング張り
軒裏塗装
サッシ発注
サッシ取付け
施工図のチェック・承認
建具製作
バルコニー防水
サッシ廻りシーリング
内部タイル・塗り壁仕上げ
断熱工事
クロスの決定
塗装・クロス張り
家具の打ち合わせ
施工図のチェック・承認
家具の製作
家具取付け
美装
手直し
内部配線
器具の打ち合わせ
器具取付け
スリーブ入れ
外部埋設配管
内部配線
器具の打ち合わせ
器具取付け
内部配線
器具の打ち合わせ
器具取付け
外構の打ち合わせ
施工図のチェック・承認
外構工事
全体の工程は長すぎないか、無理がないか、契約どおりかをチェック
雨が降った場合の予備日を考慮しているか、養生期間などは適切かをチェック
大工の人数、全体のバランスを見て木工事が長すぎないか、無理がないかをチェック
工事日から逆算し、製作日数を考慮して、いつまでに決定し、発注しないといけないのか把握する
工事日から逆算し、製作日数を考慮して、いつまでに決定し、発注しないといけないのか把握する
工事日から逆算し、製作日数を考慮して、いつまでに決定し、発注しないといけないのか把握する
工事日から逆算し、製作日数を考慮して、いつまでに決定し、発注しないといけないのか把握する
各工事の始まりと終わりは、次の工程を考えて適切かどうかチェック
各工事の始まりと終わりは、次の工程を考えて適切かどうかチェック
工程がずれたら、その都度、工程を組み直す

Keyword
008

# 木造住宅工事の流れ

**工事監理者は、工事の流れを正確に知り、適切な時期に適切な指示を出さなければならない**

## 工事着工～基礎工事

工事契約が済むと、いよいよ着工となる。木造住宅工事の流れとしては、地盤調査を行い、地盤が悪ければ、地盤補強工事をする。地盤補強工事は数種類の方法があり、通常の木造住宅ならば、2～3日程度で完了する。

地盤補強工事が終わると基礎工事を行う。基礎工事を細かく分類すると根切り、地業工事、鉄筋工事、型枠コンクリート工事になる。鉄筋の組立てが終了すると配筋検査が行われ、問題がなければコンクリートを打設する。コンクリートは通常、ベースと立上りの2回に分けて打設する。3～5日程度コンクリート養生をして、型枠解体、埋め戻しを行う。こうして2～3週間程度で基礎工事が終了する。

## 建方～引き渡し

基礎工事が終わると建方の準備に入るが、その前に埋設設備配管を行う。そして、土台と大引を敷き、束を設置する。このとき、防蟻処理と断熱材を敷いて床の合板張りまでやってしまう場合も多い。この工程は2～3日程度である。建方前に床の合板を張っておくと建方の作業がしやすくなる。そして、外部足場を組んで建方となる。レッカーを使用して、屋根下地合板張りまで一気に行う。建方の後、躯体の水平、垂直などを確認したうえで筋かいを入れ、接合金物にてそれぞれの部材を緊結し、中間検査となる。

中間検査が終わると内外装の仕上げ工事に入る。サッシを取り付けて、防水工事をして、屋根、外壁仕上げ工事を行う。それに並行して内部では、断熱工事、内装下地（石膏ボード）の施工、造作工事、建具工事が行われる。それが終わると、塗装、クロス張り、設備機器を取り付け、美装工事と進み、完了検査に合格後、引き渡しとなる。

## 木造住宅工事の流れ

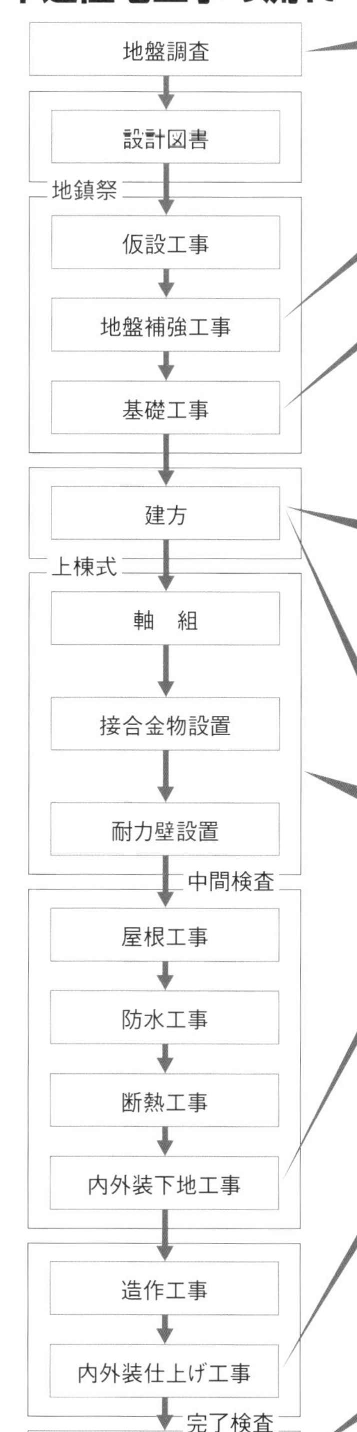


### 地盤調査

設計に入る前に必ず地盤調査を行う。その結果により地盤補強工事の必要性の有無、基礎形状を決める

### 地盤補強工事

地盤調査の結果により、地盤が悪い場合に補強工事を行う

### 基礎工事

根切り、割栗石入れ、捨てコンクリート打ち、墨出し、鉄筋組、型枠組、コンクリート打設などの工事が含まれる。コンクリート打設前に配筋検査が行われる。型枠コンクリート工事は、ベース部分と立上り部分の2回に分けて行われる。立上りコンクリート打設前にアンカーボルトの設置を行う

### 建方準備

型枠を解体した後、建方の準備として、土台、束、大引を設置、防蟻処理まで行い、断熱材を敷き、床に合板まで張る場合も多い。このときに外部埋設配管工事も行い、埋戻し後、外部足場を組む

### 建方

レッカー、鳶職人による建方である。柱を立て、一気に屋根まで上げて、2階床、屋根下地まで張ってしまう

### 木造軸組工事

部材同士を接合金物にて緊結して、耐力壁を設置する。軸組工事が完了すると、中間検査が行われる。木造住宅工事のなかでも最も重要な工程といえる

### 内外装下地工事

軸組工事が終わると、内外装の仕上げ工事の前に下地をつくる工事が行われる。屋根、外壁においては、防水シートを張ったり、バルコニーに防水をするための下地をつくる。サッシは、外壁に防水シートを張る前に取り付け、周囲に防水テープを張る。その後、断熱材を入れる。給排水、電気、空調などの設備配線・配管もこの時期に行う

### 内外装仕上げ工事

下地工事が終わるといよいよ仕上げ工事に入る。外装では屋根、外壁の仕上げ、内装においては、造作工事を行う。造作工事が終了したら、塗装、クロス張り工事を行い、建具を取り付ける。最後に設備機器を設置して美装をかけ、完了検査、施主検査を受け、合格して引き渡しとなる

### 引き渡し

引き渡し書、検査済書、取扱い説明書、保証書、工事記録写真、竣工図などの書類を揃え、建築主に提出する

# 職方の種類と役割

**木造住宅は造作大工を要として専門の職方により精魂込めてつくられる。また、全体を統括するのが現場監督**

## 造作大工が要

木造住宅工事では、さまざまな職種の職方が関わることになる。それぞれの職方が役割分担し、協力しあって1軒の住宅をつくり上げていく。その職方を統括するのが現場監督である。

木造住宅の工事において要となるのが、造作大工である。造作大工の良し悪しによって、その建物の質が決まるといっても過言ではない。

## 造作大工の役割と職方

造作大工の役割は、基礎が出来上がると土台を敷き、束を立て、大引を掛け、断熱材を入れて、床合板を張るところから始まる。

建方時には鳶職人と協力して柱・梁を組み立て、屋根下地までつくる。躯体が組み上がると接合金物を取り付け、外壁に合板などの下地材を張り付け、サッシを取り付け、断熱材を入れる。外装廻りが出来上がると、床にフローリングを張り、建具枠、内法材（幅木、廻り縁）を取り付け、壁、天井に下地の石膏ボードを張るなどの作業を行う。

構造材は、以前は、造作大工が木材に墨付けをして、のみと鋸により継手・仕口を加工していたが、最近では、プレカットにより機械で継手仕口を加工されている。

また、枠材などの造作材は、造作大工が鉋で仕上げ・加工・組立てをしていたが、最近では工場生産した既製品を現場で取り付けるというケースが多くなっている。

そのほかの職方には、土工、鉄筋工、型枠大工、鳶工、屋根工、ブリキ工、防水工、左官工、サイディング工、内装工、石タイル工、塗装工、美装工、水道工、電気工、空調工、造園工などがある。どの職方も重要であり、1つでも欠けると良い住宅はできない。

## 木造住宅工事に関わる職方とその役割

木造住宅における職方の種類と仕事内容をまとめてみた。木造住宅では、役割を分担してそれぞれの専門職により工事が進められる

| 職方 | 仕事内容 |
|---|---|
| 鳶工 | 内外部足場組、建前時の軸組の組立てを行う |
| 土工 | 基礎工事における掘削、割栗石敷き、捨てコンクリート、基礎コンクリートの打設を行う |
| 軽作業工 | いろいろな作業の手元、手伝い。雑用、掃除、片付けなどを行う |
| 鉄筋工 | 基礎の鉄筋の組立てを行う |
| 型枠大工 | 基礎のコンクリートを流し込むための型枠を組み立てる |
| 造作大工 | 木造住宅工事では中心的な職方。遣り方、墨出しからはじまり、建方、床組、小屋組、軸組、内外部の造作工事など木に関するすべての作業を行う |
| 屋根葺き工 | 屋根を葺く。瓦、スレートではそれぞれ手が変わる。下地のルーフィングは専門の職方がいる |
| 板金工 | 屋根において谷になっている部分に樋を入れ、壁と屋根の取合いに雨押さえを入れる。棟、軒先に水切金物を入れる。軒樋、縦樋などの樋を付ける |
| 防水工 | バルコニー、屋上などに防水を行う。防水の種類は、最近は住宅では主にＦＲＰ防水がよく使われる。その他にアスファルト防水、シート防水などがあるが、すべて手が変わる。サッシ、サイディングの取合いのシーリングも防水に含まれ、シーリング専門の職方がいる |
| 左官工 | 最近では乾式が多くなり、湿式の左官工事は減る傾向にある。しかし、内部の珪藻土塗り、漆喰塗り、ジュラク壁塗り、外部の外壁や腰、土間のモルタル塗りなど建物にはなくてはならない職方である |
| 石工 | 石を張る職方。石を加工する石彫り工、石を積む石積み工、丁場から石を切り出す石採工に大別される |
| タイル工 | タイルを張る職方。石張りでも、タイルと同様の施工方法で規格品を扱う場合は、タイル工が行うことも多い |
| サイディング工 | 最近は、外壁においてモルタル塗りからサイディングに変わる傾向にある。工期が早くて安価、デザインが豊富で火にも強いという理由でその職方も多い |
| 塗装工 | 内外部の木部、金属部に保護、装飾のために塗装をする職方 |
| 内装工 | クロス張り、絨毯敷き、カーテン、シート張りなどの仕上げ工事に関わる |
| 木製建具工 | 木製建具を製作した場合、専門の建具工が建具の吊込みを行う。既製品建具の場合は造作大工が取り付ける |
| 美装工 | すべての工事が終了し、竣工・引き渡し前のクリーニングをする。外部のガラス・サッシのクリーニングや、クロス、床のワックスがけ、家具など、仕上がった建物を引き渡すために工事で汚れた仕上材を美しくする |
| 水道工 | 建物に水が使えるように内外部の給水、給湯、排水の配管を行う。仕上げ工事では、設備機器の取り付けを行う |
| 電気工 | 建物に電気が使えるように電気の配線、配管を行う。テレビ、電話などの弱電関係も含める。仕上げ工事では、照明器具、スイッチ、コンセントプレートの取付けを行う |
| 空調工 | 建物に空調機器が使えるように空調用の配管を行う。換気設備なども含める場合がある。仕上げ工事では、空調機器の取付けを行う |
| ブロック工 | 外構の塀工事などでブロックを積む職方 |
| 造園工 | 建物工事がすべて終了した後にエクステリアなども含め、植栽工事を行う |

Keyword 010

# 設計図書の種類

**設計図書は、設計者の意図を伝える言葉。すべての図面が揃わないと完全な工事はできない**

## 設計図書の重要性

設計図書とは、設計者の意図を建築主、施工者に伝えるための設計図・仕様書などを指す。

同じような間取りの建売住宅を建築するのに図面を簡略化して効率を優先している場合もあるが、注文住宅で数社の見積り合わせをする場合は、同じ図面・仕様書で見積りを行うため、設計図書は特に重要となる。また、建築主に対して設計者の設計意図を伝え、お互いの意思疎通を図るようにしないと、建物が出来上がるにしたがって、「こんなはずではない」といったトラブルの原因となる。良質な住宅をつくるためには、これらの設計図書がしっかりと作成されなければならない。

## 大きく分けて4種類

設計図書は、大きく分けて意匠図・構造図・設備図・外構図の4種類がある。意匠図とは設計者と建築主との打ち合わせにより設計意図やデザイン、間取り、配置などを表現する図面のことである。具体的にいうと、「仕上表」・「配置図」・「平面図」・「立面図」・「断面図」・「矩計図（かなばかり）」・「平面詳細図」・「展開図」・「建具表」・「天井伏図」などを意匠図と呼ぶ。

構造図は、構造設計者が意匠図をもとに安全な建物になるよう構造計算して、その仕様を図面として表現したものである。木造住宅では、「基礎伏図」・「床伏図」・「梁伏図」・「小屋伏図」・「軸組図」などを指す。

設備図は、給排水、ガス、電気（弱電含む）、空調などの設備関係の配管、配線やその仕様などを記載した図面である。外構図には建物に付帯する門、塀、アプローチ、庭園、植栽などの仕様、形状、位置などが記載してある。このほかに、実際に現場で職方が施工するための詳細が書かれた施工図がある。

## 設計図書の種類とそれぞれの役割

木造住宅における必要な図面を下記に記す

| 種類 | | 縮尺 | 必要な記述 |
|---|---|---|---|
| 意匠図 | 建築概要書 | — | 建築物の場所、地図、建築主の住所、氏名などの情報、規模・構造、階数などが記載されている |
| | 仕様書 | — | 工法や使用材料の種類、等級を説明したもの。図面に描ききれない一般的な仕様を説明した共通仕様書と、現場ごとの仕様を説明した特記仕様書がある |
| | 仕上表 | — | 建物の内外部の仕上げの種類、品番、色、デザインなどの仕様を一覧表にまとめたもの。下地材料なども記載されている |
| | 配置図 | 1／100 | 敷地内における建物の位置、高さ関係、方位、道路との関係などを示す図面。外部埋設配管経路なども記載されている |
| | 求積図 | 1／100 | 敷地の面積、建物の建築面積、延べ床面積を階ごとに正確に示したもの。建物の建蔽率、容積率も記載されている |
| | 平面図 | 1／100 | 建物の間取り、建具の種類・位置、開き勝手、家具の位置、空調位置、点検口の大きさ・位置などを階ごとに示した図面 |
| | 立面図 | 1／100 | 建物の外観を東西南北の方向より見た図面。屋根の形状、開口の位置・種類、樋の位置、庇などが記載されている |
| | 断面図 | 1／100 | 建物を指定の位置で切った図面。最高の高さ、各階高、天井などの高さ関係が記載されている |
| | 矩計図（かなばかり） | 1／50、1／30 | 建物を指定の位置で切り、構造躯体、高さ関係、仕様を詳細に表現した図面 |
| | 平面詳細図 | 1／50 | 平面的な納まり、構造躯体、仕様、床高さ関係、寸法関係を詳細に表現した図面 |
| | 展開図 | 1／50 | 各部屋の内観を東西南北の方向より見た図面。建具、家具の形状、デザインも記載されている |
| | 建具表 | 1／50 | 各建具の仕様、形状、デザイン、寸法、建具金物などを詳しく示した図面。ガラス、建具金物の仕様なども記載されている |
| | 天井伏図 | 1／100 | 天井を見上げた形状、デザイン、仕様、照明位置などが記載されている |
| 構造図 | 基礎伏図 | 1／100 | 基礎の寸法、仕様、形状、換気口、人通口位置、アンカーボルト位置などが記載されている |
| | 床伏図 | 1／100 | 梁、柱などの構造材の寸法、位置、仕様などが記載されている |
| | 梁伏図 | 1／100 | 各階の梁、柱などの構造材の寸法、位置、仕様などが記載されている |
| | 小屋伏図 | 1／100 | 小屋梁、母屋、垂木、束の寸法、位置、仕様などが記載されている |
| | 軸組図 | 1／100 | 柱、間柱、筋かいなどの壁面の構成が記載されている |
| | 耐力壁、接合金物配置図 | 1／100 | 筋かい、構造用合板などの耐力壁の位置、接合金物の種類と位置が記載されている |
| 設備図 | 電気設備図 | 1／100 | 電気の配線・配管の経路、仕様、スイッチ・コンセント・照明などの機器の位置、仕様、数量などが記載されている |
| | 給排水ガス設備図 | 1／100 | 給排水の配管の経路・仕様、機器の位置・仕様・数量などが記載されている |
| | 空調設備図 | 1／100 | 空調の配管の経路・仕様、機器の位置・仕様・数量などが記載されている |
| 外構図 | 外構図 | 1／100 | 建物に付帯する門、塀、アプローチ、庭園、植栽の仕様や位置、数量、デザインなどが平面的に記載されている |
| 施工図 | 施工図 | 1／50、1／100 | 基礎詳細図、プレカット図などが施工図といえる。メーカー物であれば、メーカーの仕様書、施工要領図なども施工図である |

Point このほかに現場で実際に職方が作業を行うための施工図がある

Point 意匠図と施工図を照合して、チェックすることも監理者の重要な仕事である

Keyword 011

# 仕様書

**仕様書とは、図面で表現しきれないことを記載したもの。絶対に見落としてはならない**

図面だけではすべての工法、使用材料、仕様を表現することはできない。そこで、仕様書でその建物の仕様、施工要領などを工事別に詳細に記載し、文章として表現する。仕様書には、品質を一定の水準に保つために、工事ごとに共通する基準を定めた「共通仕様書」と、特殊条件に関する仕様を定めた「特記仕様書」がある。

## 共通仕様書

「共通仕様書」は、各工事別に使用する一般的な材料の材質、性能、寸法などが記されるほか、加工、組立て、調合、施工方法、検査の方法などが詳細に記載されている。設計図書、契約書に添付される仕様書としては、『建築工事標準仕様書・同解説』（(一社)日本建築学会）、『木造住宅工事仕様書』（(独)住宅金融支援機構編著）など、市販されているものを利用する場合が多い。

## 特記仕様書

「特記仕様書」はその建物に対する個別の情報が記載されている。こちらも市販のものを活用し、アレンジして使うとよい。内容に関しては、基礎に関する情報（基礎の種類・寸法、コンクリート・鉄筋の仕様や種類など）構造材に関する情報（土台・柱・梁など構造材の樹種、仕様、寸法など）、屋根・樋に関する情報（下地の仕様、屋根・樋材の種類、メーカー名、品番、色など）、外壁に関する情報（下地の仕様、外壁材の種類、メーカー名、品番、色など）が記載されている。

内部に関しては、各部屋の部位の仕様、メーカー名、品番、色、形状など、また、付属品があるならその種類、品番、色などが記載されている。設備に関しては、給排水、ガス、電気、空調ごとに、設備機器の種類、メーカー名、品番、色などが記載されている。

監理

地盤と基礎

軸組

屋根・外装

断熱

内装

設備と外構

耐震改修

引渡し

# 特記仕様書の例

「特記仕様書」はその建物に対する個別の情報が記載されている。市販されているものをアレンジして使ってもよい

木工事

1. 構造材

| 施工部位 | 材種 | 等級 | 寸法 | 備考 |
|---|---|---|---|---|
| 通し柱 | ヒノキ | 1等 | 120㎜角 | |
| 管柱 | ヒノキ | 1等 | 105㎜角 | |
| 化粧柱 | ヒノキ集成 | 無地 | 105㎜角 | |
| 間柱 | ヒノキ | 1等 | 105㎜×30㎜ | |
| 梁・桁・胴差 | ベイマツ | 1等 | 伏図による | |
| 筋かい | ヒノキ | 1等 | 105㎜×45㎜ | |
| 垂木 | ベイマツ | 1等 | 60㎜角 | 450㎜間隔 |
| 大引 | ヒノキ | 1等 | 90㎜角 | 床束鋼製束とする |
| 土台 | ヒノキ | 1等 | 105㎜角 | |
| 根太 | ヒノキ | 1等芯持ち | 60㎜角 | フローリング部300㎜間隔<br>畳部450㎜間隔 |

2. 造作材

| 施工部位 | 材種 | 等級 | 寸法 | 備考 |
|---|---|---|---|---|
| ①和室 | | | | |
| 長押 | ヒノキ張り | 無節 | | |
| 無目 | ヒノキ | 無節 | | |
| 畳寄せ | ヒノキ | 無節 | | |
| 敷居 | 水目桜張り | | | |
| 天井板 | 杉柾貼 | | 幅470㎜ | |
| 床柱 | 北山絞丸太 | | 105㎜丸 | |
| 地板 | ケヤキ張り | | | |
| ②洋室 | | | | |
| 額縁・廻り縁・幅木・枠 | ナラ | | | 洋室OSCL塗り部分 |
| 〃 | ヒノキ | 小節 | | 水廻りペンキ塗り部分 |

3. 下地

| 施工部位 | 材種 | 等級 | 寸法 | 備考 |
|---|---|---|---|---|
| 外壁下地合板 | 構造用合板 | | 厚み9㎜ | |
| 壁下地胴縁 | スギ | 1等 | 45㎜×21㎜ | 石膏ボード下 |
| 壁下地胴縁 | スギ | 1等 | 45㎜×14㎜ | 石膏ラスボード下 |
| 天井下地野縁 | スギ | 1等 | 35㎜×35㎜ | |
| 天井下地吊り木 | スギ | 1等 | 30㎜角 | |
| 屋根下地 | 構造用合板 | | 厚み9㎜ | |
| 床下地 | 構造用合板 | | 厚み12㎜ | |
| 押入れ材 | ヒノキ | 小節 | | |

2. 防蟻処理
基礎天端から＋1,000㎜の範囲に防蟻処理を行う。
転がし床組の大引、根太の全面およびそのほかのコンクリートに接する部分の全面を施工する。
色は透明。5年保証とする。

3. 構造金物
平成12年建設省告示第1460号に従い、適切に入れること。
Zマーク表示金物とする。

屋根および樋工事

1. 金属屋根

| | |
|---|---|
| 材種 | 淡路産銀色いぶし56版 |
| 工法 | 軒先万十瓦桟18×24 |
| 下地 | アスファルトルーフィング940 |
| 連絡先 | ○○商店　担当：○○○○TEL：○○○-○○○○ |

2. 樋

| | |
|---|---|
| 縦樋 | 銅製75φ |
| 縦樋 | 銅製100半φ |
| 掴み金物 | 銅製 |

3. ルーフドレン　鋳鉄製横引き型75φ

4. その他　特記なき限り、水切り板および雨仕舞材は、銅製0.4㎜とする。

住宅性能評価、長期優良住宅の認定書、住宅瑕疵担保保険などの設計施工基準なども重要な仕様書となる。監理者は、これらの仕様書どおりに現場ができているか、チェックする

Keyword 012

# 工事記録写真

**写真は、どんな雄弁な言葉よりも真実を伝えるもの。仕上げによって隠れる部分は、特に注意して撮影する**

## 工事記録写真の重要性

適切に工事監理を行うためには、その工事記録写真が非常に重要なものとなる。工事後に隠れてしまう構造部分や埋設される部分、納まりが複雑で雨漏りの心配される部分の写真などは、後になって、トラブルや紛争が生じたときに貴重な資料となる。

また、設計図書どおり工事ができているのかどうかを建築主に報告する際は、文書だけでなく写真を添付することで、より信頼性のある報告書となる。

これらの工事記録写真は、工事の工程ごとに必要である。地盤調査から始まり、地盤補強工事、基礎工事、躯体工事、内外装下地工事、仕上げ工事、設備工事などそれぞれの工事ごとに写真を撮るようにする。

## 誰にでも判別できる撮り方

仕様書・図面に寸法、仕様が記載してある場合は、そのとおりの材料を使い、指定どおりにできているかどうか、写真を見ただけで誰にでも判別できるように撮らなければならない。

たとえば、基礎工事において、アンカーボルトの設置の写真ならば、その位置が分かるように基礎全体の写真を数枚撮る。アンカーボルトが入っているその間隔を、スケールを当てて撮る。そして、形状、仕様、太さ、長さが分かるように、全体にスケールを当てて撮る。

また、アンカーボルトをコンクリートに埋め込んだ長さが分かるようにコンクリートの天端からどれだけの長さが出ているのかを、天端にスケールを当てて撮る。これらの写真は、できる限り、現場の背景が断定できるように撮ることも大切である。

こうして写真を撮っていくことによって、建物が設計図書どおりにできているかどうかもチェックできる。

## 各工事で撮るべき写真

| | |
|---|---|
| 地盤補強工事 | 材料の仕様、使用量。地盤改良の範囲、深さ、杭の本数、位置。施工状況。テストピース採取状況、全景 |
| 根切り | 地盤からの深さ、根切り範囲。根切り後の状態。施工状況 |
| 地業工事 | 割栗石の厚み、転圧状態。防湿シートの施工状況。全景 |
| 配筋検査 | 鉄筋の仕様、径、間隔、定着、継手の長さ、補強筋の施工状態。スペーサーの設置状況。かぶり厚さ。検査を受けている状況。全景。検査後に是正があればその是正状況 |
| アンカーボルト | 位置、本数、仕様、長さ、太さ、形状、埋め込み長さ、設置状況 |
| コンクリート工事 | 型枠の施工状況、コンクリート打設前の散水、清掃状況、現場試験、バイブレーターの使用、打設状況、ベースコンクリートの厚み、幅、立上りコンクリートの幅、高さ、型枠を解体した状態、補修状況。養生状況。全景 |
| 木造躯体工事 | 柱、梁などの構造材の仕様、寸法。束、大引、根太の寸法、間隔。垂木の寸法、間隔。床板、屋根下地合板の仕様、厚み、釘の仕様や長さと間隔、釘打ちの状況。接合金物の仕様、接合状態。耐力壁の位置と施工状況。検査を受けている状況 |
| 外装下地 | 構造用合板の仕様、厚み、釘の仕様や長さと間隔、釘打ちの状況。通気胴縁の寸法と間隔。防水シートの仕様、重ね代、張り方、施工状況。ラスと釘の仕様と長さ、間隔、施工状況 |
| サッシ工事 | サッシの取付け状況、サッシ廻りの防水テープの張り方。散水試験 |
| 防水工事 | 下地の状況、使用材料の仕様。施工状況。水張り試験 |
| 屋根工事 | 屋根下地の状況、アスファルトリーフィングの重ね代、張り方。外壁との取合い部、谷部の納め方。使用材料の仕様、厚み、施工状況 |
| 断熱工事 | 使用材料の仕様、厚み、施工状況。各部との取合い部分の詳細 |
| 内装下地工事 | 石膏ボード、構造用合板の仕様、厚み、釘の仕様、長さ、間隔、釘打ちの状況、施工状況 |
| 内外装仕上げ工事 | 使用材料の仕様、施工状況 |
| 設備工事 | 使用材料の仕様、配管の径、勾配状態、支持金物の状況、保温状況、コンセントボックスの取付け方、結線の状況、施工状況 |
| 外構工事 | 施工状況、塀・擁壁・土間の配筋状況、コンクリート打設状況、埋設物の状況 |
| 検査 | 不具合個所、是正状況、検査状況 |

## 工事記録写真の例

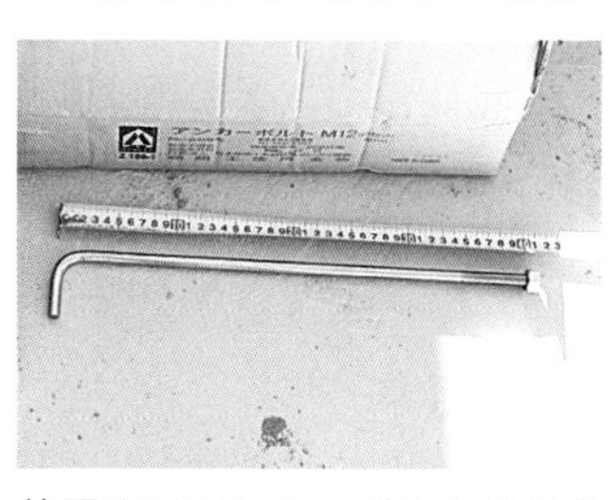
使用するアンカーボルトの長さが適正であることを確認できるように撮る

アンカーボルトのコンクリート天端からの出の長さをあたっている。背景が分かるように撮る

アンカーボルトの位置が図面どおりかどうか確認できるように基礎全体の写真を撮る

Point 撮影した写真データはCD-ROMなどに保管しておく。写真撮影した位置が判別できるよう、写真番号をふって、図面に記載することも必要である

Keyword 013

# 工事監理報告書

**Point 監理報告書は、できる限りくわしく、分かりやすく。正確で迅速な報告が建築主との信頼感を深める**

## 報告書は重要資料

建築主に対して、どのような工事が行われ、それをどのように監理したかを監理者が報告することは、極めて重要である。この報告書は、その家が存在する限りその家の資産価値を示すものになる。また、何かトラブルが発生した際にその工事監理報告書が重要な資料となる。なお、建築士法において、工事監理報告書を15年間保管することと定められている。

## 報告書の内容と報告の仕方

工事監理報告書は、まず第一面に、報告先、報告日、報告者、連絡先、報告者の資格、建物概要、確認を行った日時、立会者、報告内容などを明確に記載する。

報告内容はできる限り詳しく、分かりやすく記載する。具体的にどのような検査を行ったのか、それに対してどうなのか、所見を交えて説明する。専門用語が並んで分かりにくい場合は、それに対する注釈も入れるようにする。また、資料を引用する場合は、どこからの出典かを記載する。不具合があれば、どのような指示を出したのか。是正がされたなら、どのような是正を行ったのかを同様に記載する。また、それに対する写真、材料の書類などを添付する。写真、書類には分かりやすくコメントなどを記載する。報告書には、検査のチェックシートを添付すると、どのような検査をして、結果がどうだったのか分かりやすい。

報告は、現場へ行くその都度、できればその日のうちに、遅くとも2、3日中にメールやFAXなどの書面にて出すようにする。そして、工事監理終了後にまとめて正式な書類として建築主に提出する。迅速で正確、分かりやすい報告が建築主との信頼関係を深めることになる。

監理
地盤と基礎
軸組
屋根・外装
断熱
内装
設備と外構
耐震改修
引渡し

# 工事監理報告書（法定様式）

第4号の2の2書式（第17条の15関係）

工事監理報告書

工事監理を終了しましたので、建築士法第20条第3項の規定により、その結果を報告します。

平成　年　月　日

（　）建築士　（　）登録第　号

住所

氏名　印

（　）建築士事務所　知事登録第　号

名称

所在地

電話　番

建築主　殿

| 建築物の名称及び所在地 | | | | |
|---|---|---|---|---|
| 工事種別 | 新築・増築・改築・大規模の修繕・大規模の模様替 | | | |
| 建築確認番号 | 第　号 | | | |
| 建築確認年月日 | 平成　年　月　日 | | | |
| 工事期間 | 平成　年　月　日から平成　年　月　日まで | | | |
| 工事期間における主要な設計変更 | 変更年月日 | 変更された設計図書の種類 | 変更の概要 | |
| | | | | |
| 主要な建築材料、建築設備等が設計図書のとおりであることの確認 | 確認年月日 | 建築材料、建築設備等の名称及び規格 | 名称及び規格が定められている設計図書の種類 | 確認方法の概要 |
| | | | | |
| 主要な工事が設計図書のとおりに実施されていることの確認 | 確認年月日 | 確認事項 | 確認事項が定められている設計図書の種類 | 確認方法の概要 |
| | | | | |

（裏）

| 工事完了時における確認 | 確認年月日 | 確認事項 | 確認結果の概要 |
|---|---|---|---|
| | | | |
| 工事施工者に与えた注意 | 注意年月日 | 注意の概要 | 工事施工者の対応と建築主に対する報告の概要 |
| | | | |
| 建築設備に係る意見 | 意見を聴いた年月日 | 意見を聴いた者の住所及び氏名 | 意見を聴いた者の勤務先の住所及び名称 | 意見を聴いた事項 |
| | | | 電話　番 | |
| 備考 | | | | |

〔記入注意〕1　工事監理を共同で行った場合においては、連名で報告してください。
2　「工事種別」の欄は、該当するものを○で囲んでください。
3　「工事期間における主要な設計変更」の欄の変更の概要については、変更の内容、変更の理由等の概要を記入してください。
4　「工事施工者に与えた注意」の欄は、建築士法第18条第4項に規定する注意について記入してください。
5　「建築設備に係る意見」の欄は、建築士法第20条第5項に規定する場合に記入してください。
6　「備考」の欄は、工事監理に関して特に報告すべき事項等を記入してください。
7　ここに記入しきれない場合には、別紙に書いて添えてください。

建築士法で定められた様式の監理報告書。これ以外に独自に作成した様式でもよい

# 工事監理報告書（オリジナル）

第2回　工事監理報告書

○○○○ 様

○○様邸新築工事に関して、第2回工事監理の結果をご報告致します。この報告書は、事実に相違ありません。

平成25年3月12日

●●市●●区△△△町○丁目△番△号
安水一級建築士事務所　安水　正㊞

| 工事名称： | ○○邸新築工事 |
|---|---|
| 建築主： | ○○○○ |
| 設計者： | ○○○○（一級建築士 登録No. ○○○○） |
| 施工者： | 株式会社　○○○○建設 |
| 現場住所： | ○○○○○○○○ |
| 構造・規模： | 木造2階建て　延床面積：105.51㎡ |
| 監理（検査）者： | 安水 正<br>（安水一級建築士事務所　一級建築士 登録No. ○○○○） |
| 報告者： | 安水 正<br>（安水一級建築士事務所　一級建築士 登録No. ○○○○） |
| 工事期間： | 2013年2月～2013年5月 |
| 監理範囲： | 基礎、躯体、防水、断熱、内外装仕上げ工事 |
| 報告事項： | 次ページの通り |

報告事項

| 第2回 | アンカーボルト、型枠検査、基礎立上りコンクリート打設立会い | | |
|---|---|---|---|
| 日時： | 平成25年3月7日（木）13:00～16:00 | 場所： | ○○邸現場 |
| 確認した図面： | 基礎伏図、基礎断面図 | | |
| 報告事項： | 1. 基礎のアンカーボルト検査<br>①　アンカーボルトの仕様（径、長さ）<br>（財）日本住宅・木材技術センター認定品<br>②　アンカーボルトの位置、本数<br>図面・仕様書通り<br>③　アンカーボルトの埋め込み長さ<br>普通アンカーボルト　250㎜、<br>HD用アンカーボルト　400㎜<br>④　アンカーボルトの施工方法<br>コンクリート打設後、埋め込み工法<br>いずれも図面・仕様書通りにできていることを確認しました。<br><br>2. 基礎立上り型枠検査<br>①　基礎立上り型枠の位置<br>図面通り<br>②　基礎立上り型枠の高さ、幅<br>立上り基礎幅：150㎜、立上り高さ：350㎜<br>③　基礎立上り型枠の設置状況<br>鋼製型枠によりしっかり固定されている。<br>いずれも図面・仕様書通りにできており、施工状況も適切であることを確認しました。 | | |
| 写真No.： | No.1～38 | | |

以上

監理報告書の内容は、確認日、立ち会いをした人、確認内容、所見などを明確に記載する。資料・写真のNo.も記載する

TOPICS 1

# 建築の法律

| | |
|---|---|
| **建築基準法** | 建築基準法１条では、「この法律は、建築物の敷地、構造、設備及び用途に関する最低の基準を定め、国民の生命･健康及び財産の保護を図り、もつて公共の福祉の増進に資することを目的とする。」と明言している。建築基準法の法体系は３つの要素から成る。１つ目は法令運用上の総括的なものであり、適用の範囲、原則、制度、手続き、罰則規定など。あとの２つは、単体規定と集団規定と呼ばれる。単体規定は、建築物の構造、防火や避難施設、衛生設備などに関する安全性を確保するための規定であり、集団規定は、建築物の集団である街や都市において、安全で良好な環境を確保するための規定である。なお、建築基準法に適合しているかどうかは建築士が建築主事に建築確認申請し、主事は確認を行って判断する。現場においては、工事監理者が申請どおりに建築基準法が遵守されているかどうかを確認する。建築基準法は「法」と略される |
| **建築基準法施行令** | 建築基準法の規定を受けて、規定を実現するための具体的な方法や方策を定めている。建築基準法の施行に必要な衛生・構造・防火・避難などに関する技術的基準などを定めた政令のこと。建築基準法施行令は「令」と略される |
| **建築基準法施行規則** | 建築基準法と建築基準法施行令を実施する際に必要とされる設計図書や事務書式を具体的に定めている。建築基準法施行規則は「規則」と略される |
| **国土交通省告示** | 建築基準法関係告示は国土交通省から公示される。複数分野の技術進歩に柔軟に追従するために、具体的な技術的基準を定めている。建築基準法・建築基準法施行令・建築基準法施行規則を補間する役割を担う。建築基準法関係告示は「告示」と略される |

建築基準法のほかに、建築に関連する法規として

**消防法**：建築物の火災を予防し、人々の生命、財産を保護するための法律
**都市計画法**：都市の健全な発展と秩序ある整備を図るための法律
**宅地造成規制法**：宅地造成に伴う崖崩れ、土砂の流出による災害の防止に関する法律
**電気事業法・ガス事業法・水道法・ビル管理法**：建築設備の保全に関する法律
**ハートビル法**：高齢者、身体障害者が円滑に利用できる特定建築物の建築の促進に関する法律
**品確法**：住宅の品質を一定の基準内に定め、紛争の処理体制を整備し、購入者の財産を確保するための法律
**耐震改修促進法**：建築物の耐震改修を促進し、地震による倒壊を防ぎ、人々の生命、財産を保護するための法律
**建築士法**：建築物の設計、工事監理等を行う技術者の資格を定め、業務の適正を図るための法律
**建設業法**：建設業を営む者の資質向上、工事請負契約の適正化を図り、適切な施工を確保するための法律
この他にも、それぞれの分野で人々の財産と生命を守り、住環境を向上させるためのさまざまな法律がある

設計監理者は建築関係法令をしっかり理解しておきたい。建築物の安全と衛生を守り、街並みの形成や都市の防災対策を図り、そのなかで人々が安心して快適に暮らしていくためには、建築物に関するルールを設ける必要があり、「建築基準法」が定められた。日本では、憲法をもとに国会の議決を経て法律が制定されるが、この法律にあたるのが「建築基準法」である。法律にもとづき、内閣が具体的な規定を定めるが、これを政令という。この政令にあたるのが「建築基準法施行令」である。また、各省大臣が発する命令が省令であり、「建築基準法施行規則」にあたる。各省大臣が法令上の技術的基準を定めたものを告示というが、これは「国土交通省告示」にあたる。

また、地方公共団体は、地域的な風土や歴史の違いから生じる差異などに柔軟に対応するために「条例」を制定する。これ以外にも建築に関連したさまざまな法律がある。

# 第2章

# 【地盤と基礎】

地盤と基礎の
不具合を見逃すと
とり返しのつかないことに!!
2章では地盤調査から
基礎の仕様、コンクリート
打設工事のポイントまで
解説します!!

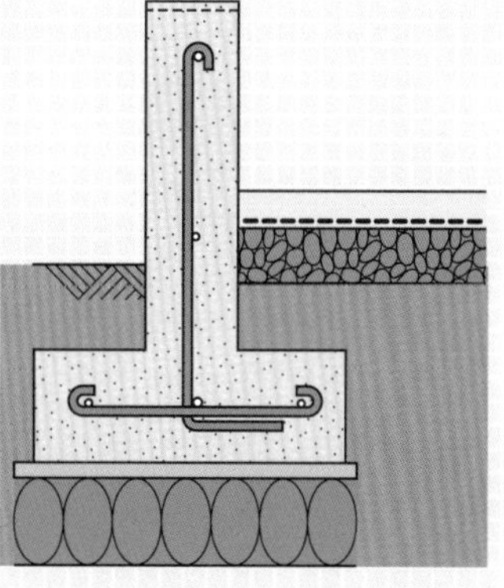

# 地盤・基礎工事の流れ

**基礎は、建物のなかで最も重要な部分。工程を把握して、できる限り毎日のように現場に足を運ぶ**

工事請負契約が終わると、いよいよ本格的な工事が始まる。まずは地盤・基礎工事を行うことになる。

## 地盤補強工事

事前の地盤調査により、敷地の地盤が、建てようとする建物に対応できないほど軟弱であるということが判明したら、地盤補強工事が必要となる。地盤がしっかりしていれば、補強工事は必要ない。

地盤補強工事については、詳しくは後述するが（44頁参照）、木造住宅の場合は、大きく分けて3種類ある。表層（浅層）地盤改良工法、柱状（深層）地盤改良工法、小口径鋼管杭工法である。地盤調査結果により工法を選択する。地盤補強を行ったうえで基礎工事となる。

## 基礎工事

基礎は、その地盤の硬さによって形状が変わってくる。そのため、地盤調査結果にもとづき、ふさわしい基礎の形状や仕様を決定する。基礎は直接基礎と杭基礎に大別され、さらに直接基礎には、ベタ基礎、布基礎の2種類の基礎がある。

基礎工事とは、地業工事、鉄筋工事、型枠工事、コンクリート工事からなる。そのうち地業工事は、根切り（掘削）を行い、割栗石入れ、捨てコンクリート打ち、墨出し、そして埋戻しまでの工事のことをいう。基礎の位置や高さなどが図面どおりか、墨出しの段階で十分にチェックする。

鉄筋工事は、鉄筋の組み立てが終わると、図面通りかチェックリストに基づいて配筋検査を行う（65頁参照）。

コンクリート打設工事は、事前の品質チェック、打設の仕方が重要である。どのようなコンクリートなのか、どのような打設方法かを確認することにより良質の基礎をつくることができる。

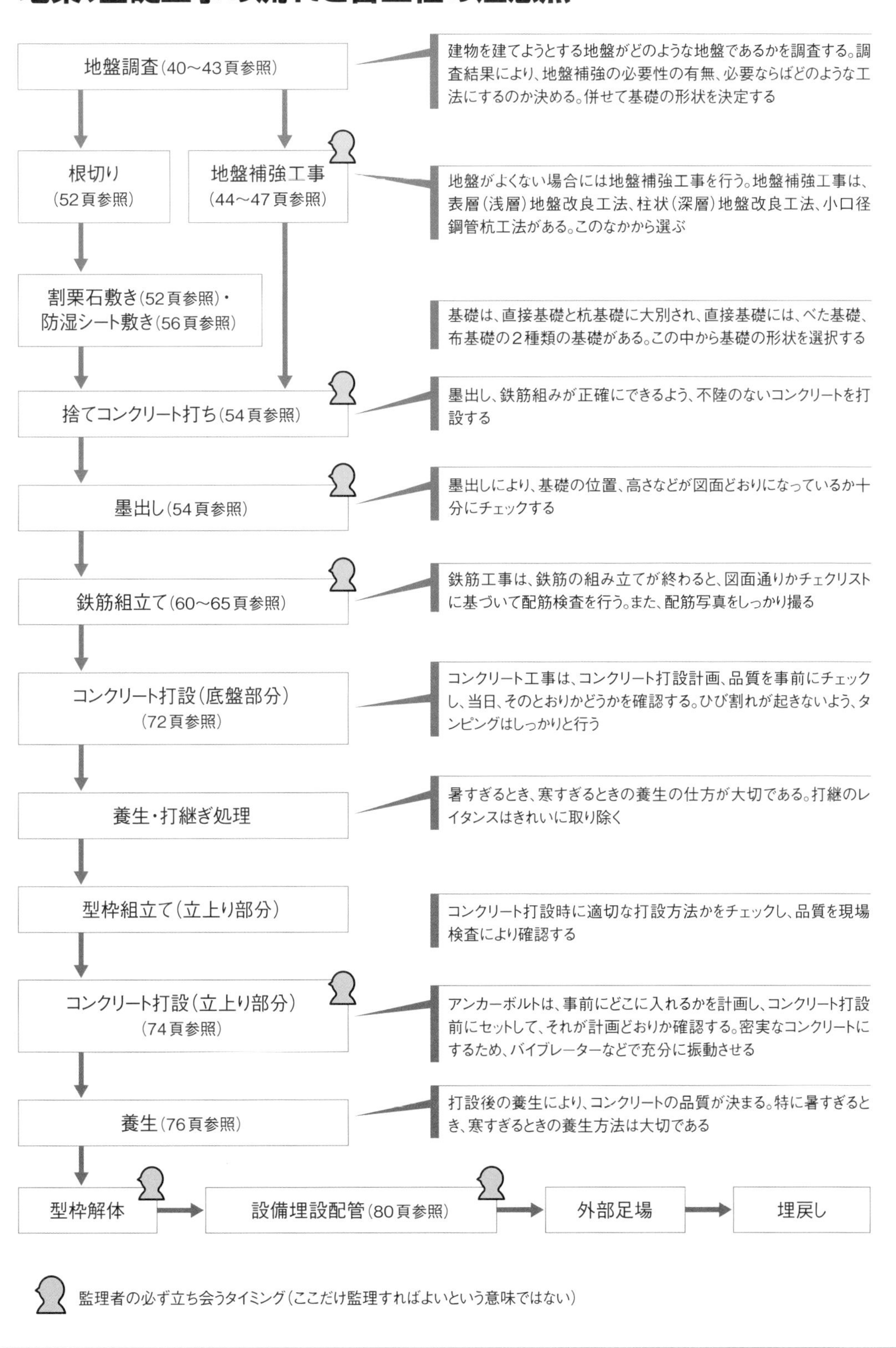

地業、基礎工事の流れと各工程の注意点
地盤調査（40～43頁参照）
建物を建てようとする地盤がどのような地盤であるかを調査する。調査結果により、地盤補強の必要性の有無、必要ならばどのような工法にするのか決める。併せて基礎の形状を決定する
根切り（52頁参照）
地盤補強工事（44～47頁参照）
地盤がよくない場合には地盤補強工事を行う。地盤補強工事は、表層（浅層）地盤改良工法、柱状（深層）地盤改良工法、小口径鋼管杭工法がある。このなかから選ぶ
割栗石敷き（52頁参照）・防湿シート敷き（56頁参照）
基礎は、直接基礎と杭基礎に大別され、直接基礎には、べた基礎、布基礎の2種類の基礎がある。この中から基礎の形状を選択する
捨てコンクリート打ち（54頁参照）
墨出し、鉄筋組みが正確にできるよう、不陸のないコンクリートを打設する
墨出し（54頁参照）
墨出しにより、基礎の位置、高さなどが図面どおりになっているか十分にチェックする
鉄筋組立て（60～65頁参照）
鉄筋工事は、鉄筋の組み立てが終わると、図面通りかチェクリストに基づいて配筋検査を行う。また、配筋写真をしっかり撮る
コンクリート打設（底盤部分）（72頁参照）
コンクリート工事は、コンクリート打設計画、品質を事前にチェックし、当日、そのとおりかどうかを確認する。ひび割れが起きないよう、タンピングはしっかりと行う
養生・打継ぎ処理
暑すぎるとき、寒すぎるときの養生の仕方が大切である。打継のレイタンスはきれいに取り除く
型枠組立て（立上り部分）
コンクリート打設時に適切な打設方法かをチェックし、品質を現場検査により確認する
コンクリート打設（立上り部分）（74頁参照）
アンカーボルトは、事前にどこに入れるかを計画し、コンクリート打設前にセットして、それが計画どおりか確認する。密実なコンクリートにするため、バイブレーターなどで充分に振動させる
養生（76頁参照）
打設後の養生により、コンクリートの品質が決まる。特に暑すぎるとき、寒すぎるときの養生方法は大切である
型枠解体
設備埋設配管（80頁参照）
外部足場
埋戻し
監理者の必ず立ち会うタイミング（ここだけ監理すればよいという意味ではない）

Keyword 015

# 地盤の基礎知識

**基礎の形状や仕様を決めるためには、敷地の地盤の特徴や地耐力について知っておく必要がある**

## 不同沈下とは

基礎を設計するためには、その敷地がどのような地盤であるかを知る必要がある。建物にとって最も注意すべきことは、不同沈下である。不同沈下とは、敷地内に軟弱な地盤と硬い地盤が混在し、軟弱な部分が沈下を起こし建物が傾くことである。また、山地を土で盛ったり切ったりして造成した敷地は、安定するまで盛った部分が元の地形に戻ろうとする。このような地盤に家を建てた場合も不同沈下を起こしやすくなる。

建物が傾くと、建具が閉まらなくなったり、壁・基礎にクラックが入るおそれがある。また、排水管の勾配が悪くなり詰まりや破損の原因となる。そして、傾いた方向へ荷重が偏るのでその部分の構造が弱くなる。人体に対しては、目まいがして気分が悪くなったりするなどの影響を及ぼす。不同沈下による傾きを補修するとなると多額の費用と労力がかかり、建築主に大きな精神的苦痛が伴うことになる。事前に地盤を十分に調査したうえで設計・施工しなければならない。

## 軟弱地盤とは

地層が泥土、腐植土などで構成されていたり、泥や緩い砂などで埋め立てたりしたような地盤を軟弱地盤という。軟弱地盤は、沼、水田、谷、海岸などに土砂で埋め立てたところや三角州や河川沿いなどの低地などに多く、ここに建物を建てると不同沈下を起こしやすくなる。また、軟弱地盤の上に盛土をすると、軟弱地盤から水が絞り出され、その分、沈下を起こす。これを圧密沈下という。軟弱地盤層が厚いと圧密沈下が発生しやすくなる。

基礎は、地盤が悪い場合は、地盤補強を行い、しっかりとした地盤の上に設置する必要がある。

## 不同沈下

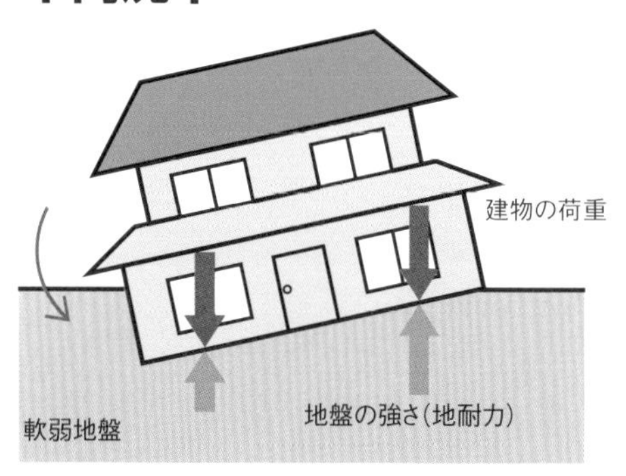


軟弱地盤のため地耐力が弱く、建物の荷重を支えきれずに建物が不均等に沈下してしまった状態

## 圧密沈下

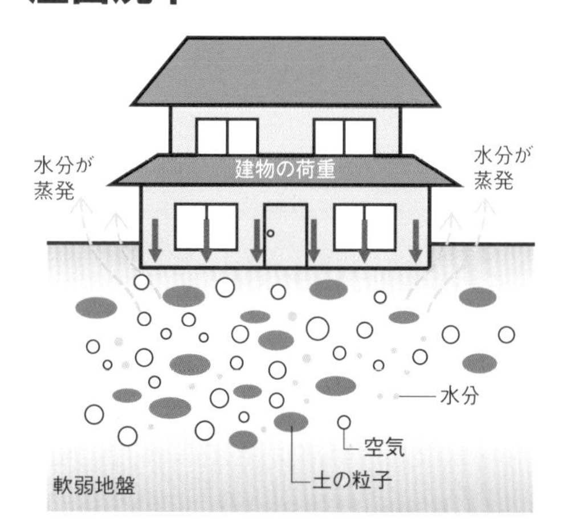


建物の荷重が軟弱地盤に加わり、地中の水分が蒸発してしまい、地盤が沈下し、それに伴い建物が沈下する

## 不同沈下が起こる原因

不均一な軟弱地盤

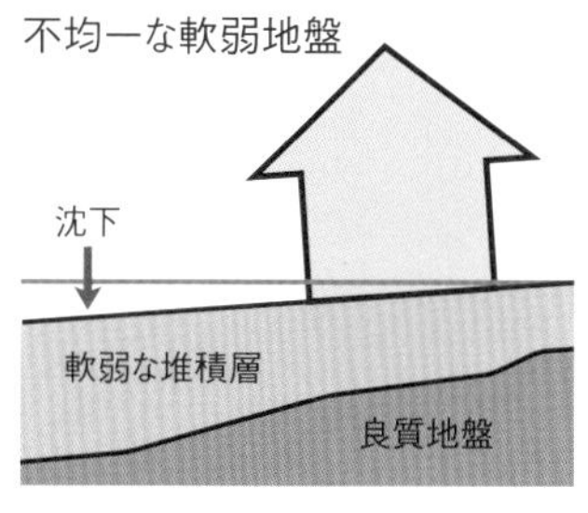


擁壁の変位

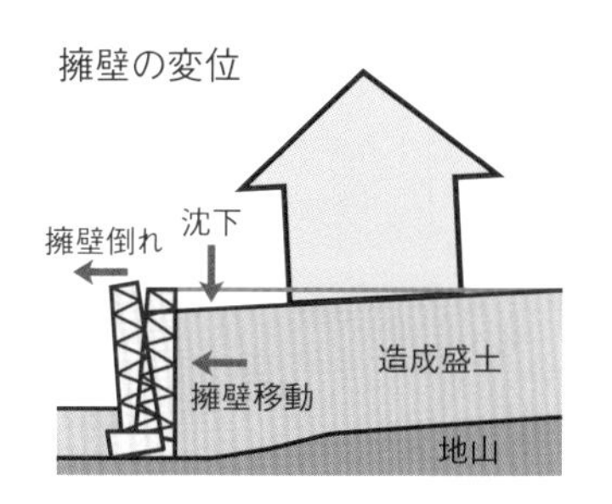


埋戻しの不良

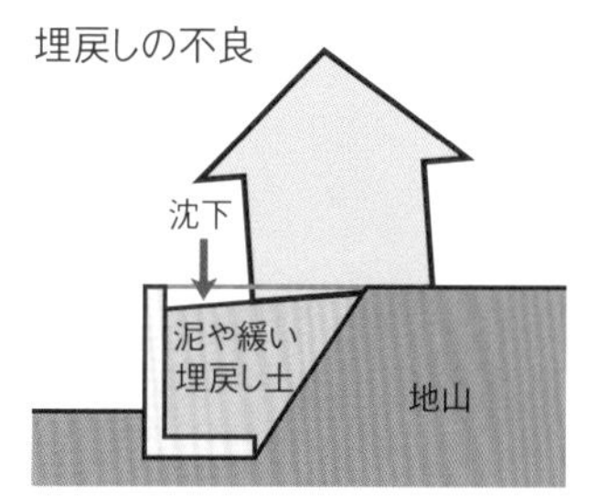


地盤改良設計または
施工不良

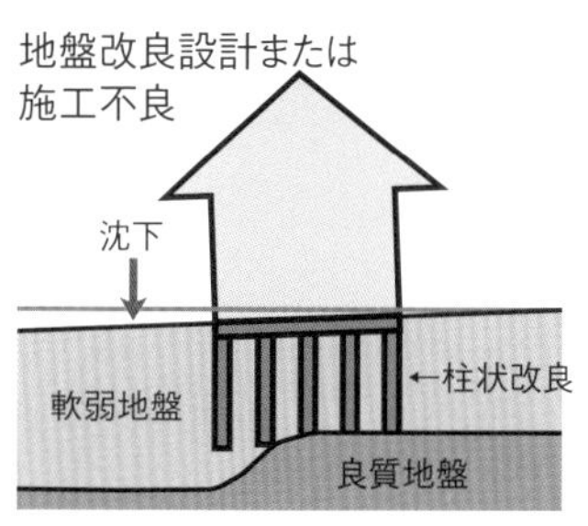


盛土の施工不良

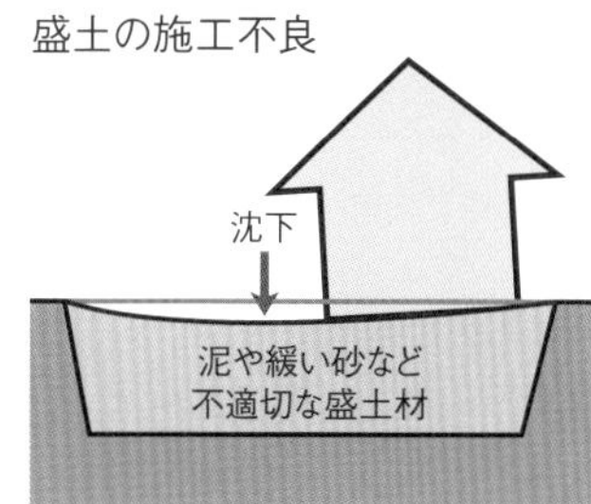


切盛造成

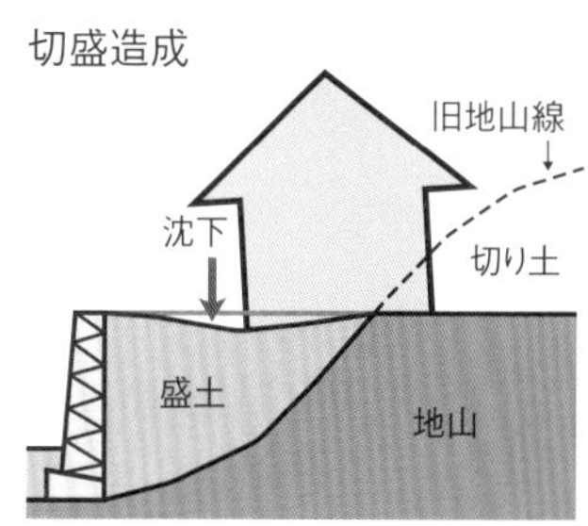


### 建物に原因があるケースの例

建物の荷重の偏り

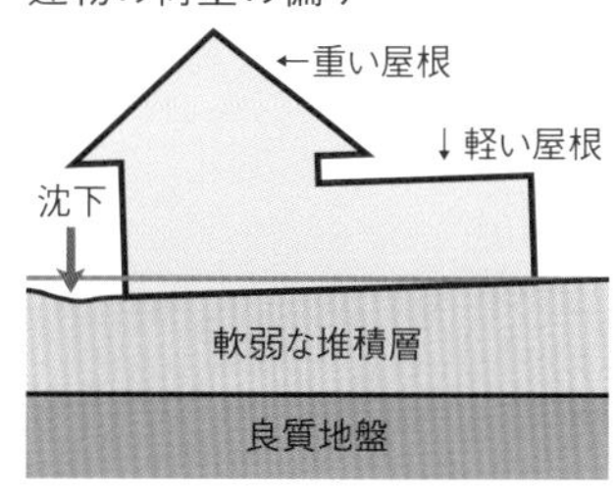

地盤補強をしていないために不同沈下を起こして、柱が傾いた例。レーザーを当てて見ると上部で20㎜柱が傾いている。地盤が悪いと数年すると建物と共に柱も傾く

Keyword 016

# 地盤調査

**基礎の形状を決めるために、地盤調査を必ず行う。木造住宅では、SWS試験を行うのが一般的**

## 標準貫入試験

地盤調査方法は、主に標準貫入試験（SPT試験）とスウェーデン式サウンディング試験（SWS試験）である。

標準貫入試験はボーリングともいわれ、最も基本的な調査方法だが、木造住宅ではあまり使われない。

鉄製のボーリングロッドの先端に土を採取するための試験用サンプラーを取り付け、ロッドの上に63・5kgの重りを76cm自由落下させて、ロッド頭部に取り付けたノッキングヘッドを打撃する。ロッド先端に取り付けた標準貫入試験用サンプラーを地盤に30cmめり込ませるのに要する打撃数をN値といい、これにより地耐力を確認する。同時に試験用サンプラーで土を採取し、砂質土か粘土かなどの土質も調べる。

## スウェーデン式サウンディング試験

スウェーデン式サウンディング試験は、木造住宅でよく使われている方法である。先端にスクリューポイントのついた鉄棒（ロッド）を地盤にねじ込み、その際に鉄棒の上に25kgずつ100kgまで重りを載せる。すると、軟弱な地盤は自重でめり込んでいく。重りだけでめり込まない場合はロッドを回転させて、25cmめり込むのに何回転するのかを数え、その回転数からN値に相応する「換算N値」を計算する。

スウェーデン式サウンディング試験は、作業スペースは1㎡程度、1カ所につき30分程度の時間で行うことができるためコストがあまりかからないことから手軽に採用される。しかしながら、土中にガラなどが入っているとロッドが侵入しなくなり、硬い地盤であると誤診することがある。また、直接土を採取することができないため、ロッドの回転する音により土質を判断することになり、調査者により精度が異なるのが現状である。

## 標準貫入試験

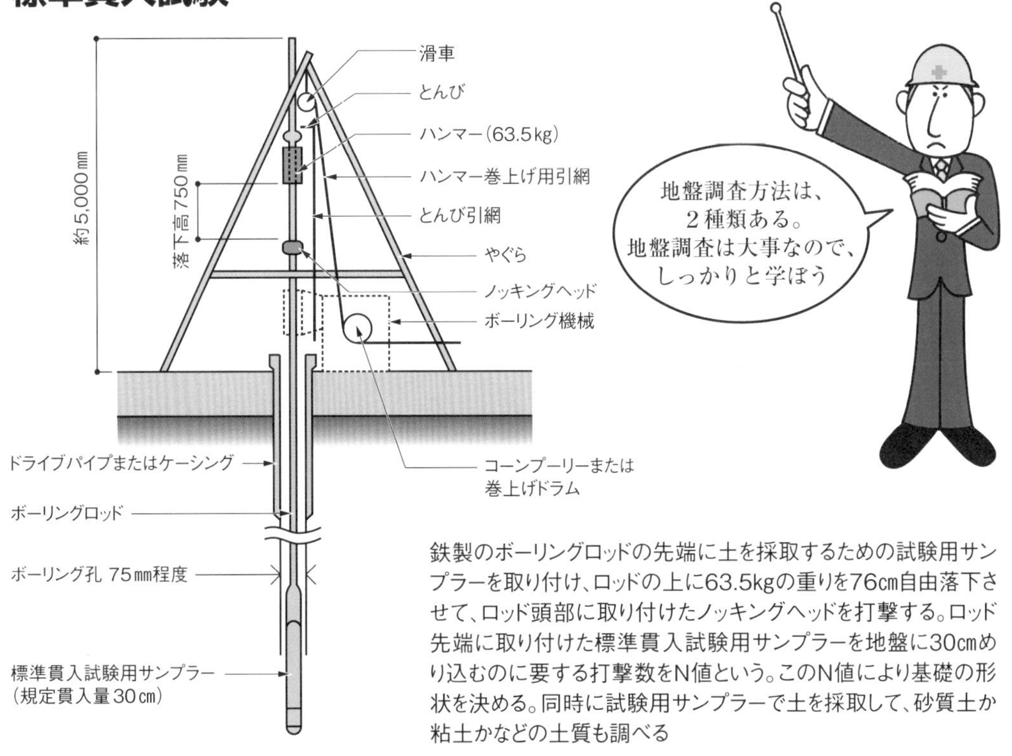


鉄製のボーリングロッドの先端に土を採取するための試験用サンプラーを取り付け、ロッドの上に63.5kgの重りを76㎝自由落下させて、ロッド頭部に取り付けたノッキングヘッドを打撃する。ロッド先端に取り付けた標準貫入試験用サンプラーを地盤に30㎝めり込むのに要する打撃数をN値という。このN値により基礎の形状を決める。同時に試験用サンプラーで土を採取して、砂質土か粘土かなどの土質も調べる

## スウェーデン式サウンディング試験

手動式試験機

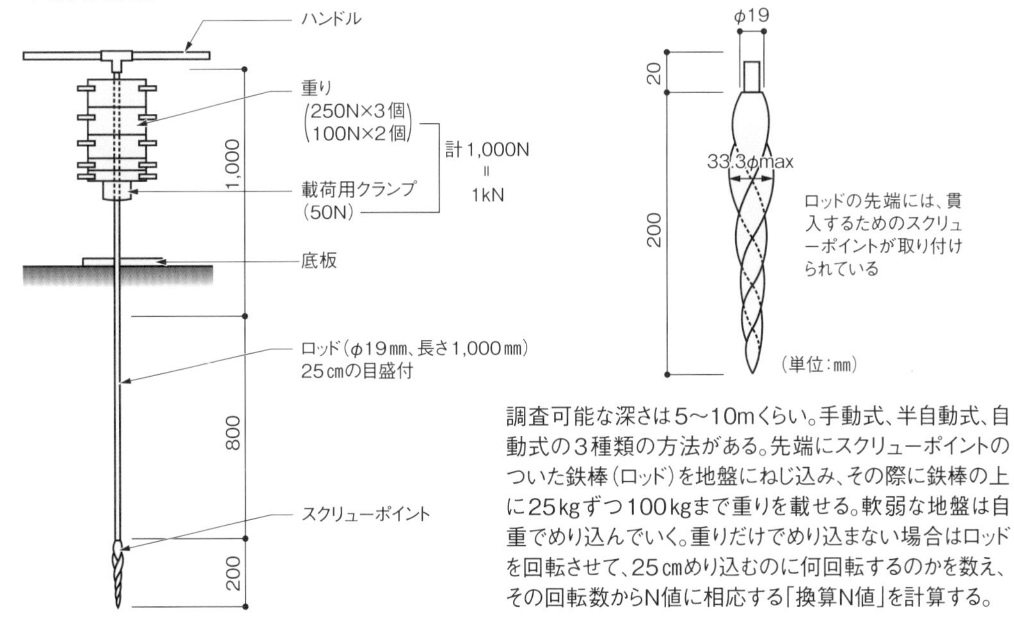


調査可能な深さは5〜10mくらい。手動式、半自動式、自動式の3種類の方法がある。先端にスクリューポイントのついた鉄棒（ロッド）を地盤にねじ込み、その際に鉄棒の上に25kgずつ100kgまで重りを載せる。軟弱な地盤は自重でめり込んでいく。重りだけでめり込まない場合はロッドを回転させて、25㎝めり込むのに何回転するのかを数え、その回転数からN値に相応する「換算N値」を計算する。

Keyword 017

# 地盤調査結果の見方

**地盤調査報告書から「自沈層」がどの深さにあるのかを見極めるのが一番重要なポイントである**

## 地盤調査の項目

スウェーデン式サウンディング試験における地盤調査結果表の見方を説明する。基本的には、N値の数字を見るのではなく、「自沈層」がどの深さにどれだけあるかが基礎を決めるうえでポイントになってくる。地盤調査結果表には、次のような項目が記載されている。

- **荷重Wsw(kN)**：ロッドを25cm貫入させるのにどれだけの重りを載せたかを示したもの
- **貫入深さD(m)**：どの深さのデーターかを示したもの
- **半回転数Na(回)**：ロッドを25cm貫入させるのに要したロッドの回転数を示したもの
- **貫入量L(cm)**：前のデーターの測定深さから次の測定深さまでの貫入量を示したもの
- **1m当たり半回転数(Nsw)**：ロッドを25cm貫入させるのに要した半回転数から、1m貫入させるには何回の回転が必要かを算出した数値
- **推定土質**：ロッドが貫入していく際の音や感触により砂質か粘土か土質を推定したもの
- **貫入状況**：ロッドが貫入していく際、どのような状況かを示したもの
- **推定柱状図**：粘性土か砂質土か示したもの
- **荷重Wsw(kN)**：ロッドの貫入に必要な荷重の数値を棒グラフで示したもの
- **貫入量1m当たり半回転数(Nsw)**：1m当たりの半回転数をグラフにして図示したもの。グラフ横棒が長いほど地盤は硬いことを表している。逆に半回転数がゼロの層は自沈層と呼ばれる軟弱地盤である。

スウェーデン式サウンディング試験におけるN値は、荷重Wswと半回転数Nwsより計算式によって、N値、支持力qaを換算する。

監理
地盤と基礎
軸組
屋根・外装
断熱
内装
設備と外構
耐震改修
引渡し

# 地盤調査報告書の例（スウェーデン式サウンディング試験）

報告用紙は調査会社などで内容とともに異なっている

手動・半自動・全自動などの種別を記載する

荷重が1,000Nに達しても貫入しない場合は重りを載せたまま25cm貫入するまで回転させ、半回転数を記録する

一般にWswとNswをグラフにして表示する

JIS A 1221　スウェーデン式サウンディング試験

調査件名 ○○様邸地盤調査　　試験年月日 2009.1.15
地点番号（地盤高）S-3（T.P+7.80m）　　試験者 建築知識
回転装置の種類 手動　天候 晴れ

| 荷重 Wsw (kN) | 貫入深さ D | 半回転数 Na (回) | 貫入量 L (cm) | 1m当たりの半回転数 (Nsw) | 推定土質 | 貫入状況 | N値 (回) | 支持力 qa (kN/㎡) |
|---|---|---|---|---|---|---|---|---|
| 1.00 | 0.25 | 0 | 25 | 0 | | 掘削 | | |
| 1.00 | 0.50 | 0 | 25 | 0 | | 掘削 | | |
| 1.00 | 0.75 | 32 | 25 | 128 | SC | ジャリジャリ | 9.4 | 106.8 |
| 1.00 | 1.00 | 18 | 25 | 72 | SC | ジャリジャリ | 6.6 | 73.2 |
| 1.00 | 1.25 | 72 | 25 | 288 | SC | ジャリジャリ | 17.4 | 202.8 |
| 1.00 | 1.50 | 19 | 25 | 76 | SC | ジャリジャリ | 6.8 | 75.6 |
| 1.00 | 1.75 | 27 | 25 | 108 | SC | ジャリジャリ | 8.4 | 94.8 |
| 0.75 | 2.00 | 0 | 25 | 0 | SC | ユックリ | 2.3 | 30.0 |
| 0.75 | 2.25 | 0 | 25 | 0 | SC | ユックリ | 2.3 | 30.0 |
| 1.00 | 2.50 | 10 | 25 | 40 | SC | ジャリジャリ | 5.0 | 54.0 |
| 1.00 | 2.75 | 15 | 25 | 60 | SC | ジャリジャリ | 6.0 | 66.0 |
| 1.00 | 3.00 | 7 | 25 | 28 | SC | | 4.4 | 46.8 |
| 1.00 | 3.25 | 14 | 25 | 56 | SC | | 5.8 | 63.6 |
| 1.00 | 3.50 | 11 | 25 | 44 | SC | | 5.2 | 56.4 |
| 1.00 | 3.75 | 8 | 25 | 32 | SC | | 4.6 | 49.2 |
| 1.00 | 4.00 | 0 | 25 | 0 | SC | ユックリ | 3.0 | 30.0 |
| 1.00 | 4.25 | 0 | 25 | 0 | SC | ユックリ | 3.0 | 30.0 |
| 1.00 | 4.50 | 16 | 25 | 40 | C | | 5.0 | 54.0 |
| 1.00 | 4.75 | 21 | 25 | 84 | C | ジャリジャリ | 7.2 | 80.4 |
| 1.00 | 5.00 | 62 | 25 | 248 | C | ガリガリ | 15.4 | 178.8 |
| 1.00 | 5.25 | 93 | 25 | 372 | C | ガリガリ | 21.6 | 253.2 |
| 1.00 | 5.50 | 119 | 25 | 476 | C | ガリガリ | 26.8 | 315.6 |

グラフ：荷重 Wsw(N) 250 500　／　貫入量1m当たりの半回転数 Nsw 25 50 75 100 125

凡例：土質記号 S＝砂質土、C＝粘性土、SC＝砂と粘土の混合土、G＝礫質土）

ロッドが貫入していく際にどのような音や感触だったのかを記録する

自沈層あり

自沈層あり

50N、150N、250N、500N、750N、1,000Nなどの荷重段階を記入する（例ではkN）

貫入深度は基本的に10mだが、障害物や固く締まった層に到達した場合は10mまで測定できないことがある。また、1測点以上は固く締まった層を確認するため10m以深まで実施する場合もある

半回転数Naを1m当たりに換算して表示する

Point 地表面から深さ5m以内までのあいだにNsw=0の自沈層が連続してあるところは、地盤補強をする

## 調査結果から判断すること

●半回転数がゼロの層は自沈層と呼ばれる軟弱地盤であり、地表面からこの層が連続して見られる場合には、地盤補強工事が必要となる

●換算N値、支持力qaの算出の仕方

N＝2Wsw+0.067Nsw（砂質土）
N＝3Wsw+0.050Nsw（粘性土）
支持力 qa=30+0.6Nsw

N：N値
Wsw：荷重の大きさ（Kn）
Nsw：貫入量1m当たりの半回転数
qa：支持力

●スウェーデン式サウンディング試験では、一般的に土のサンプルは採取しないが、スクリュー先端に付着した土やロットの感触から土質判断をして表記されているが、必ずしも実際の土質と一致していないので、注意が必要である

たとえば、上記の表より貫入深さが4.50mの地点では、荷重Wswが、1.0kN、貫入量1m当たりの半回転数Nswが40であるので、N=3×1.00+0.050×40=5.00 で換算N値は5.00となる。また、支持力qaは、qa=30+0.6×40＝54kNとなる

Keyword 018

# 地盤補強工法の種類

## どの地盤補強工法を選択するかは地盤調査の結果を見て、地盤の状況、周囲の状況により決められる

地盤調査によって地盤が軟弱であり、所定の支持力が不足していると判断された場合、地盤補強（改良）を行う。地盤補強工法には、大きく分けて3種類ある。表層(浅層)地盤改良工法、柱状（深層）地盤改良工法、小口径鋼管杭工法である。これらの工法選定は、地盤条件、地下水の状況、敷地条件、振動や騒音などの周囲環境への影響を考慮して決める。狭い敷地の場合、作業ができるかどうか、進入道路が狭くないかなども選定のポイントとなる。

### 各工法の特徴

表層地盤改良工法は、軟弱地盤がさほど深くなく、2mくらいまでの場合に採用され、表面の軟弱な地盤の土をすべて掘り起こし、セメント系固化剤を入れて混合攪拌し、固化させて地盤強化を図る工法である。ほぼ建築面積相当の部分を改良する。厚さ500～800㎜ごとにローラーで繰り返し転圧し、平坦にならす。

柱状地盤改良工法と小口径鋼管杭工法は、軟弱地盤が深く、8mくらいの深さまで分布していて、その下に硬い地盤があるという場合に採用し、柱状に建物を支える。

柱状地盤改良工法は、水を加えて液化状態にしたセメント系固化剤を軟弱な地盤に注入しながらかき混ぜ、柱状に固める。地盤調査の結果により、地盤の状況に応じて、杭の長さ、径、本数、位置を決める。この工法は、低振動、低騒音なので近隣の環境への負担が少ない工法といえる。

小口径鋼管杭工法は、直径が120㎜～170㎜の小口径鋼管を硬い地盤まで貫入させて建物を支える。施工時に掘削土、泥水が発生せず、低振動、低騒音なので近隣の環境への負担が少ない工法といえる。既製の鋼管を使用するので安定した品質を確保でき、機械の選別により狭小地でも施工可能である。

# 地盤に適した改良・補強工法の選び方

表層地盤改良工法は、軟弱地盤がさほど深くなく、2mくらいまでの場合に採用される。
柱状地盤改良工法と小口径鋼管杭工法は、軟弱地盤が深く、8mくらいまで分布していて、その下に硬い地盤がある場合に採用し、柱状に建物を支える

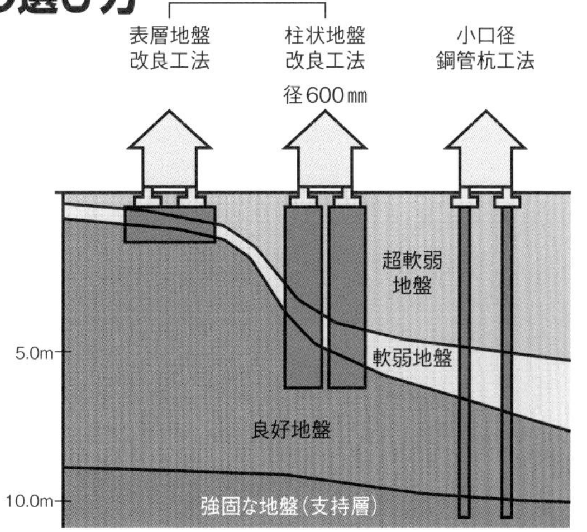

柱状改良を行うため固化剤を注入し、攪拌作業をしているところ

## 表層地盤改良

①軟弱地盤を掘る

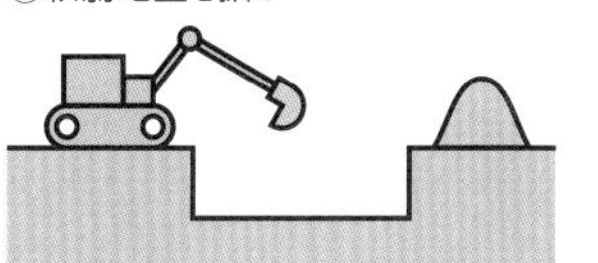

②掘ったところに固化剤を散布する

③土と固化剤を混合、攪拌する

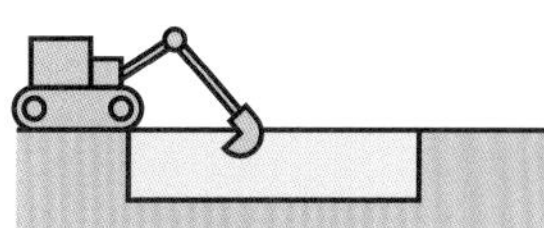

④転圧する

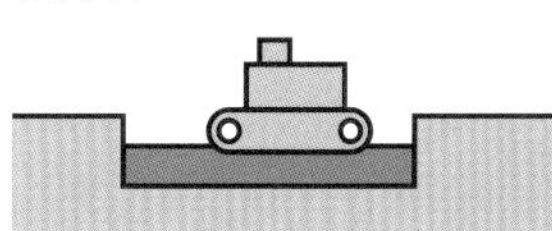

⑤埋戻す

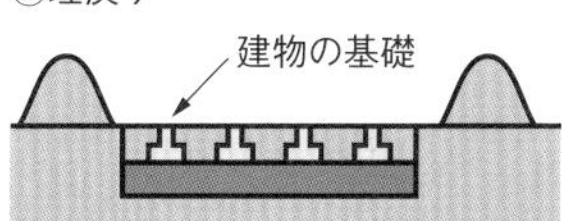


⑥完了

軟弱な地盤にセメント系の固化剤を散布・混合・攪拌し、基礎の下に地耐力の大きな安定した層を設ける

## 小口径鋼管杭

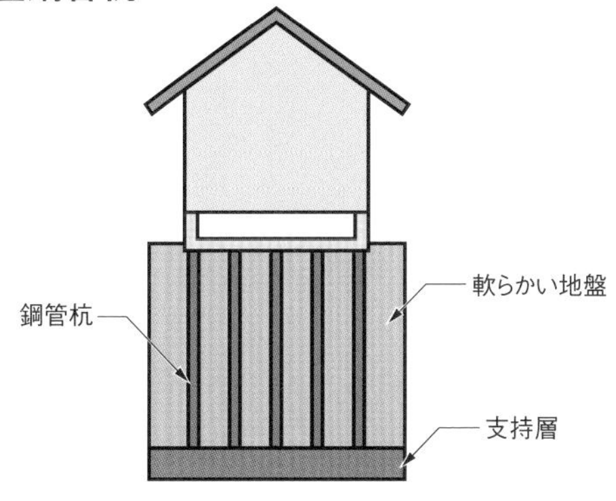


直径120㎜から170㎜の鋼管杭を支持層まで打ち込み、建物を支える

## 柱状改良

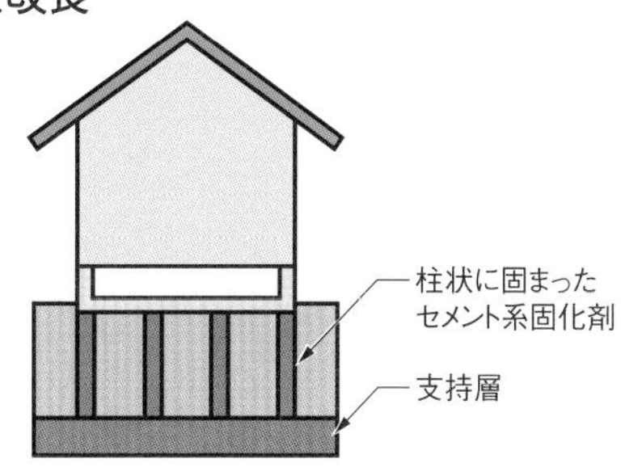


液状化したセメント系固化剤を原地盤に注入し、原地盤土を柱状に固化させ、建物を支える

Keyword
019

# 地盤補強の施工

**地盤補強工事は、完全に隠れてしまうので、施工中の記録写真と書類を確実に残しておく**

## 地盤補強工法の監理

　地盤補強工事は非常に重要な部分であるにもかかわらず、完全に地中に隠れてしまうため、工事監理は入念に行う。業者任せにしてはいけない。本項では、工事監理の進め方について表層改良工法を例に説明する。

　まず、どれだけの範囲を改良するのか地縄張りをして確定するのでその確認を行う。この地縄張り(ライン引き)が計画どおりか確認できたら、バックホーにてそのラインに沿って掘削していく。同時に、改良するための固化剤が現場に納入されるので、その現物、納品書などにより計画どおりの材料が納入されているかどうかを確認する。

　バックホーにより土と改良材が十分に攪拌されているかどうかを確認する。区域により改良する深さが異なる場合、その都度、位置と深さを確認しなければならない。

　ある程度工事が進んだ時点で、抜き打ちで圧縮試験用の試験体（テストピース）を6本採取する。採取後、1週間後と4週間後に試験体を破壊し、所定の強度が出ているかどうかを確認する。攪拌後、ローラーにより転圧し、その都度、高さを確認する。転圧が終わると、設計地盤まで土を戻し、表層改良工事は完了する。

　柱状地盤改良工法、小口径鋼管杭工法に関してもチェックポイントはほとんど同じで、材料の仕様、数量、工法などが計画書どおりになっているかどうか、しっかりと確認する。

## 工程ごとに写真を撮る

　ここで忘れてはならないことは、施工過程の写真を工程ごとにしっかりと撮っておくことである。また、後日、施工会社から地盤改良工事の報告書が提出されるので、その内容が適正であるかどうかの確認を行う。

## 表層改良工法の監理ポイント

**1**》》表層地盤改良工事をするにあたり、施工範囲が計画どおりか確認する

**2**》》固化剤を搬入しているところ。計画どおりの数量が搬入されているかどうか確認する

**3**》》固化剤をバックホーにて混合攪拌しているところ。十分に攪拌しているかどうか確認する

**4**》》攪拌が終われば、ローラーにてその都度、転圧する

**5**》》数カ所にてテストピースを採り、所定の強度が出ているかどうか破壊検査をする

**6**》》使用した固化剤の空袋を写真撮影し、計画どおりの数量かどうかの確認をする

Check Point

### 表層地盤補強工事のチェックポイント

- □ 地縄張りの範囲、杭位置が図面どおりか
- □ 掘削高さが計画どおりか
- □ 固化剤は十分に攪拌されているか
- □ 十分な転圧がされているか
- □ 納品書、納品数量が計画どおりか
- □ テストピースを採取したか

### 柱状地盤補強工事のチェックポイント

- □ 杭位置が図面どおりか
- □ 杭長さ、径、高さが計画どおりか
- □ 固化剤は十分に攪拌されているか
- □ 納品書が計画どおりか
- □ テストピースを採取したか
- □ 杭の天端の処理の仕方は適切か

# 地鎮祭

**地鎮祭は、工事を着工する前に土地鎮守の神を祭り、工事の安全を祈願するものである**

## 地鎮祭の準備

地鎮祭は、工事を着工する前にその土地の鎮守の神を祭り、工事の安全を祈願するために行う儀式である。その地域の神社に依頼し、神主により、お祓い清めてもらう。

地鎮祭に参加するのは、建築主とその家族、設計監理者、施工者、工事に関わる棟梁・職方などである。日取りは、大安、先勝、友引などの吉日を選ぶ。また、事前に建築主に地鎮祭の流れと必要なもの、お礼代を伝えておく。

地鎮祭にて建築主が準備するものは、供え物として、洗い米、お神酒、塩、尾頭付き生魚、野菜、果物、昆布、するめなどの乾き物、榊である。そのほかには笹竹、注連縄、川砂などである。これらは建築主が用意するが、施工者が代わりに用意する場合もある。また、神社側が用意するものは、祭壇として、祭器具、神籬、玉串、スコップなどである。祭壇の位置は南向きか東向きとする。神座は太陽に向ける。

## 地鎮祭の流れ

地鎮祭の流れとしては、神主のお祓いから始まり（修祓の儀）、お神酒の瓶子の蓋をとりお供えをした印とし、お神酒を盛り土にかけて清め（献饌の儀）、永久に災禍がないように土地の神様にお祈りをして、お供え物をする（祝詞奏上）。設計監理者、施工者、建築主により土地に初めて鎌、鍬、鋤を入れ（苅初、穿初の儀）、そして神職および参列者一同が玉串をお供えして拝礼し（玉串奉奠）、最後に全員でお神酒でお祝い（神酒拝戴）をして終了となる。

地鎮祭では建築主や工事関係者が全員集まるので、再度境界などの敷地の確認や地縄により建物の位置、間取り、工事工程などの確認を行う。その後、近隣へ着工の挨拶に廻るようにする。

## 地鎮祭の儀式の流れ

❶修祓之儀（しゅうふつのぎ）
神官は、参会者とお供えをお祓いする

❷降神之儀（こうじんのぎ）
祓い清めた式場に神を迎えるため、神官は降神の詞（ことば）を唱える

❸献饌之儀（けんせんのぎ）
神官は、神に祭壇（神前）のお供えをお召し上がりいただくため、瓶子（へいし）の蓋を取る

❹祝詞奏上（のりとそうじょう）
神官は、土地を借りて家を建てることの報告と、工事の安全を祈願して祝詞をあげる。参会者は頭を下げる

❺清祓い（きよはらい）
神官は、敷地のお祓いをする。四方祓いの儀（しほうはらいのぎ）として、お神酒、米、塩、白紙を敷地の中央と四隅に撒く地域もある。
祝詞奏上または清祓いが終わると、地鎮之儀（じちんのぎ）に入る

❻苅初の儀（かりぞめのぎ）
設計者は、斎鎌を持って草を刈る所作を３度行う。所作とともに「エイ、エイ、エイ」と発生する地域も

❼穿初の儀（うがちぞめのぎ）
建築主が斎鍬を持って土を掘る所作を３度行う。続いて、施工者が斎鋤を持って土をすくう所作を３度行う

❽玉串奉奠（たまぐしほうてん）
神官、建築主、設計者、施工者の順に玉串を捧げ、拝礼する

❾撤饌（てっせん）
神前の神饌品を下げる儀式だが、実際は瓶子の蓋を閉めて終える

❿昇神の儀（しょうしんのぎ）
神を送る儀式で、神官は昇神の詞（ことば）を唱える

⓫神酒拝戴（しんしゅはいたい）・直会（なおらい）
神饌品を下げ、最初にお神酒で乾杯し、供え物をいただく参会者の酒宴の儀式

**修祓之儀（しゅうふつのぎ）と降神之儀（こうじんのぎ）**
軽く頭を下げて、神主のお祓いを受ける

**献饌之儀（けんせんのぎ）**
お神酒の瓶子（へいし）の蓋を取ってお供えをした印とし、そのあとでお神酒を盛り土にかけて清める

**祝詞奏上（のりとそうじょう）**
神主が祝詞を奏上する

**苅初の儀・穿初の儀（かりぞめのぎ・うがちぞめのぎ）**

**玉串奉奠（たまぐしほうてん）**
建築主、建築主の家族、設計者、棟梁の順に神主から玉串を受けとり、神前に捧げ、二拝二拍手一拝して戻る

**神酒拝戴（しんしゅはいたい）**
儀式のあと、お酒と酒肴で祝う

## 祭壇の例

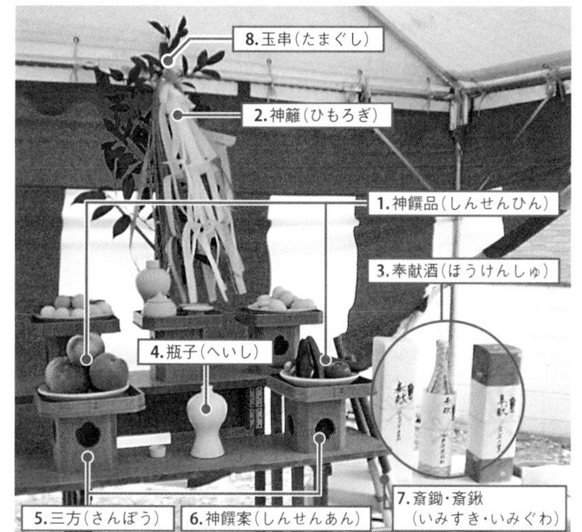


1. 神饌品（しんせんひん）：神前に供えるお神酒、塩、米、海の物（鯛・スルメ・干し昆布など）、野菜、果物。建築主か工務店が準備する
2. 神籬（ひもろぎ）：サカキやスギ、モミの枝に苧麻（ちょま）、紙垂（しで）を付けたもの
3. 奉献酒（ほうけんしゅ）：地鎮祭、上棟式、竣工式などの行事において神々に献じられる酒のこと
4. 瓶子（へいし）：お神酒を入れて注ぐのに使う瓶を置く場合もある
5. 三方（さんぽう）：神饌品を載せるヒノキの白木造りの台
6. 神饌案（しんせんあん）：神饌品を載せた三方を載せる台
7. 斎鋤・斎鍬（いみすき・いみぐわ）：穿初の儀で工務店が斎鋤を入れ、建築主が斎鍬を入れる
8. 玉串（たまぐし）：サカキの小枝に紙垂か麻を付けたもの

Keyword 021

# 地縄張り・遣り方

**地縄張り、遣り方は、建物の位置を決めるために行うものなので正確かどうかしっかりチェックする**

## 地縄張り

地縄張りとは、敷地に計画建物の外壁、間仕切ラインに縄を張り、その位置について建築主に確認をとることである。縄張りともいう。これは、通常、地鎮祭の前に行う。

この地縄張りで、隣地境界線、道路境界線から建物までの距離、道路斜線、北側斜線などについて法規上支障がないか、軒先、バルコニーの位置、樹木と建物の関係などを図面上でなく実際に確認する。また、設計監理者は建築主に敷地上で間仕切位置や大きさ、窓や扉の位置などを十分に説明し、体感してもらう。その敷地に立って、体感すると部屋の大きさ、方向など図面だけではイメージしにくかったものが分かってくる。

## 遣り方

次は、遣り方が行われる。遣り方は正確に建物の位置を決めるための作業となる。建物の外壁線より50~60㎝離したところに杭を打ち、貫板をぐるりと囲むように設置し、そこに隣地境界線、道路境界線から正確に測定した建物の外壁線を記す。また、それを基準にして、間仕切壁の線（通り芯）の位置を記す。これが、建物の実際の位置になるので、特に慎重に行う。

また、設計上の基準高さ（ベンチマーク）より、設計地盤の高さを確認し、基礎の天端を貫板の天端になるように設定する。この高さが建物の基準となる。このように貫板が位置、高さの基準となるので、しっかりと固定させなければならない。万が一、動いたときにすぐに確認できるように基準線は塀や路肩など動かないものに逃げ墨を打っておく。

設計監理者は、遣り方が完了した際に再度、建物の位置、高さが計画どおりか確認する。

## 地縄張りの例

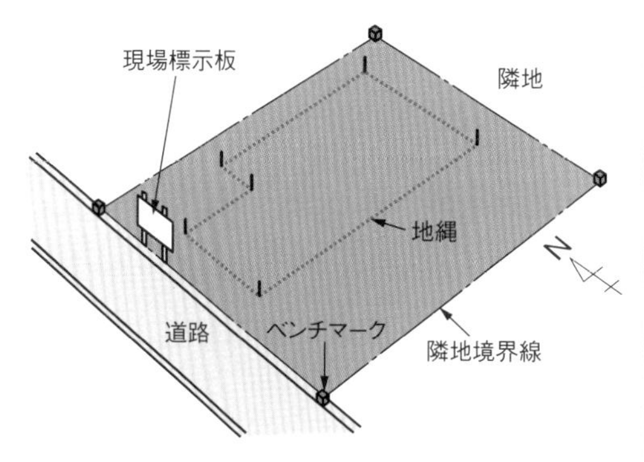


**Check Point**

### 地縄張りの確認事項

- □ 敷地境界線の確認
- □ 道路との関係、道路斜線、北側斜線など法規上問題はないか
- □ ベンチマークの設定が設計図と相違ないか
- □ 軒先、バルコニー、庇、出人口などと境界線との関係はどうか
- □ 近隣建物との高さの関係（窓・エアコン）との関係はどうか
- □ 外部配管と建物との関係はどうか
- □ 樹木や残置物などの建物との関係はどうか

## 遣り方の例

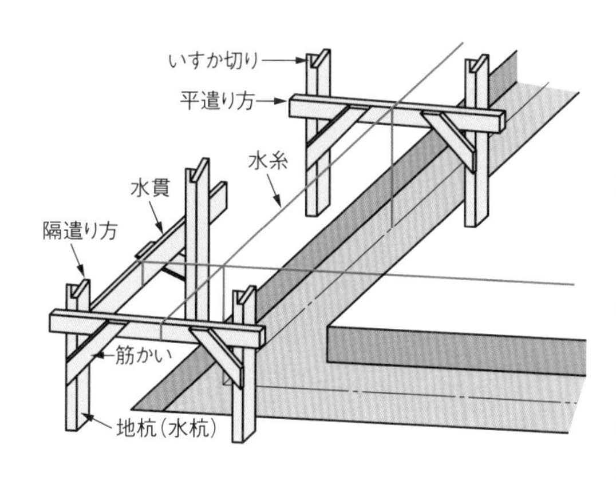

(1) 建築物隅角部、その中間部（通り芯）の要所で、根切り範囲から50～60㎝程度離れ、根切り後の移動のない位置に杭を打ち込む。杭の頭を「いすか切り」しているが、これは地杭に衝撃が加えられた場合に、その変状ですぐに異状を発見できるようにするためである

(2) 杭に高さの基準を記したら、かんな掛けをした貫板の上端をその基準に合わせて水平に取り付ける。この貫板に間仕切の線（通り芯）の位置を記す

(3) 貫板が動いたときにすぐに確認できるように基準線は塀や路肩など動かないものに逃げ墨を打っておく

**Check Point**

### 遣り方の確認事項

- □ 隣地境界線・道路境界線と水糸の交点の距離を確認
- □ 芯墨・水糸位置が図面と合っているか

## ベンチマーク（BM）とは

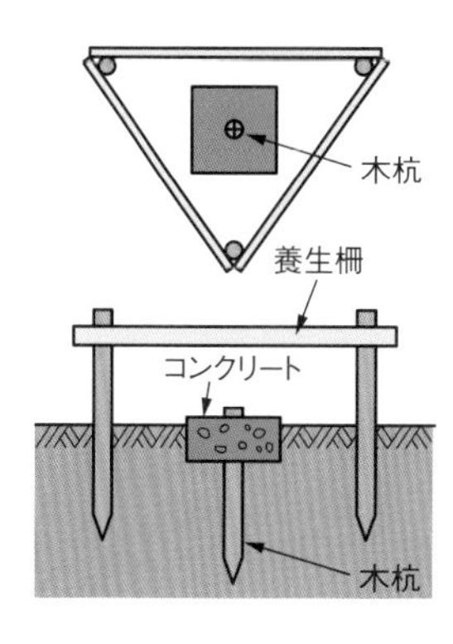


ベンチマークとは、建築物の高低と位置を決めるための基準となるもので、これをもとにして、遣り方を行い、建築物の高さを決める重要なものである。木杭、コンクリート杭などを用いて絶対に移動しないように設置し、その周囲を養生する。また、ブロック塀や擁壁、マンホールなど工事により動くことがないものがあれば、これに基準高さを表示しておく。工事監理者は、このベンチマークの確認をする

Keyword 022

# 根切り・割栗石入れ

**割栗石の天端は、正確に高さを決めて、十分に転圧して締め固めることが重要**

## 根切り

根切りは、掘削もしくは掘り方ともいう。遣り方で通り芯に水糸を張るが、その水糸を基準にして石灰で根切りをするためのラインを引く。そのラインに従い、バックホーにて根切りを進めていく。

根切りの深さは、貫板の天端から根切り底の深さを記した棒で、レベル測量器により正確に掘っていく。必要に応じて、掘削面に法面をつけるか土留めを設ける。

根切りがある程度まで進んだところで、バックホーの爪で荒らされた根切り底を手作業でていねいにならす。この作業を繰り返して根切りが完了する。この際に監理者は根切りの深さや地盤の状況を確認する。

## 割栗石入れ

根切りが完了すると地耐力を確保するために割栗石を10～15㎝厚以上入れる。大きさが5～10㎝の石を均一に並べ、その隙間には、目潰しといわれる砂利を敷く。目潰し砂利を入れたらランマーにて3回以上突いて、十分に締め固める。割栗石は、地盤が固かったり、地盤改良したりする場合は省略してもよい。

ベタ基礎の場合、割栗石入れが終わると防湿シートを敷く。これは、土壌の湿気が基礎に上がってこないようにするためである。防湿シートは厚さ0.1㎜以上のものを使用する。シートの重ね代は150㎜以上とし、破れていたら防湿テープで補修する。布基礎の場合は、基礎コンクリートが出来上がった後に敷き、防湿コンクリートで押さえる。

この作業は、埋め戻すと隠れてしまうので必ず写真を撮っておく。根切り底の状態、深さ、割栗石を入れているところ、転圧しているところなど、どれも重要である。

# 根切り～割栗石入れの工程

## 根切り底の状態を確認

根切り底は必要な地耐力をもつ支持地盤であることが望ましい。ボーリングデータや地盤調査報告書と照らし合わせながら根切り底の状態を確認する。支持層が確認できない場合には、さらに掘り進めるなど臨機応変に対応したい。また、根切り時に予期せぬものがよく出てくる。右の写真の例は、掘削している際に昔の擁壁が出てきた。このように予期せぬものが出てきた場合は、地盤調査会社や構造設計者と相談して基礎計画から見直すことも検討する。このような地中障害物が出てきたときには、建築主に追加料金が発生することを早めに説明しておく

掘削していると、ずっと昔の擁壁が出てきた

## 高さの確認

根切り、捨てコンクリート打ちの際、その都度ベンチマークからも高さの再確認をする

## 掘削床づけ

根切り深さ、幅など分かるようにロッド（標尺）を当てて、写真を撮っておく

## 割栗石入れ

目潰し砂利を入れてランマーで十分に転圧する

砕石を入れて、防湿シートを敷く。重ね代、シートの厚みなどを確認して、捨てコンクリートを打設

**Check Point**

### 根切り・割栗石入れにおける確認事項

- □ 根切り底の深さ、位置に間違いはないか
- □ 根切り底は均等にならしているか
- □ 地盤の状況は、地盤調査の資料を照合してどうか
- □ 割栗石の大きさや材質に問題はないか
- □ 割栗石の厚みは図面どおりか
- □ ランマーにて十分な転圧がなされているか
- □ 最後に目潰し砂利で上ならしをしているか
- □ 防湿シートの厚みは問題ないか
- □ 防湿シートの重ね代は150㎜以上あるか

Keyword 023

# 捨てコン・墨出し

**墨出しにより基礎の位置が決まるので、絶対に間違ってはいけない。必ず確認する**

## 捨てコンクリート

防湿シートが敷き終わると捨てコンクリート（捨てコン）を打設する。捨てコンクリートは、基礎をつくる位置に印を付けて型枠を正確に設置するために行うものである。また、捨てコンクリート打設によって基礎底面を平らにならし、鉄筋の高さを揃える。捨てコンクリートの厚みは3～5㎝程度とする。捨てコンクリートは強度を求められているものではないが、18N／mm²、スランプ値は15㎝程度とする。

## 墨出し

捨てコンクリートの打設が終わると、墨出しを行う。墨出しとは、基礎の位置を正確に決めるためにコンクリートの上に墨壺で必要な線を表示するものである。この墨出しにより建物の基礎の位置が決まるので非常に重要なものである。通常は2段階に分けて行われる。第1段階は、立上り鉄筋の位置とベース型枠の位置を表示し、第2段階はベースコンクリート打設終了後に立上り型枠の位置を表示する。

遣り方をした際の貫板に基準となる通り芯を記したが（50頁参照）、それを基準にして水糸を張り、下げ振りにて捨てコンクリートに移す。これを繰り返し行い、正確に壁の位置を記す。この墨出しで間取りの中心線（壁芯）を表示する。これが立上り鉄筋の位置となる。同時に換気口、人通口の位置を記す。これにより立上りの鉄筋をカットし、カットした部分に補強筋を入れる。またベースの幅を記し、ベースの型枠を設置する。

墨出しが終了すると、監理者はその墨に間違いがないか確認をする。また、全長を長いスチールテープであたり、それぞれの通り芯、壁芯を確認する。そして、換気口の位置、ベース幅、四隅は直角かどうかを確認する。

## 捨てコンクリート〜墨出しの工程

墨出しを行う際は、遣り方が動いている場合があるので、必ず、境界からの寸法を再確認して、通り芯を捨てコンクリートに写す

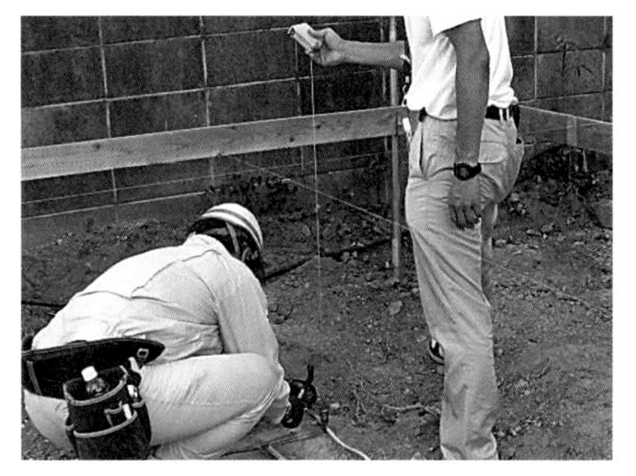

遣り方の通り芯に糸を張り、その糸から下げ振りを下ろして、芯墨を打つ

### コンクリート面の高さチェック

捨てコンクリートを打設して水糸よりスケールを当てて捨てコンクリート面の深さをチェックする

### 鉄筋の組み立て

写真は墨出しによって描かれた墨に沿って鉄筋が組み立てられている様子

**捨てコンクリートのチェックポイント**

- □ 捨てコンクリートの高さに間違いはないか
- □ 捨てコンクリートに不陸はないか

**墨出しのチェックポイント**

- □ 敷地境界線、道路境界線からの距離に間違いはないか
- □ 建物全体の長さに間違いはないか
- □ 通り芯の位置に間違いはないか
- □ 基礎を設置する位置に間違いはないか
- □ 建物に直角は出ているか
- □ 基礎ベース幅に間違いはないか
- □ 換気口の位置、大きさに間違いはないか

# 床下の湿気対策

**シロアリから家を守るために防湿コンクリートまたは防湿シートなどで床下防湿処理を施す必要がある**

## 床下の湿気対策

床下は、地面からの蒸気により湿気が溜まりやすい場所であり、腐朽菌やシロアリが繁殖しやすい条件となっている。木造住宅の場合、腐朽菌やシロアリにより耐久性が著しく損なわれるため、その対策は重要である。

対処方法としては、コンクリート基礎の立上り高さを40cm以上にする。この高さは、シロアリが土台まで上がらないようにするために最低限必要な高さとされている。

また、布基礎の場合、床下防湿措置として防湿用のコンクリートを打設するか、もしくは防湿シートを敷く。防湿用コンクリートを施工する場合は、床下地面を盛土して十分に突き固めた後、厚さ60㎜以上のコンクリートを打設する。

防湿シートを施工する場合は、床下全面に厚さ0.1㎜以上のものを敷きつめ、その重ね幅は150㎜以上とする。

## 床下換気

なお、床下に換気口を設ける際は、外周の基礎には有効換気面積300$\mathrm{cm}^2$以上の床下換気孔を間隔4m以内ごとに設置する。

この換気口より雨水が浸入しないように、換気口下端は外下がりに勾配をとる。

また、外周部以外の室内の布基礎には、適切な位置に通風と点検用に人が通れるだけの床下換気口を設ける。

最近では、高さ20㎜の基礎パッキン（ネコ土台）を基礎と土台の間に設置して、床下換気をするケースが多くなっている。これを使用する場合は、メーカーの施工要領にもとづき、構造上支障のないように基礎パッキンの間隔、アンカーボルトの位置、その性能、品質に十分に注意して施工しなければならない。

# 床下防湿対策

## 床下換気の取り方

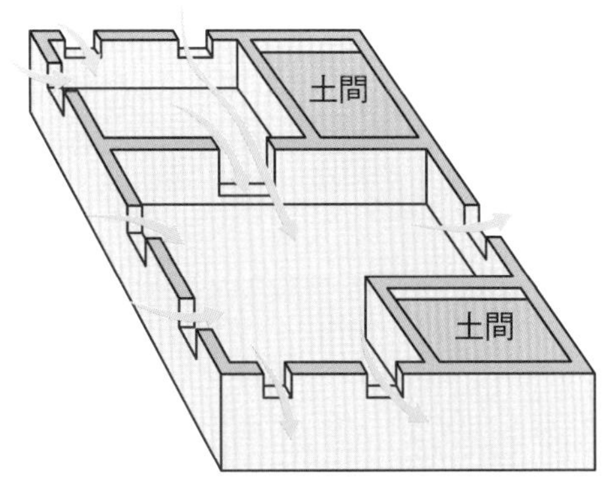


外周部の基礎には有効換気面積300㎠以上の床下換気口を、間隔4m以内ごとに設ける。内部の基礎には通風と点検に支障のない位置に換気口（人通口）を設ける

## 防湿コンクリートの例（布基礎の場合の例）

120以上かつ土台の幅以上
400以上
防湿シート ㋐0.1以上
防湿コンクリート
60以上
120以上
240以上かつ凍結深度以上
(150)
(30)
(120)
盛土
砂利または乾いた砂
捨てコンクリート
フーチング幅

## 床下換気口

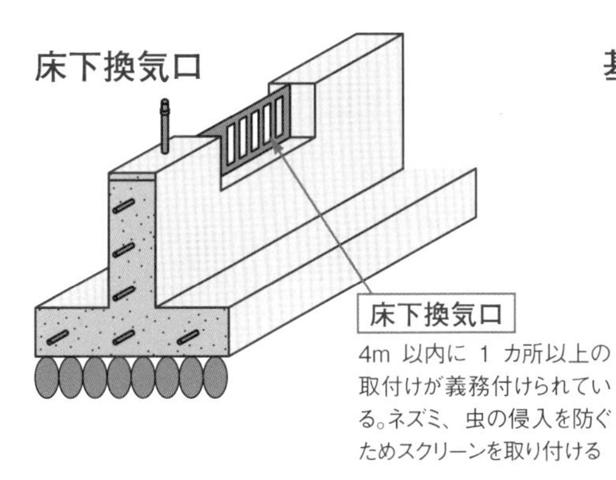

**床下換気口**

4m以内に1カ所以上の取付けが義務付けられている。ネズミ、虫の侵入を防ぐためスクリーンを取り付ける

## 基礎パッキン

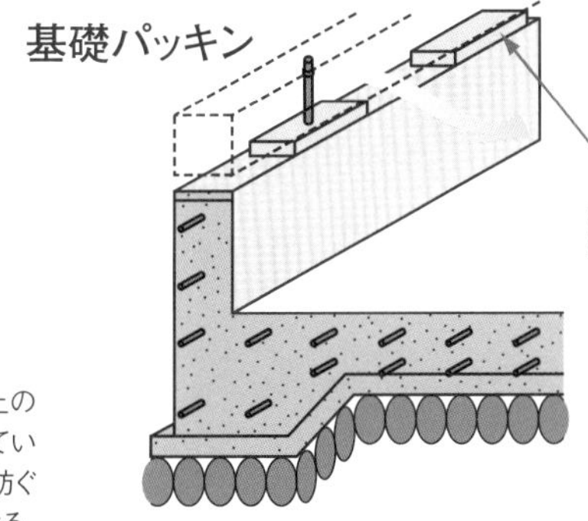

**基礎パッキン**

基礎と土台の間に基礎パッキンをはさみ込み、基礎と土台の間に隙間をあけて、新鮮な空気を入れ込む

## 基礎パッキンの施工監理ポイント

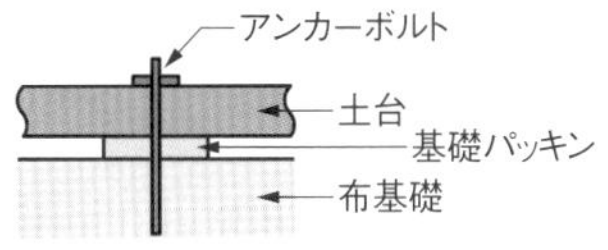


**1**》》柱の下やアンカーボルトのある個所にきちんと敷き込まれているか

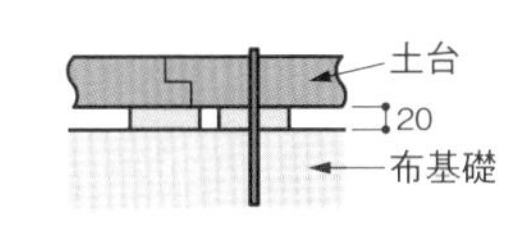


**2**》》土台の継手の位置に基礎パッキンが敷き込まれているか

1,000㎜
土台
20
布基礎

**3**》》基礎パッキンの設置間隔が最大1,000㎜ピッチ（おおむね半間間隔）以内で施工してあるか

**Point** 基礎パッキンを使用する場合は1m当たり有効面積75㎠以上の換気口を設ける

## 基礎パッキンの設置状況の確認

基礎と土台の間に基礎パッキン（ネコ土台）を1m以内に設置して、通気の隙間を確保する

Keyword 025

# 基礎の種類

**基礎の種類は、布基礎、ベタ基礎、杭基礎があり、地盤調査で確認した地耐力により決められる**

## 直接基礎と杭基礎

木造住宅の基礎は、直接基礎と杭基礎に大別され、直接基礎には、ベタ基礎、布基礎の2種類の基礎がある。最近では、ほとんどがベタ基礎を使う傾向にある。これ以外に独立柱を支える独立基礎がある。基礎の形状は、地盤調査で明らかになった支持地盤の地耐力により決められる。地耐力とは地盤がどれだけの荷重に耐えられるかを示したものである。地耐力は「支持力」、専門的には「長期許容応力度」ともいう。単位はkN／㎡で表す。

地盤が悪い場合、基礎の選択を誤ると、不同沈下を起こすおそれがあるので、その選定は慎重にしなければならない。

## 各基礎の特徴

ベタ基礎は、建物の平面全体を一体化した床版（ベース）に、外壁と間仕切壁の直下に立上り壁を設置したもの。構造的に強く、不同沈下に対して効果的である。ちょうど、海の上に船が浮いている状態をイメージすればよいかと思う。ただし、かなり軟弱な地盤ではその自重で沈下する可能性もあるので注意する。防湿の点でも有効である。

布基礎は、連続基礎ともいい、外壁と間仕切壁の直下に連続して設置する。フーチングと呼ばれる部分と立上りの壁部分を一体化した基礎である。

これらの直接基礎は、地盤が軟弱である場合は、地盤補強をしたうえで設置される。

杭基礎は、一般的に基礎の下部に固い地盤まで杭を打ち、杭を通して建物の荷重を地盤に伝えるもので、非常に軟弱な地盤に適した基礎といえる。これらの基礎のベース、フーチングの厚み幅、配筋、杭の方法は地盤調査結果をもとに構造計算を行い、決定される。

## 基礎は敷地の地耐力にふさわしい形式を選択する（平12建告1347号）

- 直接基礎
  - 布基礎 ……… 地耐力が30kN／㎡以上の地盤に採用
  - ベタ基礎 ……… 地耐力が20kN／㎡以上の地盤に採用
  - 独立基礎 ……… 独立フーチング基礎ともいう。傾斜地に建てる場合や、デッキ、玄関ポーチの基礎として採用される
- 杭基礎 ― 地盤の地耐力が20kN／㎡未満の場合

地盤調査の結果、地耐力が不足している場合は、地盤補強をして、地耐力を確保する

なお、異なる構造の基礎を併用することは建築基準法で禁じられている！（構造計算により構造耐力上の安全性を確認した場合を除く）

## 基礎の形式ごとの特徴

### 布基礎

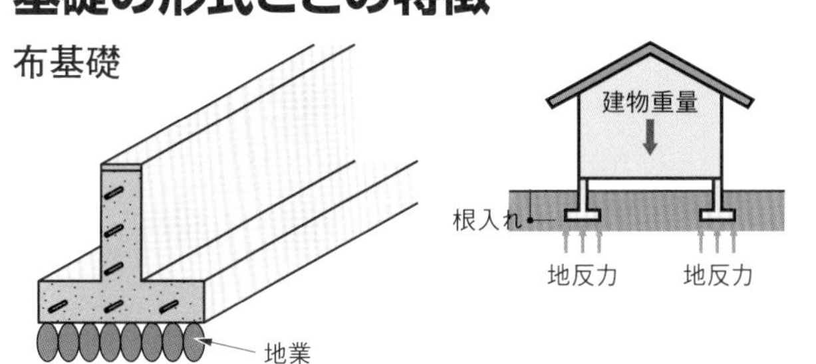


帯状に連続して壁面に沿って設けられる基礎で工事費も低めに抑えられる。ただし不同沈下を起こすと、基礎がポッキリ折れ、亀裂が入る場合がある

### ベタ基礎

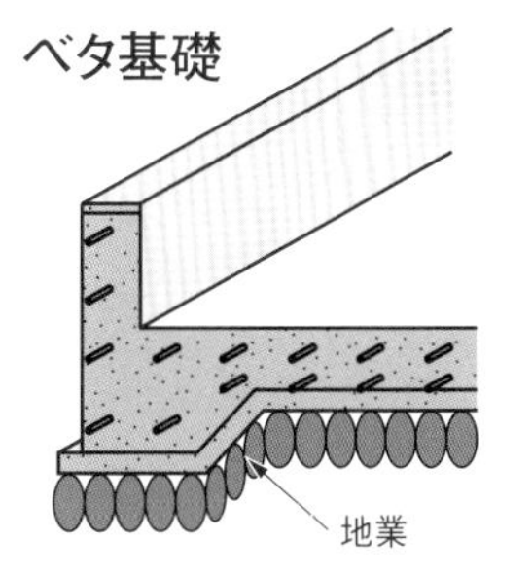


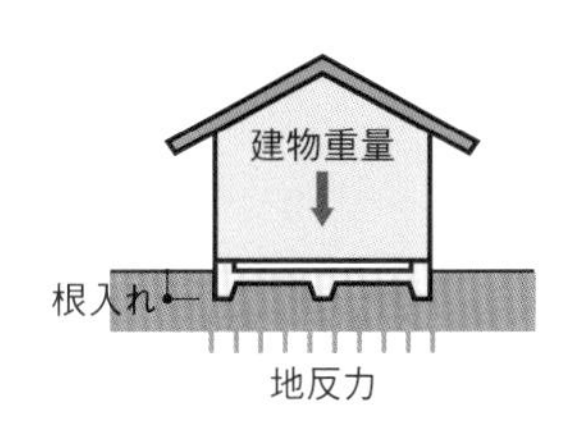


床下全面をコンクリートで覆い、基礎全体で地盤に力を伝える。構造的にも強く、不同沈下に対して効果的。ただし、超軟弱地盤では自重で沈下する可能性があるので避ける

### 杭基礎

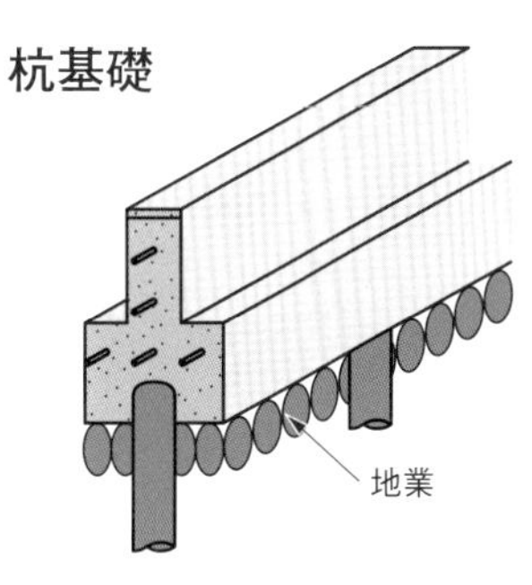


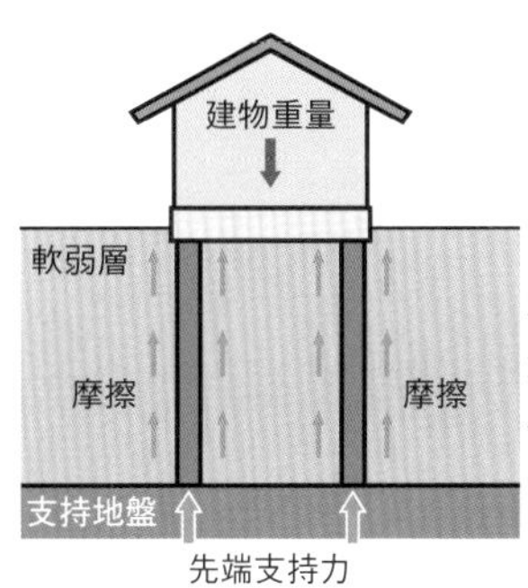


敷地の地盤に軟弱層が続く場合、支持地盤まで杭を打ち、建物の基礎を支える。杭は小口径のRC杭、PC杭など

Keyword
026

# 基礎の形状と配筋

**基礎の配筋は、構造計算により決められる。荷重条件や地盤の状況にふさわしい仕様とすること**

## 布基礎の形状と配筋

布基礎はTの字を逆にしたような形状となる。底辺部分（フーチング）の幅は、地耐力30kN／㎡以上で450㎜が標準となる。ただし、荷重条件や地盤の支持力により変わるので、計算により決める。フーチングの厚さは150㎜以上とし、根入れ深さはGLより240㎜以上深くする。

また立上り部分は、GLからの高さが400㎜、幅が120㎜以上が一般的である。120角の土台の場合は、そのような場合は立上りの幅を150㎜とする。

配筋は、立上り部分の主筋として径13㎜以上の異形鉄筋を立上り部分の上端と下部の底盤にそれぞれ1本以上配置して、かつ、立上り筋と緊結させる。また、立上りの縦筋はD10以上の鉄筋を300㎜以下の間隔で配置する。底盤部分はD10以上の鉄筋を300㎜以下の間隔で配置し、底盤の両端部に配置したD10以上の鉄筋と緊結させる。

## ベタ基礎の形状と配筋

ベタ基礎は一般的に、布基礎と同様に立上りの幅を120㎜以上とし、できれば150㎜とするのが望ましい。底盤厚さは、150㎜以上とする。また、地面からの立上り高さを400㎜以上確保する。

ベタ基礎の配筋は、底盤部分はD10以上の異形鉄筋を300㎜以下の間隔で縦と横に建物全体に配置する。地盤の状況が悪ければ、底盤部分の鉄筋をD13にしたり、ダブル配筋にしたりすることもある。立上り部分は布基礎と同じ配筋である。

ベタ基礎の場合、底盤と立上りの取合いには打継ができる。通常、打継部の50㎜下が地盤面だが、何らかの理由で打継部より上部が地盤面となると、打継より水が浸入するので止水板を入れる。場合によっては、外防水が必要である。掘込車庫の場合も同様だ。

## 布基礎の仕様例

立上り部120mm以上(ただし、120角の土台を使用する場合は、150mm以上とする)

立上り部　主筋D13以上
立上り部　補強筋D10以上@300以下
立上り部　補強筋D10以上
防湿コンクリート㋐60以上
GL
主筋D13
フーチング
捨てコンクリート
防湿シート㋐0.1以上
敷砂利(砕石)地業60以上
底盤150mm以上
底盤の補強筋D10以上@300以下
割栗石
支持地盤
梁せいd(長辺方向の1/10)
地上部立上り400mm
根入り深さ240mm以上
30
120
底盤の幅450mm以上

底辺(フーチング)の幅は、建物の規模とその敷地の支持力によって異なる

止水板を入れたところ

## ベタ基礎の仕様例

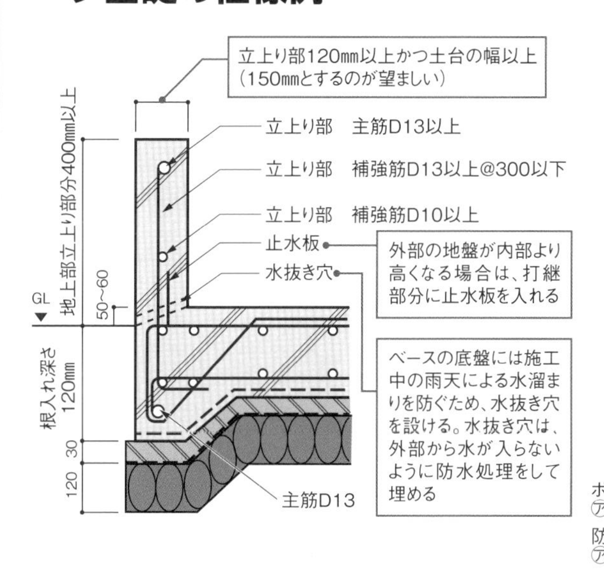


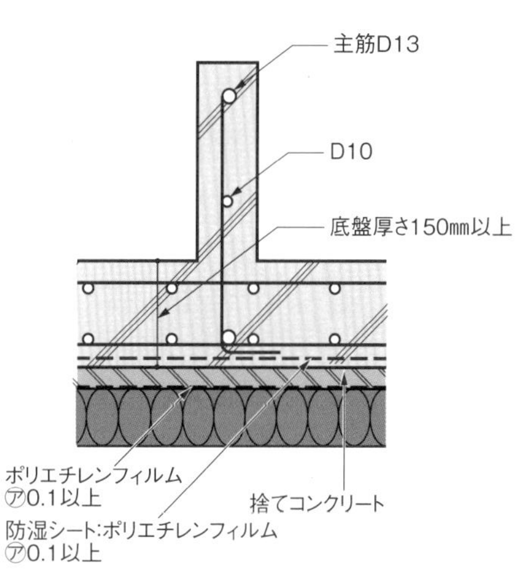


**Point** 鉄筋は、JISに適合されたものを使用し、メーカーよりミルシート(鋼材検査証明書)を取り寄せて品質の試験結果を確認する。ミルシートとは規格が指定された鋼材を受注した際に、メーカーが、その製造結果が指定された規格などの要求事項を満たしていることを証明した書類のこと

**Point** 基礎の形状、配筋は、地耐力をもとに構造計算により決められる。
2階建ての場合は、スパン表で決められる場合もある
※スパン表…「木造軸工法住宅の横架材及び基礎のスパン表」㈶日本住宅・木材技術センター

Keyword 027

# 配筋の補強

**換気口、人通口、配管スリーブなどの開口廻りには、鉄筋による補強が必要である**

## 開口廻りは補強する

基礎コンクリートに換気口などの開口や設備関係のスリーブが設けられると、その部分が構造上の弱点となり、コンクリートがひび割れし、大きな地震時にはそこから崩壊していく。そのため、開口部廻りは補強する必要がある。また、開口部のほか、出隅部は力の流れの方向が変わり、通常より大きな力が加わるところなので補強が必要となる。

## 補強筋の入れ方

標準的な補強筋の入れ方を説明する。換気口廻りは、D13の横筋およびD10の斜め筋により補強する。長さは、横筋に関しては、換気口の幅にそれぞれ500㎜を足したもの。斜め筋に関しては800㎜とする。

出隅の補強は、横筋を折り曲げ、直行する他方向の横筋に300㎜以上重ね合わせる。

スリーブ廻りは、D13の斜め筋により補強する。長さはスリーブ径に定着350㎜を両側に加えた長さとする。なお、スリーブは立上り高さの1／3以内の大きさとする。

人通口は、切断された人通口の底部が弱点となるため、開口部の底部と両側に補強筋を入れる。補強する範囲は、人通口の幅が600㎜とすると両側それぞれに45ｄ（ｄは鉄筋の径）ほど足した範囲とする。なお、人通口の位置は、最も力のかからない梁スパンの端から1／4以内に設置するとよい。

これらの補強筋の入れ方、定着の長さは、構造計算による基礎の形状の違い、コンクリート強度の違いによりそれぞれ異なるので、構造図で確認する。

また、これらの開口は、力が大きくかかる柱下、耐力壁下、アンカーボルトと干渉するようなところに設けてはならない。

## 床下換気口の補強例

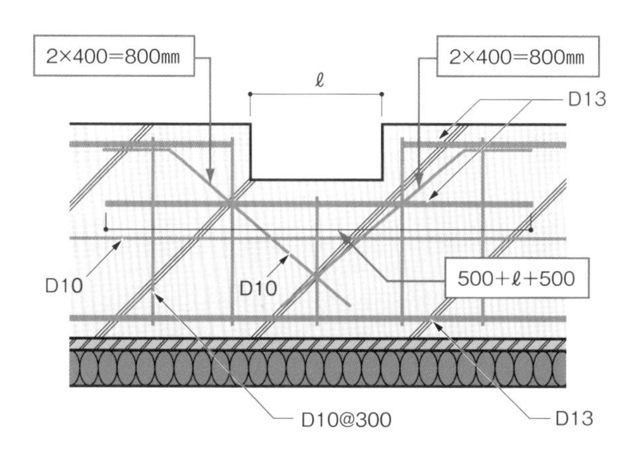


換気口の廻りはD13の横筋およびD10の斜め筋により補強する。D13横筋の長さは500㎜+換気口の幅ℓ+500㎜とする。D10の斜め筋の長さは、2×400㎜=800㎜以上とする。また、コンクリート強度は24N/㎟とする

## 出隅部の補強例

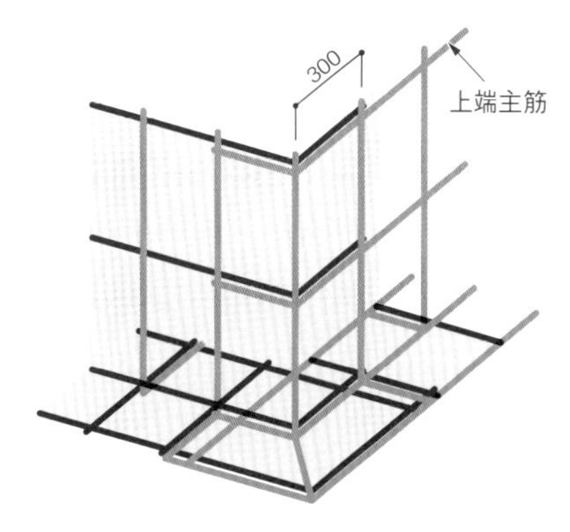


隅角部の横筋を折り曲げ、直行する他方向の横筋に300㎜以上重ね合わせる

## 貫通口の補強例

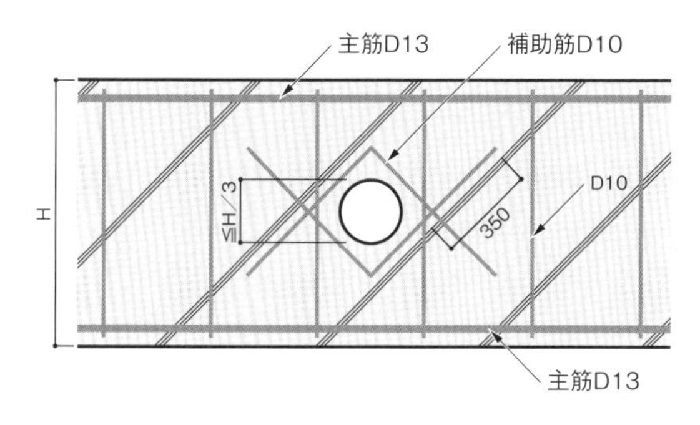


スリーブとは基礎コンクリートや梁などを貫通する孔のことで、具体的には設備配管用(上下水道用・空調用など)・電気配線用スリーブなどがある

## ひび割れが生じた例

開口部に補強筋が入っていないと不同沈下、地震の際に開口部からひび割れが生じる

## 人通口の補強例

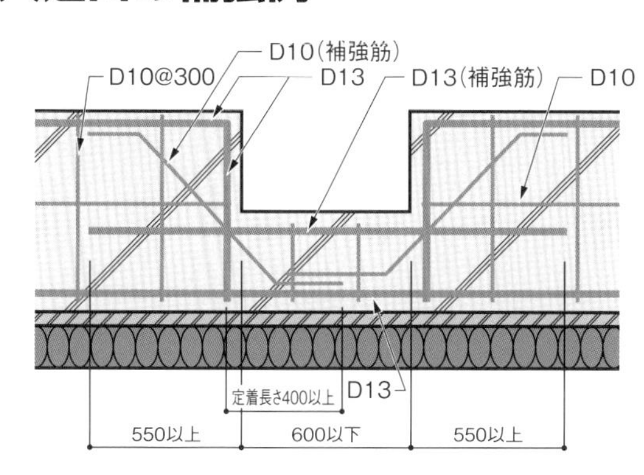


①人通口廻りは、D13横筋とD10斜め筋により補強する
②補強用D13横筋の長さは550㎜+人通口の幅の長さ+550㎜以上とする
③補強用D10斜め筋の定着長さは400㎜以上とする
④人通口の幅は600㎜以下とし、設置位置は柱間隔が1.82m以下の下部で、かつ柱から近いほうの人通口端部までが300㎜以内とする
⑤柱間隔が1.82mを超える下部に設ける場合は、構造計算を行い適切な補強を行う
⑥補強用D10斜め筋の定着長さを400㎜以上確保する代わりに、通し筋としてもよい

Keyword 028

# 配筋検査

**コンクリート打設前に必ず配筋検査を行う。鉄筋の仕様、かぶり厚さ、定着と継手の長さなど確認する**

鉄筋の組立てが終わり、コンクリートを打設する前にその配筋が図面、仕様書どおりにできているかどうかをチェックする配筋検査が行われる。まず、監理者による検査が行われ、その後、木造3階建ての場合は建築基準法の検査、瑕疵担保保険の検査、性能評価を取得する場合はその検査が行われる。監理者は必ず立会うようにする。

検査の内容は、鉄筋の種別、鉄筋の間隔、鉄筋径、かぶり厚さ、定着と継手の長さ、立上り筋の高さ、緊結の状態、開口補強筋などが仕様書、図面どおりにできているかどうかをチェックするものである。この検査は、基礎の耐久性に影響する非常に重要なものなので、入念に行わなければならない。

## 検査のポイント

現場においては、まず、鉄筋の間隔、径をスケールを当てて確認する。鉄筋のかぶり厚さは、十分な厚さがなければ早く鉄筋が錆び、耐久性が低下してしまうので、スペーサーにより適切に厚みが確保されているかを確認する。

コーナー部においては、鉄筋折り曲げ長さ（定着）があるかどうかをを確認する。また、鉄筋の継手の長さは、鉄筋が短く途中でつなげる場合のその重なりの長さをいい、13㎜の鉄筋では50～60㎝は必要である。開口廻り、設備の配管廻りには、適切に開口補強筋が入っているかを確認する。また、結束線にて十分に鉄筋が緊結されているかどうかの確認も大切である。緊結されていなければ、コンクリート打設の際に鉄筋が動いてしまい、所定の耐力、耐久性が期待できなくなる。

この検査に不適合となったなら、早急に是正し、再度、検査を行う。配筋写真は特に重要なので、検査項目ごとにポイントを押さえ、鉄筋の長さ、間隔、本数、位置などが確認できるようにしっかりと撮影し保存しておく。

## 配筋のチェックポイント

全体写真。配筋の全体が分かるように撮影しておく

ベース筋の間隔を確認

人通口の補強筋の確認

配管廻りの補強筋と立上り筋のスペーサーの設置状況を確認

立上り筋の間隔、折り曲げ長さを確認

ベース筋のかぶり厚さを確認

### 配筋検査におけるチェックポイント

- □ 鉄筋の種別、径、本数に間違いないか
- □ 鉄筋の間隔、かぶり厚さ（ベース部 60㎜、立上り部 40㎜）
- □ 隅角部における折り曲げの重ねは、300㎜以上あるか
- □ 鉄筋の定着、継手長さは適正か
- □ 開口補強方法は適正か
- □ スリーブ補強方法は適正か
- □ 結束状況は適当か

### 鉄筋の種別とは

鉄筋にはリブの付いた異形鉄筋とただの棒状である丸鋼の２種類がある。最近では、異形鉄筋を使用し、丸鋼は使われない。また、鉄筋の引張りの強さを表す引張り強度がある。鉄筋の種別を表す記号として、SR235、SD295 という表現をするが、このＲが丸鋼であり、Ｄが異形鉄筋を表す。235、295 が鉄筋の引張り強度を表す。リブ付きの異形鉄筋か否かは見ればわかるが、引張り強度は、出荷時のミルシート（鋼材検査証明書）にて確認する

Keyword 029

# アンカーボルト

**アンカーボルトは、土台と基礎をつなぐ大切なもの。きまりに従い、コンクリート打設前に入れる**

## アンカーボルトの役割

木造住宅にとって、アンカーボルトをどのように入れるかは極めて重要である。阪神・淡路大震災で住宅が倒壊した原因の1つとして、アンカーボルトが適切に入っておらず、基礎から土台が外れたことが挙げられる。

アンカーボルトは、建物（土台）が地震力や風圧力を受けて基礎からはずれたり、持ち上げられたりしないように土台と基礎を緊結するものである。

また、アンカーボルトは、㈶日本住宅・木材技術センターが定める規格による「Zマーク表示金物」または同等以上の良質で性能も担保されたものを使用する（122頁参照）。

## 入れ方と注意事項

アンカーボルトを入れる位置は、耐力壁の両側の柱に近接（200㎜内外）した位置、土台切れの個所、土台の継手および仕口個所の上端部である。そのほかに、2階建ての場合は2.7ｍ以内、3階建ての場合は2ｍ以内の位置に入れるようにする。これらの位置は、力の流れを考えた場合、土台の浮き上がりやずれを抑えるために最も効果が高いとされている。

アンカーボルトの位置、埋め込み高さは、土台の天端の高さより正確に決める。埋め込み長さは240㎜以上とし、先端は土台の上端よりナットの外にねじが3山以上出るようにする。また、コンクリート打設時に動かないように、アンカーボルトは型枠などにしっかりと固定させる。

また、アンカーボルトのねじ部の破傷、錆の発生、汚損を防止するため、建方までの間は布、ビニルテープなどを巻いて養生する。

コンクリート打設前には、アンカーボルトが図面どおりに入っているかどうかを必ず確認すること。

# アンカーボルトの入れ方

## アンカーボルトの位置

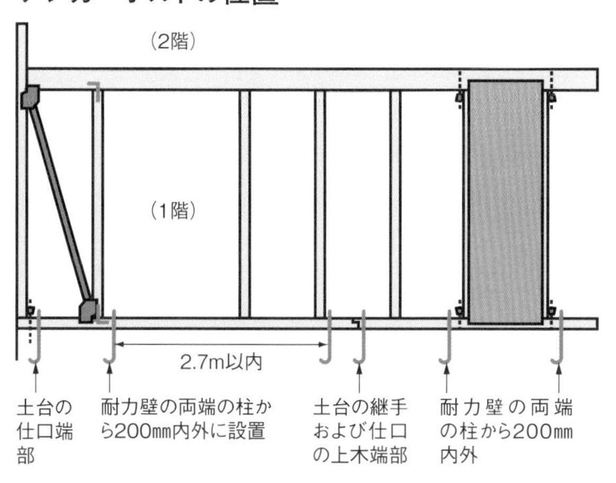

# アンカーボルト施工監理ポイント

アンカーボルトの設置位置、径に間違いないか確認する

アンカーボルトは、コンクリート打設時に動かないように型枠などにしっかりと固定させる

コンクリート打設後には、天端からの出寸法、高さを再度確認する

Check Point

### アンカーボルト据付け時のチェックポイント

- □「Zマーク表示金物」または同等以上のものを使っているか
- □ 埋め込み長さは240㎜以上確保してあるか
- □ 取り付け位置、本数、高さ、通りは計画どおりか
- □ 型枠にしっかりと固定されているかどうか
- □ 建方までの間、先端は、養生がされているか

### アンカーボルト設置の注意点

工務店によっては、田植えといって、コンクリートを打設した後にアンカーボルトを埋め込んでいくことがあるが、コンクリートが硬化する時間は限られており、その限られた時間内で、図面どおりに設置できるかどうかというのは、難しいものがある。高さがうまくそろわなかったり、基礎天端の中心にアンカーボルトが入らなかったり、間違うリスクが大きいので、絶対に避けるべきである

Keyword 030

# コンクリートの品質

**良質なコンクリートは、事前の品質管理が大事。事前に配合報告書を取り寄せ、しっかりチェックする**

良質な基礎コンクリートを打設するためには、現場に搬入されたコンクリートがどのような品質のものであるかを事前にチェックする必要がある。木造の場合、軽くみられがちだが、決しておろそかにしてはいけない。

コンクリートの主な材料は、セメント、水、骨材（砕石・砂利、砂）、混和材からなる。これらの材料がどのような品質のもので、どのように配合され、また、どのようにして打設するかがコンクリートの良否を決める。

## よいコンクリートとは

よいコンクリートとはどのようなものかというと、作業がしやすく、所定の強度・耐久性があり、できるかぎりひび割れが起こらないコンクリートのことである。ひび割れが発生すると、その部分より水が浸入し、鉄筋が腐食してしまい、基礎の耐久性の低下につながる。そのようなことを避けるため、監理者は事前にコンクリートの品質を十分にチェックし、打設計画をチェックしたうえで打設に臨むようにする。

## 品質のチェック

コンクリートの品質をチェックするには、まず事前にコンクリート配合報告書を取り寄せ、コンクリートの配合をチェックする。そのほかに骨材試験成績表、セメント試験成績表、化学混和剤試験成績表、水質試験報告書などもチェックする。

また、生産工場の確認もしておきたい。JISの認定工場であるか、工場に公認の技術士は常駐しているのか、工場から現場までの運搬時間はどれくらいかかるのか（90分以内が望ましい）を確認する。

コンクリート打設時には、納品書と現場試験により、計画どおりの生コンクリートが納品されているかどうかをチェックする。

# コンクリート打設前のチェックポイント

## コンクリートの配合報告書の例

レディーミクストコンクリート配合報告書　No.

平成20年　月　日

殿

株式会社
大阪市
TEL　FAX
配合計画者名

| 工事名称 | 邸新築工事 |
|---|---|
| 所在地 | 大阪市 |
| 納入予定時期 | |
| 本配合の適用期間 | 標準期（9／12～7／2） |
| コンクリートの打込み箇所 | |

配合の設計条件

| 呼び方 | コンクリートの種類による記号 | 呼び強度 | スランプ又はスランプフロー cm | 粗骨材の最大寸法 mm | セメントの種類による記号 |
|---|---|---|---|---|---|
| | 普通 | 24 | 15 | 20 | N |

| 指定事項 | | | |
|---|---|---|---|
| セメントの種類 | 呼び方欄に記載 | 空気量 | － % |
| 骨材の種類 | 使用材料欄に記載 | 軽量コンクリートの単位容積質量 | － kg/m³ |
| 粗骨材の最大寸法 | 呼び方欄に記載 | コンクリートの温度 | 最高・最低 ℃ |
| アルカリシリカ反応抑制対策の方法 | A | 水セメント比の上限値 | － % |
| 骨材のアルカリシリカ反応性による区分 | 使用材料欄に記載 | 単位水量の上限値 | － kg/m³ |
| 水の区分 | 使用材料欄に記載 | 単位セメント量の下限値又は上限値 | － kg/m³ |
| 混和材料の種類及び使用量 | 使用材料及び配合表欄に記載 | 流動化後のスランプ増大量 | － cm |
| 塩化物含有量 | 0.30kg/m³以下 | | |
| 呼び強度を保証する材齢 | － 日 | | |

使用材料

| | | | 密度 g/cm³ | | $Na_2O$eq % | |
|---|---|---|---|---|---|---|
| セメント | 生産者名 | | | 3.15 | | 0.64 |
| 混和材① | 製品名 | 種類 | | | | － |
| 混和材② | | | | | | － |

| 骨材 | No. | 種類 | 産地又は品名 | アルカリシリカ反応性による区分 | | 粒の大きさの範囲 | 粗粒率又は実積率 | 密度g/cm³ 絶乾 | 密度g/cm³ 表乾 |
|---|---|---|---|---|---|---|---|---|---|
| 細骨材 | ① | 混合砂 | 海砂、砕砂、スラグの7:2:1混合品 | A | 化学法 | 2.5 | 2.75 | － | 2.61 |
| | ② | － | － | － | － | － | － | － | － |
| | ③ | － | － | － | － | － | － | － | － |
| 粗骨材 | ① | 砕石2005 | 高知県吾川産 | A | モルタルバー法 | 20～5 | 58 | － | 2.70 |
| | ② | － | － | － | － | － | － | － | － |
| | ③ | － | － | － | － | － | － | － | － |

| | | | | | |
|---|---|---|---|---|---|
| 混和剤① | 製品名 | フローリックS | 種類 | AE減水剤　標準形I種 | $Na_2O$eq % 0.5 |
| 混和剤② | | | | | － |
| 細骨材の塩化物量 | | 0.004 % | 水の区分 | 上水道・上澄水 | |

配合表（kg/m³）

| セメント | 混和材① | 混和材② | 水 | 細骨材① | 細骨材② | 細骨材③ | 粗骨材① | 粗骨材② | 粗骨材③ | 混和剤① | 混和剤② |
|---|---|---|---|---|---|---|---|---|---|---|---|
| 321 | | | 183 | 780 | | | 1002 | | | 3.21 | |

| 水セメント比 | 57 % | 水結合材比 | | 細骨材率 | 44.6 % |
|---|---|---|---|---|---|

備考　①細骨材産地：海砂（佐賀県 唐津産）、砕砂（高知県 吾川産）
ASR試験は、海砂及び砕砂単品にて実施。

細骨材混合割合は質量比による。

［JISマーク品］

打設しようとするコンクリートについて、水とセメント、骨材の配合が詳しく記載してある

## コンクリート打設計画書にて記載すべきこと

- 工程表(配合報告書などの書類の提出日、型枠の組立て、コンクリート打設、型枠解体日などの詳細)
- 配合報告書(計算書を含む)
- 製造工場名
- コンクリート打設の方法(区画、順序、打止めの方法など)
- コンクリート打設作業員の配員(人数、役割など)
- コンクリートポンプ圧送業者名、配管計画、事故対策
- 打継ぎの処理方法
- 打設後の養生方法
- 供試体の採取(採取場所、養生方法)および試験所
- コンクリートに不具合がでた場合の対処方法

Check Point

### 生産工場で確認すべきこと

- □ JISの認定工場か
- □ 公認の技術士は常駐し、常に良好なコンクリート管理を行っているのか
- □ 工場から現場までの運搬時間はどれくらいかかるのか。25℃以上の場合は90分以内、25℃未満の場合は120分以内とされている

# コンクリートの品質はどこでみる？

### ●水セメント比

コンクリートの強度はセメントと水の重量割合によって決まる。水とセメントの重量比を水セメント比（W／C）という。強度を高めるためにはできるだけ少ない水で練ったほうがよい。しかも、水を透しにくいコンクリートや、ひびわれの発生しにくいコンクリートにするためにも、できるだけ水の少ない硬いコンクリートを十分に締め固めるのが原則となっている。しかし、あまりにも水の量を少なくすると、今度はコンクリートの流動性が悪くなり、作業が非常にやりにくく、コンクリートが隅々まで十分に行き渡らず、かえって悪いコンクリートとなるおそれがある。通常は、水セメント比で50～60%とする

### ●スランプ値

スランプ値とは、スランプコーンと呼ばれる試験用の容器に生コンクリートを入れ、突棒で突付いたあとで垂直上にスランプコーンを抜き取り、コンクリート頂部の高さが何cm下がったかを測定した数値のこと。数値が大きいほどコンクリート頂部が下がっているので流動性が高いといえる。スランプ値15cm～18cmがよく使われる

### ●空気量

コンクリート容積に対するフレッシュコンクリートに含まれる空気容積の割合のことで、%で表す。この空気量によりコンクリートが流動する際に摩擦の低減に効果がある。通常は、4～5%が適切である

### ●塩化物量

コンクリート中にある程度以上の塩化物が含まれていると、コンクリート中の鉄筋が錆び、コンクリートにひび割れを起こす原因となる。生コンクリートの塩化物含有量はコンクリート中に含まれる塩化物総量で規定され、0.30kg／m³以下としている

## コンクリートの現場試験

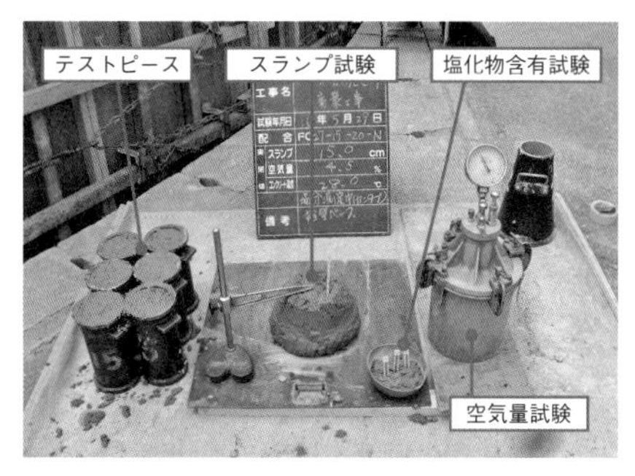


テストピース、スランプ試験、空気量試験、塩化物量を現場で実際の生コンクリートを採取して配合報告書どおりか確認する

Keyword 031

# コンクリート打設

**良質な基礎をつくるために事前に入念に型枠をチェックし、適切なコンクリート打設計画を立てる**

## 打設前の確認

木造基礎の場合、通常、ベース部分と立上り部分の2回に分けてコンクリートを打設する。打設前に配筋検査により是正があれば、手直しされているかどうかの確認をする。

また、型枠の確認として、墨出しどおりに型枠が入っているかどうか、コンクリート天端高さに間違いがないか、型枠がしっかり固定されているかなどを確認する。

また、コンクリート打設面の清掃ができているか、生コン車、ポンプ車、打設用の人員、バイブレーターなどが確保できているか、型枠への散水状況はどうかなどを確認する。打設面が清掃できていないと接合不良を起こし、強度に影響する。型枠が乾燥していれば、型枠を解体する際にコンクリート表面の剥離の原因となるので十分に散水し湿らせる。

さらに、天候の確認も重要である。打設後、表面が雨に打たれるとコンクリート中の骨材が分離し、強度、耐久性に影響するので、雨が激しく降るようならば中止するべきである。また、コンクリートは温度にも影響しやすいので、低温時、高温時の養生方法は事前に十分に打ち合わせをし、対処しておく必要がある（76頁参照）。

## 生コンが到着したら

生コン車が到着するとコンクリートを降ろす前に、納品書で工場出荷の時間を見て、運搬時間が90分以内であるかどうか確認する。さらにコンクリート設計強度とスランプ値を確認する。設計強度は、納品書により確認し、スランプ値は、スランプコーンにより確認する。特に問題がなければ、いよいよ打設となる。また、圧縮試験用の試験体を6本採取し、空気量、塩分試験のチェックも忘れないようにする。

## 生コンクリートの納品書

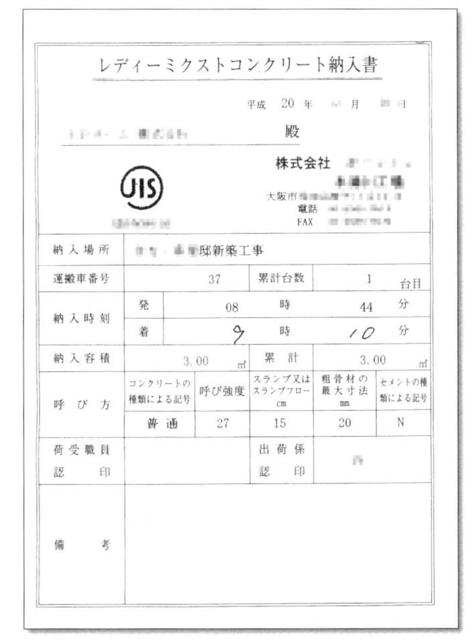

レディーミクストコンクリート納入書

平成 20 年 月 日

殿

株式会社

大阪市

電話

FAX

| 納入場所 | 邸新築工事 | | | | |
|---|---|---|---|---|---|
| 運搬車番号 | 37 | 累計台数 | 1 台目 | | |
| 納入時刻 | 発 | 08 時 | 44 分 | | |
| | 着 | 9 時 | 10 分 | | |
| 納入容積 | 3.00 ㎥ | 累計 | 3.00 ㎥ | | |
| 呼び方 | コンクリートの種類による記号 | 呼び強度 | スランプ又はスランプフロー cm | 粗骨材の最大寸法 mm | セメントの種類による記号 |
| | 普通 | 27 | 15 | 20 | N |
| 荷受職員認印 | | 出荷係認印 | | | |
| 備考 | | | | | |

工場からの運搬時間を確認する。
コンクリートの呼び強度、スランプを確認する

## コンクリート圧縮強度試験結果報告書

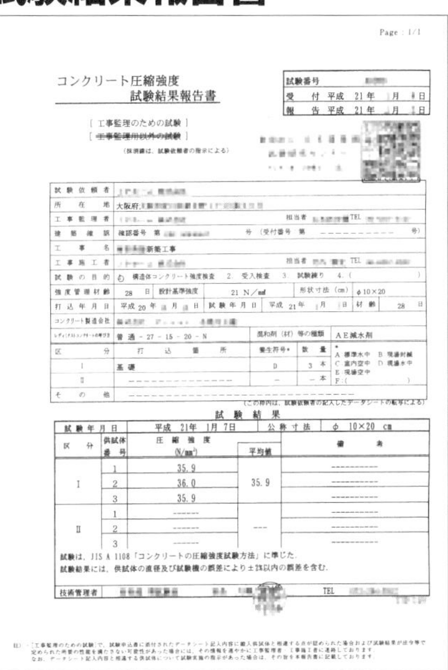

Page : 1/1

コンクリート圧縮強度
試験結果報告書

| 試験番号 | |
|---|---|
| 受付 | 平成 21 年 月 日 |
| 報告 | 平成 21 年 月 日 |

[ 工事監理のための試験 ]
[ ~~工事監理用以外の試験~~ ]
(採用欄は、試験依頼者の指示による)

| 試験依頼者 | | | | | |
|---|---|---|---|---|---|
| 所在地 | 大阪府 | | | | |
| 工事監理者 | | 担当者 | TEL | | |
| 建築確認 | 確認番号 第 号 (受付番号 第 号) | | | | |
| 工事名 | 新築工事 | | | | |
| 工事施工者 | | 担当者 | TEL | | |
| 試験の目的 | ① 構造体コンクリート強度検査 2. 受入検査 3. 試験練り 4. ( ) | | | | |
| 強度管理材齢 | 28 日 | 設計基準強度 | 21 N/㎟ | 形状寸法 (cm) | φ10×20 |
| 打込年月日 | 平成 20 年 月 日 | 試験年月日 | 平成 21 年 月 日 | 材齢 | 28 日 |
| コンクリート製造会社 | | | | | |
| レディミクストコンクリートの呼び方 | 普通 - 27 - 15 - 20 - N | 混和剤(材)等の種類 | AE減水剤 | | |
| 区分 | 打込個所 | 養生符号* | 数量 | * A:標準水中 B:現場封緘 C:室内空中 D:現場水中 E:現場空中 F:( ) | |
| I | 基礎 | D | 3 本 | | |
| II | ―――― | ― | ― 本 | | |
| その他 | ―――― | | | | |

(この枠内は、試験依頼者の記入したデータシートの転写による)

試験結果

| 試験年月日 | 平成 21年 1月 7日 | | 公称寸法 | φ 10×20 cm |
|---|---|---|---|---|
| 区分 | 供試体番号 | 圧縮強度 (N/mm²) | 平均値 | 備考 |
| I | 1 | 35.9 | 35.9 | ―――― |
| | 2 | 36.0 | | ―――― |
| | 3 | 35.9 | | ―――― |
| II | 1 | ―――― | ――― | ―――― |
| | 2 | ―――― | | ―――― |
| | 3 | ―――― | | ―――― |

試験は、JIS A 1108「コンクリートの圧縮強度試験方法」に準じた。
試験結果には、供試体の直径及び試験機の誤差により±2%以内の誤差を含む。

| 技術管理者 | | TEL |
|---|---|---|

コンクリート打設後、1週間後と4週間後に試験体を破壊して所定の強度が出ているかどうか試験する

## スランプ試験

**1》** 3層に分けてコンクリートを入れ、突き棒の先端が前層に接する程度に各層25回突く

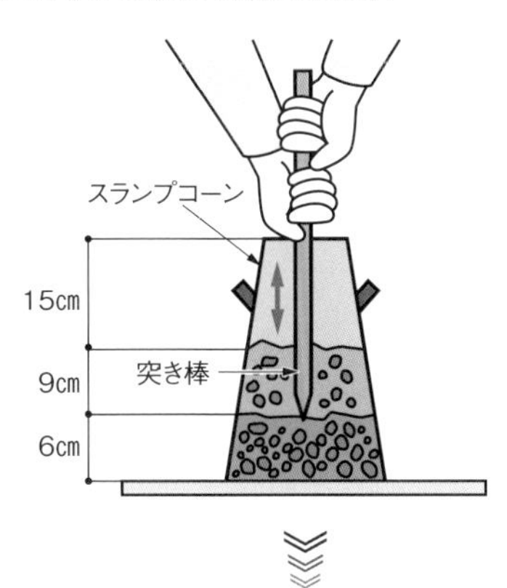


**2》** 詰め終わったらコーンを真上に持ち上げ、スランプを測定する

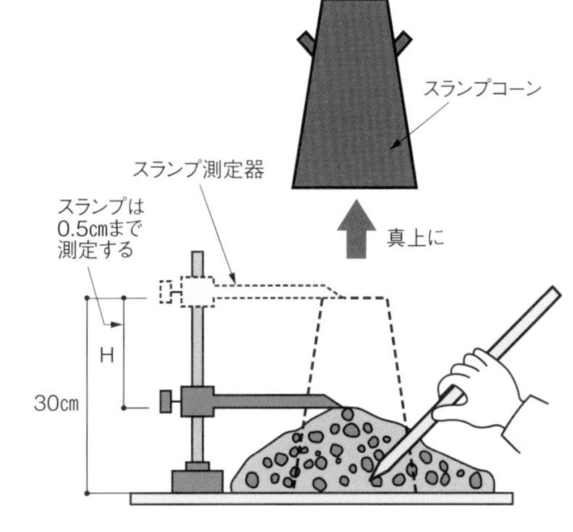


## 生コンクリート現場試験における許容値

現場における試験として、スランプ値、空気量、塩化物量含有試験を行う

| | 値 | 許容値 |
|---|---|---|
| 空気量 | 4～5% | ±1.5% |
| スランプ値 | 8～18cm | ±2.5cm |
| | 21cm | ±1.5cm |
| 塩化物 | 0.30kg/㎥以下 | ―― |

**Point** 現場試験には、監理者は必ず立ち会うようにする

# ベースコンクリート打設

## ひび割れを防ぐために硬めのコンクリートを打設し、締め固めをしっかり行う

### ベース打設で起こるトラブル

ベースコンクリートでは、ブリージングが発生することにより、コンクリートにひび割れが発生しやすくなる。生コンクリートは打設直後から分離が始まり、コンクリート骨材より比重の軽い水が上昇する。これをブリージング水というが、この水が上昇する際、コンクリートが沈下してひび割れを起こす。そして、ブリージング水が鉄筋の下部に滞留し、鉄筋の付着が阻害され、コンクリート強度・耐久性に問題が生じる。そのため、ベース打設では、ブリージング対策を考えた施工が必要となる。

### ベースの打設手順

スランプ12〜15㎝程度の硬めの生コンクリートにバイブレーターで適切な振動を与え、流動化させながら少しずつ送り込む。そうすることで鉄筋の裏側までコンクリートが行き渡るようになる。

ここで注意するのは、バイブレーターを打設作業の反対側で掛けることだ。進行方向側で掛けると生コンクリートが流れてしまい、途中で隙間ができてしまうからである。そして、生コンクリートが固まらないうちに、再度、バイブレーターを掛けるようにして、ブリージング水や空気をコンクリートから追い出す。

最後に、コンクリートの表面を金鏝やとんぼで十分に叩きならす。この作業のことをタンピングという。浮き出たブリージング水はスポンジなどで除去する。この作業を十分に行うことにより、コンクリートのひび割れを防止することができる。

ベース部には縦横に多くの鉄筋が入っているので、ブリージング水による沈みやひび割れには特に注意が必要である。

# ひび割れやすいベース部のコンクリート打設方法

## ひび割れが起こる原因

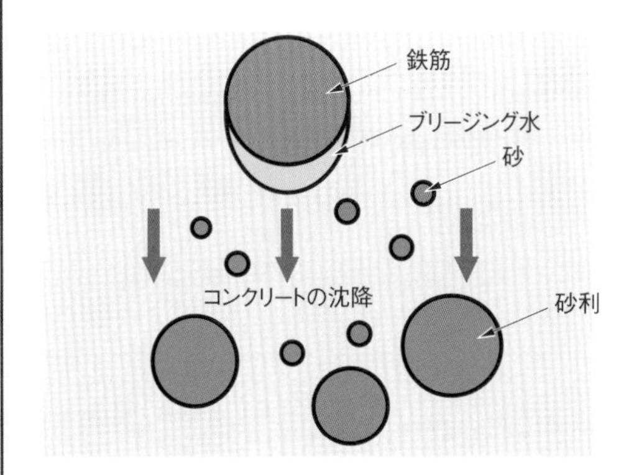


## タンピング作業

打設したコンクリートの表面を叩くことにより余分な水を追い出して密実なコンクリートとする

## コンクリート打設のポイント

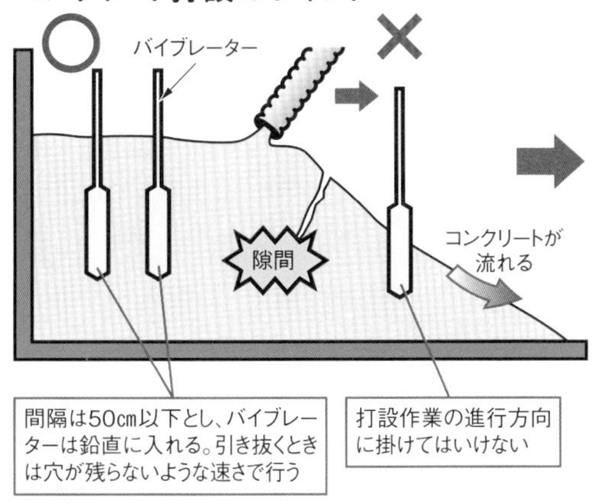


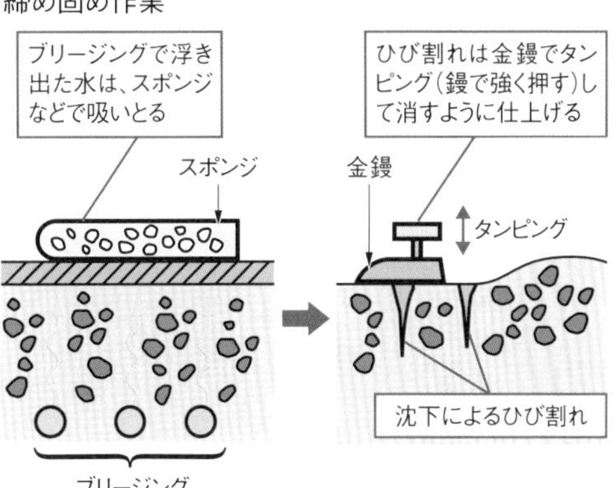


# ひび割れはこんなふうに現れる

## 沈みひび割れの例

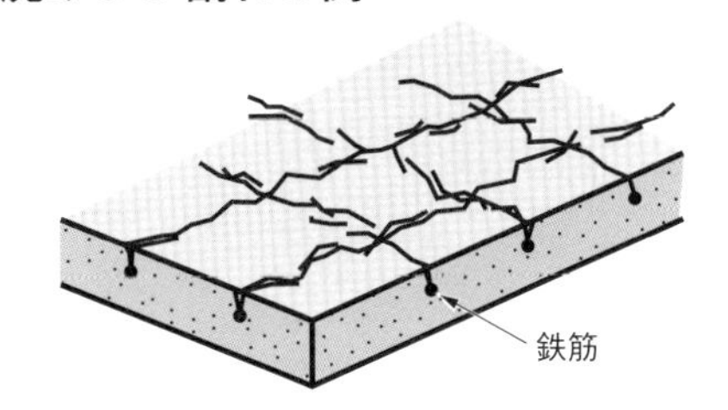


鉄筋位置の上面やスラブと梁の接合部付近に現れる

## プラスチックひび割れの例

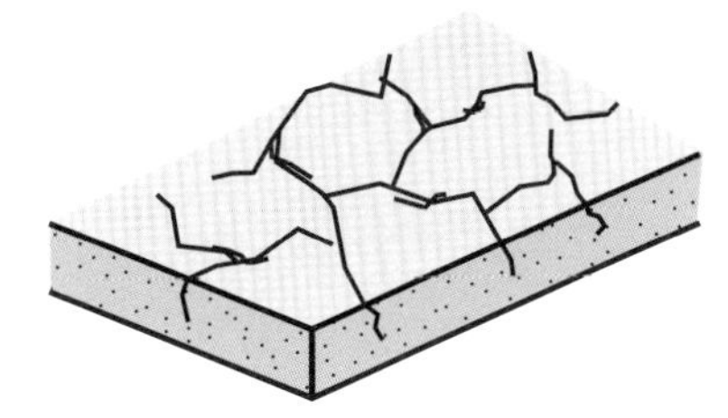

沈みひび割れよりも細かく、方向性のない亀甲模様となる

コンクリートのひび割れには、沈みひび割れとプラスチックひび割れと呼ばれるものがある。沈みひび割れは、ブリージング水が鉄筋の下部に滞留しコンクリートが沈下してひび割れを起こしたもの。プラスチックひび割れは、コンクリート表面の急激な水分の蒸発により起こる。これは、コンクリートを打設後、散水をするなどして、しっかりと養生することで防止できる

Keyword
033

# 立上りコンクリート打設

## 密実なコンクリートにするためにバイブレーターを適切に使用する

### 立上り打設時の注意点

　立上りを打設する前に、ベースと立上りの接合部のレイタンスを金ブラシで清掃し、取り除く。レイタンスとは、材料中の微粒分が、コンクリートの水分が蒸発した後に表面に残留し堆積したものである。

　立上りの打設は、硬めのコンクリートをゆっくりと少しずつ型枠に流し込む。コンクリートの水分の割合が多いと、水分が蒸発する際に体積が減少するため、立上り部では特にひび割れが発生しやすくなる。

　しかし、硬めのコンクリートは流動性が悪いため、コンクリート打設時に空気が巻き込まれてしまう。空気が型枠に残ったままの状態でコンクリートが硬化するとジャンカ（セメントと砂利が分離して脆くなっている部分）や空洞の原因となる。そのため、コンクリート打設と同時にバイブレーターなどで振動を与えてコンクリートを液状化させ、空気を追い出すようにする。また、竹でコンクリートを突ついたり、型枠を木槌で叩いたりするとよい。打設途中ではコンクリートの流れが悪くても絶対に加水してはいけない。コンクリートは、事前に工場で配合計画に従い製造しているため、現場で加水するとその配合が狂い、耐久性・強度に影響が出るからだ。

　また、最初にコンクリートを打設し、しばらく時間をおいてから再び打設すると、コールドジョイント（完全に一体化していない打継面のこと）が発生するおそれがある。コールドジョイントが発生すると強度、耐久性の低下につながるので、その場合は、打ち継ぎ個所に、バイブレーターで振動を与えてコンクリートを一体化させる。そして、コンクリートがまだ固まらないうちに再度、振動を与え、最後に鏝で強く押さえる。

## 立上りコンクリートの打ち方

コンクリート打設前には、ベースコンクリートと立上りの取合い部に塵があると、接合不良をおこし強度が落ちるので、きれいに清掃してあることを確認する

コンクリート打設が始まると、バイブレーターなどで十分にコンクリートを振動させて密実なコンクリートであるかをチェックする。ほかに竹で突ついたり、型枠を小槌で叩いたりする方法もある

コンクリート打設の前後は、立上りの型枠が図面通りかを確認する。また、打設後においても振動により型枠の位置がずれる場合があるので、再度、型枠にずれがないかを確認する

コンクリート打設が終了すると、振動によりアンカーボルトが動く場合もあるので、再度、高さ、位置を確認する。また、糸を張って、型枠の通りを確認することも重要である

監理者は、現場試験には必ず立会い、コンクリートの品質を確認する。万が一、結果が不適合なら、生コン車を帰らせる勇気も必要である

Check Point

### ベース、立上りコンクリート打設時のチェックポイント

- □ 型枠にコンクリートの付着はないか、散水をしたか
- □ 立上り部の取合い部分の清掃はきちんとできているか
- □ 納品書を確認し、配合計画どおりになっているか、納入時刻の発着は 90 分以内か
- □ バイブレーターの使用は適切か
- □ タンピングは十分に行っているか
- □ アンカーボルトの倒れ、沈み、汚れなどはないか
- □ 生コンクリート現場試験結果は適切か、テストピースは採取したか
- □ コンクリート打設後、アンカーボルト、基礎天端の高さは適切か
- □ 振動により、型枠にずれはないか
- □ 養生はしっかりしているか

Keyword 034

# コンクリートの養生

**Point** コンクリートの品質、打設がうまくいっても油断は禁物。さらに養生をしっかり行うことが大切

## 養生の重要性

コンクリートを打設すると、セメントは気温や湿度の影響を受けながら、水と反応して、少しずつ硬化していく。硬化し始めてから強度が出るまでの間、気温や湿度の条件を整えることが養生である。養生をおろそかにすると、コンクリートの品質を確保することができない。たとえ適切に打設を行ったところで、ひび割れを起こしたり、所定の強度が出なかったりする。そのため養生作業は重要なのである。

コンクリートの適切な気温とは、コンクリートが凍らない程度の低い気温である。また、コンクリートに適した湿度とは、常にコンクリートの表面に湿気がある状態である。

## 湿潤養生と保温養生

35℃を超えるような高温時においては、急激な水分の蒸発により、コンクリート強度が阻止されることがあるので、散水して温度を下げることが重要である。常に露出面に水分があるように、水を散水してシートで覆うようにする。また、急激な乾燥収縮防止のためには、湿潤養生を行う。これは、型枠を残したままコンクリートの露出面に水を溜めておく養生法である。

また、寒い時期のコンクリート打設には保温養生が必要である。コンクリート中の水分が凍結すると、体積が膨張することにより周囲のコンクリートを押し広げ、ひび割れを起こす原因となる。これを防止するためにコンクリート表面をシートですっぽりと覆い、バーナーなどで暖めて保温する。

養生期間中は、型枠に振動および外力を加えないことも大切である。

立上り基礎の場合、養生期間としての型枠の存置期間は、気温15℃以上の場合は3日以上、5℃以上の場合は5日以上とする。

監理
地盤と基礎
軸組
屋根・外装
断熱
内装
設備と外構
耐震改修
引渡し

## コンクリートの養生

打設時の気温に応じて、養生し、コンクリートが凍結しないようにする

コンクリート表面にシートを張ると湿潤状態が保たれ、急激な乾燥を防止し、ひび割れが発生しにくくなり、強度が早く出る

## 型枠の最小存置期間

| | 存置期間中の平均気温 | 普通ポルトランドセメント、混合セメントのA種 |
|---|---|---|
| コンクリートの材齢による場合 | 15℃以上 | 3日 |
| | 5℃以上 | 5日 |
| | 0℃以上 | 8日 |
| コンクリートの圧縮強度による場合 | — | 圧縮強度が5N/㎡以上となるまで |

JASS（日本建築学会仕様書）において、型枠のせき板（基礎、壁など）に関する最小存置期間が定められている。これによると木造基礎の場合は、15℃以上の場合であると3日以上、もしくは、圧縮強度が5N/㎡以上となるまでの養生期間が必要となる。この養生期間は、散水して十分な湿潤状態にし、気温が低い場合は保温し、振動・外力からの力、日射・風などにも気をつける。基本的には、気温が高すぎるとき、低すぎるときのコンクリート打設はコンクリートの品質に影響するので控える

Check Point

### コンクリート養生のチェックポイント

- □ 型枠解体までの養生期間は適切か
- □ 気温が高いとき（35℃以上）は、十分に散水しているか
- □ 気温が高いとき（35℃以上）の養生方法は、適切か。冠水状態にして湿潤養生しているか
- □ 気温が低いとき（2℃以下）は、シートで覆い保温養生しているか
- □ 気温が低いとき（2℃以下）の養生方法は適切か
- □ 日射、風に対する養生方法は適切か
- □ 養生期間中、型枠に振動や力を加えたりしていないか

Keyword 035

# コンクリートの確認

**万が一、ジャンカ、ひび割れなどの欠陥が生じたら、素早く適切な処置を行うことが必要**

十分な養生後、型枠を解体しコンクリートの状態を確認する。万が一ジャンカやひび割れなどの欠陥が生じたときは、強度、耐久性が低下するのですぐに補修をする。

## ジャンカなどの原因と補修

ジャンカ、空洞、気泡は、生コンクリートを一気に打ち込んだために型枠内部に取り残された空気が逃げ場を失うことによりできる。補修方法はその程度により変わってくる。

表面上だけのもので特に構造上影響がないと判断した場合は、セメントペーストまたはモルタルを塗り込む。ジャンカ、空洞などの不具合の程度が小さい場合は、不良部分をはつり取り、水洗いした後に硬練りのモルタルを塗り込む。程度が大きい場合はコンクリートを打ち直す。不良部分をすべてはつり取り、鉄筋まで露出させて、鉄筋に付着しているコンクリートをきれいに清掃した後、硬めのコンクリートを打設し、十分に締め固めをする。

## ひび割れなどの原因と補修

ひび割れは、放置するとコンクリート中の水分が蒸発し、乾燥収縮が進み、どんどん大きくなっていくので早目の補修が必要である。

補修は、ひび割れ部分をVカットして補修材を注入したり、周辺に穴を開けて補修材を低圧注入したりする。補修材は充填性がよいセメント系のものを選ぶ。また、ひび割れの原因調査をする必要がある。コンクリートの品質が悪いのか、打設が適切でなかったのか、それにより対処の仕方も変わってくるからである。

埋め戻しをする前にコンクリート状態を写真にて記録する。ベースの厚み、幅、立上り基礎の幅、高さ、アンカーボルトの位置などである。隠れてしまう部分なのでしっかり撮っておく。

## コンクリートの仕上りをチェック

基礎コンクリートの確認。型枠を解体すると、ジャンカ、ひび割れがないか、アンカーボルトの位置、高さ、基礎寸法に間違いがないかを確認する

基礎幅の確認

コンクリートにジャンカ、ひび割れがないか確認

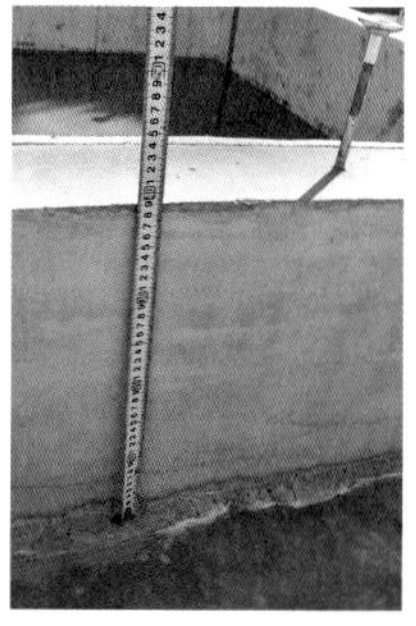

基礎高さの確認

## ジャンカを発見したときの対処方法

### 表1　ジャンカの程度をみる

| | ジャンカの程度 | 備考 |
|---|---|---|
| A | なし | |
| B | 表面にできることがあるが軽微。砂利は叩いても落ちない | 補修により90%程度強度が回復する |
| C | 表面はかなりひどいが、内部には大きな空洞はない。砂利は叩いたら落ちるものもある。しかし、砂利は互いに相当強く結ばれていて、連続的にバラバラに落ちることはない | 補修により10～20%強度が回復する |
| D | 内部にも空洞が多くなる。砂利がセメントペーストでまぶされたような状態で露出し、表面から内部まで、砂利相互がわずかな部分のみで連結されているような状態である | 根本的な補修の必要がある |

表1、表2出典：『建築工事監理指針』

### 表2　程度にあった補修方法を選択する

| | |
|---|---|
| ①硬練りモルタルの充填方法による場合 | 表1のB程度のものに適用する |
| | 健全部分を傷めないように不良部分をはつり、水洗いした後、木ゴテなどで1：2の硬練りモルタルをていねいに塗り込み、必要に応じて打継ぎ用接着剤を使用する |
| | はつり穴の深さは30mm以上が望ましい。浅いと充填部分にひび割れが入るなどして効果がない |
| | 充填後は急激な乾燥を防ぐ |
| ②コンクリートの打直しによる場合 | 表1のDまたはCでもDの状態に近いものに適用する |
| | 砂利などで叩いて落ちるようなものが残らないように、密実なコンクリート部分まで十分はつり取る |
| | 露出した鉄筋は、コンクリートの隅は丸く周囲には最小30mm以上の隙間をとる |
| | 穴の深さは少なくとも100mm以上とする |
| | はつり取った開口部の上端は、コンクリートを打ち込む側が広くなるように約100mm以上の差をつける |
| | コンクリートの打ち込み前には、必ず清掃・水洗いし、既存コンクリート部分を湿潤かつ平滑にしておく |
| | 打ち込むコンクリートは、硬塗りコンクリートとして十分に締め固める |
| | 打ち込むコンクリートの量が多い場合は、沈降と収縮を少なくするために膨張材などを使用するとよい |
| ③ | 表1のB程度のものは、状況によりセメントペーストまたはモルタルの注入を行う |

### ジャンカの補修方法

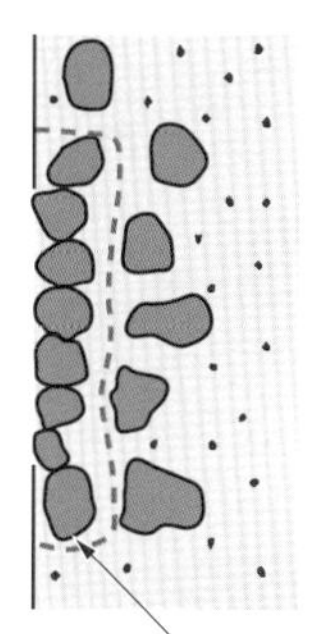

カッターなどで不良部分を除去し、水洗いをする

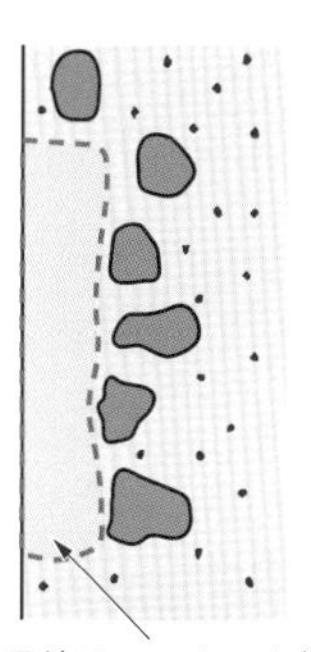

硬練りモルタルを塗り込む。また、必要に応じて打ち継ぎ用接着剤を塗る

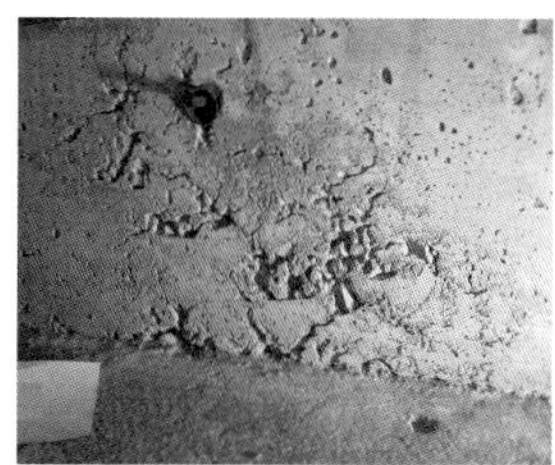

ジャンカとは締め固め不足などにより、セメントと砂利が分離し、脆くなっていて、強度が低下している状態をいう。表面は、へこみ、ざらついて砂利が露出し、醜い状態になっている。極端な場合、大きな空隙ができ、鉄筋が露出することがある。豆板と呼ぶ場合もある

Keyword 036

# 埋設配管

**排水管の勾配、径、深さ、材質は適切かどうか確認する。どれを間違えても詰まりの原因となる**

基礎が出来上がり、周囲の埋戻しをする前に排水管を埋設する。排水には、「汚水」「雑排水」「雨水」があり、排水管はこれらの各排水を単独または合流かして公共下水道管へ放流する。

## 排水管埋設の注意点

排水管の外部配管を行うにあたり、コンクリートを打設する前に配管のためのスリーブを入れておく。スリーブを入れる位置は、詰まった時に、補修しやすくするために立上り部に設置する。ベース部分を貫通させる場合は、スリーブ管を設置し、配管が直接コンクリートに埋め込まれないようにする。スリーブ管の廻りには、補強筋を入れる。スリーブ管は、外部からの水の浸入を防ぐために外側に勾配をつける。

排水管は、既存の公共枡との高低差を考慮し、最も短距離になるようなルートを考える。ブロック塀やフェンス基礎の下部に通るような配管をしてはいけない。また、凍結防止のため管上で200㎜以上の深さに埋設する。コーナー部には、物が詰まったときのために掃除口を設置する。

排水管の水勾配は、管径により勾配が変わり、1／50～1／200取るようにする。排水勾配が急な場合や管径が排水量に比べて大きすぎる場合は、配管内の排水の深さが浅くなり、汚物などの固形物を押し出す力が弱くなるので固形物が堆積しやすくなる。材料は、硬質塩化ビニル管のうち肉厚の厚いVP管を使用する。管の肉厚が薄いVU管を使用する場合もあるが、車が載ると破損するおそれがある。

床張りを先行する場合は、床下配管も外部配管と同時に行う。排水管は、内面を管内の清掃に支障を及ぼさないように凹凸がなく、排水管のたわみ、抜けなどの変形が生じないように、横引き配管の接合部近く2m以内に配管支持金物を設置する。

# 埋設配管の悪い例

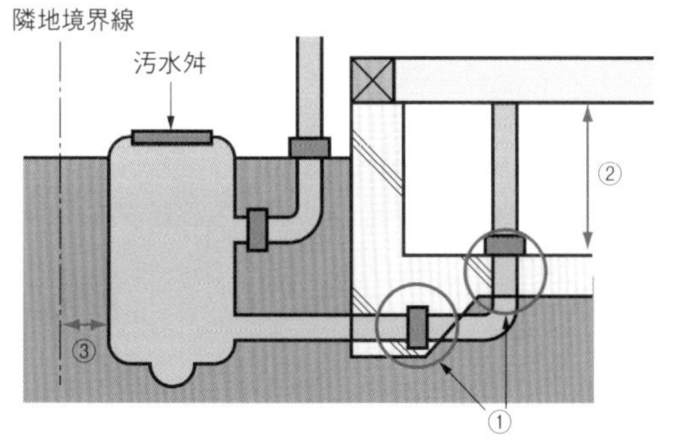


図のように
①排水管の継手がベタ基礎に打ち込まれている
②床下の空間が狭すぎる
③隣地空間が狭すぎる
とメンテナンスをすることができない

**埋設配管のチェックポイント**

- □ スリーブがベースを貫通していないか
- □ 勾配は外についているか
- □ 管の径・材質は適正か
- □ 配管は公共枡まで最短か、ブロック塀・フェンス基礎をまたいでいないか
- □ 配管の曲がり部、T字部分の処理の仕方は適正か
- □ 埋設配管の深さは200㎜以上あるか、勾配は適正か
- □ アンカーボルト、床下換気口、給湯器、空調機と干渉しないか
- □ 柱の真下にきていないか

# 配水管の勾配と管径を確保する

## 管径と排水横管の勾配

| 管径（㎜） | 勾配 |
|---|---|
| 65 以下 | 最小勾配 1 ／ 50 |
| 75 ～ 100 以下 | 最小勾配 1 ／ 100 |
| 125 以下 | 最小勾配 1 ／ 150 |
| 150 以上 | 最小勾配 1 ／ 200 |

排水管をベース部分を貫通させる場合は、スリーブ管を設置し、配管が直接コンクリートに埋め込まれないようにする。スリーブ管廻りは、補強筋を入れる

## ベタ基礎における専用配管の貫通

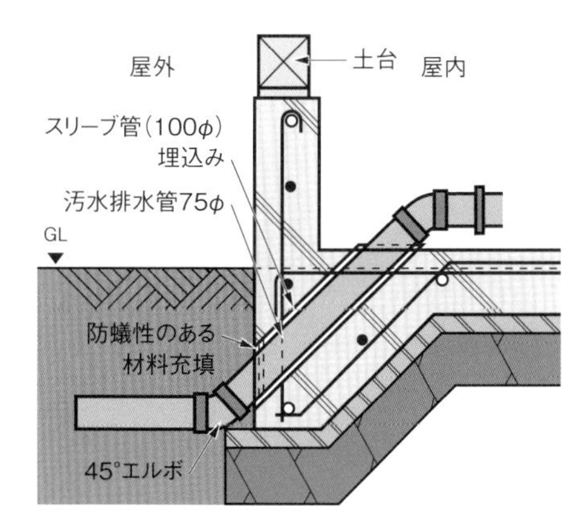


スリーブ管は、内部に挿入した排水管が取り替えしやすいように、余裕のある管径とし、基礎配筋をよけた位置に挿入し、鉄筋かぶり厚を損なわないようにする。排水管とスリーブ管の隙間には、防蟻性のある材料（ルーフィング用コールタール等）を充填する

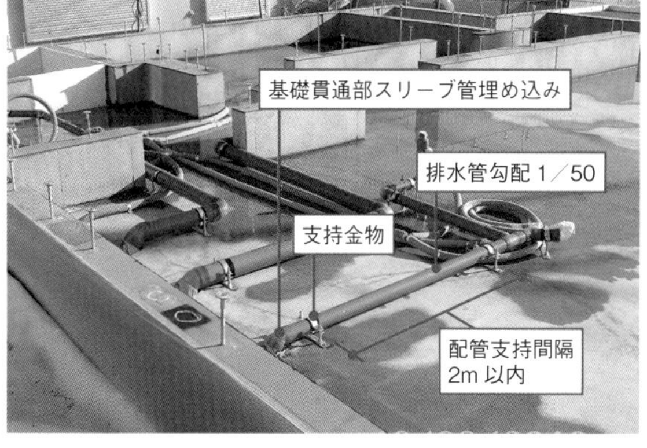


排水管のたわみ、抜けなどの変形が生じないように、横引き配管の接合部近く 2m 以内に配管支持金物を設置する

Keyword 037

# 地盤に関する不具合

**不同沈下は、地盤に関する最も大きな不具合である。傾きにより、建物・生活に大きな支障が出る**

不同沈下を起こせば必然的に建物が傾くが、その基準が「住宅の品質確保の促進等に関する法律」により、構造耐力上主要な部分に瑕疵が存する可能性を次のように定めている。

①3／1000未満の勾配（凹凸の少ない仕上げによる床の表面における2点間［3m程度以上離れているものに限る］を結ぶ直線の水平面に対する角度をいう）…低い。

②3／1000以上6／1000未満の勾配の傾斜…一定程度存する。

③6／1000以上の勾配の傾斜…高い。

例えば、6／1000以上の傾斜とは、レーザーレベル測定器を床に据えて測定したところ、3mの間に18㎜の高低差があるということである。これだけの傾斜があれば、地盤に問題があり、不同沈下を起こしている可能性が高いといえる。このような傾きがあれば、建物や人体に影響が顕著に出て、生活に支障が起き、最早、建物の機能を失ってしまうことになる。

建物の傾きを根本的に修繕するためには、人・機械が入るくらいに基礎下を大きく掘削し、油圧ジャッキを噛まして、基礎ごとジャッキアップさせる方法があるが、建物を傷めることになり、多大な費用がかかるので、不同沈下は、絶対に起こしてはならない。

## 不同沈下を防止するために

地盤調査を行い、その結果に基づき、補強が必要であれば、計画を立てる。計画通りに施工しておれば、基本的に不同沈下は起こさない。

しかし、地盤調査で問題がなかったにもかかわらず、不同沈下を起こす場合がある。これは、地中に障害物があったり、軟弱な腐葉土があったりしたためで、地盤調査では見極めることができない場合があるので、十分な注意が必要である。

## 事例1 柱の傾き

**現状**

不同沈下により建物全体が傾き、それに伴い、柱も傾いている。柱の上部に下げ振りを当て、下部で測定したところ、南北方向に15㎜傾いている。柱の上部から下部2,300㎜の距離で15㎜の傾きなので、建物最高高さが9,000㎜とすると、全体で58㎜傾いており、許容値を超えていることになる。

**対策**

傾いている柱を取り替えることは困難なので、これを改善するためには、基礎の下部に油圧ジャッキをかまして、持ち上げる。

## 事例2 床の傾き

**現状**

床にレーザーレベルを据えてその傾斜を測定したところ、最大40㎜の傾きがある。この傾きではビー玉が一定方向に転がり、建具扉が床に擦れたり、家具を置くと壁との間に大きく隙間が開いたり、立っていると気分が悪くなったりする。

**対策**

床の傾きを直すだけであれば、床下地で調整する方法があるが、根本的に建物の傾きが改善されたわけではない。根本的に直すにはジャッキアップさせる必要があるが、建物を傷めるうえ、多額の費用がかかるので得策ではない。

## 事例3 壁クロスに亀裂が入っている

**現状**

地震で建物が大きく揺れ、開口廻りのクロスに亀裂が入っている。これは地盤が緩く、不同沈下により建物全体が傾いたことが原因。下地である石膏ボードも動いたため、ボードのジョイントの目地が切れ、それにクロスが追従することなく目地に沿って亀裂が入った。

**対策**

クロスをめくり、きれている目地をパテで埋めたのちに、新たにクロスを貼ると綺麗になる。ただし、再度地震なで建物が揺れると、同じように亀裂が入る可能性がある。

## 事例4 建具枠と扉との隙間

**現状**

不同沈下により建物が傾くと同時に建具に狂いが生じ、上部の枠と扉に10㎜の隙間ができた。こうなると、扉の下部が開いた際に床に摺り、開閉が困難になる。引戸の場合だと、自動ドアのように勝手に扉が開閉するようになる。

**対策**

開き戸の場合は、下部を削ることにより開閉できるようになる。引戸の場合は、扉だけで改善するのは困難である。根本的に敷居を水平にする必要があるが、そうなると床と段差ができてしまう。

## 事例5 外壁の亀裂

**現状**

不同沈下を起こすと、外壁のモルタルはその歪みに追従することができず、亀裂が入る。これを放置しておくと、この部分から水が浸入し、下地や柱、土台などの構造材が腐食し、耐久性と強度が著しく低下し、大地震の際に倒壊の原因となる。

**対策**

ひび割れが構造材まで達して腐食している場合は、仕上げ部分を撤去し、取り替える。ひび割れが下地まで到達していない場合は、その部分をVカットして溝をつくり、シーリングなどの防水剤を注入する。

Keyword 038

# 基礎・床下に関する不具合

**基礎コンクリートのひび割れは、早急に補修する。床下は、乾燥した状態にすることが重要である**

基礎・床下の不具合と言えば、コンクリートのひび割れ、施工不良によるジャンカ、かぶり不足による鉄筋の腐食と床下浸水などである。

## ひび割れは基礎の劣化となる

コンクリートのひび割れは、鉄筋の組み方の不備（特に補強筋の入れ方）、コンクリートの調合・打設の不備、不同沈下というのが主な原因であり、適切なコンクリートの打設が重要となる（70～77頁参照）。ひび割れを起こすと、基礎の劣化となるので、早急な補修が必要である（78、79頁参照）。

## 床下の湿気対策

床下浸水は、外部からの水の侵入や設備機器の漏水により、床下に水が溜まること。これを放置しておくと、家全体が湿気る。そして、数年も経つと、床下地、大引き、根太、土台までもが腐食し、挙句は床が陥没することになる。外部からの水の浸入は、底盤と立ち上りの取り合いから入ってくる場合が多い。これを防止するためには、取り合い部に止水板を入れる必要がある。掘り込み車庫や地下室などを鉄筋コンクリート造でつくる場合も同様で、その場合さらに外防水が必要となる。

床下を乾燥した状態にすることは、蟻害、腐朽菌から床下を守るのに非常に重要である。地盤面から湿気が上がってこないように防湿シートを敷いたり、防湿コンクリートを打設したりするなど、しっかりとした湿気対策が必要である（56、57頁参照）。

基礎コンクリートの立ち上がりの高さは、地盤面から400㎜以上は必要である。これ以下であると、雨が降った際に、地盤面からの跳ね返りが土台に当たり、腐食の原因となる。また、床下は、人が浸入して、点検したり、修繕したりする際にも最低400㎜の高さが必要である（61頁参照）。

## 事例 1 床下浸水

**現状と原因**

ベタ基礎の場合、底盤コンクリートを打設して、その後に立上りを打設する。したがって、底盤と立上りの取合いには打継ができる。通常、打継部の50mm下が地盤面であるが、何らかの理由で打継部より上部が地盤面となると、打継より水が浸入する。排水管からの漏水が原因の場合もある。

**対策**

地盤面を打継よりも50mm下げる。底盤のコンクリートを打設する際には、止水板を入れる。場合によっては、外防水が必要である（60、61頁参照）。排水管は、支持金物にてしっかりと固定する（80、81頁参照）。

## 事例 2 基礎のジャンカ

**現状**

ジャンカは、コンクリート打設時の締固め不足や材料分離など、施工不良により発生する。ジャンカができると、コンクリート強度が低下する上に、かぶりが不足して、鉄筋が腐食し、その部分から劣化していく。

**対策**

コンクリート打設時にバイブレーター等を十分に使用して、密実なコンクリートとなるよう施工する（74、75頁参照）。万が一、ジャンカができてしまった場合には、早急に補修する（78、79頁参照）。

## 事例 3 無筋コンクリート基礎の割れ

**現状**

地震よる基礎コンクリートの割れ。基礎に鉄筋が入っていない。または鉄筋の組み方が不適切であったり、腐食していたりするとこのように割れる。特に換気口廻りの開口には補強の仕方が不適切で割れることが多い。

**対策**

コンクリートは引っ張り、曲げの力に非常に弱く、鉄筋が入っていなければ、大きな地震により地盤が動くと簡単に壊れてしまう。これは家屋の崩壊となるので、防止するために、構造計算された鉄筋を適正に入れる必要がある（60～65頁参照）。

## 事例 4 基礎の鉄筋が腐食し、コンクリートが割れている

**現状**

コンクリートの中性化現象により、鉄筋が膨張してコンクリートを押しだして、割れたもの。コンクリートと鉄筋とのかぶり厚さが不足していると、中性化が早く進行し、鉄筋を錆びさせる原因となる。

**対策**

コンクリートを打設する際、十分なかぶり厚さを確保するためにスペーサーを付ける（64、65頁参照）。また、バイブレーター等で十分な締め固めをする（74、75頁参照）。劣化を食い止めるには、状況に応じた補修が必要（78、79頁参照）。

## 事例 5 床下が湿気て、カビだらけ

**現状**

土全体が湿気ており、基礎コンクリート、床組材がカビだらけである。換気口が無く、床下の地盤面は外周の地盤面よりも低く、基礎立ち上がりの高さは300mmもない。外周に降った雨水が内部の方まで浸透している。

**対策**

基礎立ち上がりは400mm以上必要。床下には防湿シートを敷き、土間コンクリートを打設し、湿気が上がってこないようにする。そのコンクリート面は外周の地盤面より50mm以上高くする。床下の換気対策も必要（56、57頁参照）。

TOPICS 2

# 品確法とは

品確法（住宅の品質確保促進等に関する法律）は、「瑕疵担保期間10年間の義務づけ」「住宅性能表示制度の新設」「住宅紛争処理体制の確立」の3つの要素から成り立っている。

### ①瑕疵担保期間10年間の義務づけ

住宅供給者は、新築住宅の基本構造部分について10年間の瑕疵担保責任を義務づけられる。住宅取得者は、住宅供給者に対し、新築住宅の基礎や柱、床といった構造耐力上主要な部分や屋根、外壁などの雨水の浸入を防止する部分について瑕疵があった場合には10年間は無償で補修する要求ができる

### ②性能表示制度

性能表示制度は、住宅取得者に対し、住宅の性能を分かりやすく示すため、全国共通のものさしとして、新築住宅の構造的な強さや火災時の安全性、高齢者への配慮などの性能9項目にわたり、公的に指定された機関が評価し、その水準を1～5の等級で表示する。大きい等級ほど性能がよい

### ③住宅紛争処理体制の確立

住宅性能表示制度を利用した住宅については、指定住宅紛争処理機関に紛争の処理を申請できる。指定住宅紛争処理機関は、紛争に対し、あっせん、調停、仲裁を行う。裁判などによる従来の紛争処理に比べ、安価で迅速な対処ができる

### 住宅の性能評価9項目

**1 構造の安定**
地盤と構造躯体の安全性の程度など

**2 火災時の安全**
火災時の避難の容易性、延焼の受けにくさなど

**3 構造躯体の劣化の軽減**
住宅の構造躯体の劣化対策の程度

**4 維持管理への配慮**
配管の維持管理への配慮の程度

**5 温熱環境**
躯体の断熱・気密による年間冷暖房負荷の少なさ

**6 空気環境**
内装材のホルムアルデヒド放散量の少なさ、換気の方法など

**7 光・視環境**
開口部面積の大きさ、天空光の取得のしやすさ

**8 音環境**
開口部の遮音対策の程度

**9 高齢者への配慮**
身体機能の低下を考慮した移動行為の安全性

従来から住宅を建てたり、購入したりする際に欠陥住宅、シックハウスなどの問題が度々発生し、住宅取得者にとっては、住宅を安心して取得できないという問題があった。

その問題とは、住宅取得者にとっては住宅の性能に関する共通ルール（表示の方法、評価の方法の基準）がないために、相互比較することが難しいというものである。そのほかにも、住宅の性能に関する評価が信頼できない、紛争が生じた場合、処理体制が整っていないために解決するのに多大な労力と時間がかかる、新築住宅の取得には、瑕疵の保証期間が1～2年間のため、その後に重大な瑕疵が発生した場合に無償修繕が要求できない、という問題点もある。

これらの問題を解決するために、住宅の生産からメンテナンスまで一貫して品質が確保される「住宅の品質確保促進等に関する法律（品確法）」が平成12年4月に施行された。

# 第3章

# 【軸組工事】

仕上げで隠れてしまう
軸組は特にチェックが必要
です。工事監理をするうえで
必要な知識、見るべきポイ
ントをまとめました。監理者
は、しっかり理解し、しっか
り確認しましょう

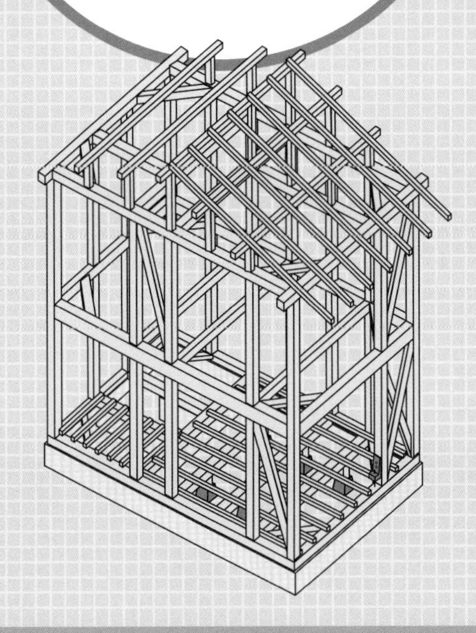

Keyword 039

# 在来軸組工法

**木造住宅の工法は主に在来軸組工法と枠組壁工法があるが、主流は在来軸組工法である**

木造住宅の工法の種類は、大きく分けると在来軸組工法と枠組壁工法に分けられる。

## 枠組壁工法

枠組壁工法は主に2×4インチの部材に面材を張り、壁を構成し、壁により全体の荷重を支える工法で、ツーバイフォーともいわれる。壁により構成されているので、間仕切変更などのリフォームが難しいが、地震には強いといわれている。昭和40年代から増えてきたが、今でも木造工法の主流は次に紹介する在来軸組工法である。

## 在来軸組工法

在来軸組工法は、土台と柱、梁で構成される。柱は上部の構造体を支え、梁は床、屋根などの水平の荷重を柱に伝え、土台は柱からの荷重を基礎に伝える。水平材は土台、梁、胴差、桁で構成され、これらを総称して横架材と呼ばれる。また、筋かいは柱、梁、土台からなる四辺形に斜めに入れる部材で、地震力による横からの力に対して抵抗し、建物の変形、倒壊を防止する非常に重要なものである。

また、最近では構造用合板を筋かいと併用して使用されることが多くなっている。構造用合板を柱、梁、土台に決められた方法で決められた釘で留めることにより建物の耐震性が増す。

この他に火打ちという部材がある。火打ちは、それぞれの階の横架材の隅に入れるもので、横からの力がかかったときに歪まないように水平構面を固めるものである。この火打ち個所にも構造用合板を張ることにより、さらに強いものとなる。

これらの柱、横架材、筋かい、構造用合板などは構造計算により計画的に断面寸法、本数などが決定され、接合金物、釘でしっかりと留めることにより安全な軸組となる。

監理 地盤と基礎 軸組 屋根・外装 断熱 内装 設備と外構 耐震改修 引渡し

## 在来軸組工法

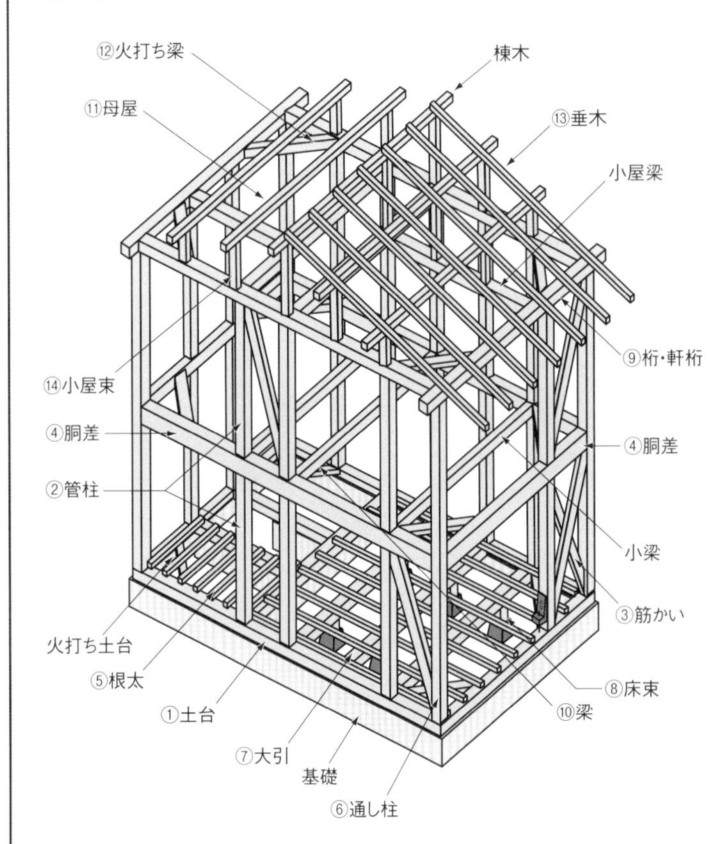

軸組が出来上がったところ。これに筋かい、構造用合板を張って耐力壁を設置していく

①土台：基礎の天端に敷く材で、柱から伝えられる建築物全体の荷重を基礎に伝える
②管柱：柱のなかでも、2階以上の建築物で土台から軒まで1本の柱で通さずに、途中で胴差などで中断しているもの
③筋かい：柱、梁（胴差・桁）、土台からなる四辺形に組まれた軸組に対角線状に入れた材
④胴差：外壁の周りにあって、通し柱では2階以上の床の位置で柱を相互につなぎ、管柱では下階の柱の上端を相互につないでいる横架材
⑤根太：床板を受ける材で床の荷重を大引に伝える
⑥通し柱：土台から軒桁まで一本物で通した柱で建物の出隅・入隅に設置する
⑦大引：最下階床の根太を支える横木
⑧床束：最下階床を支える垂直の材。束石の上に立てて、大引を受ける
⑨桁・軒桁：側柱の上に渡す水平材で垂木を受ける部材
⑩梁：柱頭の位置にある水平材で建物の荷重を受けるもの。柱と剛に接合する。柱と共に構造上、最も重要な部材
⑪母屋：棟あるいは軒桁に平行に設置して垂木を支える部材
⑫火打ち梁・土台：水平に直交する部材の接合部を補強するための斜め材
⑬垂木：野地板を支えるために棟から母屋・軒桁に架け渡す材
⑭小屋束：梁の上に立てて、母屋を支える材

## 枠組壁工法

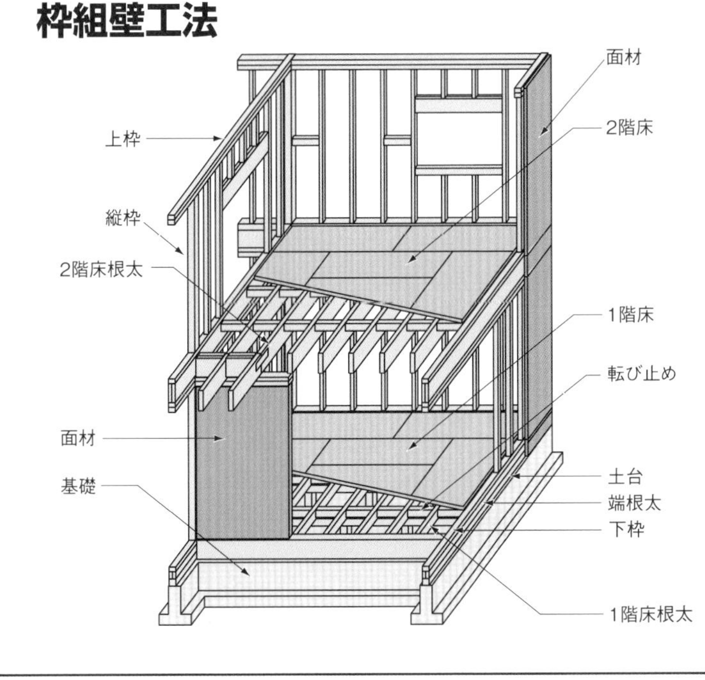

Keyword

040

# 軸組と外装工事の流れ

**軸組と外装下地工事は全体のなかでも特に大事な部分。流れを正確に把握し、タイミングよく現場をチェックする**

## 軸組工事の流れ

基礎が出来上がると軸組の工事が始まる。軸組は基礎と同様に構造上、非常に重要な部分である。さらに、仕上げで隠れてしまうので、特にしっかりとチェックしなければならない。ここでは、基礎から外部の仕上げまでの流れを説明する。

軸組の工事は土台敷きから始まる。プレカット工場から前日までに建方用の構造材が運ばれ、一番初めに土台を敷く。土台にアンカーボルトの位置を正確に墨付けして、しっかりと締める。また、土台敷きと並行して外部の埋設配管工事を行う場合もある。内部配管工事より先に配管をしておいて、埋め戻しをして建方用の外部足場を組み立てる。

土台敷きが終わると建方の作業性向上のために床組を行うとよい。その前に防蟻工事を行う場合もある。床組ができたら柱を立てておき、建方に備える。建方では、レッカーと人手があるうちに一気に屋根下地（野地板）まで張ってしまう。雨に備え、下葺き材（ルーフィング）まで張ると万全だ。

## 外装工事の流れ

建方が終了すると上棟式である。上棟式が終わると、外壁下地（耐力壁）の工事に入る（瓦など重い屋根材とする場合は先に瓦を載せる）。建入れを正確に決めて、筋かいや構造用合板を張るのに続いて、サッシを取り付ける。

サッシを取り付け終えるとバルコニーの防水工事が始まり、外壁に防水シートを張り、端部をしっかりテーピングする。この段階で散水試験を行い、雨漏りしないことを確認する。

この後、外壁が乾式工法の場合は、胴縁で下地をつくりサイディングを張る。サッシ廻りにシーリングを打ち、外装工事が完了する。

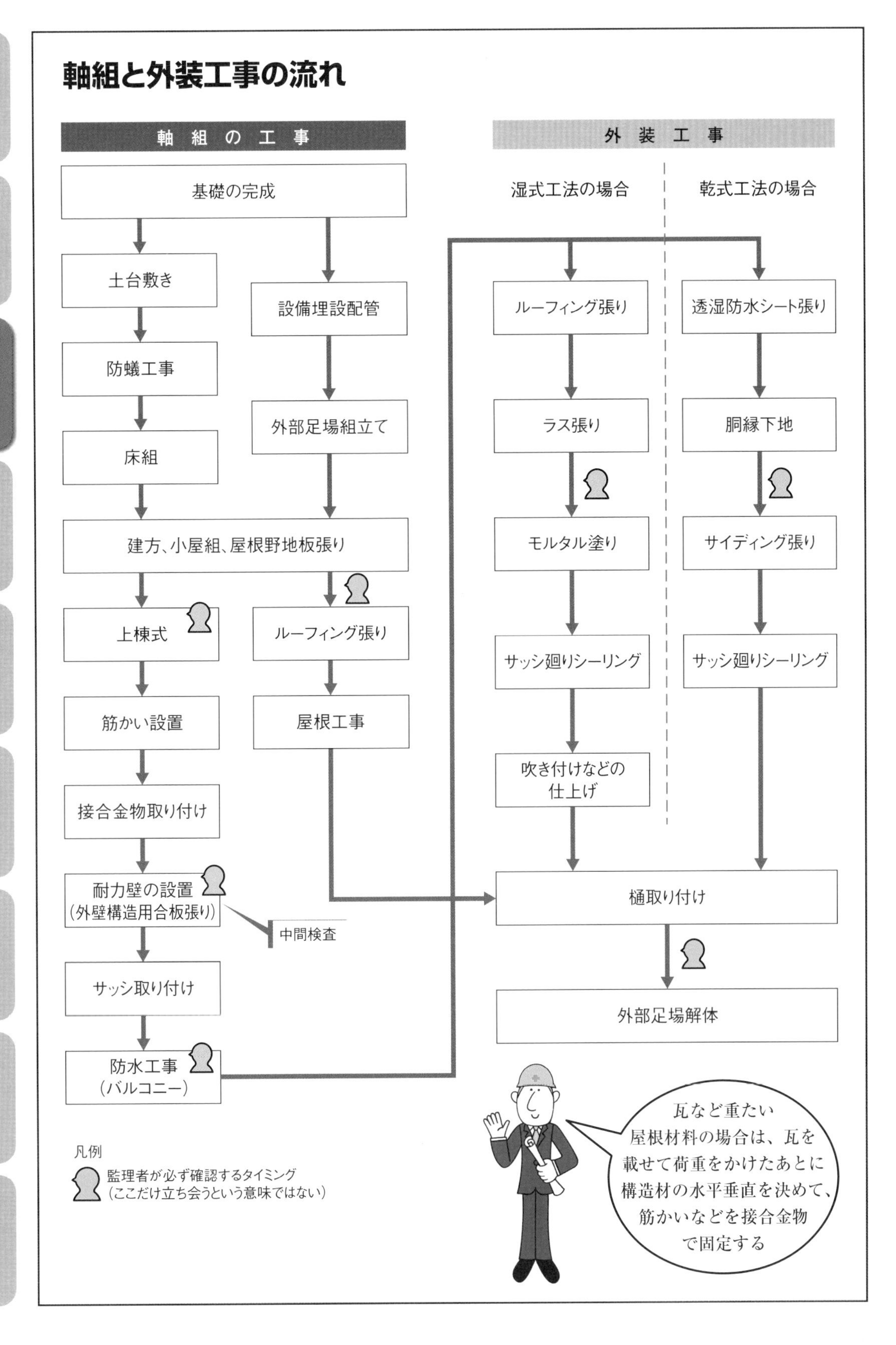
軸組と外装工事の流れ
軸組の工事
外装工事
基礎の完成
土台敷き
設備埋設配管
防蟻工事
外部足場組立て
床組
建方、小屋組、屋根野地板張り
上棟式
ルーフィング張り
筋かい設置
屋根工事
接合金物取り付け
耐力壁の設置
(外壁構造用合板張り)
中間検査
サッシ取り付け
防水工事
(バルコニー)
湿式工法の場合
乾式工法の場合
ルーフィング張り
透湿防水シート張り
ラス張り
胴縁下地
モルタル塗り
サイディング張り
サッシ廻りシーリング
サッシ廻りシーリング
吹き付けなどの
仕上げ
樋取り付け
外部足場解体
瓦など重たい
屋根材料の場合は、瓦を
載せて荷重をかけたあとに
構造材の水平垂直を決めて、
筋かいなどを接合金物
で固定する
凡例
監理者が必ず確認するタイミング
(ここだけ立ち会うという意味ではない)

Keyword 041

# 木材の基礎知識

**木材の特徴を知り、それをうまく生かすことで安全で快適な木造住宅をつくることにつながる**

## 木材の長所と短所

木材は古くから建築材料として使われている。住宅の構造には鉄筋コンクリート造、鉄骨造などもあるが、木造は、新築住宅の約70%を占めるといわれている。それほど普及している理由は、さまざまな構造材のなかでも非常に軽いうえ強度に優れ、入手しやすく加工性がよいからである。また、木材の調湿性は日本の気候風土に適していて、日本人の感覚になじみやすい材料といえる。

しかしながら、反面、火災に弱く、高温高湿の環境では腐朽しやすいという面ももつ。また、節・割れなどの欠点もあり、含まれている水分量で伸縮、反りなどの変形も起きるため、適切に乾燥処理をする必要がある。

木材のこれらの特性を十分に理解し、うまく使うと日本の気候に適した快適な家が出来上がる。

## 木材の樹種と構造

木材は大きく分けて針葉樹と広葉樹に分けられる。針葉樹には、代表的な樹種としてヒノキ、スギ、マツなどがある。材質は軟らかく、軽量で加工性がよい。長材が得やすいので構造材によく使われる。

広葉樹は、代表的な樹種として、ケヤキ、カシ、ナラ、サクラ、ラワンなどがある。材質は硬いものが多く、長材が得にくいため造作材、建具、家具材に使われる。

木材には、心材と辺材があり、心材とは樹心に近い木部で赤味がかっている。心材は水分が少なく、硬くて乾燥による変形が少ない。辺材とは樹皮に近い木部で白または淡黄色で白太材ともいう。細胞が新しく、水分を多く含んでいるため軟らかく、養分が多くあるため、虫害、腐朽、乾燥による変形などが起こりやすい。

# 住宅によく使う木材の樹種とその特長

| | | | |
|---|---|---|---|
| 針葉樹 | 国産材 | スギ、アカマツ、クロマツ、ツガ、ヒノキ、ヒバ | 主に構造材に使われる。加工もしやすい。スギやヒノキは造作や建具にも使われ、ヒバは腐りにくく水湿部位に使われる |
| | 輸入材 | 台湾ヒノキ、ベイスギ、ベイマツ、ベイヒ、ベイツガ | 主に構造材に使われる。ベイマツは梁によく用いられる |
| 広葉樹 | 国産材 | アカガシ、クリ、ケヤキ、キリ、サクラ | 重くて硬く、造作材のほか家具・建具にも使われる |
| | 輸入材 | オーク、ウォールナット、マホガニー、チーク、赤ラワン | 高級な材が多く、造作材や家具・建具に用いられる |

## 木の構造

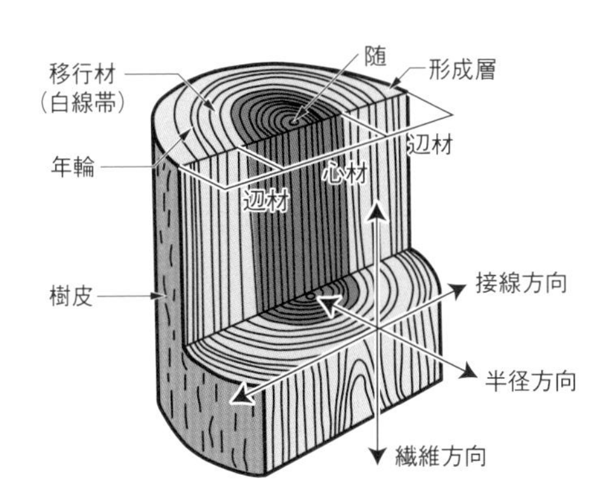


心材は水分が少ないので硬く、乾燥による変形は少ないが、割れに対して注意が必要である。土台、柱、梁などの構造材に使用される。
辺材は、細胞が新しく、水分を多く含んでいるため柔らかく、乾燥すると収縮が大きいので変形や虫害、腐朽に注意が必要である。野地板、胴縁、貫などの下地材に使用される。
木材としては、耐久性・強さ・美しさの点で心材が優れている

## 木の特性を生かした木取り

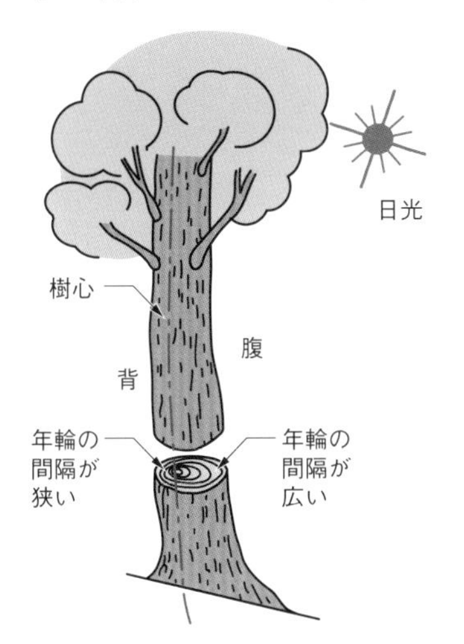


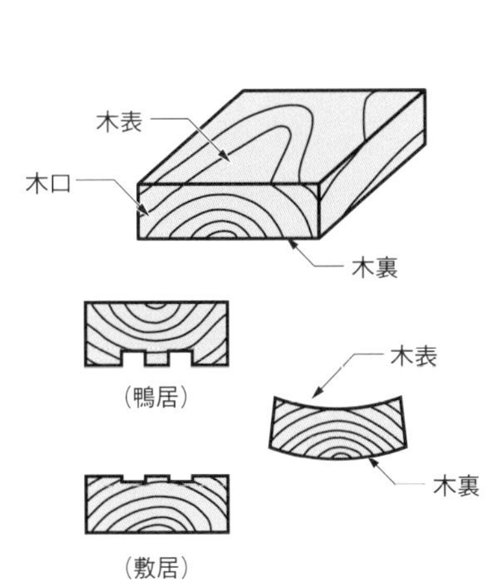


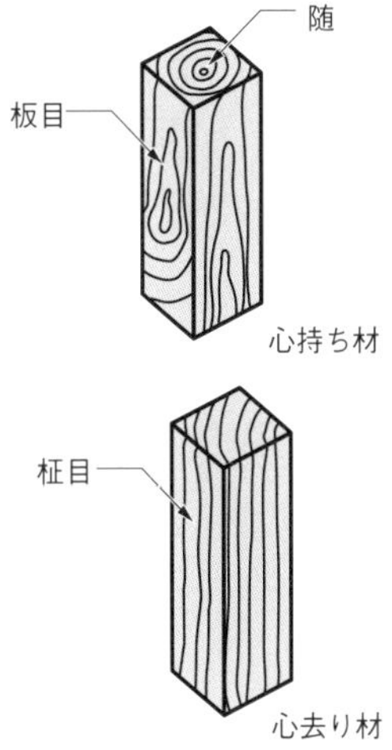


反りのある樹木の内側を腹といい、この部分は材質が素直で化粧材として使用される。反りのある外側を背という。この部分は節、あてなどの欠点が多い。梁材は背を上端にし、大引では背を下端になるようにする

樹皮側の面を木表といい、樹心側の面を木裏という。木表と木裏では,乾燥による反り方が違う。木表は外観が美しく、かんながけがしやすいので仕上面(見え掛かり)に使われる。木裏は逆目が立ちやすいので,見え隠れする部分に使われる

心持ち材とは、随をもつ木材をいい、心去り材とは、随をもたない木材をいう。心持ち材は強度があり、構造材に適している

Keyword 042

# 木材の乾燥

**木材を乾燥させると強度が上がり、寸法安定性も向上する。含水率を必ずチェックする**

## 木材の含水率

材木を担いでみると、同じ材種、サイズでも1本の重さがかなり違うことがある。この重さの違いは、木材に含まれる水分量（含水率）の違いによるものである。

木材を乾燥させることは、木材の強度を増大させるばかりでなく、腐り、縮み、狂い、割れ、菌の発生、虫害などを防止するためにも非常に重要なことである。木材の収縮率は繊維方向によって異なり、樹幹方向で0.1％、直径方向で3.0～5.0％、円周方向で6.0～15％収縮するといわれる。

伐採前の木材を生木といい、この生木には多くの水分を含んでいる。完全に乾燥した木材質量に対する水分量を百分率で示したものを含水率という。この含水率で木材の乾燥状態を知ることができる。一般的に生木には約40％以上の水分が含まれていて、伐採後、乾燥して水分が失われていく。含水率は、構造材で15～18％が理想といわれ、建具、家具などには15％以下の乾燥したものを使用する。

含水率は、電気式含水率計を用いて測定するが、現場では、手で触れたり、担いだりして含水率がある程度判断できるようにしておくとよい。

## 乾燥の方法

乾燥の方法としては、天然乾燥と人工乾燥がある。天然乾燥は、木材を自然に乾燥させる方法で、直射日光や雨をできるだけ避けて、材料を立て掛けるか横積みにし、長時間にわたり乾燥させる。人工乾燥は、除湿器と送風機で乾燥させる除湿乾燥とボイラーの蒸気を利用して乾燥室内の温湿度を調整する蒸気乾燥とがある。ほかに高温乾燥、減圧乾燥、太陽熱利用乾燥などがある。最近では、ほとんどの木材が人工乾燥によるものである。

# 木材の乾燥による収縮

## 木材の繊維方向別収縮率

$$含水率 = \frac{含有水量}{木材全乾重量} \times 100$$

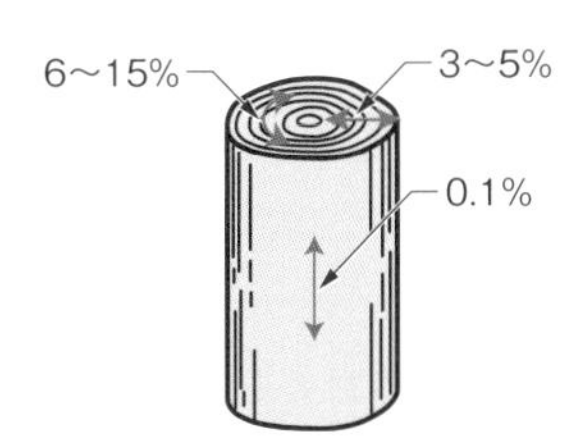


## 製材の乾燥による断面の変形

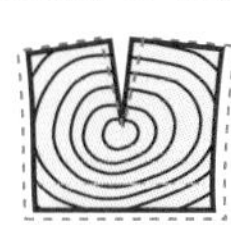


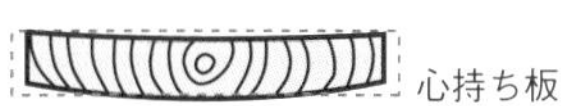


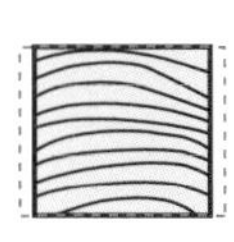

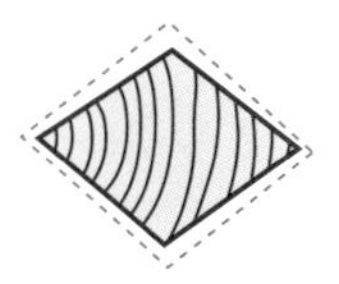


柾目板

（---- は乾燥する前の形状を表している）

# 含水率の基準

| 品目 | | 含水率基準（表示値以下）（%） | 表示記号 |
|---|---|---|---|
| 造作用製材 | 仕上げ材 | 15、18 | SD15、SD18 |
| | 未仕上げ材 | 15、18 | D15、D18 |
| 目視等級区分構造用製材、機械等級区分構造用製材 | 仕上げ材 | 15、20 | SD15、SD20 |
| | 未仕上げ材 | 15、20、25 | D15、D20、D25 |
| 下地用製材 | 仕上げ材 | 15、20 | SD15、SD20 |
| | 未仕上げ材 | 15、20 | D15、D20 |
| 広葉樹製材 | | 10、13 | D10、D13 |
| 枠組壁工法構造用製材 | | 19 | D19 |

人工乾燥処理製材の含水率の基準は、品目毎に温湿度環境に対応した平衡含水率（およそ 10 ～ 20%）を目安に JAs 規格（日本農林規格）で定められている。仕上げ材は、乾燥処理を施した後、材面調整を行い寸法仕上げしたもので、「SD ○○」と表示する。未仕上げ材は、乾燥処理後、材面調整および寸法仕上げを行っていないもので、「D ○○」と表示する

# 木材の乾燥方法

| 人工乾燥の種類 | 特　徴 |
|---|---|
| 蒸気式乾燥 | ボイラーの蒸気を熱源とした乾燥方法。幅広い樹種に対応でき、乾燥能率がよいが、ボイラー操作員が必要で、乾燥操作に専門の知識と経験を要する。また、設備費が高い |
| 高温乾燥 | 高温で乾燥させるので、乾燥時間が通常の 1 ／ 3 から 1 ／ 5 と短くてすむ。ヤニ処理の効果もある。しかし、材に割れが生じることがある。また、材の色が濃くなる。コストは安い |
| 除湿乾燥 | 乾燥室内を除湿することで木材を乾燥させる方法で、乾燥ムラや割れが少ない。ほぼ全自動運転のため乾燥中は人手がかからない。ただし、乾燥時間が長いことと、外気条件に左右されやすいデメリットがある |
| 減圧（真空）乾燥 | 木材を気密性のよい乾燥室に入れ、室内を減圧し、木材内部と周囲の水蒸気圧差を生じさせることにより、木材中の水分を表面へ移動させる。乾燥時間が短くてすむが、設備費が高くつき、乾燥コストも高くなる |
| 太陽熱利用乾燥 | 集熱機で集めた太陽エネルギーを活用して木材を乾燥させる。省エネ型の乾燥方法だが、天候に左右されやすく、補助熱源が必要。低温乾燥となるため品質がよい |

Keyword 043

# 継手と仕口

**木材の継手と仕口は、その特徴を十分に知り、適切な場所に、適切な方法で使用する**

材寸法を増やすために2つの部材を材の長さ方向に継ぎ、接合したものを「継手」といい、2つ以上の部材をある角度をもって接合したものを「仕口」という。

木造軸組工法の場合、梁や土台は、継ぐことなく一本物で使ったほうが強度面で有利であるが、通常は、運搬や作業性を考えると長大材を使うことは難しい。そのため、継手により接合して使用することが多い。

## 継手・仕口の形状と使用法

継手・仕口の形状にはさまざまなものがあるが、代表的なものとしては突付け、腰掛け、ホゾ、蟻、鎌、相欠きなどがあり、これらを組み合わせて用いる。

突付けは2つの材を付き合わせただけの単純なかたちであり、これだけでは材同士を接合することができないので、ほかの基本形と組み合わせて用いられる。腰掛けは、梁や土台などで上木を受けるための補助的な目的で蟻継ぎや鎌継ぎなどと組み合わせて用いられる。

ホゾは、部材の木端面につくり出した突起のことをいう。ホゾは差し込まれているだけなので、引き抜きの力には抵抗できない。このため、楔や込み栓といわれるもので緊結するか、上部からの荷重により接合部がはずれないようにする必要がある。

蟻は、鳩の尾のようなかたちをした継手である。鎌と同様に住宅において最もよく用いられる。鎌は先端が鎌形をした継手である。これらは、腰掛けなどと組み合わせてよく使われる。

相欠きは、接合される2つの材をそれぞれ欠いて重ね合わせる継手・仕口である。このほかに目違い、竿、略鎌、殺ぎ、留め、箱などがあるが、これらの特徴を十分に知ったうえで適切に使うことが大事である。

## 継手と仕口（図はプレカット加工の継手と仕口）

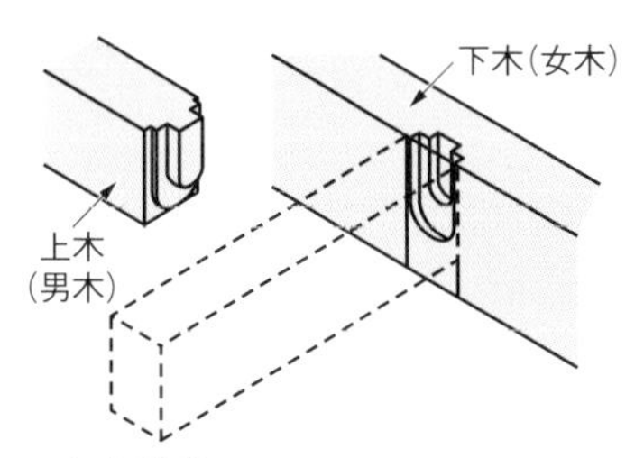


大入蟻仕口（おおいれありしぐち）
主に梁と梁、母屋と母屋、土台と土台の仕口など

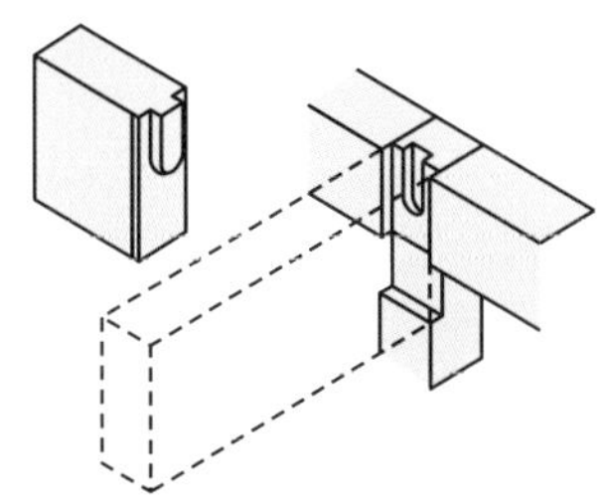

蟻仕口柱持たせ（ありしぐちはしらもたせ）
梁と梁＋下柱、母屋と母屋＋小屋束の仕口など

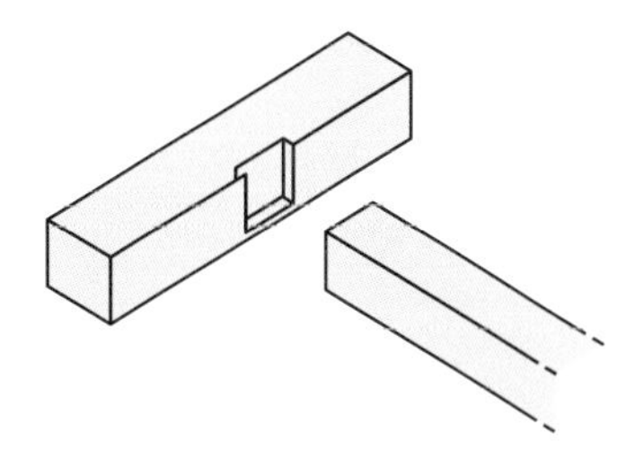

大入仕口（おおいれしぐち）
根太、大引の仕口など

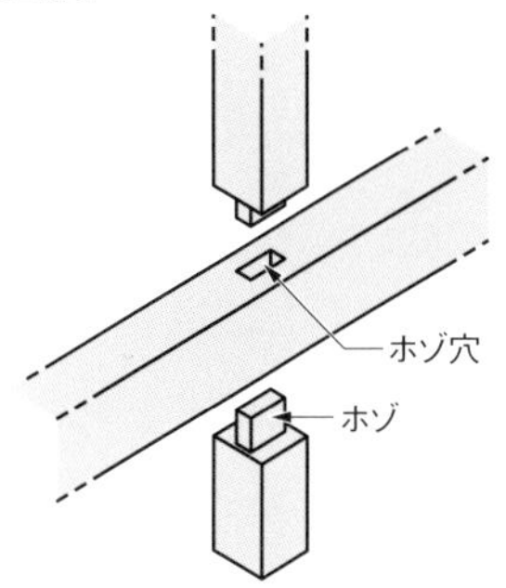


ホゾ差（ほぞざし）
柱と土台や梁、小屋束と梁や母屋の仕口など

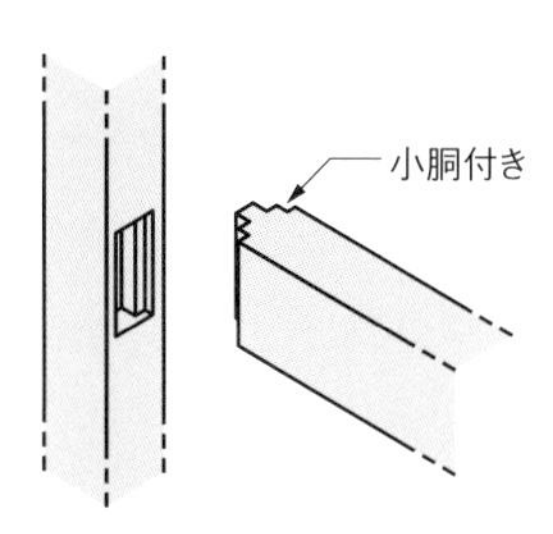


胴差仕口（どうざししぐち）
胴差と通し柱の仕口

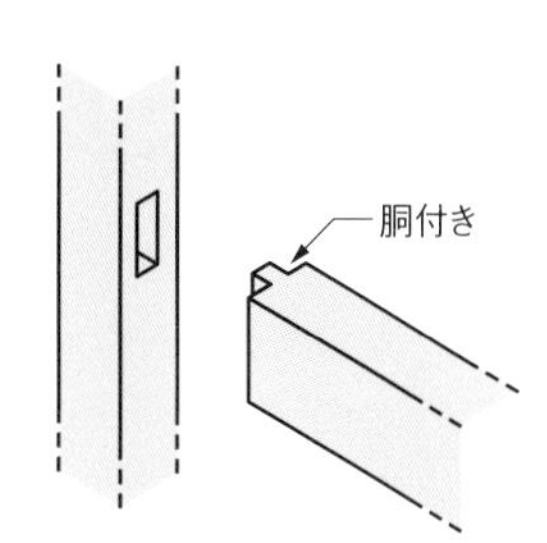


桁差（けたざし）
母屋下がり部の桁と柱、母屋と小屋束の仕口など

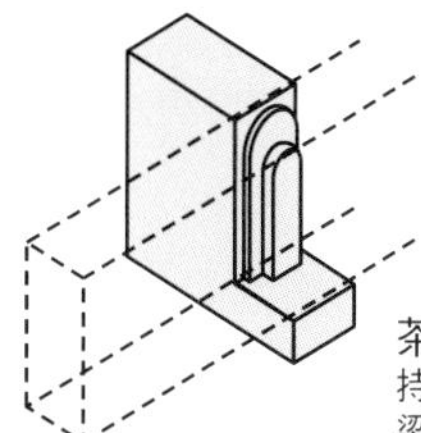

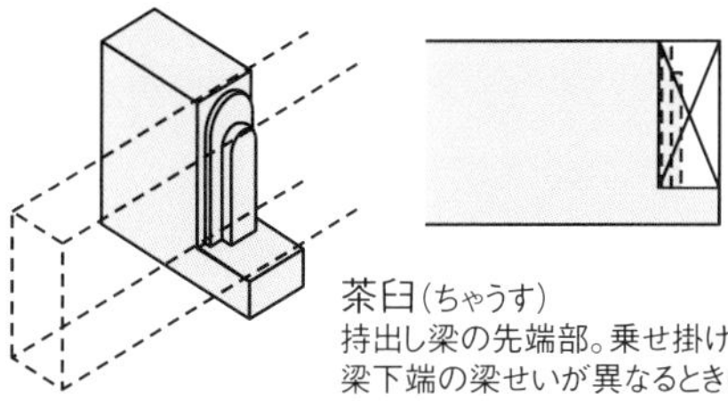

茶臼（ちゃうす）
持出し梁の先端部。乗せ掛ける材と梁下端の梁せいが異なるときに使用

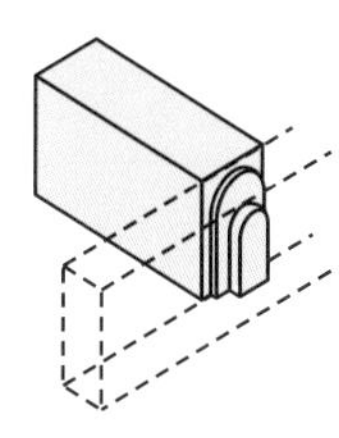
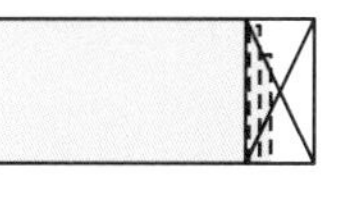

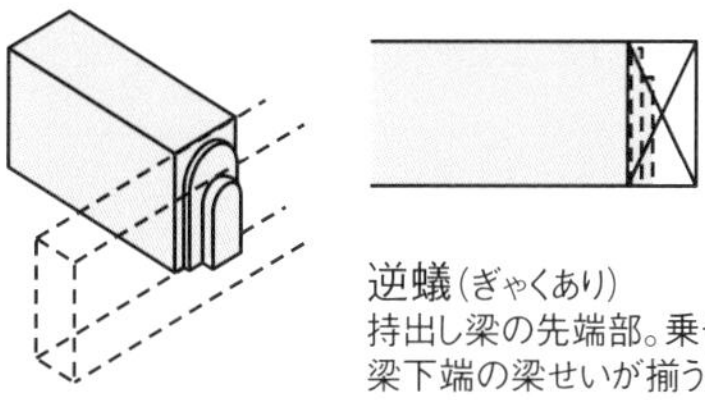

逆蟻（ぎゃくあり）
持出し梁の先端部。乗せ掛ける材と梁下端の梁せいが揃うときに使用

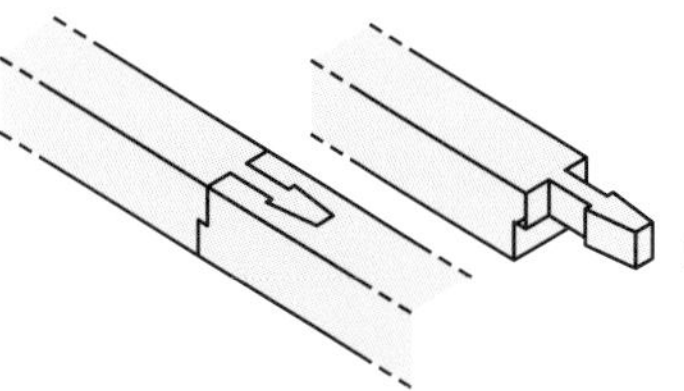
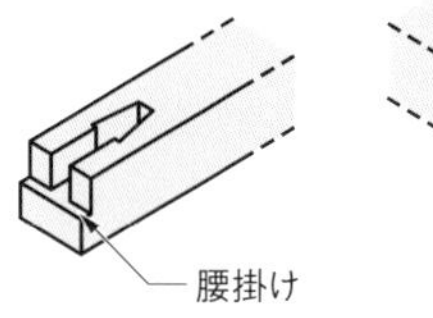
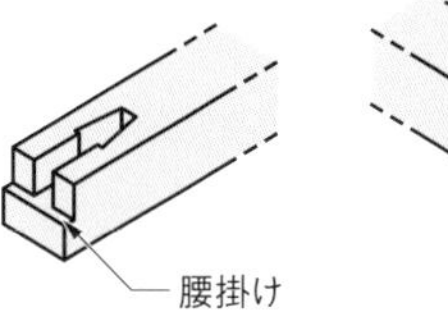


腰掛け鎌継手（こしかけかまつぎて）
梁、母屋、土台の継手など。伝統的には、腰掛け鎌継手（こしかけかまつぎて）と呼ぶ形状である。プレカットでは腰掛けが付いたものを鎌継手と呼ぶ

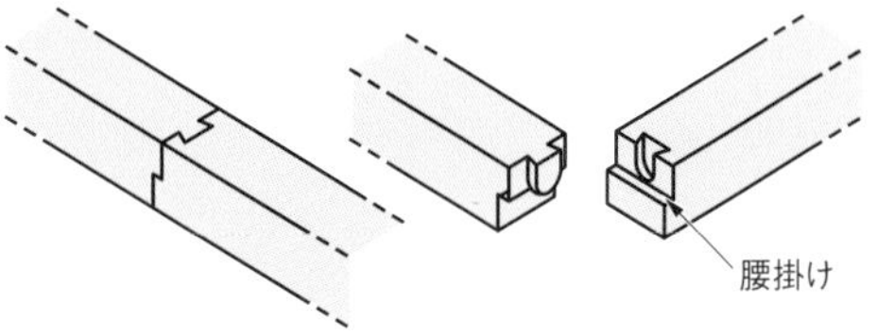

腰掛け蟻継手（こしかけありつぎて）
母屋、土台の継手など。伝統的には、腰掛け蟻継手（こしかけありつぎて）と呼ぶ形状である。プレカットでは腰掛けが付いたものを蟻継手と呼ぶ

大入蟻仕口（女木）

腰掛け鎌継手（男木）と腰掛け蟻継手（男木）

腰掛け鎌継手（女木）と大入蟻仕口（男木）

Keyword 044

# 土台と柱

**土台は防腐・防蟻対策が施されているか、柱は仕口の断面欠損が大きくないかなどをチェックする**

## 土台の注意点

土台は、構造材のなかで地盤に最も近いことから、シロアリや腐朽菌などの被害にあいやすい。そのために、耐久性の強いヒノキ、ヒバなどを使用する。また、芯持ち材を使用して、辺材はできる限り避ける。辺材部分を使用するのであれば、防腐・防蟻処理を行う必要がある。

土台の断面寸法は、柱と同じ寸法以上かつ105㎜角以上とし、できれば120㎜角を使用する。土台の継手は、柱や床下換気口の位置を避けて、腰掛け蟻継ぎまたは腰掛け鎌継ぎとする。

## 柱の注意点

柱は、梁、桁、胴差などを支え、その荷重を土台、基礎に伝えるものであり、構造材の中で非常に重要な部材である。

柱の断面寸法は、105㎜角以上とし、できれば120㎜角を使用する。2階建て以上の建物の四隅は通し柱とする。通し柱や隅柱（出隅、入り隅共）の断面寸法は、胴差が2方向または、3方向から取り付く場合があり、断面欠損が大きくなるので120㎜角以上として、接合部を金物で補強する。

柱に欠き込み（断面欠損）をすると座屈が生じやすくなり、耐力が大きく低下するので、できる限り避ける。どうしても欠き込みをする場合には、柱の中央部付近は避け、欠き込みの量は、断面積の3分の1未満とする。

柱と土台の仕口は、短ホゾ差、もしくは、長ホゾ差とし、接合金物にて補強する。

土台の隅角部には、火打ち土台という斜め材を入れる。これは、地震などの水平力が加わった際に土台のゆがみを防ぐ役割をする。木材の場合、45×90㎜が一般的で、鋼製火打ちを使う場合もある。

# 土台と柱の注意点

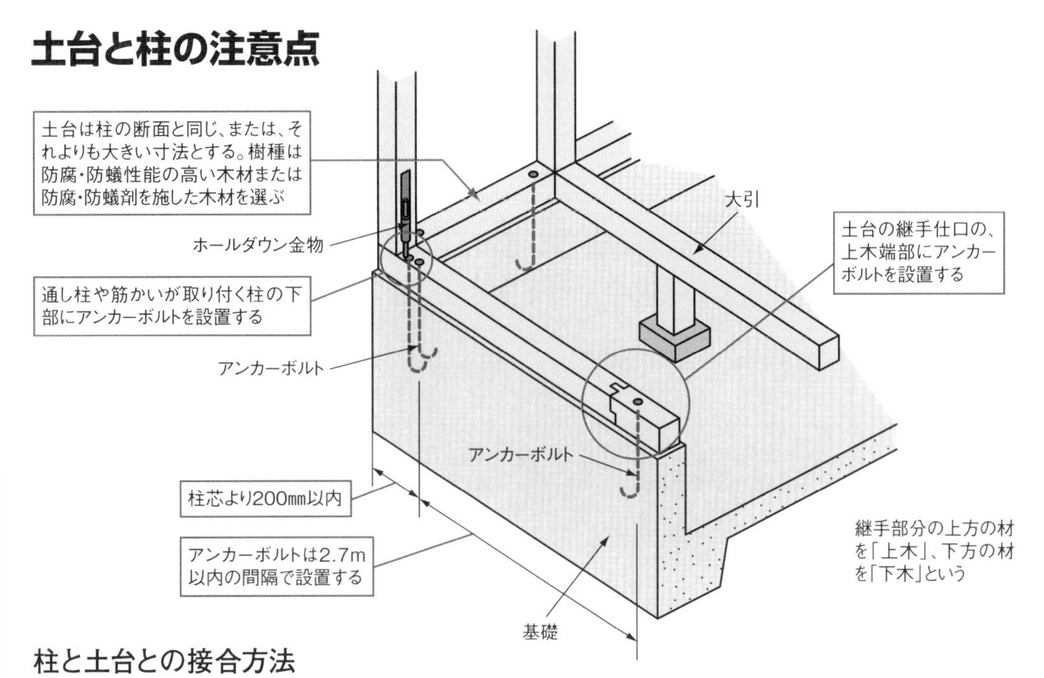


## 柱と土台との接合方法

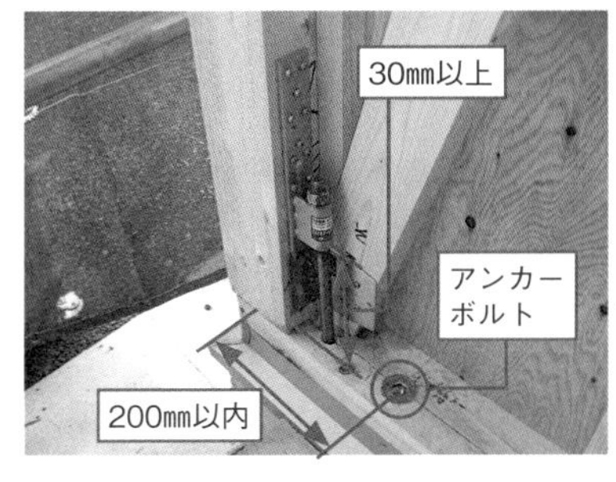


ビスの留め方に問題はないか、締め方に問題はないか、しっかりチェックする。アンカーボルトは、柱芯より200㎜以内とする。ホールダウン金物の締め代は、30㎜以上とする

## 柱と胴差の接合方法

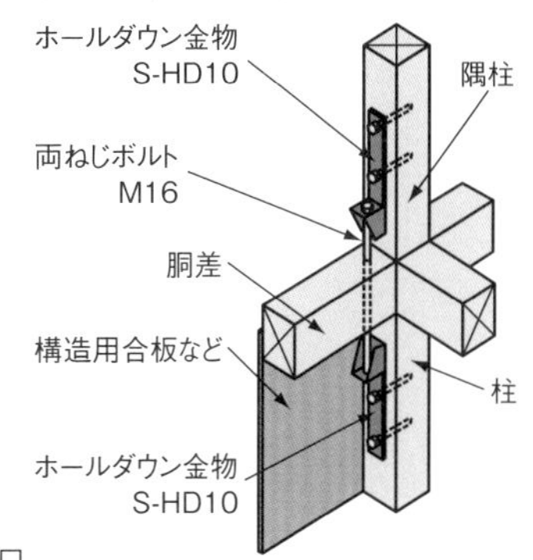


## 土台の継手仕口

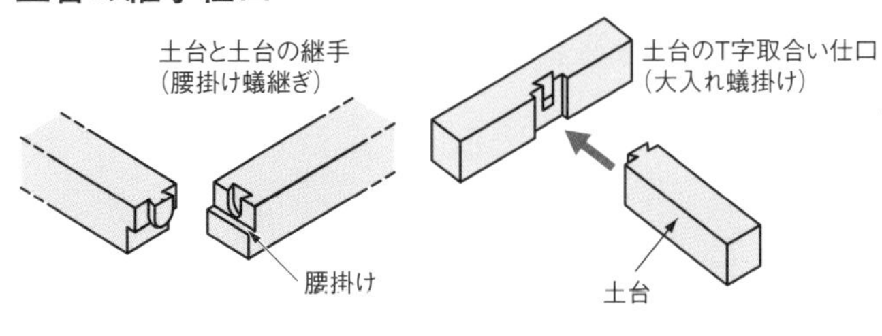


## 梁受け金物による四方差し

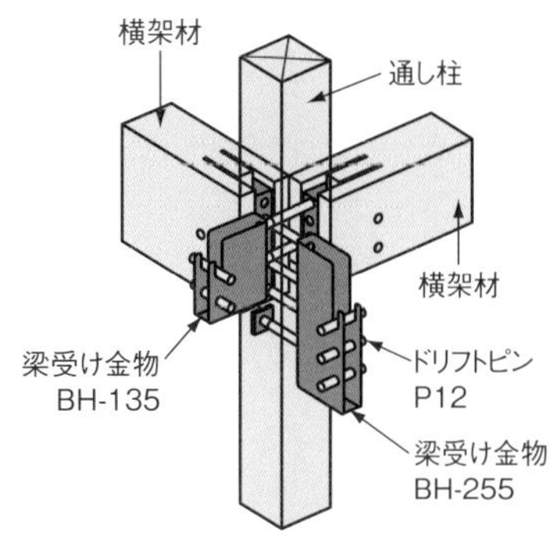


梁受け金物は、通し柱の断面欠損を少なくする。しかしながら、この金物を使用できる木材が限定されている場合があるので、使用する際は、注意が必要である

## 通し柱は断面欠損に注意（四方から梁が柱に取り付く場合）

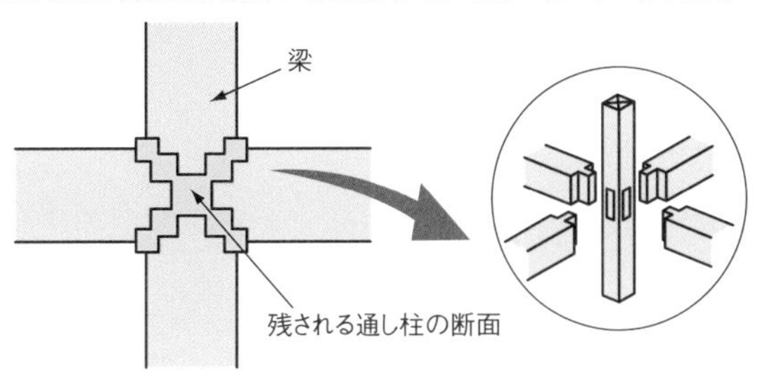

Keyword 045

# 梁

**梁は、構造計算などによって適切な断面寸法を割り出す必要がある**

梁は、柱とともに構造上、非常に重要な部材である。外側柱上にあって垂木を受けるものを桁梁、屋根を支えている梁を小屋梁という。

梁に適した材種は、ベイマツ、クロマツ、アカマツ、カラマツなどであるが、ほとんどの場合、ベイマツが使われる。ベイマツは、入手しやすく、強度が大きいため構造材に適しているからである。また、最近ではベイマツの集成材もよく使われる。

## 断面寸法

梁の断面寸法は、3階建ての場合、構造計算により算定し、確認申請書に添付することになっている。2階建ての場合は、計算書を添付することは義務付けられていないが、適切な構造計算を行い選定するべきである。スパン表から決める場合もある。

たとえば、長さ6mの柱間隔に架ける小屋梁の断面寸法は120×400㎜、柱間隔が5mの場合は、120×340㎜となるのが一般的である。ただし、断面寸法は材種、材の長さ、力のかかり具合により異なるのでその現場ごとに注意する。

## 仕口

柱との取合いの仕口は、堅木大入れ短ホゾ差しとして、羽子板ボルト締め、または、箱金物ボルト締めで補強する。

T字取合いは大入れ蟻掛けとし、羽子板ボルトで補強する。受材が横架材の場合は、渡りあご掛けとする。

横架材の隅角部には、土台と同様に火打ち梁という斜め材を入れる。地震時に横からの力が加わった際に軸組のゆがみを防ぐ。木材の場合、90㎜角以上とするが、鋼製火打ちを使う場合もある。火打ちの端部の仕口は、堅木大入れとし、六角ボルトにて梁と緊結する。ボルトと梁の中心線までの長さは750㎜前後とする。

# 梁の継手と仕口

## 梁の継手

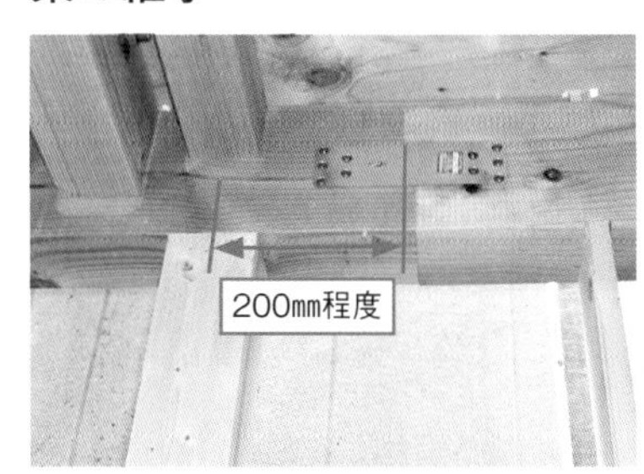


梁の継手は、ほかに比べ強度が落ちるので、継手金物で補強する。継手位置は、柱芯より200㎜程度とする

## 通し柱と2階梁との取合

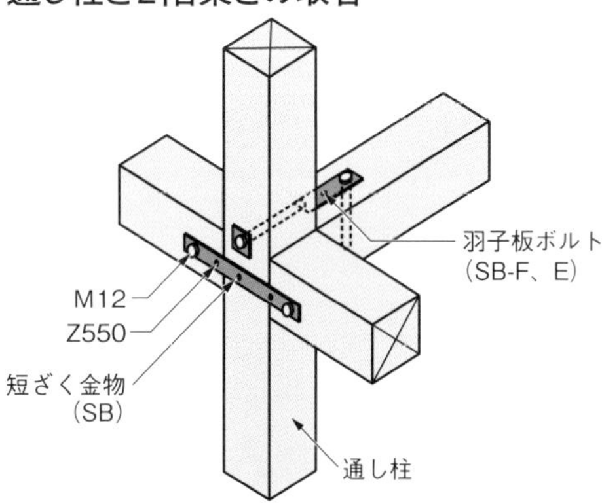


## T字接合

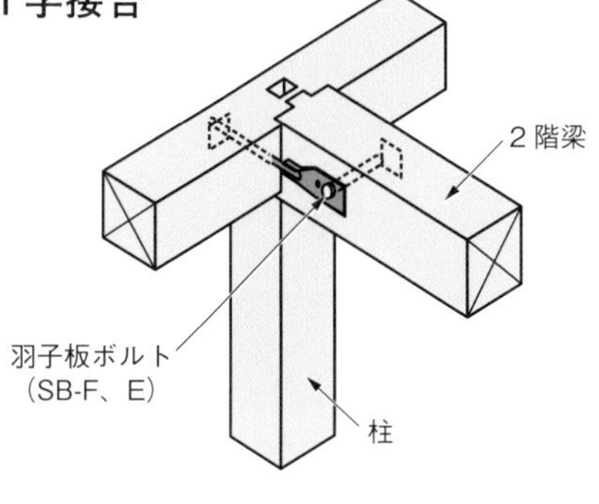


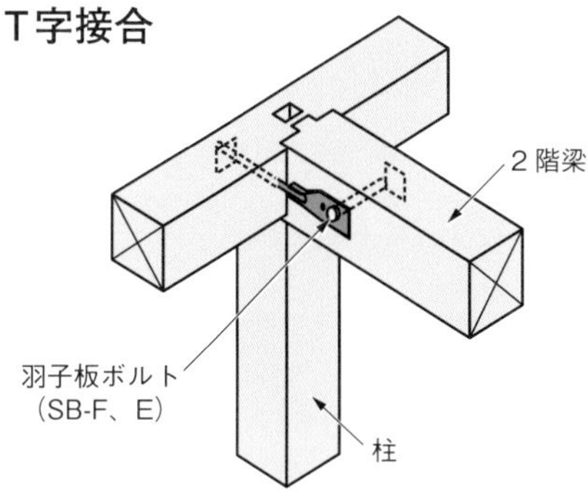

## 火打ち梁

火打ち梁
90㎜角

梁

750m

750m

## 梁の断面寸法を確認

構造計算により決定された断面寸法かどうか確認する

## 火打梁の設置

火打梁は、90㎜角以上とし、ボルトと梁の中心線までの長さは、750㎜程度とする

梁伏図どおりに梁が入っているかどうか1本1本確認する

### スパン表とは

2階建ての小規模の在来軸組工法住宅では、部材断面などの構造計算の添付義務はなく、梁などの断面寸法は、これまでの経験的なものが用いられてきた。しかしながら、針葉樹の構造用製材の日本農林規格に強度等級区分が取り入れられたこと、構造用集成材の日本農林規格が新たに制定され、さまざまな集成材の製造が可能になったことから、等級に応じた部材断面に関するデータの公開が求められるようになった。そこで、在来軸組工法の設計が容易に行えるように、必要な断面寸法を簡単に割り出すことができるようにスパン表ができた。スパン表には、横架材間のスパンと間隔によって部材断面が表記されている。スパン表は、林業関係の各団体から出されている

Keyword 046

# 床 組

**床組はたわみや床鳴りを防ぐため、材料の選択や施工方法、重量のある物を置くときの根太間隔に注意する**

床組では、材料の選択、施工方法を誤ると、床のたわみ、床鳴りの原因となるのでしっかりチェックする。

床組は土台、大引、根太、根太掛け、床束からなる。最近では根太・根太掛けを省略して、構造用合板を直に土台・大引に張る場合が多い。

**①土台**（98頁参照）

**②大引**

スギやヒノキの90㎜角を標準とする。継手は、床束芯から150㎜内外持ち出して腰掛け蟻継ぎ、もしくは、相欠き継ぎとする。土台との取合いは、大入れ蟻掛けまたは、腰掛けとする。

**③根太**

ヒノキ、マツの45㎜角を標準とするが、荷重と梁間隔により45×60㎜、60㎜角などを使用する。根太間隔は、畳床の場合は450㎜内外とし、その他の場合は300㎜内外とする。継手は、大引の芯にて突き付け継ぎとする。大引との取合いは、乗せ掛け、もしくは、大入れとする。階上床の場合で根太のせいが100㎜を超える場合は、渡りあご掛けとする。根太はできれば芯持ち材を使用したい。

なお、重たいピアノや本棚を置くことが決まっている場合は根太の間隔を狭くするか、根太せいを大きくする。

**④根太掛け**

根太の端部を支えるために壁際に根太掛けを設置する。断面寸法は、24×90㎜以上とし、継手は、柱芯で突き付けとする。

**⑤床束**

断面寸法は、90㎜角を標準とする。上部は、大引に突き付けし、平金物もしくは、かすがいで大引と留める。下部は、束石に突き付けとし、束石に埋め込まれた羽子板ボルトにて固定させる。床束に根がらみ（床束を連結させる小幅板）を添える場合もある。最近では、既製品の鋼製束やプラスチック製の束（プラ束）がよく使われる。

## 階下の床組

### 束立て床

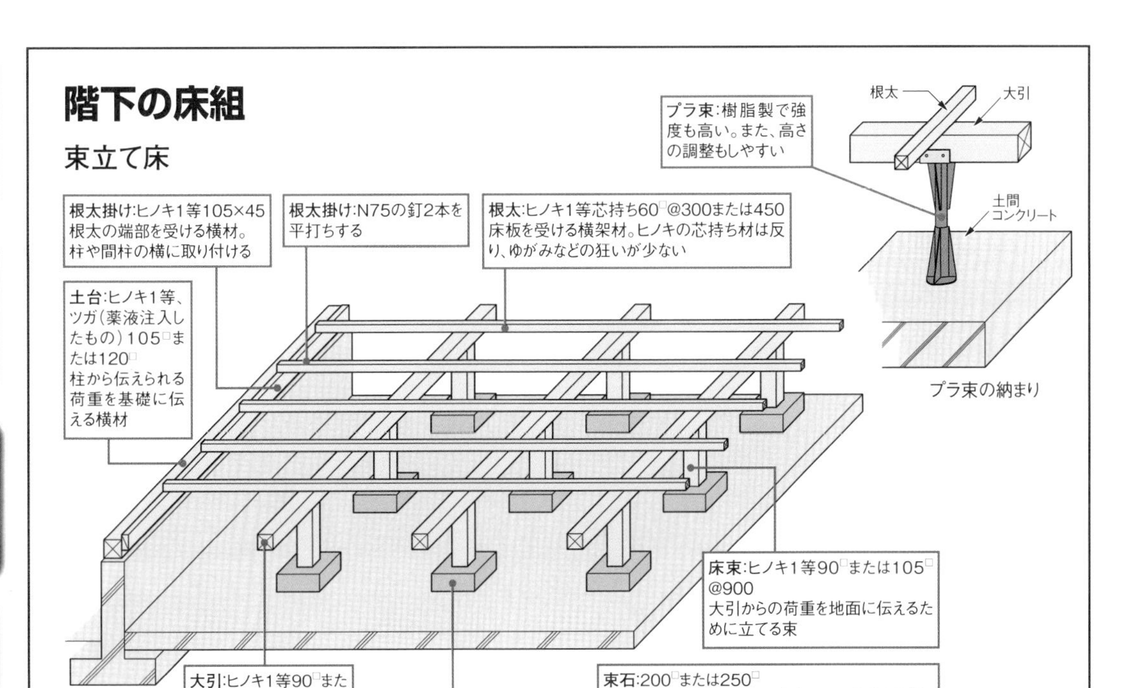


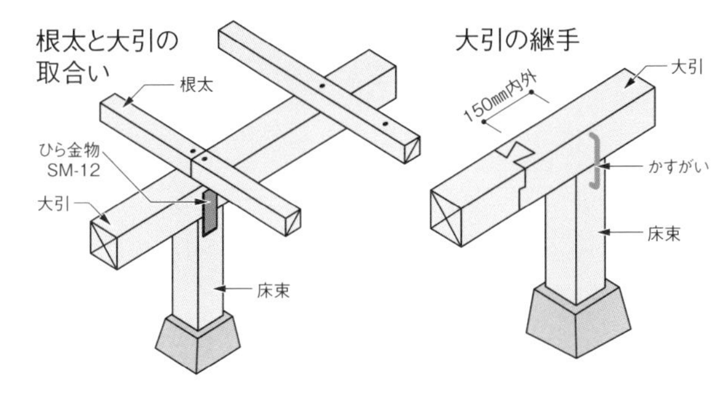


### 床組の確認

床組が出来上がると床下にもぐり、束がしっかり固定されているか、断熱材の入れ方、根太の掛け方は適切か、しっかり確認する

## 階上の床組

### 複床組

複床組または梁床とも呼ばれる。床梁は柱に直接掛けるか、胴差に載せ掛けてもたせる。梁間方向のスパンは1,800～5,000㎜程度。床梁スパンは1,800㎜程度とする

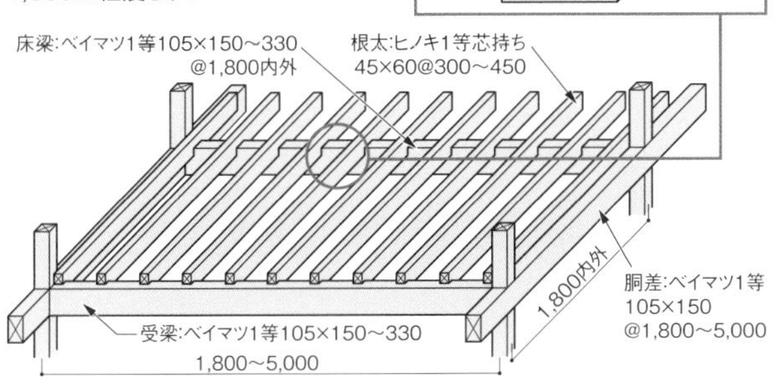


### 床束の設置状況の確認

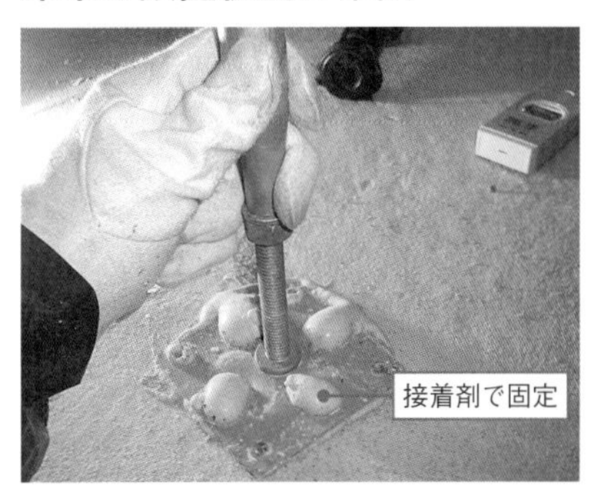

Keyword 047

# 小屋組

## 小屋梁の断面寸法は適正か、小屋梁と軒桁・垂木との接合方法は適正かを確認する

### 小屋梁・小屋束

小屋組とは屋根を支えるための骨組みである。小屋束からの荷重を受ける小屋梁、棟木や母屋などを受ける小屋束、垂木を取り付けるための母屋、野地の下地となる垂木、棟の頂きにある棟木などからなっている。

小屋梁の断面寸法は、3階建ての場合は構造計算による。2階建ての場合はスパン長により決められる場合もある。末口135㎜以上の丸太の継手は、受材上で台持ち継ぎとし、下木にダボ2本を埋め込み、かすがい両面打ちか六角ボルト2本締めとする。受材あたりは渡りあごとする。軒桁または敷き桁との仕口は、兜蟻掛けまたは渡りあごとし、いずれも羽子板ボルトで留める。

小屋束の断面寸法は90㎜角、棟木は105㎜角を標準とし、900㎜間隔で設置する。上部、下部の仕口は、短ホゾ差しとし、かすがい両面打ちまたは平金物あて釘打ちとする。

### 棟木・母屋・垂木

棟木・母屋の断面寸法は90㎜角を標準とし、継手は束の位置を避けて、腰掛け鎌継ぎまたは腰掛け蟻継ぎとし、N75釘2本打ちとする。T字部の仕口は大入れ蟻掛けとし、上端よりかすがい打ちとする。

垂木の断面寸法は、屋根が粘土瓦の場合は、45×60㎜で300㎜間隔、スレートや金属板葺きの場合は、45㎜角を300～450㎜間隔とする。継手は乱に配置し、母屋上端でそぎ継ぎとし、釘2本打ちとする。軒先以外は、N75釘両面斜め打ちとする。垂木のせいが45㎜程度ならN100釘を脳天打ちにする。垂木は、強風によるあおり防止のために桁梁にひねり金物で留め付ける。

また、小屋組が倒れるのを防ぐために、振れ止め（雲筋かい）を小屋束に斜めに留める。

## 小屋組（和小屋）

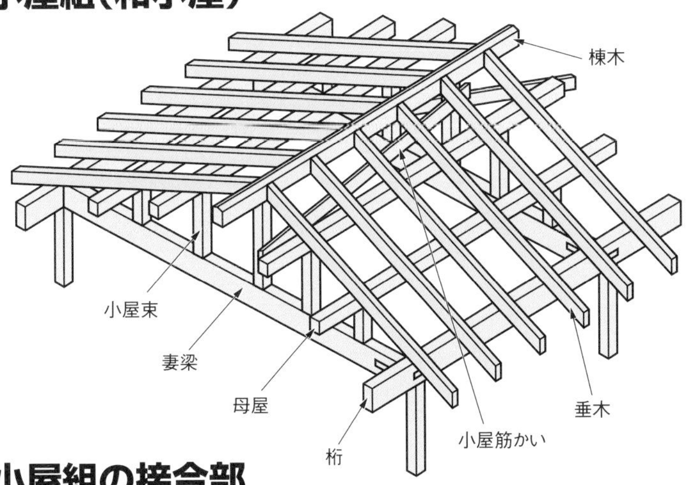


### 垂木の設置状況の確認

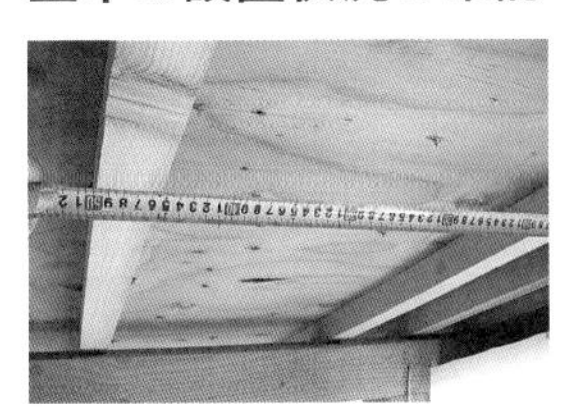

垂木の間隔、断面寸法は、図面どおりか確認する

## 小屋組の接合部

### 小屋梁と軒桁の接合

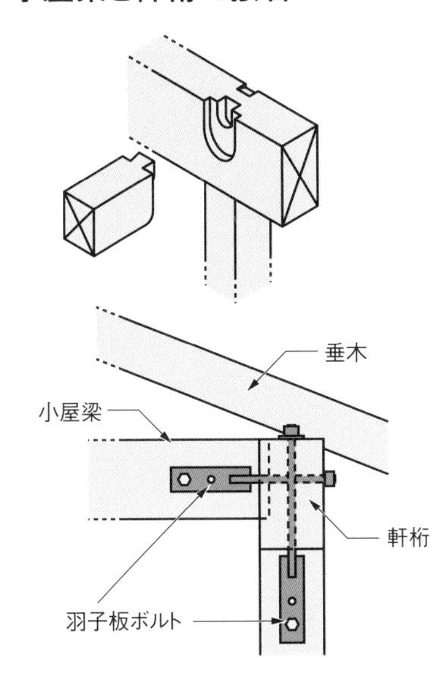


### 垂木と桁の接合

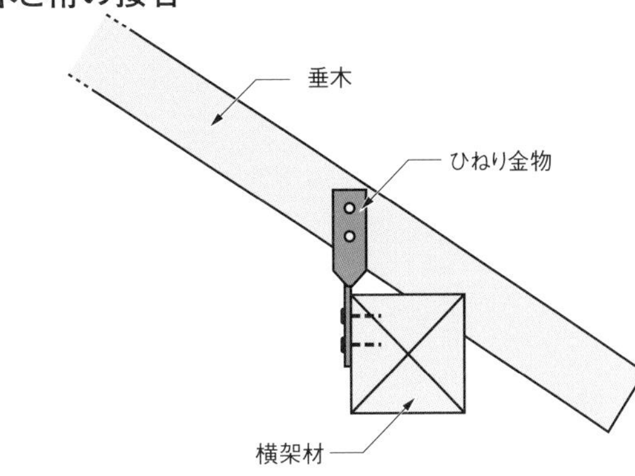


### 小屋梁の継手（台持ち継ぎ）

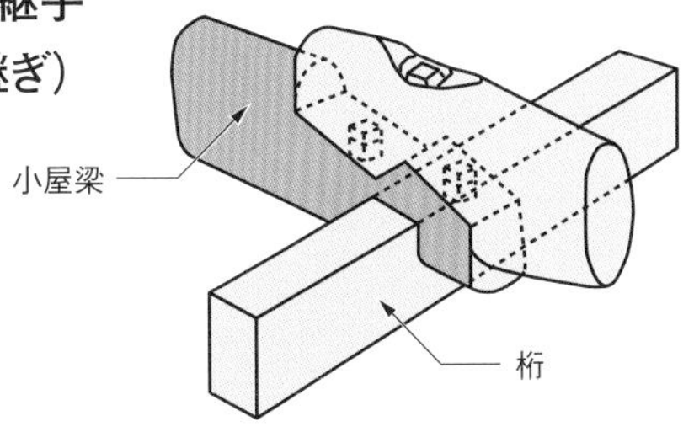


## 小屋組の監理ポイント

### 小屋組のチェック

火打ちの設置、振れ止めは適切か、羽子板ボルトの付け方は適切か確認する

### ひねり金物の設置

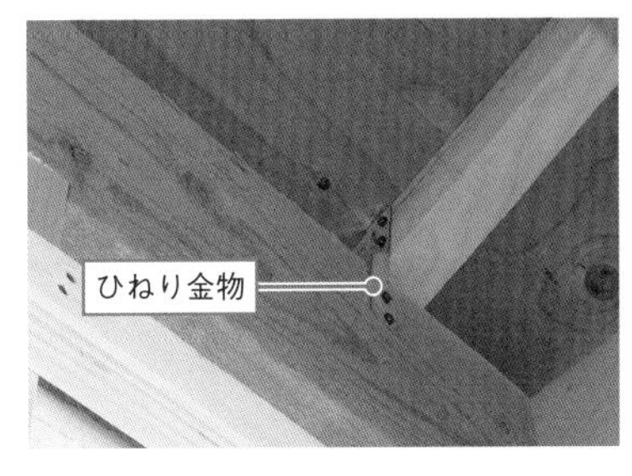

第3章▶軸組工事

Keyword 048

# プレカット

**プレカット図が上がってきたら設計図と見比べて入念にチェックする。修正はこの時点で済ませる**

## プレカットのメリット

プレカットとは、これまで土台や柱などの構造材を大工により手作業にて墨付け、刻んでいたもの（手刻み）を、事前に工場で機械加工することである。最近では、ほとんど手刻みからプレカットに代わった。

プレカットのメリットは、計画的に精度の高い部材を加工することができ、品質と生産性が向上することだ。機械で加工するので工期の短縮や手間を減らし、コストダウンになる。また、現場での作業がなくなるので、安全性が高まる。

## プレカットの流れ

プレカットの流れとしては、プレカット工場と平面図、断面図、立面図、矩計図、基礎伏図などの基本図で打ち合わせをすると、一～二週間程度でプレカット図が出来上がる。その図面と設計図を見比べながら、樹種、品質、柱の本数、位置、梁の高さ、寸法、継手位置、アンカーボルト位置など、すべてチェックする。いったん、工場で加工に入ると変更ができなくなるので、事前に十分なチェックや打ち合わせをする必要がある。

チェック作業が終わると、この情報はコンピューターにインプットされ、加工に入る。

通常は、建方の2週間前くらいに加工作業に入る。また、特殊な継手・仕口の加工は機械ではできない場合があるので、そのような継手・仕口は大工の手作業になる。1週間程度で加工が終了し、確認した後、建方の前日か前々日に現場に納入される。

プレカットの導入により、加工日数とそれに伴う人件費が大幅に減少したが、昔ながらの人の手による墨付け、刻みができる大工が少なくなってきたことが残念である。

## プレカットの流れ

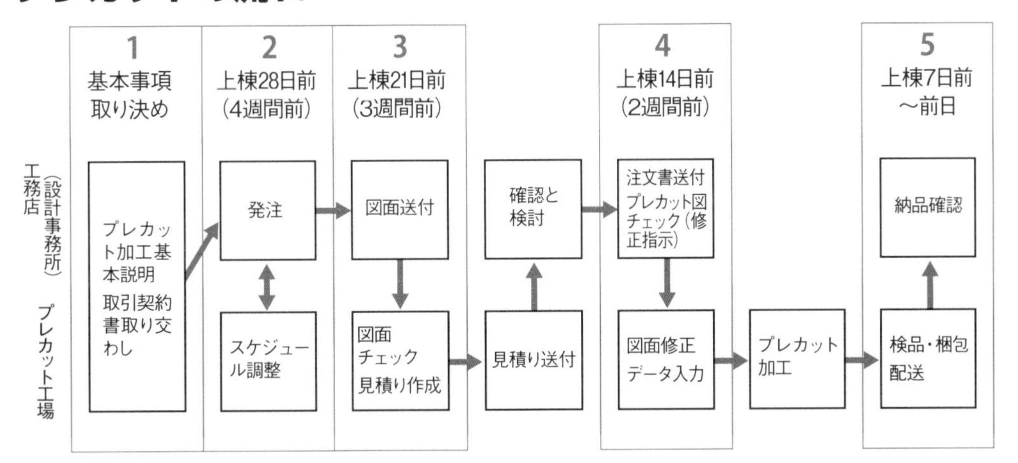

### プレカット図のチェックポイント

- □ 寸法関係（通り芯、高さ、壁位置、基礎位置）は、図面どおりか
- □ 屋根勾配、形状は、図面どおりか
- □ ケラバ、軒の出寸法は、図面どおりか
- □ アンカーボルトの位置と継手は適切か
- □ 基礎の位置と高さは、図面どおりか
- □ 各構造材（土台、柱、梁、筋かい、火打ち）の寸法・材種・位置・本数は適切か
- □ 各種構造材の継手・仕口の方法、位置は適切か
- □ 根太、間柱、垂木の寸法・材種・位置・本数・間隔は適切か
- □ 窓、まぐさの寸法・材種・位置は適切か
- □ ベランダの形状は、図面どおりか
- □ ロフト、小屋裏の形状は、図面どおりか
- □ 野地板、床板の割付けは適切か

## プレカットによる継手・仕口

腰掛け鎌継ぎ

小胴付き胴差継ぎ

茶臼掛け

Keyword 049

# 建方と上棟式

**上棟式は、工事に関わっている人達への慰労と感謝を示し、工事の安全を祈願する儀式である**

## 建方の前に

プレカット加工が終了すると現場にその材料を運搬し、建方の前日に土台敷きを行う。土台敷きでは、コンクリートの天端に付けられた土台の位置を示す墨にもとづき据え付けを行い、土台は、アンカーボルトの座金とナットでしっかりと締めつけ、基礎と一体化させる。そして、床束を据え、大引、根太、床板張りまでを床組として行うこともある。建方の前に作業員の安全のために外部足場を組む場合が多くなっている。なお、足場を組む前には、埋設配管をすませる。

建方の当日は、朝から大工、鳶、レッカーが集まり全員が協力して建てていく。下階から順番に柱、梁を組み上げて最後に棟木を取り付ける。

棟が上がると上棟式を行う。上棟式とは新しい家への祝福とともに、工事に関わっている人たちへの慰労と感謝の機会であり、今後の工事の無事完成を祈願する儀式である。本来は、神主を招いて行う儀式であったが、現在では棟梁か工務店の担当者が代理で行い、簡略化されることが多い。また、最近は車で来る職人がほとんどなので、現場での飲食は少なく、参加者に折詰と清酒の小瓶などを渡して散会ということもある。

## 上棟式の準備

上棟式では棟札と幣串（へいぐし）を用意する。棟梁が幣串を一番高い棟木に取り付ける。祭壇をつくり、野菜や穀物、お神酒や洗米、塩などを供える。棟梁が洗米と塩、お神酒を建物の四隅の柱にまいて清める。続いて建築主や関係者が祭壇前で二礼二拍一礼で祈願し、お神酒を全員でいただき、乾杯をして手締めでしめくくる。建築主や施工者の氏名などが書かれた「棟札」を用意し、後日、棟木に取り付ける。

## 建方の様子

建方において棟が上がったところ。このあと一気に屋根まで張ってしまう

建方の作業風景。大工、鳶、全員で協力して下階から順に軸組を組み上げていく

## 上棟式

### 用意するもの

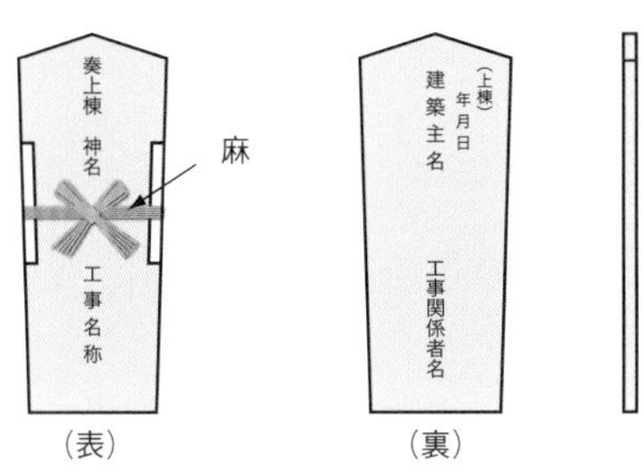


**棟札**

棟札とは、上棟時に工事の概要などを墨書きにして、後世への記録として残しておくヒノキの板札のことで、式の終了後、棟木に麻苧(あさお)などで取り籠付ける。棟札の表が南向きになるようにする

◎正式な幣串の一般的な例
全長……12尺／角の寸法……3寸角

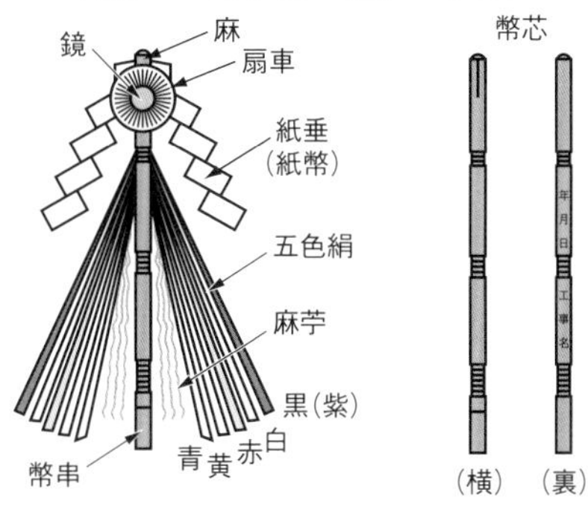


**幣串**(へいぐし)

幣串とは、上棟時に神籬(ひもろぎ)の後のところに立てておく幣のこと。幣串は、幣芯、幣、五色絹と麻苧、扇車(おおぎぐるま)で構成されている

### 上棟式の流れ　上棟式の儀式の流れ(地域により異なることがある)

棟木に魔除けの幣串(へいくし)を鬼門の方向に向けてたてる

》》》

建物の骨組に板を渡して祭壇をつくり、供え物をする。棟梁は祭壇に二拝二拍手一拝する

》》》

柱の四隅にお神酒などをまいて清める。残りを全員茶わんについで乾杯する

建築主により祭壇の前で二礼二拍手一礼で祈願する

式が終わり、建築主の挨拶。無事、建方が終了し、各職方、工事関係者に労をねぎらい、これからの安全を祈願する

Keyword 050

# 釘の種類と打ち方

**構造用合板に打つ釘は、めり込んだり、打ち抜いたりすると強度が低下するので注意が必要**

木造軸組工法における継手と仕口は、接合金物によって補強するが、釘で留めるものも少なくない。また、筋かいや構造用合板の耐力壁も釘で取り付けられる。

どんなに優れた接合金物を多く付けても、また、耐力壁をうまく配置しても、その釘の種類、本数、使い方が適切でなければ、所定の強度が得られなくなる。継手、仕口の接合部、接合金物の取り付け、耐力壁の設置は、すべて決められた釘で決められた方法で留めることになっている。そのため、釘の仕様、留め方を確認することは、非常に重要なことである。

## 釘の種類

釘の種類は数多くあるが、そのなかでも特に重要なのは、N釘、CN釘、ZN釘といわれる釘である。N釘は、鉄丸釘のことであり、木造軸組工法に最もよく使用され、木材の接合や合板の留め付けに使われる。溶融亜鉛めっきが施され、長さは19～150㎜まである。CN釘は、枠組壁工法によく使用され、同じ長さのものではN釘よりも太めである。接合金物に使用する釘は、ZN釘であり、溶融亜鉛めっきが施されている。それ以外にもスクリュー釘、内装用釘などがある。これらは、すべて強度が異なる。

## 釘の打ち方

釘は打ち込む方向により強度が変わる。平打ちした場合を1.0とした場合、斜め打ちは、その約5／6、小口打ちは約2／3に低下するといわれている。また、構造用合板を打ち付ける場合、釘打ち機で打ち抜いてしまってはまったく意味がない。合板にめり込んだ場合、厚さ9㎜合板に1㎜のめり込みで10～20％、3㎜のめり込みで30～80％程強度が低下するので、打ち方には特に注意が必要である。

# 釘の打ち方

## 釘を打つ方向で強度が変わる

平打ち（強度 1.0）

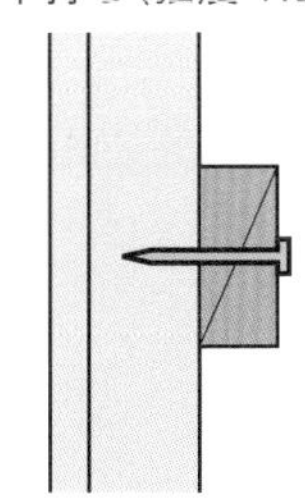

最も強度が出る打ち方

斜め打ち（強度 0.83）

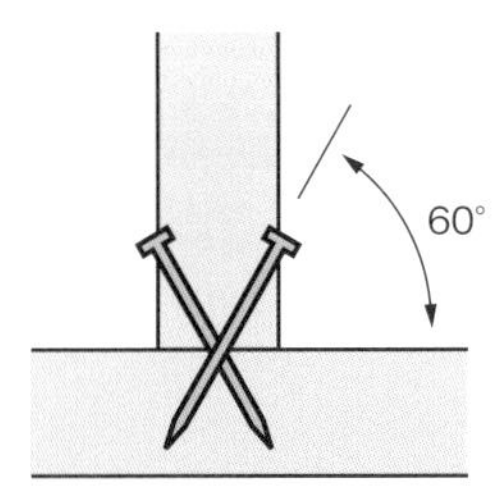


斜め打ちは割れやすくなるためやや強度が下がる

木口打ち（強度 0.67）

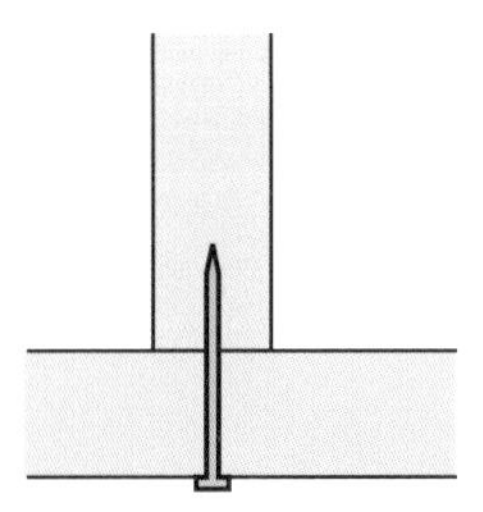

木口打ちは割れる可能性が大きくかなり強度が下がるので要注意

## 釘のめり込み方で強度が変わる

1 ㎜めり込んだ場合

1 ㎜

−10〜20%

1㎜めり込んだだけでも10〜20%も強度が落ちてしまう

3 ㎜めり込んだ場合

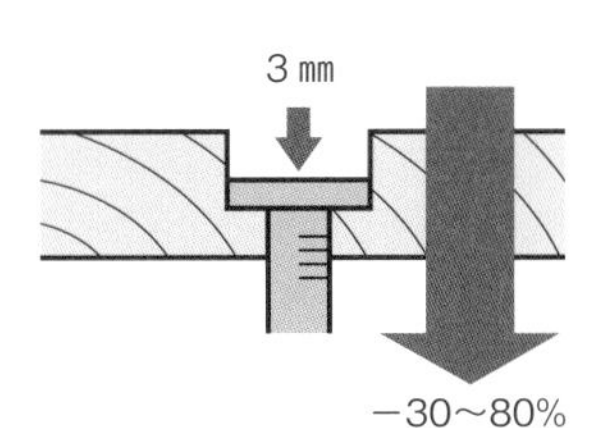


3㎜めり込んでしまうと30〜80%も強度が低下してしまう。特に自動釘打ち機の場合、こうしたことにならないように圧力を調整する必要がある

合板を打ち抜いた場合

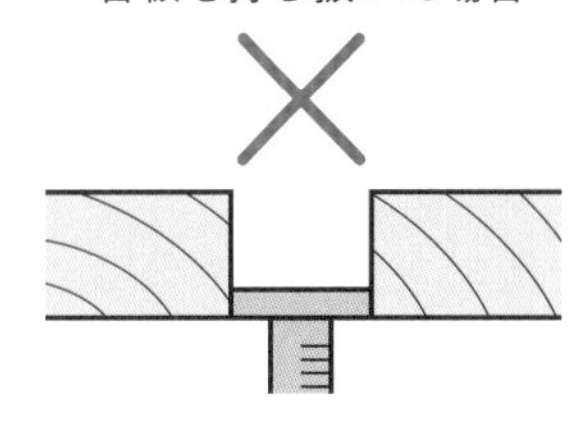

合板を打ち抜いてしまった場合はまったく釘が効かない

## 釘の種類

### 一般的な建築用の釘

鉄丸釘（N釘）：軸組工法でよく使用される。
N50という記号は、鉄丸釘長さ50㎜ということである

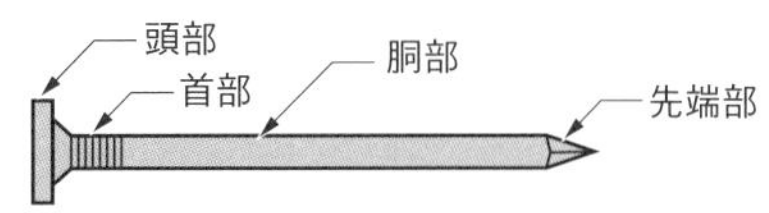


太め鉄丸釘（ZN釘）：接合金物に使われる

枠組壁工法用釘（CN釘）：ツーバイフォー用の釘

鉄丸釘は主に構造用の合板を留めるのに使われる。自動釘打ち機に対応した製品もある。太め鉄丸釘は金物を留めるのに使われる。溶融亜鉛めっきを施してあり、耐久性が高い。枠組壁工法の釘は長さによって色分けされている

出典：『釘があぶない』（保坂貴司著、エクスナレッジ刊）

## 釘の確認

どのような釘を使用しているのか、仕様、長さなどを確認する

## 外壁の構造用合板に釘を打つ

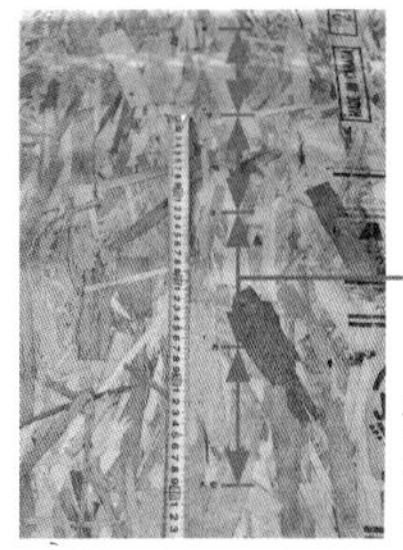

釘の間隔

釘の種類、間隔は適切か、めり込みはないか、しっかりチェックする

Keyword 051

# 耐力壁

**地震力、風圧力に対抗するのは、柱や梁ではなく、筋かい、構造用合板による耐力壁である**

## 耐力壁の量と配置

耐力壁とは筋かいの入った軸組や構造用合板などの面材を張った軸組のことで、風や地震などの水平力に抵抗する役割を担う。

軸組工法だからといって柱、梁を太くしてたくさん入れれば、地震に強くなるというわけではない。地震に強い家にするためには、柱や梁の太さや本数だけではなく、耐力壁の量と配置も重要だ。この耐力壁を十分な量（必要壁量）で適切にバランスよく配置すれば、大地震が起きた際、建物にねじれが起きたり変形したりすることなく、倒壊から免れることができる。

耐力壁の強さは、壁倍率で示す。壁倍率が1の耐力壁は地震等の水平力に対して長さが1m当たり1・96kN（200kgf）の力に対応できるというものである。

耐力壁には材料の使い方、釘の打ち方により、壁倍率0.5から5.0までいろいろな種類がある。

建築基準法施行令46条において、風や地震などの水平力に抵抗する必要な壁量が定められている。

地震力に対しては、各階の床面積1㎡当たりの壁に必要な長さが建物の重量により決められている。地震力は建物の重量に比例するので建物の重量が大きくなる階ほど、壁が多く必要になる。これからすると上階にピアノや重たい書棚を置くと、下階に大きな負担をかけることになるので、上階に載せる荷重はできるだけ小さくなるようにする。

また、風圧力に対しては、建物の見付け面積1㎡当たりの壁に必要な長さが決められている。風圧力が建物の見付け面積に比例するので、見付け面積が大きくなるほど壁が多く必要になる。この地震力と風圧力の大きいほうの数値で壁量を決定する。

## 壁倍率 1 倍の定義

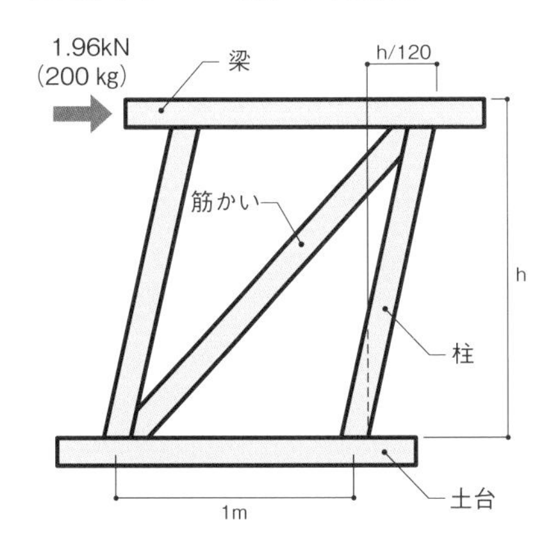


壁倍率 1 倍
→P＝1.96kN、H＝1 ／ 120
（P＝水平力、H＝変形量）

壁倍率 1 とは、図のように長さ 1m の壁が水平力 1.96kN の力を受けたときに、その層間変形角が 1 ／ 120 であることをいう。倍率が大きくなるほど、接合部にかかる力が大きくなり、金物も大きなものが必要になる

## 軸組の種類と壁倍率

| | 軸組の種類 | 壁倍率 |
|---|---|---|
| ① | 土塗壁は木ずりその他にこれに類するものを柱および間柱の片面に打ち付けた壁を設けた軸組 | 0.5 |
| ② | 木ずりその他これに類するものを柱および間柱の両面に打ち付けた壁を設けた軸組<br>厚さ1.5cmで幅 9cmの木材または経 9mm以上の鉄筋の筋かいを入れた軸組 | 1.0 |
| ③ | 厚さ 3cmで幅 9cmの木材の筋かいを入れた軸組 | 1.5 |
| ④ | 厚さ 4.5cmで幅 9cmの木材の筋かいを入れた軸組 | 2.0 |
| ⑤ | 9cm角以上の木材の筋かいを入れた軸組 | 3.0 |
| ⑥ | ②から④までに掲げる筋かいをたすき掛けに入れた軸組 | ②から④までのそれぞれの数値の 2 倍 |
| ⑦ | ⑤に掲げる筋かいをたすき掛けに入れた軸組 | 5.0 |
| ⑧ | その他①から⑦までに掲げる軸組と同等以上の耐力を有する物として国土交通大臣が定めた構造方法を用いるものまたは国土交通大臣の認定を受けたもの | 0.5 から 5.0 までの範囲内において国土交通大臣が定める数値 |
| ⑨ | ①または②に掲げる壁と②から⑥までに掲げる筋かいとを併用した軸組 | ①または②のそれぞれの数値と②から⑥までのそれぞれの数値との和 |

## 筋かいの仕様の確認

耐力壁にとって、仕様により壁倍率が異なる。筋かいのサイズにより壁倍率が違ってくるので、そのサイズも図面どおりか確認する

## 木造住宅と耐力壁の関係

床面積・見付け面積が大きく階数が増えれば必要壁量も増える

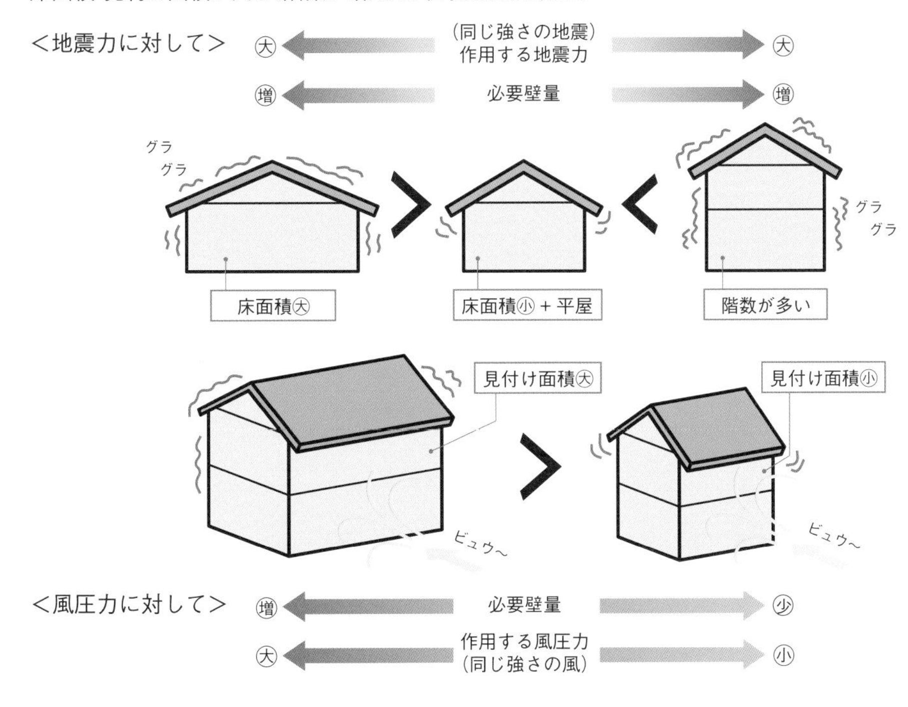

Keyword 052

# 耐力壁の配置

**耐力壁は、たくさん入れたら良いというものではない。小さい倍率の壁をバランスよく分散させる**

## 耐力壁の配置

耐力壁の量が十分でも、その配置の仕方が適切でなければ、建物はねじれを起こし、倒壊しやすくなる。

設計者によっては、大きく開放的な空間がほしいために、大きい壁倍率の耐力壁を部分的に入れて大きい開口を取ることがあるが、壁量を少なくすると、その壁に大きい力が負担されることになり、局部的な破壊が起きやすくなる。したがって、小さい壁倍率の耐力壁をできるだけ、まんべんなく分散して配置するのがよい。

また、地震力や風圧力は、耐力壁を通って基礎に伝わるので、この力の通り道が1階と2階で異なると横架材に負担がかかり折れやすくなる。したがって、耐力壁はできるかぎり上下階と重なるように配置する。やむを得ず上下階が一致しない場合は、上下階の耐力壁の端部が接するように配置する。

また、建物の外周に耐力壁をできるだけ設け、隅には必ず配置する。特に耐力壁が交差する部分は力が集中するので、長さ90㎝以上のものを設置する。

## 4分割法

建物のねじれを防ぐためには、耐力壁を梁間方向および桁行方向にバランスよく配置しなければならない。平面において4分の1ずつの両側端部分について、配置された壁量と必要壁量の比からバランスを検討する（4分割法）。

検討の仕方としては、各階の桁行方向と梁間方向ごとに、両端からその方向4分の1の部分に存在している耐力壁量を求め、その存在壁量が地震力や風圧力に対して必要としている壁量以上であるかどうかを確認する。

これらがすべて充足していれば、耐力壁がバランスよく配置されていることになる。

# バランスのよい耐力壁の配置とは

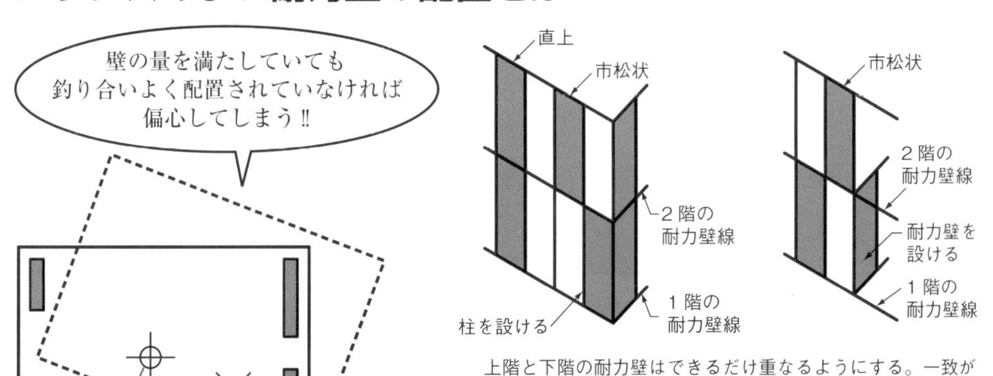


上階と下階の耐力壁はできるだけ重なるようにする。一致が無理なようならば、上下階の端部が接するように配置する

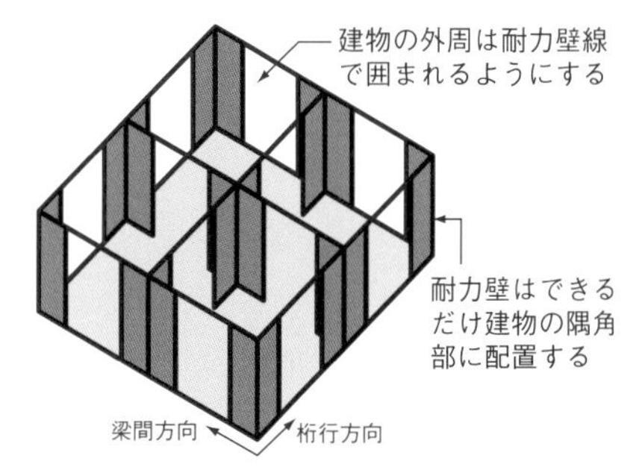


耐力壁は梁間方向および桁行方向にそれぞれ釣り合いよく配置する

## 耐力壁の配置の確認

耐力壁の位置は、特に重要。図面と相違がないか、仕様どおりかしっかりとチェックする

# 4分割法による耐力壁のバランスのチェック

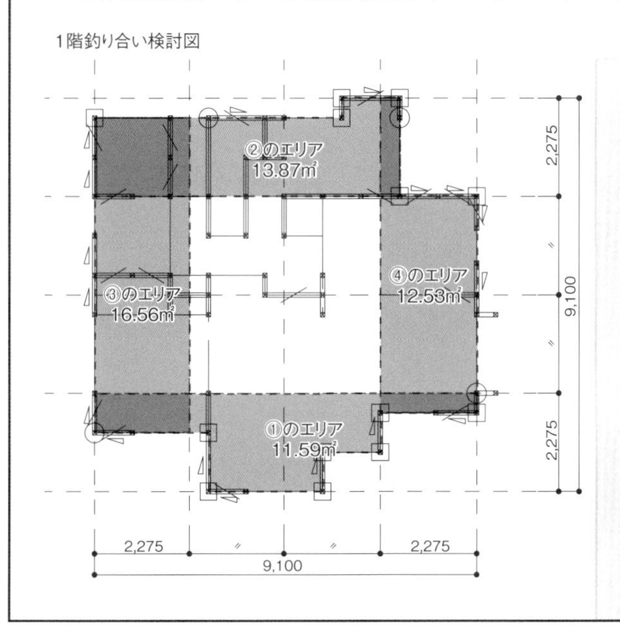


①各階を側端部分より4分割してそれぞれエリアの床面積を求める
②それぞれのエリアの床面積に対して必要な耐力壁量、存在耐力壁量を求める
③各エリアの部分について壁量充足率＝存在壁量／必要壁量を求める
この壁充足率が1より大きければOKであるが、小さいようならば、①エリアと②エリアの両端部分を比較する
④壁率比＝壁量充足率の小さいほう／壁量充足率大きいほうで求める。壁率比≧0.5であれば、OKである

Keyword 053

# 筋かい耐力壁

**筋かいは交互に異なる向きにバランスよく入れ、幅と高さの比は1：3以内になっているかチェックする**

## 筋かいの取り付け方

筋かいは、柱、桁、土台などで構成される骨組の中に入れ込む斜め材のことであり、横からの大きな水平力に抵抗し、建物の変形を抑える働きをする。

筋かいには、木材と鉄筋のものとがあり、木材の筋かいは断面寸法により壁倍率が異なる。径9㎜以上の鉄筋は1.0倍であり、厚さ30㎜以上で幅90㎜以上の木材であれば、1.5倍となっている。

筋かいには引っ張りと圧縮があり、筋かいの向きにより効き方が異なる。地震や台風などにより水平力の向きは一定ではないので、筋かいを交互に異なる向きに張間方向、桁行方向共、バランスよく入れる。

筋かいの取り付けは、柱と土台、梁に均等に隙間なく取り付け、柱と土台と均等に力がかかるようにしないといけない。柱のホゾが抜ける場合があるので、端部が柱に偏って留め付けてあると筋かいが外れるおそれがある。また、筋かいの幅と高さの比は、1対3以内になるようにする。

## 筋かい金物の重要性

筋かいの接合は筋かい金物などでしっかりと緊結する。阪神・淡路大震災では、筋かいが入っているにもかかわらず、釘の打ち方が悪かったり、錆びたりしていたことが原因で倒壊したケースも多々見られた。筋かいが耐力壁として有効に働き、地震に耐えるためには、その端部の接合方法は非常に重要になってくる。

このような理由から告示（平12建告1460号）においてその接合方法、柱頭、柱脚の補強方法が明確に定められた。特に筋かい金物とホールダウン金物、アンカーボルト、その他柱頭・柱脚金物は取り付け場所が近く、干渉し合い不適切な施工をされるケースが多いので注意する。

# 筋かいの種類と接合方法

| 壁倍率 | 木材の断面 | 接合方法 | 平12建告1460号一号 |
|---|---|---|---|
| 1 | 厚さ15㎜以上、幅90㎜以上 | 釘N65(10本) | ロ |
| 1.5 | 厚さ30㎜以上、幅90㎜以上 | 筋かいプレートBP<br>太め鉄丸釘<br>ZN65(10本)<br>ボルト<br>M12(1本) | ハ |
| 2 | 厚さ45㎜以上、幅90㎜以上 | 筋かいプレートBP2<br>スクリュー釘<br>ZS50(17本)<br>ボルト<br>M12(1本) | ニ |
| 3 | 厚さ90㎜以上、幅90㎜以上 | ボルト<br>M12(1本) | ホ |

筋かいの仕様や部位によって使用する接合金物が平12建告1460号にて定められている(ロ、ハ、ニ、ホ)

## 筋かいの設置

筋かいの設置が完了すると、筋かいは柱と横架材に均等に接合されているか、方向に間違いないか、金物の選択、接合の仕方は適切かチェックする

# 筋かい施工の注意点

## ①筋かいは、柱と横架材に均等に接合

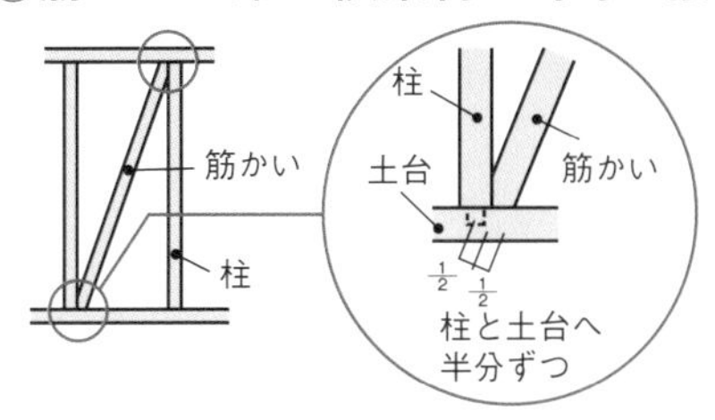


## ②接合部の金物補強

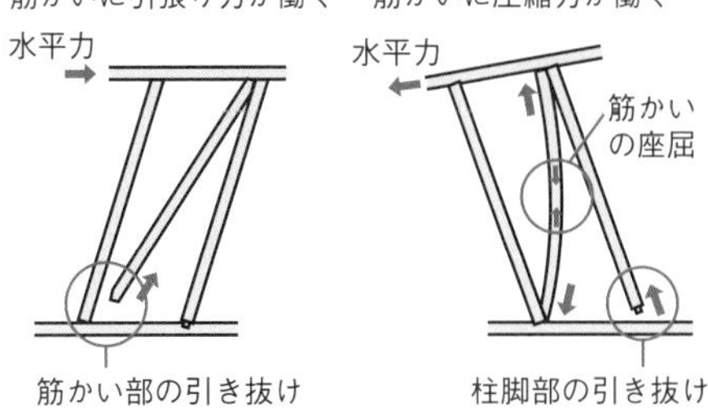


接合部に金物補強がなく接合が不十分な場合には、筋かいが引き抜けたり、破断するおそれがあるので注意する

## ③同一耐力壁線上で筋かいの傾きが対になっているか

## ④筋かいの幅と長さの比

筋かいの幅と長さの比は、1:3とする

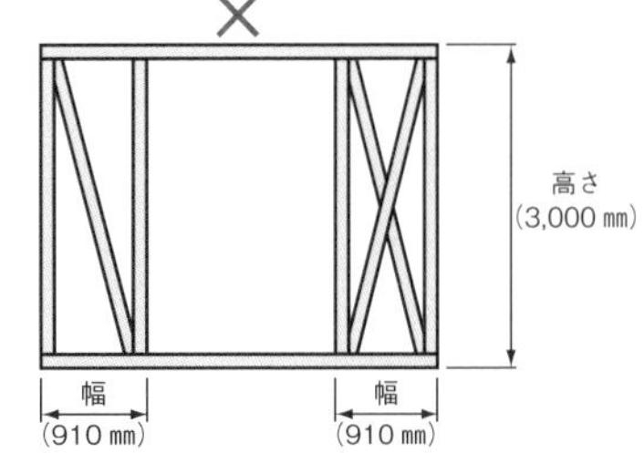


## ⑤たすき掛け筋かいは欠き込まない

たすき掛け筋かいにする場合は、筋かい欠き込みは行わないこと。その場合は、欠き込みせずに一方向の筋かいを切断し、ボルトと帯状金物で緊結する

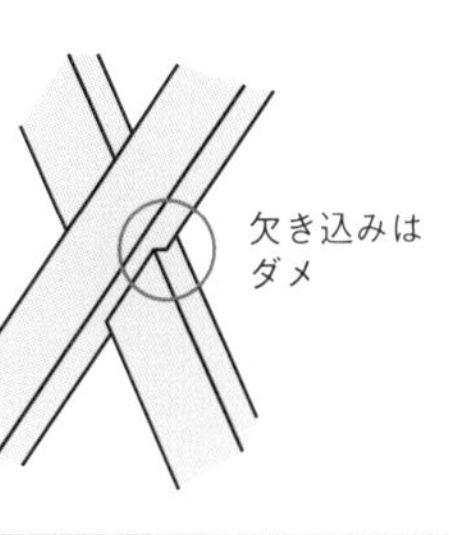

Keyword 054

# 面材耐力壁

**構造用合板が直接、柱、土台、桁に適切な釘、適切な間隔で張られているかチェックする**

## 面材耐力壁の種類

面材耐力壁は、筋かい耐力壁と同様に大きな水平力に抵抗し、建物の変形を抑える働きをする。面材耐力壁には、構造用合板、パーティクルボード、構造用パネル、ハードボード、硬質木片セメント板、石膏ボードなどが使われる。

合板は、柱・間柱・土台や桁などの構造材に直接釘で打ち付ける。たとえば、構造用合板7.5㎜厚以上のものを打ち付ける場合、N50の釘を150㎜間隔以下で打つ。この釘は、合板にめり込むほど打つと所定の耐力が出ないので注意が必要である。また、この構造用合板にもさまざまな種類があり、釘の種類や間隔はその種類により異なるので、使い方を誤らないようにする。

## 合板の張り方

張り方は、大壁造と真壁造で異なり、また、壁倍率も違ってくる。大壁造の場合は、軸組に直接張る方法と胴縁を介して張る方法がある。どちらも柱と梁、桁、胴縁などの横架材とは確実に釘で留めないと所定の耐力を得ることはできない。

真壁造の場合の張り方は、受材タイプと貫タイプに分けられる。受材タイプの面材は、軸組全体にわたって隙間なく張らなければならない。張り残しがあると所定の耐力は得ることができない。また、貫タイプの面材は、最上段の貫とその直上の横架材との間と、最下段の貫と直下の横架材との間は、面材を張らない部分を設けてもよいとされている。

監理者は、特に釘の種類、打ち方、間隔、接合金物の種類、留め方などをしっかりとチェックしなければならない。耐力壁が張られている柱頭、柱脚が、接合金物でしっかりと留められているかどうかも確認しておきたい。

# 主な壁倍率の種類と張り方

## 大壁仕様の面材耐力壁の種類

| 倍率 | 面材の種類 | 面材の材料 | | | 釘 | |
|---|---|---|---|---|---|---|
| | | 品質 | 種類 | 厚さ | 種類 | 間隔 |
| 2.5 | 構造用合板 | JAS | 特類 | 7.5mm以上 | N50 | 150mm以下 |
| | 構造用パネル※ | JAS | 構造用パネルに適合するもの | | | |
| | パーティクルボード | JIS A5908 | パーティクルボード | 12mm以上 | | |
| 2 | ハードボード | JIS A5905 | 35タイプまたは45タイプ | 5mm以上 | | |
| | 硬質木片セメント板 | JIS A5404 | 硬質木片セメント板 | 12mm以上 | | |
| 1 | 石膏ボード | JIS A6901 | 石膏ボード製品 | 12mm以上 | GNF40またはGNC40 | |
| | シージングボード | JIS A5905 | シージングインシュレーションボード | 12mm以上 | SN40 | 外周100mm以下、そのほか200mm以下 |
| | ラスシート | JIS A5524 | LS4 | 0.6mm以上 | N38 | 150mm以下 |

※ OSBなどのこと

## 大壁(3×6版)

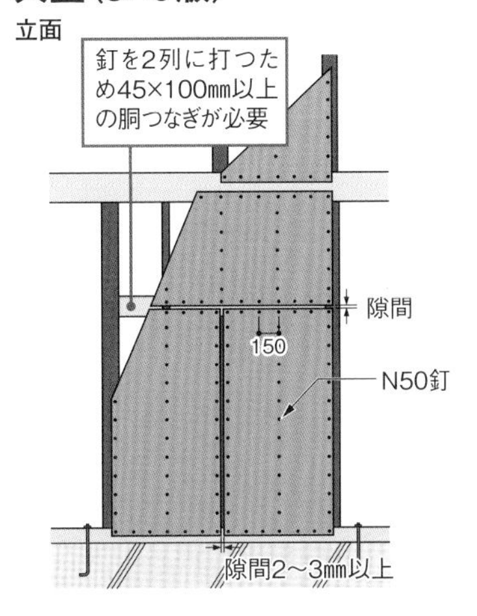


## 真壁仕様の面材耐力壁の種類(受け材タイプ)

| 倍率 | 面材の種類 | 面材の材料 | | | 釘 | |
|---|---|---|---|---|---|---|
| | | 品質 | 種類 | 厚さ | 種類 | 間隔 |
| 2.5 | 構造用合板 | JAS | 特類 | 7.5mm以上 | N50 | 150mm以下 |
| | 構造用パネル | JAS | 構造用パネルに適合するもの | | | |
| | パーティクルボード | JIS A5908 | パーティクルボード | 12mm以上 | | |
| 1.5 | 石膏ラスボード | JIS A6901 | 石膏ボード製品 | 9mm以上 | GNF32またはGNC33 | |
| | 石膏ラスボード | JIS A6904 | 石膏プラスター | 15mm以上 | | |
| 1 | 石膏ボード | JIS A6901 | 石膏ボード製品 | 12mm以上 | GNF40またはGNC40 | |

GNF:石膏ボード用釘、GNC:石膏ボード用釘でステンレス製

## 真壁(受け材タイプ)

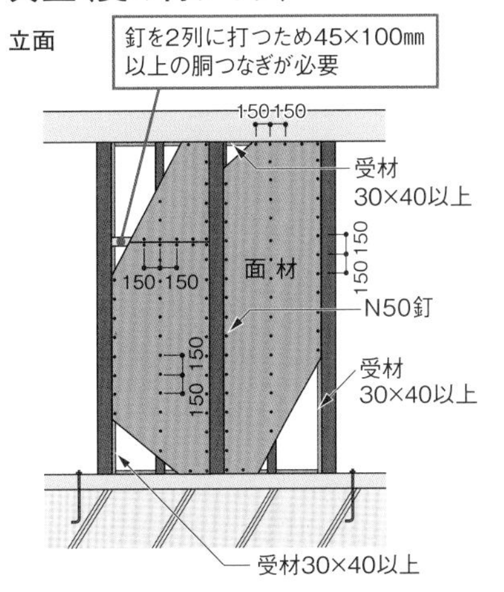


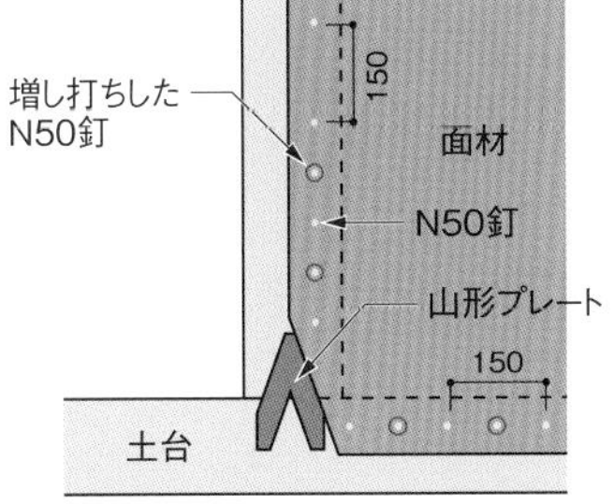


大壁造の面材耐力壁で、面材の四隅を切り欠いて山形プレート(VP)を柱と横架材に直接釘打ちする場合、切り欠いた部分によって隅部の釘1本を釘打ちできない。そこで増し打ちする必要がある

## 面材耐力壁

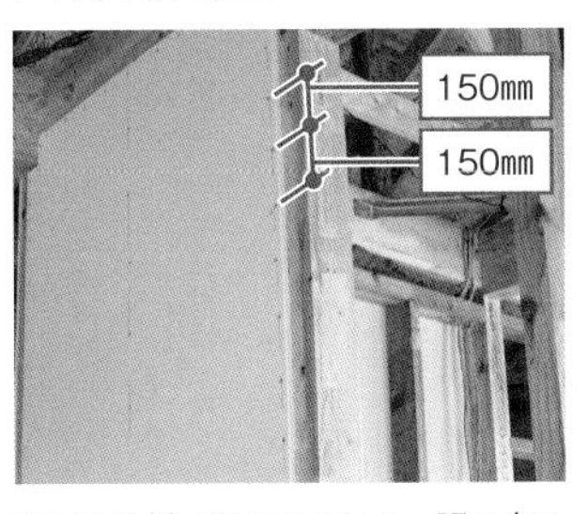


面材の仕様は図面どおりか、張り方は適切か、釘の種類、間隔、打ち方は適正か確認する

受け材の取り付け方

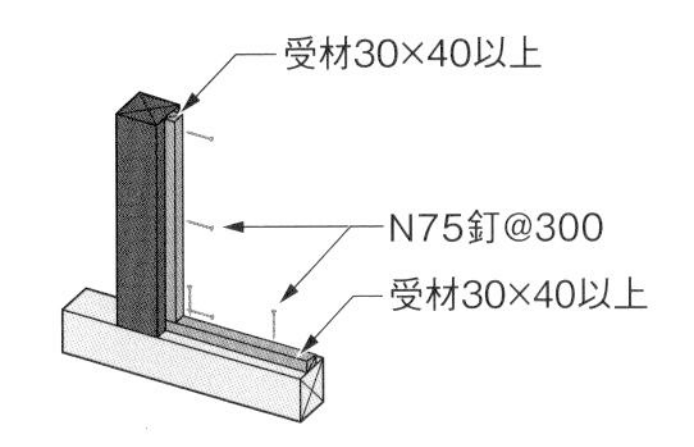

Keyword 055

# 接合金物の選択

**柱頭・柱脚の接合金物はN値法により選択すると応力の伝達を合理的に処理できる**

## 3つの選択方法

阪神・淡路大震災の教訓を受け、平12建告1460号により「木造の継手及び仕口の構造方法を定める件」において、筋かいの端部や柱頭、柱脚の接合方法が明示された。これによると耐力壁の倍率やそれに接する柱頭、柱脚は告示の規定により接合金物を選択しなければならない。

その選択の方法は3つある。

①平12建告1460号の表1～3から選択する方法

②平12建告1460号のただし書きによるN値から選択する方法

③建築基準法施行令第82条に定める許容応力度計算等によって定める方法

このなかで最も簡単にできるのは、①の方法であるが、②の方法に比べ、接合金物の数が多くなる。②のN値法によると応力の伝達を合理的に処理することができるので、数が減るので通常はN値で決めることが多い。③の方法は、延べ床面積が500㎡以上か3階建ての場合に構造計算し、その際に柱頭、柱脚の接合金物の種類を決める。最も正確な選択方法といえる。

## N値法による計算

N値法は、耐力壁に隣接する柱における双方の壁倍率の差で接合金物を決める。筋かいの場合は圧縮力と引張り力が相殺し引抜き力がその柱によって変わってくる。それを補正値として壁倍率の差に加える。それに周辺の押さえの効果を表す係数を乗じたものから、鉛直荷重による押さえの効果を表す係数を引く。これが2階建てであると1階に2階の柱の分も加える。この計算により接合金物を決める。

監理者は、どのような選択による接合金物がどのように施工されているか、図面と照らし合わせながら確認する必要がある。

# N値計算による接合金物の決め方

### N値計算による接合金物を選択するための算定式

### 平屋の柱、または2階建ての2階の柱のとき

N≧A1×B1−L

**N**
接合部倍率（その柱に生じる引抜き力を倍率で表したもの）の数値

**A1**
当該柱の両側における軸組の壁倍率の差。ただし筋かいの場合、補正表1～3の補正値を加える

**B1**
周辺の部材による押さえ（曲げ戻し）の効果を表す係数。出隅の場合0.8、その他の場合0.5

**L**
鉛直荷重による押さえの効果を表す係数。出隅の場合0.4、その他の場合0.6

### 2階建ての1階の柱のとき

N≧A1×B1＋A2×B2−L

**N、A1、B1**
上に同じ

**A2**
当該柱の上の2階柱両側の軸組の壁倍率の差。ただし筋かいの場合、補正表1～3の補正値を加える

**B2**
2階の周辺部材による押さえ（曲げ戻し）の効果を示す係数。出隅の場合0.8、その他の場合0.5

**L**
鉛直荷重による押さえの効果を表す係数。出隅の場合1.0、その他の場合1.6

### 補正表1 筋かいが片側のみ取り付く場合

| 筋かいの種類 ＼ 筋かいの取り付く位置 | 柱頭部 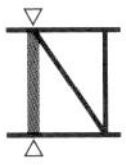 | 柱脚部 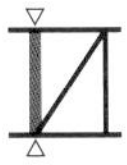 | 柱頭・柱脚部 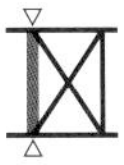 |
|---|---|---|---|
| 15×90mm、直径9mmの鉄筋 | 0 | 0 | 0 |
| 30×90mm | 0.5 | −0.5 | |
| 45×90mm | 0.5 | −0.5 | |
| 90×90mm | 2 | −2 | |

### 補正表2 筋かいが両側から取り付く場合①

| 他方が片筋かい ＼ 一方が片筋かい | 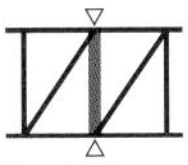 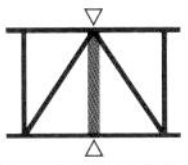 15×90mm、直径9mmの鉄筋 | 30×90mm | 45×90mm | 90×90mm | 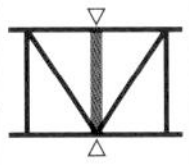 |
|---|---|---|---|---|---|
| 15×90mm、直径9mmの鉄筋 | 0 | 0.5 | 0.5 | 2 | 0 |
| 30×90mm | 0.5 | 1 | 1 | 2.5 | |
| 45×90mm | 0.5 | 1 | 1 | 2.5 | |
| 90×90mm | 2 | 2.5 | 2.5 | 4 | |

### 補正表3 筋かいが両側から取り付く場合②

| 他方がたすき掛け片筋かい ＼ 一方が片筋かい | 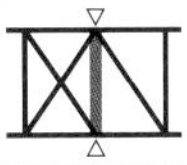 15×90mm、直径9mmの鉄筋 | 30×90mm | 45×90mm | 90×90mm | 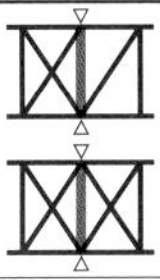 |
|---|---|---|---|---|---|
| 15×90mm、直径9mmの鉄筋×2 | 0 | 0.5 | 0.5 | 2 | 0 |
| 30×90mm×2 | 0 | 0.5 | 0.5 | 2 | |
| 45×90mm×2 | 0 | 0.5 | 0.5 | 2 | |
| 90×90mm×2 | 0 | 0.5 | 0.5 | 4 | |

# N値の接合部の仕様（平12建告1460号表3より）

| 告示表3との対応 | N値 | 必要耐力(kN) | 接合方法 | |
|---|---|---|---|---|
| (い) | 0以下 | 0 | 短ホゾ差し | かすがいC打ち |
| (ろ) | 0.65以下 | 3.4 | 長ホゾ差し＋込み栓（15～18mm角、堅木）打ち | CP・Lかど金物＋ZN65×10本 |
| (は) | 1以下 | 5.1 | CP・Lかど金物＋ZN65×10本 | VP山形プレート金物＋ZN90×8本 |
| (に) | 1.4以下 | 7.5 | 羽子板ボルト＋ボルトM-12 | 短冊金物＋ボルトM-12 |
| (ほ) | 1.6以下 | 8.5 | 羽子板ボルト＋ボルトM-12＋ZS50×1本 | 短冊金物＋ボルトM-12＋ZS50×1本 |
| (へ) | 1.8以下 | 10 | ホールダウン金物S-HD10＋座金付きアンカーボルトM-16 | |
| (と) | 2.8以下 | 15 | ホールダウン金物S-HD15＋アンカーボルトM-16 | |
| (ち) | 3.7以下 | 20 | ホールダウン金物S-HD20＋アンカーボルトM-16 | |
| (り) | 4.7以下 | 25 | ホールダウン金物S-HD25＋アンカーボルトM-16 | |
| (ぬ) | 5.6以下 | 30 | ホールダウン金物S-HD25×2＋アンカーボルトM-16 | |
| − | 5.6超（7.5以下） | N×5.3（40） | ホールダウン金物S-HD20×2＋アンカーボルトM-16 | |

# 接合金物の種類

**接合合金は、同じ接合個所に使用するものでもいろいろな種類がある。それぞれの個所に適切な金物を選ぶ**

## 表示金物

木造軸組工法では構造上、接合部が弱点になりやすいことを先に説明したが、その接合部を補強するためにさまざまな接合金物がある。接合金物の種類と使用部位は左頁にまとめている。

接合金物には、㈶日本住宅・木材技術センターが定めるZマーク表示金物、Sマーク表示金物、Cマーク表示金物、Mマーク表示金物がある。これらの表示金物か、もしくは、同等以上の品質と性能を有するものを使用しなければならない。

**①Zマーク表示金物**

木造軸組工法を対象とした接合金物

**②Dマーク表示金物**

Zマーク表示金物と類似の用途で同等以上の品質・性能を有する接合金物

**③Sマーク表示金物**

Zマーク表示金物と品質が同等以上で性能が明らかな接合金物

**④Cマーク表示金物**

枠組壁工法を対象とした接合金物

**⑤Mマーク表示金物**

丸太組工法を対象とした接合金物

接合金物は、同じ接合個所であっても使用状況により、さらにいろいろな種類に分けられる。たとえば、引き寄せ金物（ホールダウン金物）は、耐力壁の壁倍率の違いにより、10kN用、15kN用、20kN用、25kN用の4種類があり、さらに大壁用と真壁用がある。これらはそれぞれ、HD-B10（大壁10kN用）、S-HD10（真壁10kN用）と表現する。かど金物は、L型とT型があり、それぞれCP・L、CP・Tと表現する。また、羽子板ボルトは、座金が柱や横架材に当たる場合は、ボルトを偏芯させたE型があり、SB・Eと偏芯させていないSB・Fがある。同じ垂木を留める金物でもひねり金物、折り曲げ金物、くら金物があり、状況に応じて使い分ける。

## 接合金物の種類

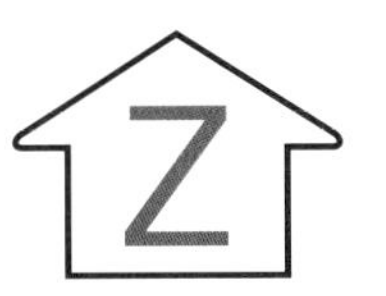


（Z マーク）
軸組構法用金物

（D マーク）
同等認定金物

（S マーク）
性能認定金物

（C マーク）
枠組壁工法用金物

（M マーク）
丸太組み工法用金物

## 主な接合金物

**羽子板ボルト**（記号：SB）

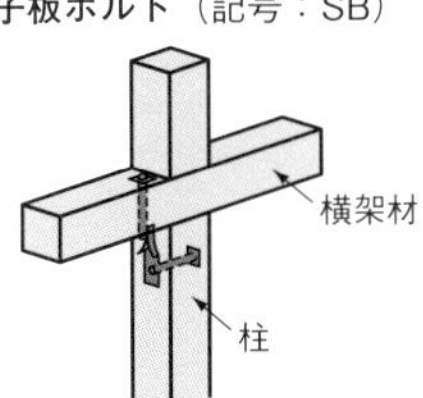


小屋梁と軒桁、軒桁と柱、胴差と床梁および通し柱と胴差の接合に使用する

**短ざく金物**（記号：S）

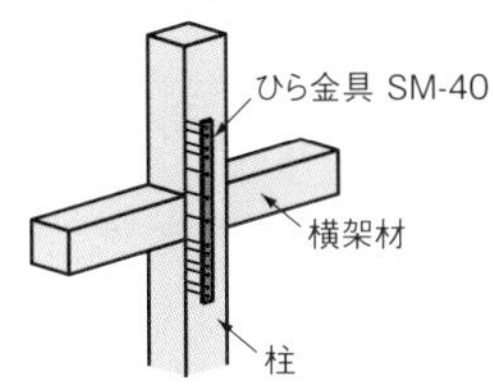


上下階の管柱の連結、胴差相互の連結および梁の継手の補強に使用する

**火打ち金物**（記号：HB）

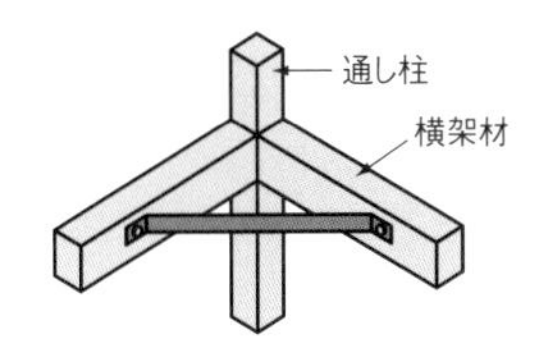


床組および小屋組の隅角部に使用する

**かど金物**（記号：CP・L、CP・T）

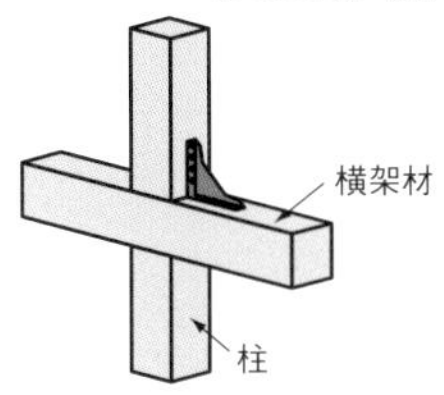


柱と土台、横架材との接合に使用する

柱と横架材、隅柱と横架材、通し柱と横架材の接合に使用する

**筋かいプレート**（記号：BP）

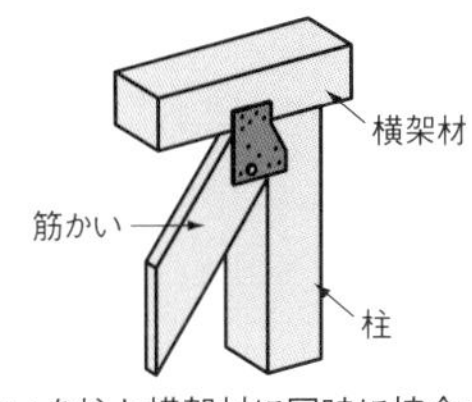


筋かいを柱と横架材に同時に接合するときに使用する

**かね折り金物**（記号：SA）

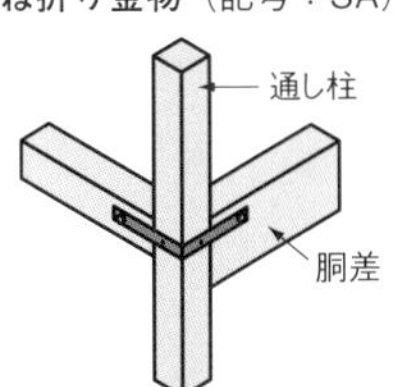


出隅の通し柱と２方向の胴差の取合いに使用する

**引き寄せ(ホールダウン) 金物**（記号：HD）

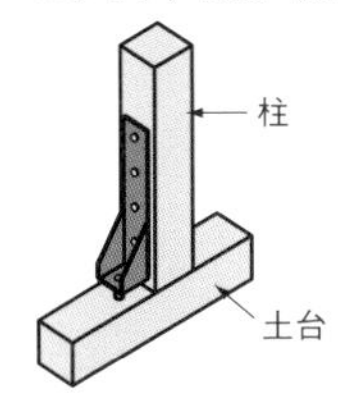


柱と横架材、上下階の柱などの緊結に使用する

**ひねり金物**（記号：ST）

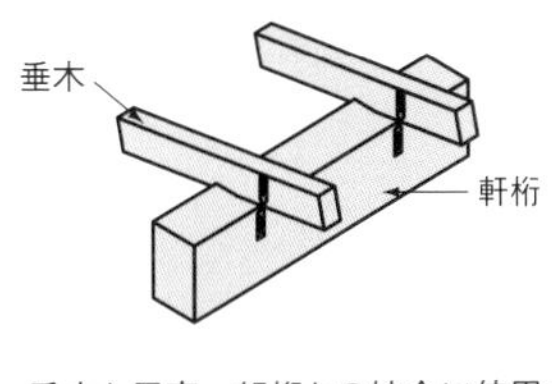


垂木と母家、軒桁との接合に使用する

**アンカーボルト**（記号：M12、M16）

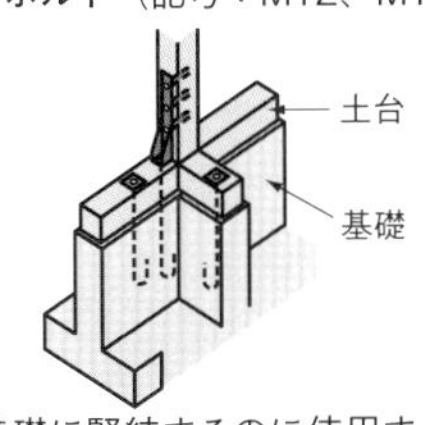


土台を基礎に緊結するのに使用する。使用するところは、特に、①耐力壁の下部に近接した位置、②土台切れの個所、③土台継手および仕口などである

**山形プレート**（記号：VP）

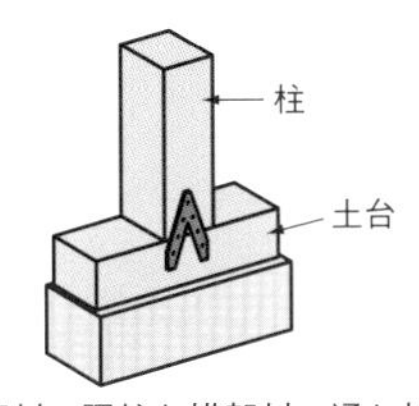


柱と横架材、隅柱と横架材、通し柱と横架材の接合に使用する

**かすがい**（記号：C）

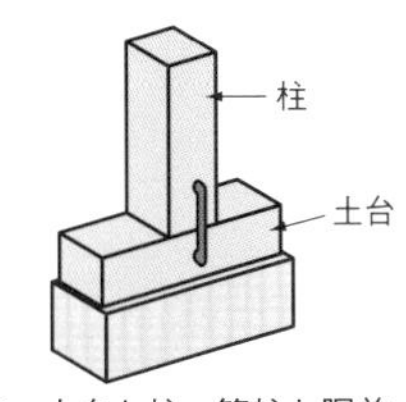


大引と束、土台と柱、管柱と胴差、小屋梁と小屋束などの補強に使用する

Keyword 057

# 接合金物の施工

**接合金物同士が干渉するところには、特に注意する。仕様に従い、適切な施工が必要である**

## 接合金物の取り付け

前述の方法（120頁）により接合金物を選択するが、使い方を誤ると所定の応力の伝達ができなくなるため、適切な方法により取り付けなければならない。取り付け方は、『木造住宅用接合金物の使い方』（㈶日本住宅・木材技術センター）に具体的に明記されている。また、接合金物メーカーの仕様書にも従うようにする。以下に代表的な接合金物の取り付け方を説明する。

**①ホールダウン金物**

ホールダウン金物には、柱に貫通してボルトで留めるものと、ビスで留めるものの2種類がある。最近ではビス留めタイプが使われることが多い。筋かいプレートと干渉する場合は長めのアンカーボルトを使用する。必ず、専用の座金とビスを使用する。

**②山形プレート**

山形の頂点を柱側にして指定の取付け線がプレート明記してあるので、それに土台線を合わせ、N90の釘で取り付ける。背割りがある柱は、土台に山形の頂点を取り付ける。

**③羽子板ボルト**

羽子板ボルトは、座金が横架材に当たる場合と交差する場合があるので、ボルトを偏芯させたE型と偏芯させていないF型とを使い分ける。

**④短ざく金物**

短ざく金物は、柱の連結の補強に使用するが、短ざく金物と六角ボルト頭の厚さが外壁仕上げや下地材に当たらないよう確認する。当たるようならば彫り込む。

**⑤筋かいプレート**

筋かいプレートは、壁倍率により使用する金物、釘の留め方も異なるので注意する。外付けタイプ、内付けタイプがあるので状況によって使い分ける。また、専用のスクリュー釘を使用すること。

## かど金物

仕様は間違っていないか、ビスの留め方に問題はないか、設計図書どおりか確認する

## ラベルのチェック

金物に張ってあるラベルで設計図書どおりの金物が入っているか、仕様を確認する

## アンカーボルトのチェック

土台切れの個所、土台継手および仕口個所の上木端部に設置しているか確認する

## アンカーボルトの設置位置を確認

アンカーボルトは、柱から200㎜以内に設置してあるか確認する

## ボルトナットの締まり具合の確認

ボルトナットの締まり具合を数本、抽出してチェックする

## 羽子板ボルトの取り付け具合の確認

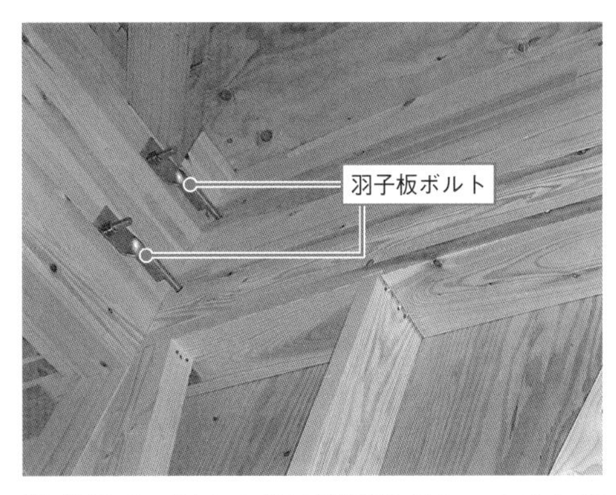


梁成300㎜以上の梁は羽子板ボルトを２本使用しているか確認する

第3章▶軸組工事

Keyword 058

# 床・屋根面を固める

**地震に強い家にするには、耐力壁を適切に設置することに加えて水平構面を固める必要がある**

## 床面

地震や台風に対して強い家にするためには、耐力壁を適切に設置する必要があると説明したが、耐力壁が有効に働くためには床と屋根の水平構面に十分な強さがなければならない。そのために床面と屋根面をしっかりと固めることが必要である。

具体的には、床組の隅角部には火打ち材を入れて全体がゆがまないようにする。また、床面は床梁や胴差と根太の上端を揃えて、構造用合板を床梁、胴差に、直に釘打ちした剛床（こうしょう）といわれる床にする。剛床にした場合は、火打ちを省略することもできる。

根太工法に構造用合板を張る場合、合板の厚みは12㎜以上を使うが、根太と床梁、胴差の上端高さが異なる場合と同じ場合とで工法が変わる。上端高さが異なる場合は、根太を梁に渡りあご掛けとし、四周を床梁、胴差の受材に固定させて、N50釘を150㎜間隔に打ち構造用合板を張る。上端高さが同じ場合は、根太を梁に大入れ落とし込みとして、構造用合板を床梁、胴差にN50釘を150㎜間隔で直打ちする。

根太を架けずに、直接、構造用合板を床梁、胴差に留め付ける場合は、24㎜厚以上の構造用合板とし、N75の釘を150㎜間隔で直打ちするのが一般的である。

なお、床面に吹抜けを設ける場合は、火打ちを設けるなど構造上の工夫が必要である。

## 屋根面

屋根面は、小屋組の隅角部に火打ち材を入れ、小屋組には振れ止めを設けて全体がゆがまないようにする。さらに、屋根下地板として構造用合板を張る際は、垂木にN50の釘を150㎜内外の間隔で平打ちする。小屋梁の水平面に構造用合板を張るのも効果的である。

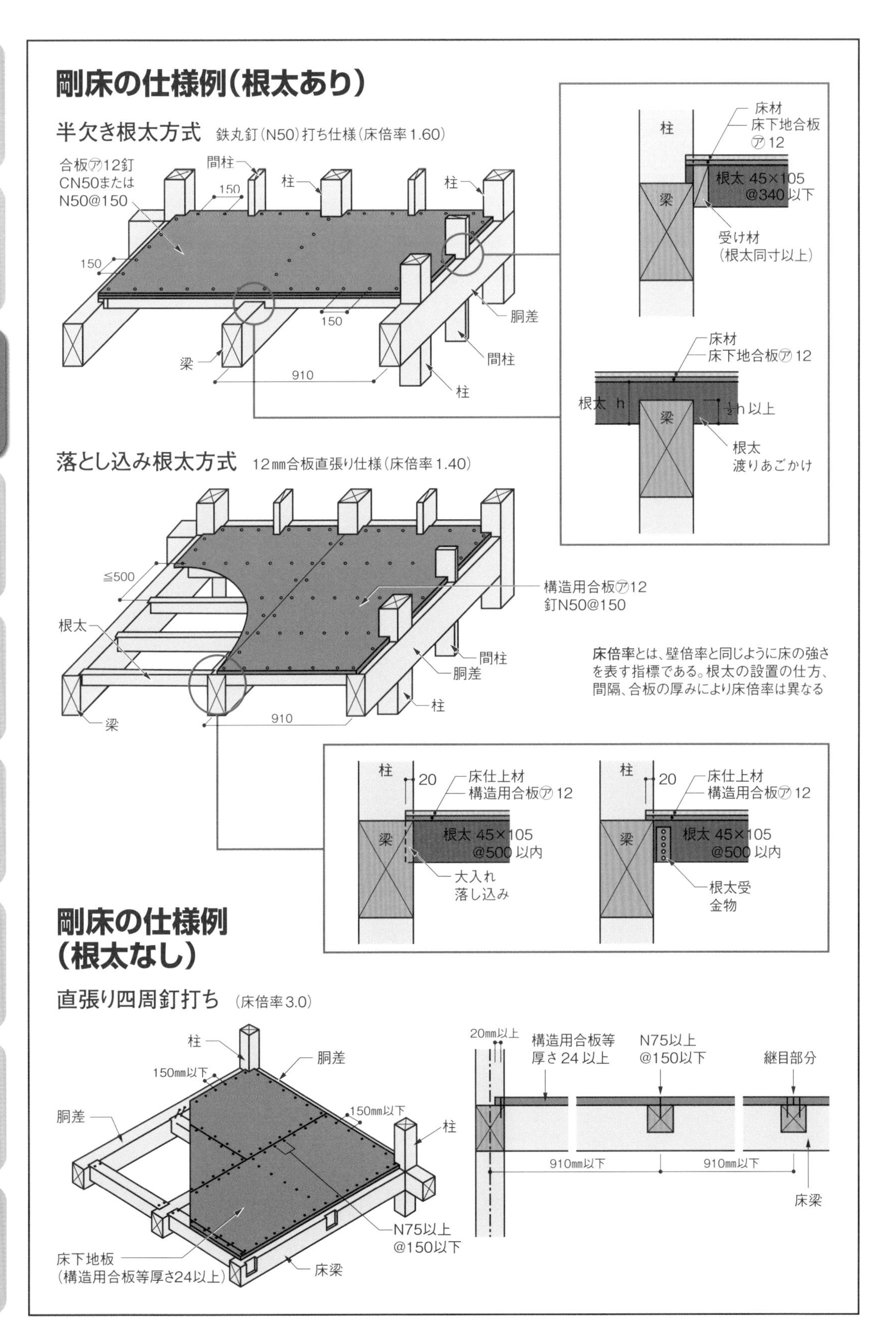
剛床の仕様例（根太あり）
半欠き根太方式　鉄丸釘（N50）打ち仕様（床倍率1.60）
合板㋐12釘
CN50または
N50@150
間柱
柱
柱
150
150
150
梁
910
胴差
間柱
柱
柱
床材
床下地合板
㋐12
根太 45×105
@340 以下
梁
受け材
（根太同寸以上）
床材
床下地合板㋐12
根太 h
梁
½h 以上
根太
渡りあごかけ
落とし込み根太方式　12㎜合板直張り仕様（床倍率1.40）
≦500
根太
梁
910
構造用合板㋐12
釘N50@150
間柱
胴差
柱
床倍率とは、壁倍率と同じように床の強さを表す指標である。根太の設置の仕方、間隔、合板の厚みにより床倍率は異なる
柱
20
床仕上材
構造用合板㋐12
梁
根太 45×105
@500 以内
大入れ
落し込み
柱
20
床仕上材
構造用合板㋐12
梁
根太 45×105
@500 以内
根太受
金物
剛床の仕様例
（根太なし）
直張り四周釘打ち　（床倍率3.0）
柱
胴差
150㎜以下
150㎜以下
胴差
柱
床下地板
（構造用合板等厚さ24以上）
N75以上
@150以下
床梁
20㎜以上
構造用合板等
厚さ24以上
N75以上
@150以下
継目部分
910㎜以下
910㎜以下
床梁

# 軸組の検査(中間検査)

**中間検査の事前チェックでは軸組部分の材料、取り付け方法、接合金物の種類までしっかりと写真に収める**

## 軸組の検査とは

仕上げ工事に入る前に、仕上材で隠れてしまう部分の軸組の検査(中間検査)が行われる。この検査は、建物の安全に関わる最も重要なものである。これは、建築基準法をはじめ、瑕疵担保責任保険、住宅金融支援機構、住宅性能評価などの基準に適合しているかどうかをチェックする検査で、確認検査機関による。監理者は、この検査の前に事前チェックをして、必要があれば是正する。その際の工事監理報告書は中間検査の申請時に提出し、監理者は検査には立ち会うようにする。

## 事前チェックのポイント

検査前の事前チェックでは、構造材の種類、本数、寸法、位置などが図面どおりか。構造用合板の厚み、針の打ち方、筋かいの厚み、補強金物の取り付け方、位置などが図面どおりかを入念にチェックする。

また、特に重要なことは、接合金物の位置や留め方である。接合金物は指定のものを使用しているか、使用しているビスや釘が所定の仕様、本数できちんと留められているか、ボルトはしっかりと締まっているかなどである。これらは、目視もしくは計測にて確認する。ボルトは、数カ所抽出して締まり具合をチェックする。

また、軸組部分は仕上がるとほとんど見えなくなるので、しっかりと写真に収めておく必要がある。材料の仕様、寸法、間隔、どのような金物がどのように入っているかなどが明確に分かるように撮ることが大事である。

また、木材が乾燥すると収縮することでボルトがゆるむことがあるので、下地の石膏ボードを張る前に、再度、締め直すことも重要である。なお、中間検査に合格すると中間検査合格証が出されるので大切に保管しておく。

## 軸組のチェックリスト

Check Point

- □ 筋かいまたは構造用合板を設けた耐力壁の両端にある柱の下部にそれぞれ近接した位置にアンカーボルトが設置しているか
- □ アンカーボルトは、土台切れの個所、土台継手および仕口個所の上木端部に設置しているか
- □ アンカーボルトの締まり具合は適切か
  - ●ナットは確実に締め付けられているか
  - ●ナットよりもボルト頭が3山程度出ているか（ただし、埋込み座金兼用ナットの場合は対象外）
- □ アンカーボルトには適切な金物が使用されているか（Zマーク表示金物または同等品以上）
- □ アンカーボルトの座堀りは深すぎないか（50mm以内の深さであること）
- □ 大引、床束、束石の寸法、種類、間隔、取り付け方法は適切か
- □ 大引、床束に束石に浮きはないか
- □ 基礎と土台は一致しており、基礎長さに不足はないか
- □ 土台の断面寸法は柱と同寸以上であるか
- □ 土台継手位置は適切か。柱の下部に近接した位置に設けていないか。基礎欠き込みの上部に設けていないか
- □ 火打ち土台の取り付け方は適切か
- □ 火打ち土台の位置は図面どおりか
- □ 根太の断面寸法、間隔、釘の留め方は適切か
- □ 床板の張り方（釘の種類、間隔、打ち方）は適切か
- □ 柱の断面寸法は図面どおりか
- □ 通柱、管柱の位置、本数は図面どおりか
- □ 基礎欠き込みは柱位置を逃げているか
- □ 耐力壁の位置、仕様は設計図書どおりか
- □ 耐力壁の面材の張り方（釘の種類、間隔、打ち方）は適切か
- □ 梁の断面寸法、位置は図面どおりか
- □ 梁の継手位置、取り付け方は適切か

- □ 柱と土台や胴差などの桁・梁との接合部に隙間はないか
- □ 筋かいと柱・土台・胴差などの接合部に隙間はないか
- □ 上下階の柱に芯ずれはないか
- □ 柱は垂直に立っているか
- □ 梁は水平か
- □ 接合部の補強金物は適切に取り付けられているか
  - ●土台・通し柱の取合い
  - ●土台・横架材と柱の取合い
  - ●上下階の柱
  - ●筋かいと柱・横架材梁と横架材・梁
  - ●小屋梁・母屋と小屋束
  - ●垂木と桁・母屋　など
- □ 接合部の補強金物は適切な金物が使用されているか（Zマーク表示金物または同等品以上）
- □ 梁せい300mm以上の梁は羽子板ボルトを2本使用しているか
- □ 接合部の補強金物はしっかり締っているか
- □ 火打ち梁の取り付け方は適切か
- □ 小屋束は桁行筋かい、振れ止めで固定しているか
- □ 垂木の断面寸法、間隔、釘の留め方は適切か
- □ 梁、柱などに著しい割れ、捻れ、反りはないか
- □ 構造材は乾燥材、もしくは集成材を使用しているか
  - ●乾燥材を使用している場合は含水率を計測する
  - ●集成材は材料確認のみとする
- □ 次の個所に防腐防蟻処理はされているか
  - ●外周部・間柱・筋かいなどの図面指示の高さ範囲
  - ●土台、大引、床束など

### 中間検査

中間検査には、建築基準法、瑕疵担保責任保険、住宅金融支援機構、住宅性能評価などがある。これは確認検査機関により行われ、監理者は必ず立会いをする

Keyword 060

# 軸組に関する不具合

**軸組みの施工不良は、大地震の際に、直接、倒壊の原因となるので、細心の注意が必要である**

軸組みに関する不具合は、耐力壁の仕様や位置が違っていたり、筋違が柱に付いていなかったり、金物が間違っていたり、梁が配管で欠けていたり、ビス・釘が所定の本数が不足していたりする。接合金物や構造用合板を留めるビスや釘は、定められた種類と本数を守らないと所定の強度が出ない。

軸組の施工不良が、大地震などの際には倒壊の原因となる。工事監理する際には、細心の注意が必要である。

## 継手の位置、設置に注意する

継手の位置、設置にも注意が必要である。土台の継手にアンカーボルトが貫通していたり、耐力壁や火打ちの中に継手があったり、接合金物で補強できていなかったりする。継手部分は、弱点であるだけに、設置方法を誤ると、建物が揺れた際にそれが外れ、倒壊の原因となる。建ってしまってから継手の位置を修正するのは困難であるため、プレカット図ができ上った時点でしっかりとチェックする必要がある。

## ボルトの緩みに注意する

梁同士を接合している羽子板ボルトについているナットが緩んでいることがよくある。構造材は、含水率15～20%以下の乾燥したものを使用する。含水率が大きければ、時間が経ち、乾燥していくにつれて、構造材が収縮し、ボルトが緩んでしまう。ボルトが緩めば、大地震などで大きく建物が揺れた際に仕口が外れ、倒壊の原因となるため、締め直しをしなければならない。

## 釘のめりこみに注意する

壁や床に合板を貼る場合、釘のめり込み過ぎに注意する（110、111頁参照）。釘のめり込みは、めり込んだ分だけ合板の強度が低下する。また、釘の打ち忘れもあるので、必ず、1本1本、釘の打ち方をチェックする。

## 事例1 筋かい設置の誤り

**現状と原因**

一般的に、筋かいは柱芯々で900㎜以上必要であり、柱と土台・梁に均等にかかっていなければ効かない。この場合は、柱芯々で600㎜程度しかなく、筋かいの端部は柱に固定されていない。これでは、筋かいの意味をなさない。

**対策**

面材耐力壁であれば、柱芯々600㎜であっても耐力壁として認定される。しかし、面材耐力壁にした場合は材料の仕様、釘の打ち方により壁倍率や接合金物の種類も変わるので、構造計画を見直す必要がある（116～123頁参照）。

## 事例2 継手に補強金物が付いていない

**現状**

桁梁の継手が金物により補強されておらず、地震により、梁が外れており、非常に危険な状態である。これが原因で大地震の際に家が壊れることもある。

**対策**

継手は軸組の弱点なので、耐力壁や火打ち梁の中、梁や大引きの中央など、大きな力のかかるところには設置できない。土台に継手を設ける場合には、土台が外れないよう上木端部にアンカーボルトを入れる（99頁参照）。継手は、柱から200㎜程度の位置にできる限り分散させて設け、千鳥に配置し、金物で補強する（101頁参照）。

## 事例3 筋かい金物設置の誤り

**現状**

この筋かいのサイズは90×27㎜であるため、本来1.5倍の筋かい金物を使用する。ところが、実際に使用しているのは90×45㎜用の2倍の金物であり、ビスが筋かいを貫通している。また、羽子板ボルトと干渉して筋かい金物がまともに付けられず、ビスの本数が不足している。

**対策**

90×30㎜の筋かいであれば、1.5倍の専用の金物を使用する。90×45㎜の筋かいであれば、2倍の金物を使用する。筋かい金物は羽子板ボルトと干渉しない位置に変更する。適切な金物を適切な位置に設置することが重要である。（117頁参照）

## 事例4 ボルトの緩み

**現状**

梁の仕口部分に羽子板ボルトを設置しているが、木が痩せてボルトが緩んでいる。構造材は、一般的に含水率15～20%のものを使用するが、含水率が高いと乾燥収縮を起こし、時間が経つとボルトが緩んでしまう。

**対策**

構造材は含水率が15%以下の十分に乾燥している材を選定する。時間が経つと木は乾燥収縮するので、定期的に点検をして緩んでいればナットの締め直しをする。スプリング付きの羽子板ボルトやスプリングワッシャーを使用してもよい。

## 事例5 雲筋かいが無い

**現状**

この小屋裏には雲筋かいの設置が無い。雲筋かいは、地震や台風の再に小屋束や母屋が壊れないように、小屋裏の小屋束に斜めに打ち付けられる筋かいのことで、非常に重要なものである。

**対策**

雲筋かいを小屋梁ー棟木間に斜めに設置する。13×90㎜程度の貫材を、小屋束にN50の釘を小屋束や梁に2本打ちする。（104、105頁参照）

# 木材の規格と等級

## JASによる木材の規格・等級

<table>
<tr><th colspan="4">区分・用途</th><th>等級</th><th>寸法形状</th><th>含水率</th></tr>
<tr><td rowspan="5">針葉樹</td><td rowspan="3">構造用</td><td rowspan="2">目視等級区分</td><td>甲種</td><td rowspan="2">1級・2級・3級</td><td rowspan="3">規定寸法 129 種類<br>（甲種はⅠとⅡに区分）</td><td rowspan="3">15%以下（D15）<br>20%以下（D20）<br>25%以下（D25）</td></tr>
<tr><td>乙種</td></tr>
<tr><td colspan="2">機械等級区分</td><td>E50、E70、E90、E110、E130、E150</td></tr>
<tr><td colspan="3">造作用（造作類、壁板類）</td><td>無節・上小節・小節など</td><td>板類・角類</td><td>造作類：18%以下<br>壁板類：20%以下</td></tr>
<tr><td colspan="3">下地用</td><td>1級・2級</td><td>板類・角類</td><td>25%以下</td></tr>
<tr><td colspan="4">広葉樹</td><td>特等・1等・2等</td><td>板類・角類</td><td>13%以下</td></tr>
</table>

目視等級区分：節や丸身など材の欠点について、目視にて測定し、等級区分をつけた木材製品のこと
機械等級区分：機械により、強度の指標となる弾性係数（ヤング係数）を測定して、等級区分がつけられた製品。E50は、ヤング係数40から60未満を示す
甲種構造材：梁や母屋、根太など横方向に使われる、つまり曲げ性能を必要とする部位に使用されるもの。このなかで寸法の小さい根太、垂木などに使われるものを「構造用Ⅰ」、寸法の大きい梁、母屋などに使われるものを「構造用Ⅱ」と呼ぶ
乙種構造材：柱や小屋梁など縦方向に使われる、つまり圧縮性能を必要とする部位に使用されるもの
含水率：乾燥材については、含水率を25%、20%、15%の3水準に規定して、D 25、D 20、D 15と表示する
無等級材：JASの目視等級材およびJASの機械等級材以外の製品。基準強度は樹種ごとに定められている

木材は、木取りにもとづいて製材されるが、日本農林規格（JAS）により規格等級化され、材質、強度や見た目によって木材のグレードが決められている。これが価格設定の根拠になる。大きく針葉樹と広葉樹に分けられているが、広葉樹は、ほとんど流通していない。

「針葉樹の構造用製材の日本農林規格」において針葉樹の構造用製材の等級、寸法、含水率が定められている。等級は目視と機械による方法に大別され、目視では甲種（曲げ性能を重視する用途）と乙種（圧縮性能を重視する用途）ともに3段階に、機械では6段階に等級区分されている。目視による判定は節、丸身、年輪幅、割れなどによって区分され、機械による判定は曲げヤング率、丸身、割れなどによって区分されている。

製材の寸法は、129種類を規格寸法として規格化し、それ以外は規格外としている。

# 第4章

# 【屋根・外装工事】

屋根と外装部分は、
雨漏りしやすいところ。
絶対に雨漏りしないように
しっかりと監理しよう。
その監理のポイントを
まとめました

# 屋根の種類と下地

**屋根からの雨漏りを防ぐためには、壁の取合い、谷、棟部の防水処理をしっかりと行う**

屋根は、かたち、デザインにより使用する材料や屋根勾配、施工方法などが決まる。あまりに複雑な形状にすると雨漏りがしやすくなる。

また、屋根に使用する材料の重量により軸組の構造も変わってくる。屋根材は主に、瓦、スレート、金属などがあるが、瓦は重い材料となる。それぞれ特徴があり、施工方法も変わってくる。

## アスファルトルーフィング

屋根は、下地だけで雨を防げるようにしなければならないので、下地の施工監理は非常に重要である。下地のうち防水性能を担う下葺き材はアスファルトルーフィング940以上（単位面積質量940g／㎡以上）とする。

アスファルトルーフィングは、野地板面上に軒先と平行に敷き込み、重ね代は上下で100㎜以上、左右200㎜以上、留め付けは、16㎜以上の長さのタッカー釘にて、間隔300㎜程度に、しわやゆるみがないように留める。平棟、隅棟部は、棟芯をまたいで各々100㎜以上重ねる。

壁面との取合い部、谷部、トップライト、煙突、ドーマー廻りは、特に雨漏りしやすいので取合い部は2重に捨て張りをする。谷部は、幅1千㎜のルーフィングを全長にわたり捨て張りし、谷芯からルーフィングの上辺を各々100㎜以上突き出し2重にする。壁の取合い部は、1千×500㎜程度を捨て張りし、壁面に沿って250㎜以上立ち上げる。なお、下葺き材の納め方は仕上材が変わっても基本的に同じである。

勾配が緩い場合は、下地に浸入した雨水の流れが遅くなり、その水が滞留して、重ね部分から毛細管現象等により吸い上げられ、雨漏りの原因となる。対応策として、水が吸い上げられても大丈夫なようにルーフィングを2重張りにするか、重ね代を長くする。

# 下葺き材の施工ポイント

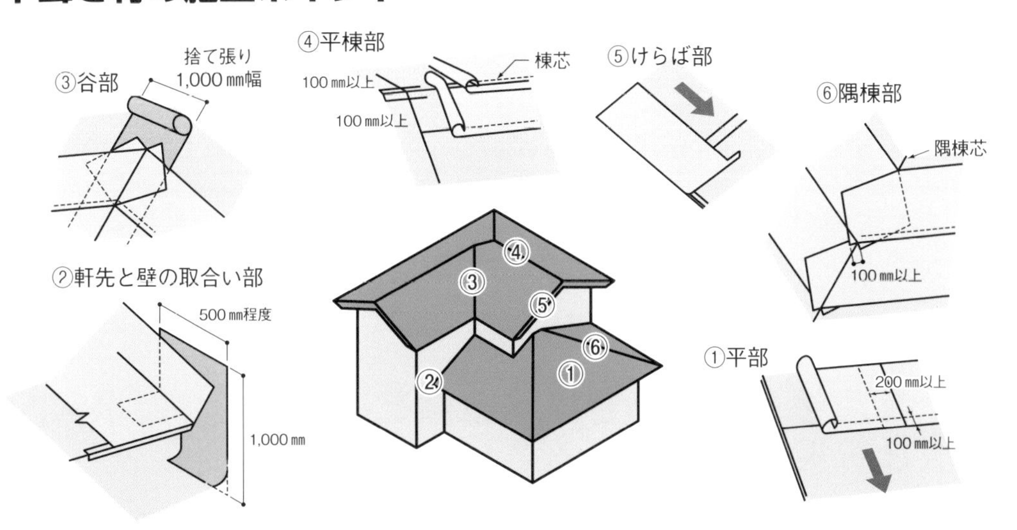


壁取合い部

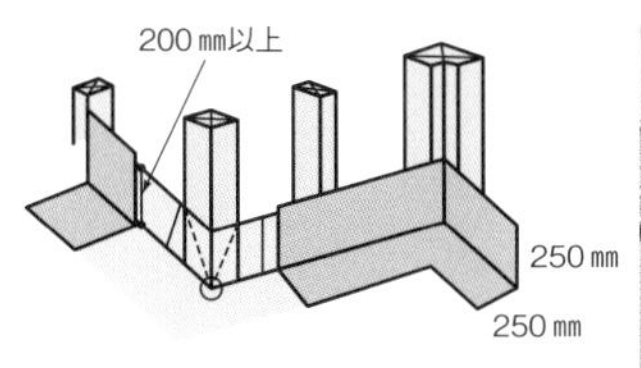


## ルーフィングの立上げ

ルーフィングは、250㎜以上立ち上げる

## ルーフィングの重ね代の確認

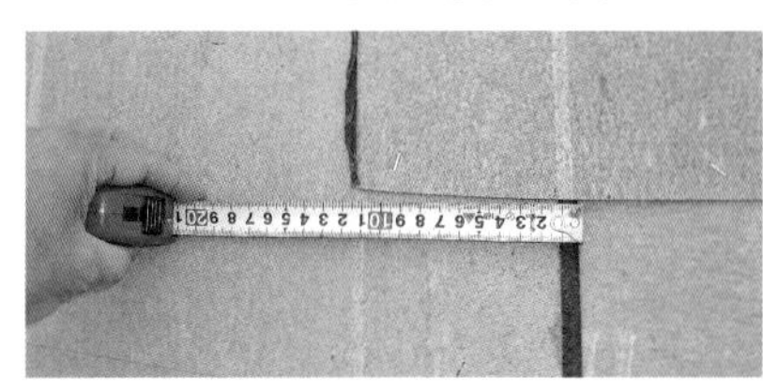

ルーフィングの仕様は問題ないか、下から上に葺いているか、重ね代は100㎜以上あるか、タッカー釘の打ち方に問題はないかなど、重要な部分なのでしっかりチェックする

Check Point

### 下地のチェックポイント

- □ 材料は、指定のものを使用しているか
- □ ルーフィングの重ね代は上下で100㎜以上、左右で200㎜以上あるか
- □ タッカー釘の留め付けは、ルーフィングの重ね合わせ部にて間隔300㎜あるか
- □ 壁面との取合い部は、壁面に沿って250㎜以上立ち上げているか
- □ 谷部は幅1,000㎜程捨て張りをしているか
- □ 棟部は棟芯をまたいで100㎜以上の重ねがあり、2重張りにしているか
- □ ルーフィングにしわやゆるみがないか
- □ タッカー釘は16㎜以上の長さのものを使用しているか
- □ トップライト・煙突・ドーマー廻りは捨て張りをしているか

### ルーフィングの種類

アスファルトルーフィング
有機天然繊維を主原料とした原紙にアスファルトを含浸、被覆し、表裏面に鉱物質粉末を付着したものである。種類としてアスファルトルーフィング1,500(単位面積質量1,500g/㎡以上)と940（単位面積質量940g/㎡以上）がある

改良アスファルトルーフィング
合成樹脂を混合してアスファルトの低温性状や高温性状を改良した改質アスファルトを使用したルーフィングである。一般ルーフィングタイプ、複層基材タイプおよび粘着層付きタイプがある

合成高分子系ルーフィング
合成ゴムや合成樹脂を主原料とした成型シート、あるいはこれに異種材料を塗布または積層したもの。長さや幅は、アスファルトプレーフィングに似たものが多い

Keyword 062

# 瓦屋根

**瓦屋根とする場合は構造体を強くする。屋根勾配は3.5～4.5寸にすることが適切である**

## 瓦の特徴と種類

阪神・淡路大震災では瓦の重量が原因で建物が倒壊したというケースもあった。重量のある屋根材を使う場合、軸組材の断面を大きくする、耐力壁を増やすなど、構造上の対処も必要となる。そのため最近では瓦より軽いスレートや金属が多く使用されるようになってきた。しかしながら、瓦の美しさ、重厚感には根強い人気がある。また、瓦のなかにも軽量化を図ったものも出されている。

瓦の種類には和瓦、洋瓦がある。和瓦には本瓦と桟瓦があり、洋瓦にはフランス瓦、スペイン瓦、S瓦などがある。屋根勾配は、基本的に3.5／10～4.5／10が適当で、緩すぎても急過ぎてもいけない。

## 瓦の施工方法

瓦を留めるには釘（銅・ステンレス・真ちゅう）、緊結線（銅・ステンレス）を使用する。まず、瓦の割付け（地割）に応じて桟木を取り付ける。間隔は桟瓦の働き寸法で決め、下から棟に向かって順次打ち付けていく。ここでは桟木が瓦の割付けどおりの間隔で固定されているか、N釘長さ50㎜のもので垂木にしっかりと取り付けてあるかなどを確認する。また、桟木の継手の隙間をあけて、雨水が桟木に溜まらないようにする。

棟積みは、熨斗瓦（のしがわら）を互いに緊結し、冠瓦または丸瓦を1枚ごとに地棟に緊結線2本で留めるか、または熨斗瓦、冠瓦を一緒に棟木に鉢巻状に緊結する。壁際と屋根との取合い部（捨谷・際谷）は雨漏りの原因となる場合が多いので十分な立上りが必要である。

瓦屋根葺き
瓦は、桟木に銅ステンレスなどの緊結線で固定する。桟木は、垂木にしっかりと固定されているか確認する

# 瓦の基本納まり

## 軒先の納まり

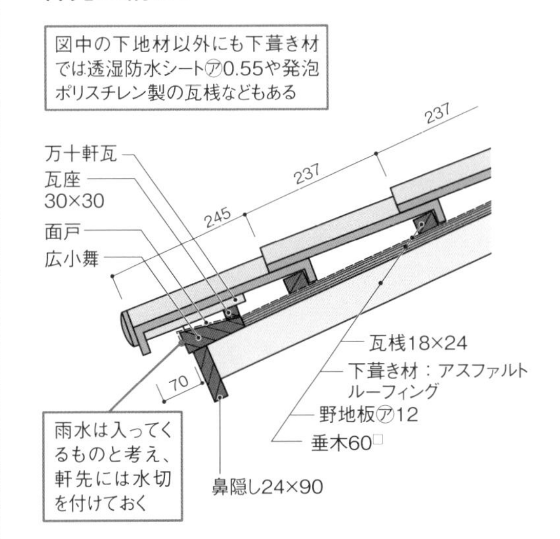


## 熨斗瓦の納まり

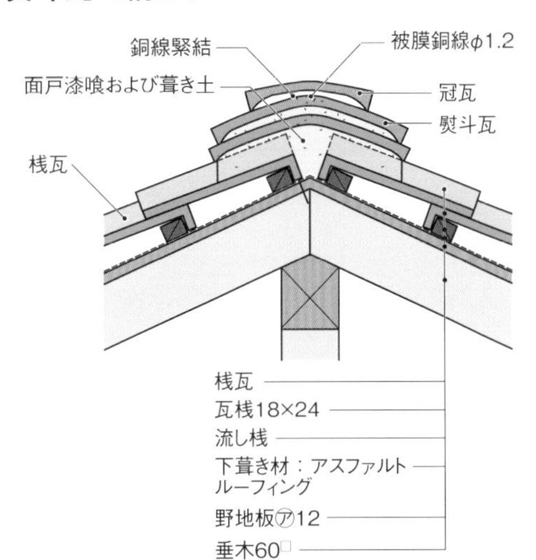


## 壁との取合い

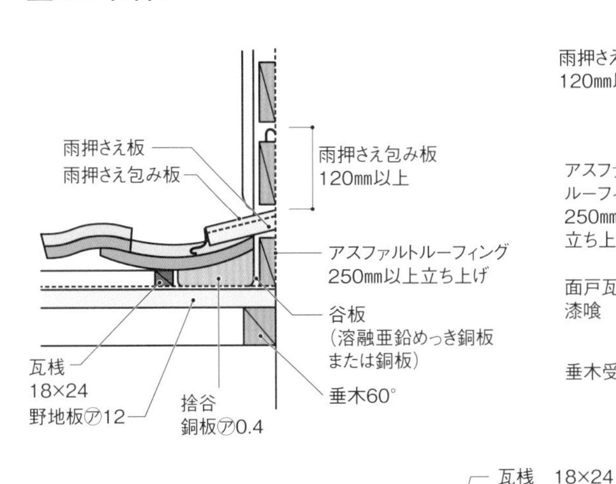


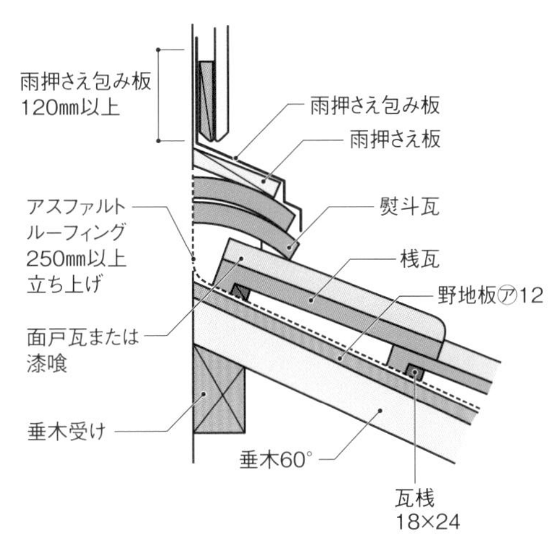


## 谷の納まり



## 瓦屋根葺きの完成

瓦屋根は、重厚感があり趣があるが、耐震上は不利になる。軸組の断面を大きくする、耐力壁を増やすなど、構造上注意が必要である

Keyword 063

# スレート屋根

**スレートはステンレス釘などで留めるが強風地域や積雪地域では専用部材による補強が必要**

## スレートの種類

スレートは石質薄板の総称で、天然物と人工物がある。このうち人工のもの（化粧スレート）は軽量であるため地震に有利で、加工しやすく、安価であることから最もよく使われている。化粧スレートにはさまざまな種類があり、メーカーや種類により施工方法、納め方が異なるので、仕様書に従い適切に施工する。

下葺き材として一般的にアスファルトルーフィングを張るが、施工が適切でないと雨漏りの原因となるので、葺く前に十分に確認をする。

また、勾配、流れ長さもメーカーや種類により異なるので、仕様書でしっかり確認する。勾配が基準以下であったり、流れ長さが基準以上であったりする場合、軒先部で雨水量が増大して、スレート材の裏面に廻る水が多くなり雨漏りの原因となってしまう。

## スレート施工のポイント

スレートは、長さが35～40㎜のステンレス釘またはビスにより十分な重ね代をみて留めていく。本数や留め方、納め方は、スレートの種類、建設場所の条件などにより異なる。強風地域、積雪地域であれば、軒先、けらば、棟廻りを釘や耐風クリップといわれる金物に接着剤を併用して補強する。規定の葺き足を伸ばしたり、釘の本数が少なかったりすると、雨漏り、飛散の原因となる。

壁際、トップライト、煙突、ドーマー廻りは、最も雨漏りがしやすいところなので、特に注意が必要である。これらの設置位置は壁、棟や谷からの距離を十分にとる。棟、谷からは900㎜以上、壁際からは300㎜以上、けらばからは450㎜以上離す。また、取合い部分は雨仕舞いが十分に行われているかどうかをしっかり確認する。

# スレートの葺き方

## 葺き方

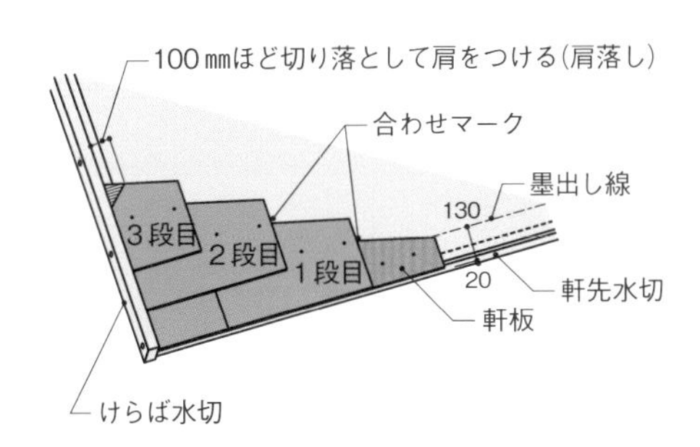


## 軒先の納まり

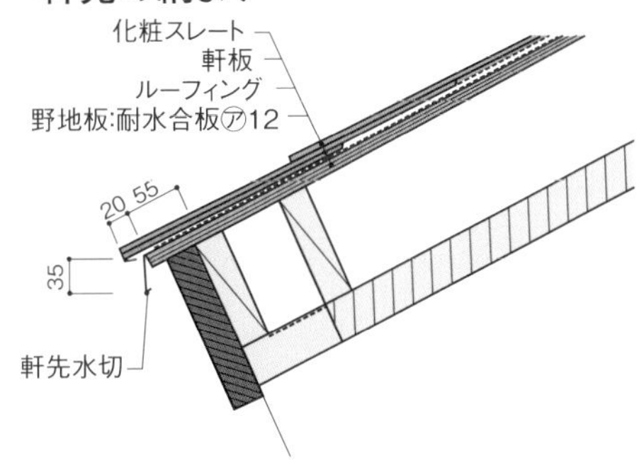


## 外壁との取合い

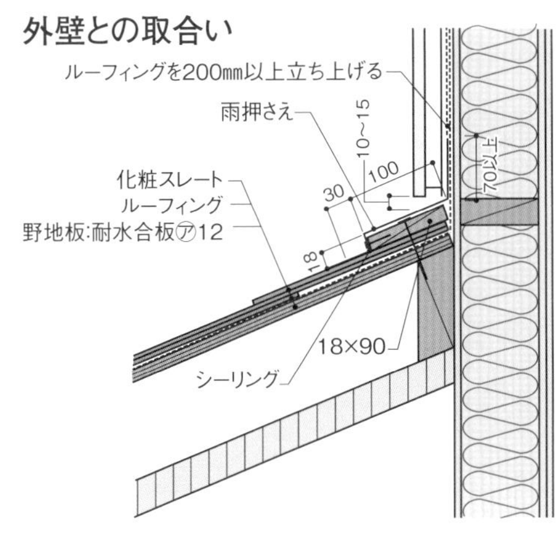


## 谷部の納まり

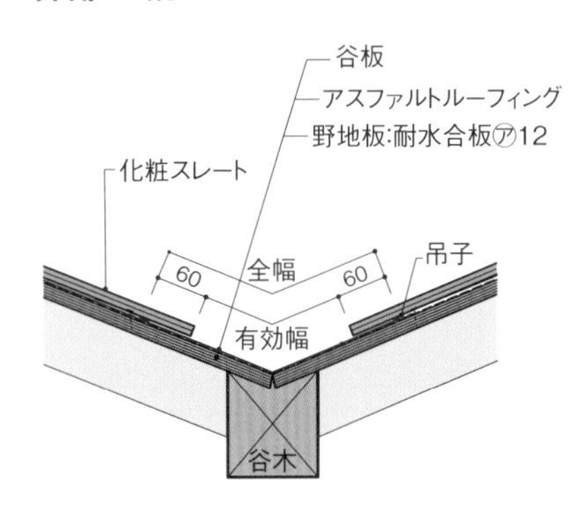


## 棟の納まり

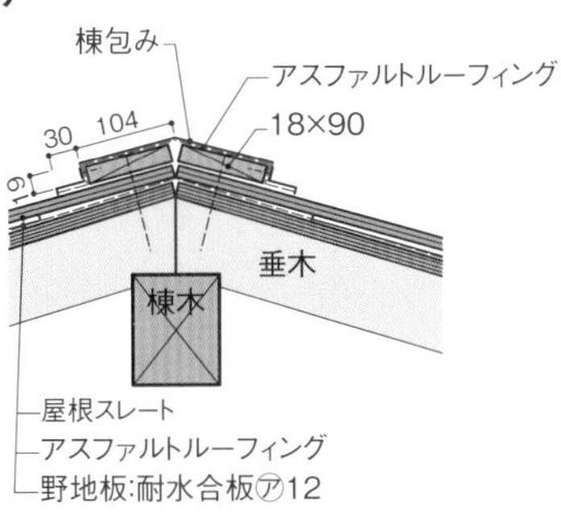


## 隅棟部(棟包み)の納まり

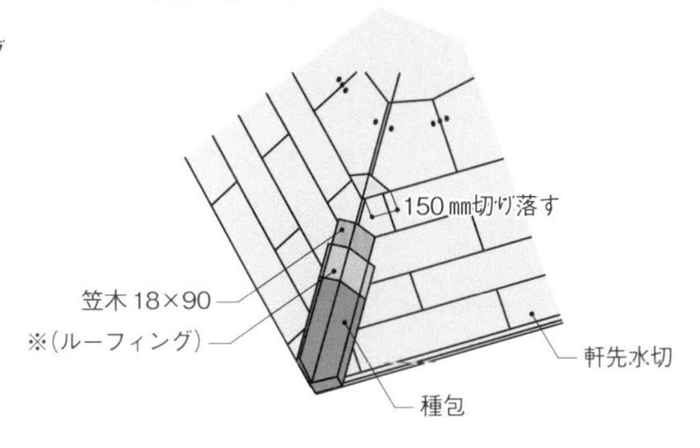


## スレートの葺き足長さ

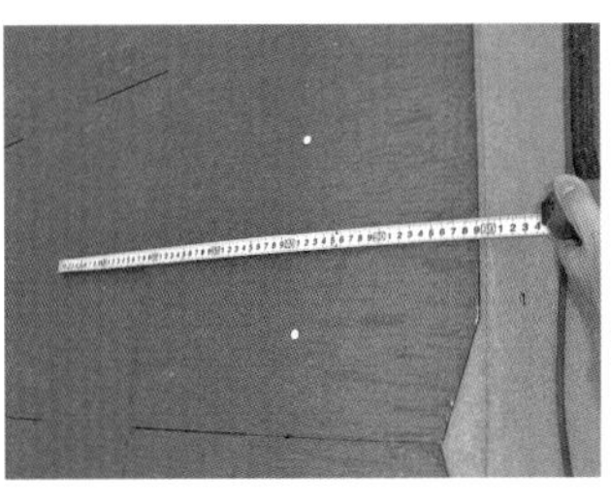

スレート葺きの葺き足長さを施工要領書どおりか確認する

## トップライト廻り

トップライト廻りからは、雨漏りしやすいので、特に注意が必要である

Keyword 064

# 金属屋根

**Point** 金属屋根の場合は遮音性、断熱性を高める対策が取れているかチェックする

## 金属屋根の特性と工法

金属屋根は、軽量で、雨仕舞や耐候性の点で優れているが、断熱性、遮音性を高めるために屋根下地あるいは小根裏に断熱材や遮音材を入れて施工する必要がある。

材料としてはさまざまなものがあるが、銅板、ステンレス鋼板、カラー鉄板、ガルバリウム鋼板などがよく使われるものである。

材料の厚みは、通常、0・35㎜以上のものを使用するが、できれば耐久性のよい0.4㎜がよい。

金属板を留めるための吊子は、幅30㎜、長さ70～80㎜内外とし、45㎜以上の釘で留める。金属板の接合のはぜは、上はぜ15㎜、下はぜ12㎜程度とする。

## 葺き方

葺き方としては、瓦棒葺き、一文字葺きなどさまざまな方法がある。

瓦棒葺きには、心木ありと心木なしがある。長尺の材料を使い、継目がないので雨漏りのおそれが少なく、緩い勾配の屋根でも葺くことができる。瓦棒の間隔は350～450㎜とする。

一文字葺きは、金属板を長方形に板取りして、横の継手が一の字につながるように軒先から棟に向かって左右いずれの一方から葺く工法である。葺き板の寸法は、銅板の場合は、182・5×606㎜、それ以外の場合は224×914㎜とする。下はぜは18㎜、上はぜは15㎜程度とする。

壁際と屋根との取合い部（捨谷・際谷）は、雨漏りの原因となりやすいので、120㎜以上の立上りが必要である。

谷部は、葺き板と同種の板を使用し、全長通し葺きとし、底を谷形に折り曲げ両耳2段はぜとし、野地板に吊子留めとする。軒先、けらばには水の浸入を防ぐため唐草といわれる金物を取り付ける。

## 金属屋根の納まり例

### 水上部分

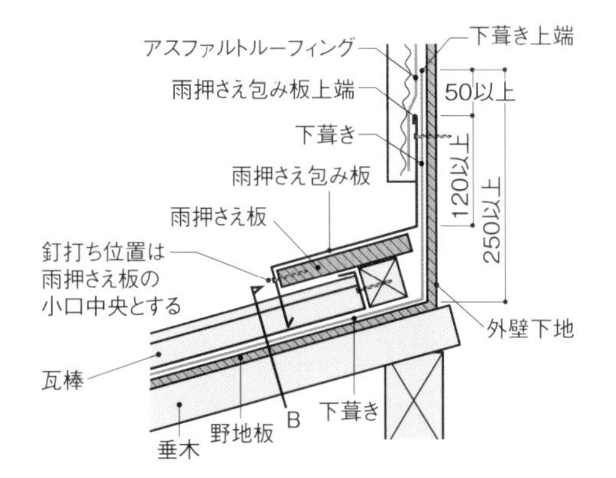


### 流れ方向（B断面部分）

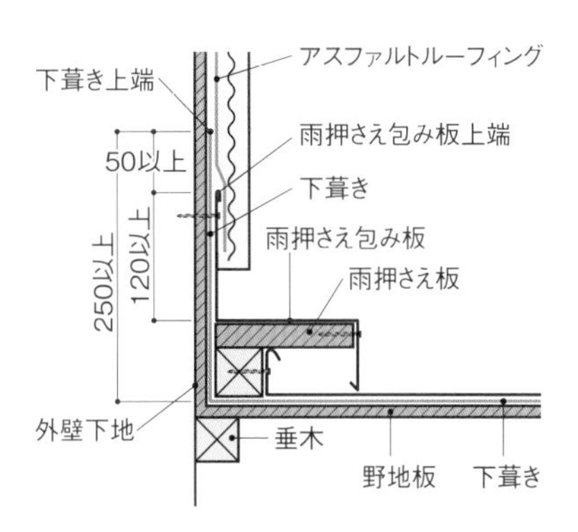


## 金属屋根の種類

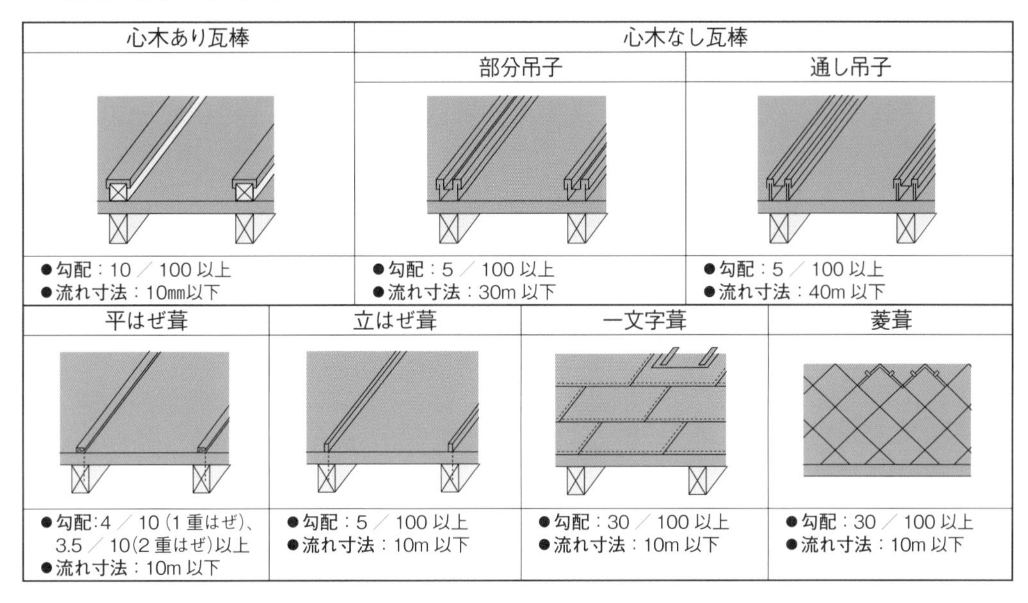

| 心木あり瓦棒 | 心木なし瓦棒 | |
|---|---|---|
| | 部分吊子 | 通し吊子 |
| ●勾配：10／100以上<br>●流れ寸法：10㎜以下 | ●勾配：5／100以上<br>●流れ寸法：30m以下 | ●勾配：5／100以上<br>●流れ寸法：40m以下 |

| 平はぜ葺 | 立はぜ葺 | 一文字葺 | 菱葺 |
|---|---|---|---|
| ●勾配：4／10（1重はぜ）、3.5／10（2重はぜ）以上<br>●流れ寸法：10m以下 | ●勾配：5／100以上<br>●流れ寸法：10m以下 | ●勾配：30／100以上<br>●流れ寸法：10m以下 | ●勾配：30／100以上<br>●流れ寸法：10m以下 |

### 吊子留め

### はぜ

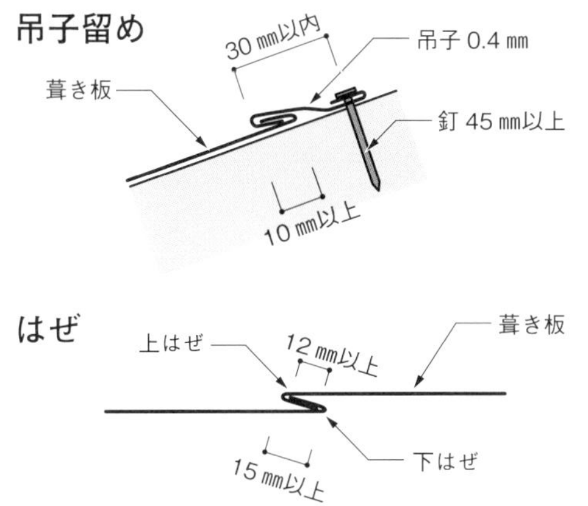


### ガルバリウム鋼板立ハゼ葺き

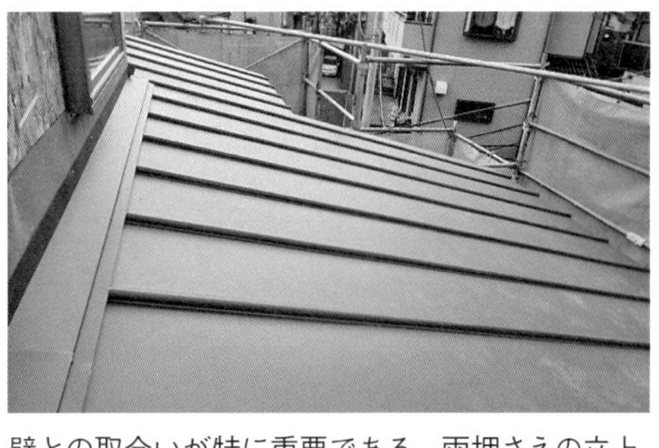

壁との取合いが特に重要である。雨押さえの立上りが、120㎜以上は必要である

# 雨　樋

**軒樋と縦樋の径は屋根面積に対してふさわしいか、樋受金物は適切に施工されているかを確認する**

雨樋、谷樋、捨て谷、水切などの金属の薄板を使用する工事を錺（かざり）工事という。金属薄板の材料は、銅板、ステンレス板、ガルバリウム鋼板がよく使われるが、谷樋や捨て谷、水切などは取り替えにくい部分なので、耐久性のある材料とする。厚みは0・35㎜以上とし、できれば0.4㎜がよい。

## 雨樋の施工

雨樋には、軒樋、呼び樋、這い樋、縦樋から成っている。材質として、塩化ビニル製と金属製がある。塩化ビニル製雨樋は耐久性があり、施工しやすく安価である。金属製のなかでも銅板の樋は高価である。

軒樋は、縦樋に向い水勾配を1／80～1／200程度にする。形状は、半円形または角型で、径は105～120㎜、丸樋の深さは直径1／2とする。軒樋受金物は、600㎜以内の間隔で取り付ける。縦樋は軒樋から呼び樋を通って雨水が誘導されるので、軒樋より若干細くする。直径75㎜がよく使われる。縦樋受金物は60㎜以上埋め込み、900㎜以内の間隔で取り付ける。屋根の面積により樋の径は異なる。

## 施工の注意点

また、デザイン上、軒樋を内樋にして縦樋を壁内に通す場合があるが、万が一、縦樋の脚元で詰まった場合、縦樋のジョイントから水漏れを起こしたり、内樋自体から水漏れを起こしたりする場合があるので、内樋の施工は特に注意が必要である。後になって、取り換えもしにくいので、できれば内樋は避けるべきである。

谷樋となる部分は、野地板の上に36㎜角の下地を取り付け、これに沿わすようにすべて1枚もので葺く。谷樋と軒樋の接合部には、谷樋の水がオーバーフローしないようにびょうぶ板といわれる水返しを取り付ける。

## 屋根面積と樋径

| 屋根<br>水平面積 | 軒樋 | 縦樋 |
|---|---|---|
| 25㎡ | 径 90㎜ | 径 50㎜ |
| 40㎡ | 径 105㎜ | 径 60㎜ |
| 60㎡ | 径 120㎜ | 径 75㎜ |

## 軒樋の取付け状況の確認

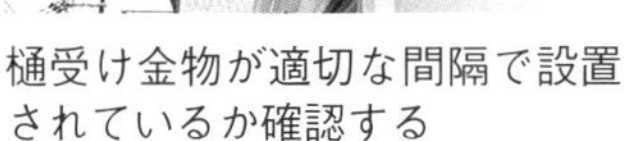

樋受け金物が適切な間隔で設置されているか確認する

軒樋の勾配が適切か確認する

## 樋の部位ごとの施工ポイント

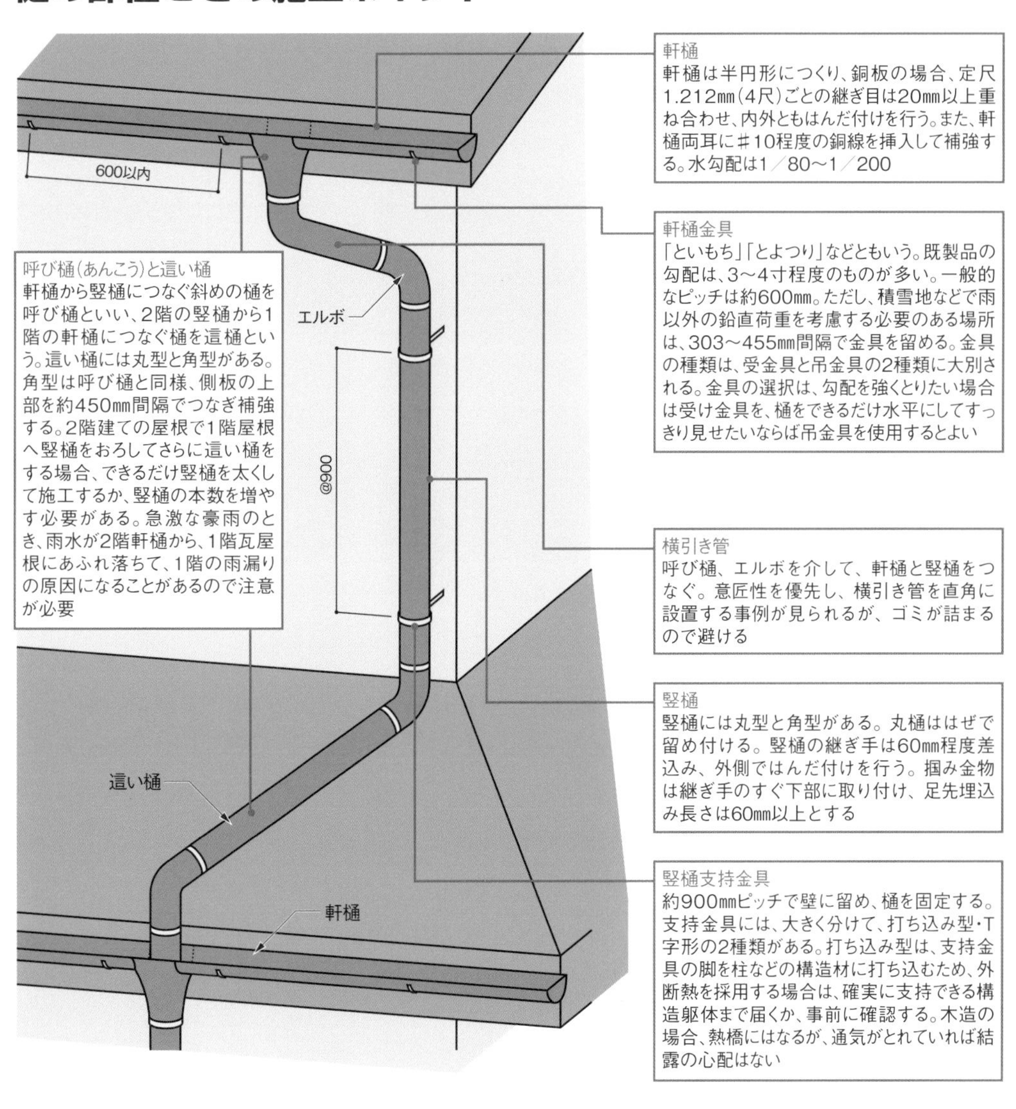

Keyword 066

# サッシ

**サッシは工法に適した形状のものを選ぶ。また、設置条件、設計条件にふさわしい性能のものを選ぶ**

## サッシの種類と取り付け

昔は、ほとんどが木製建具であった。冬になると隙間風が入るため寒く、雨が降ると雨漏りするなどして気密性、断熱性が低かった。この欠点を解消するために出てきたのがサッシである。

サッシには、大きく分けるとアルミ製と木製、プラスチック製とこれらの複合材料製がある。アルミ製を使うのが一般的であるが、断熱性に劣り結露が発生しやすいので、注意が必要である。

サッシの取り付け形式は、木造では主に枠の一部が取り付け開口内にかかる半外付け納まりと、枠の大部分が取り付け開口の外に持ち出しとなる外付け納まり（主に和室に使われる）の2種類が使われる。

また、ガラスの種類によって、複層ガラス用サッシと単板ガラス用サッシがあるので注意する。ただし、複層ガラスの一部の製品は単板ガラス用サッシが使えるものもある。サッシは、地域、設置場所、設計条件からふさわしい性能のサッシを選択する。

サッシ枠の見込み寸法は、開口部の大きさによって選択する。一般的に開口部の一辺が2ｍを超えるものは見込み100㎜のもの、それ以下は、75㎜のものを使用するとよい。

## 開閉形式

サッシの開閉形式もさまざまなものがある。引き違いが最もよく使用されるが、それ以外にはめ殺し（ＦＩＸ）、片開き、両開き（観音開き）、上げ下げ、突き出し、内倒し、すべり出しなどがある。これらを状況に応じて適切に選択するとよい。防犯対策を考えるのであれば、1階廻りは面格子付きかシャッター付きを選ぶ。状況によりどちらも付けない場合は、防犯ガラスを選びたい。

## サッシと構造体との納まり

木造在来工法用
（半外付け納まり）

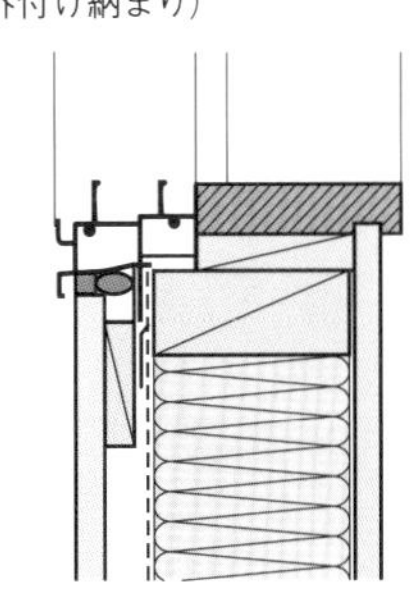

木造在来工法用
（外付け納まり・和室納まり）

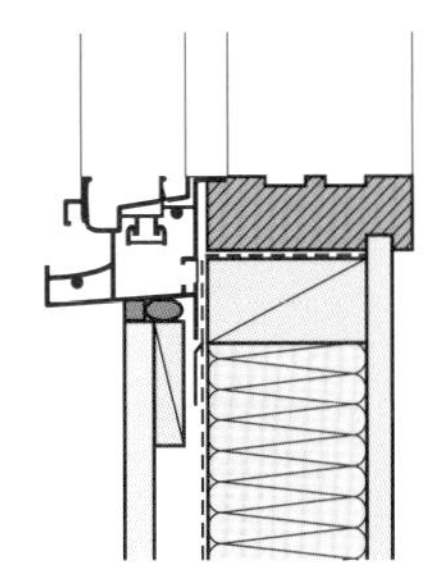

木造枠組壁工法用

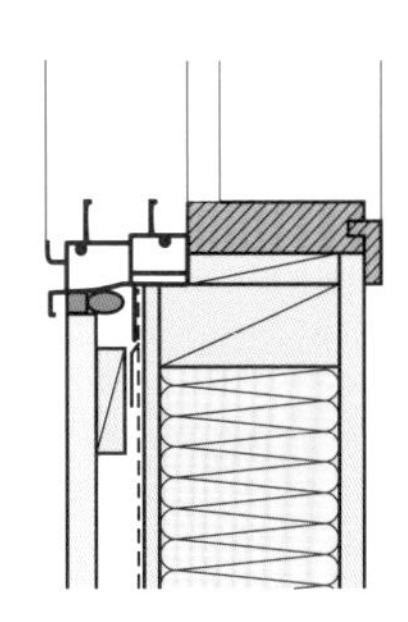

## 開閉形式

片開き窓

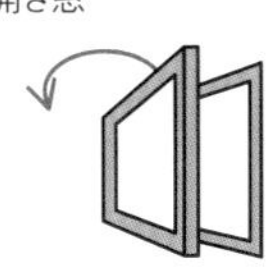

両開き窓

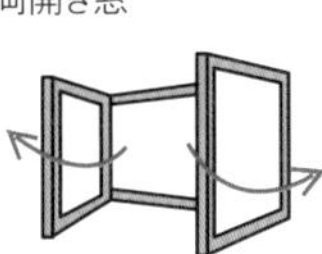

引違い窓

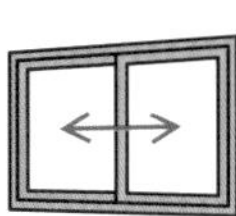

上げ下げ窓

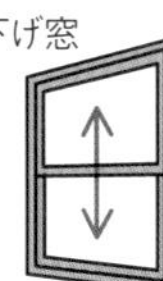

突出し窓

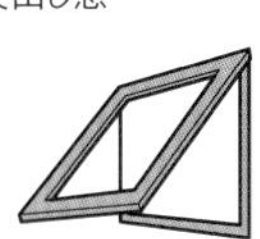

内倒し窓

外倒し窓

横すべり出し窓

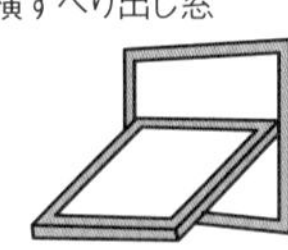

はめ殺し(FIX)

## 外部建具に要求される主な性能

| 1. 耐風圧性 | 強風時に建具がどれくらいの風圧に耐えられるかを表す。面積1㎡当たり、どれくらいの風圧に耐えられるかを基準とした等級で表す。単位はPa。S-1～7の等級がある。等級が大きいほど性能がよい（以下、同） |
|---|---|
| 2. 気密性 | 枠と戸の隙間からどれくらいの空気が漏れるかを表す性能。面積1㎡当たり、1時間当たりどれくらいの空気が漏れるかを基準とした等級で表す。単位は㎥／h·㎡。A-1～4の等級がある |
| 3. 水密性 | 風雨時に雨水が建具枠を越えて室内側まで浸入するのをどれくらいの風圧まで防げるかを表す等級。サッシが風雨にさらされた状態で面積1㎡当たり、どれくらいの風圧まで雨水の浸入を防げるかを基準とした等級で表す。風圧の単位はPa。W-1～3の等級がある |
| 4. 断熱性 | 暖房を必要とする時期に建具の外側への熱の移動をどれだけ抑えることができるかを表す性能。熱貫流抵抗を基準として等級で表し、単位は、㎡·K／W。熱貫流率は、内外空気の温度差が1℃あるとき、1㎡当たり1時間につき、何Wの熱が移動するかをいう。熱貫流率の値が低いほど熱の移動を抑えることができる。熱貫流抵抗は熱貫流率の逆数である。H-1～5の等級がある |
| 5. 遮音性 | 屋外から室内へ侵入する音、室内から屋外へ振れる音をどれくらい遮ることができるかを表す性能。周波数ごとにどれくらいの音を遮ることができるかを基準として等級で表し、周波数毎の測定値はdB（デシベル）で表す。T-1～4の等級がある |
| 6. 防火性 | 建築基準法では、防火地域および準防火地域に建設される建物の延焼のおそれのある部分に設置される外壁開口部は防火戸とすることが要求される場合がある |
| その他に防露性、開閉力、ねじり強さ、耐衝撃性、防犯性などがある。状況に応じてふさわしい性能を持ち合わせたサッシを選択する | |

# サッシの取り付け

**開口部からの雨漏りを防ぐためには、サッシと下地の取合い部分の防水処理をしっかりと行う**

## サッシの監理ポイント

サッシの取り付けは、適切な施工が行われないと漏水の原因となるので十分な注意が必要である。監理者は、サッシ取り付け前の防水シートの張り方、取り付けた後の防水テープの張り方のチェックが重要である。

まず、取り付け位置の水平・垂直、前後の傾きを水平器、下げ振りなどを使って確認する。また、複層ガラスを使用する場合は、単板ガラスの2倍の重さになるため、間柱、窓台、まぐさの見付けは通常より大きく、45㎜以上になるようにする。また、間柱は500㎜以下の間隔にする。取り付けの際にはサッシ枠にねじれ、ゆがみがないことを確認する。

## 防水措置

窓台は特に水が廻りやすいところなので、防水シートを折り込み、隅部には防水テープを張る。さらに透湿防水シートを防水シートの下に差し込む。防水シートとの重ね代は、横90㎜、縦150㎜必要である。

サッシ枠を取り付けた後、サッシ枠と外壁下地の取合いに防水テープを隙間なくしっかり張る。防水テープには張る順序があるので注意する。そして、防水テープの上から透湿防水シートを張る。この作業が終了した段階でサッシに散水して、漏水検査をする。漏水がないことを確認してから外壁材を取り付ける。

サッシと外壁材の取合い部分には、10㎜程度のクリアランスをとり、その部分にシーリングをする。シーリング材として変成シリコーン系やウレタン系を使用する（164頁参照）。また、シーリングの前にはプライマーを塗布し、ボンドブレーカーもしくはバックアップ材を充填し、シーリングは2面接着とする。

監 理 / 地盤と基礎 / 軸 組 / 屋根・外装 / 断 熱 / 内 装 / 設備と外構 / 耐震改修 / 引渡し

## サッシの取り付け方(通気工法、サイディング張りの場合)

### 1》》窓台に防水シートを張り、窓台端部に防水処理を施す

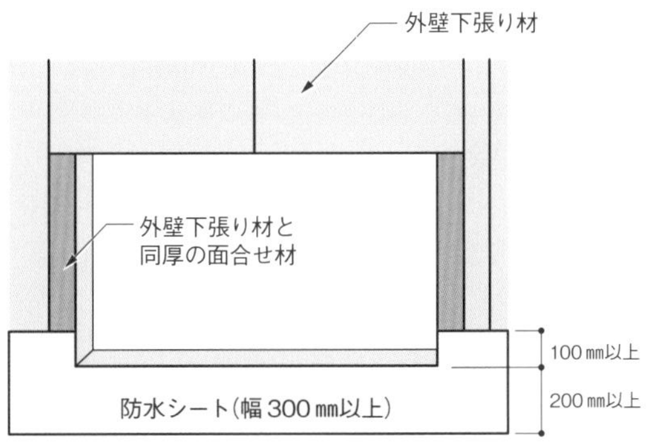


- 柱に沿って窓台見込み寸法分を切り込み、窓台に向けて折り込む
- 角部は防水テープでコーナー張りとする

### 2》》サッシ枠を取り付け、サッシ枠廻り4辺に防水テープ(両面タイプ)を張る

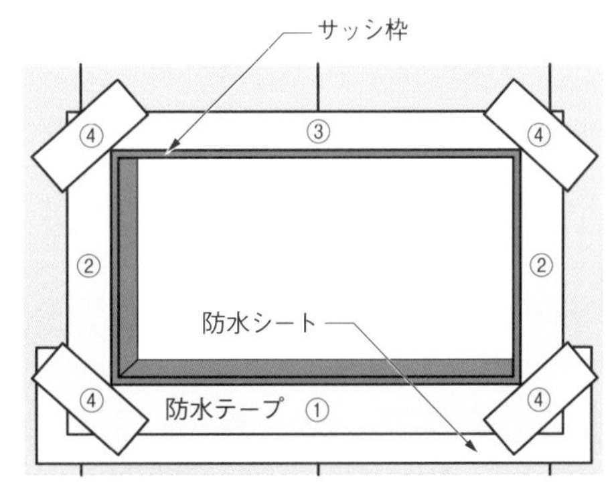


- サッシ枠は左右のクリアランスを均等にとり、枠のねじれ、水平、垂直を確認
- サッシ枠4辺に防水テープ幅75㎜以上を施工する。テープはサッシ枠の釘打ちフィンを覆うように張る
- サッシ枠4隅にも防水テープを施工する

### 3》》透湿防水シートを施工する

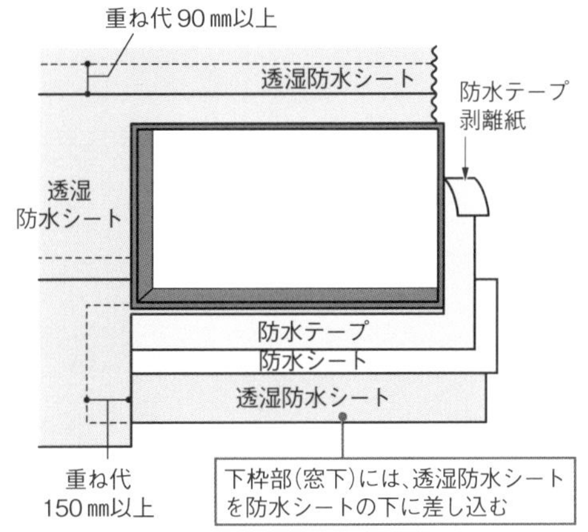


- 防水テープの剥離紙をはがしてその上から透湿防水シートを張る
- シート重ね代は縦90㎜以上、横150㎜以上を目安とする

### 4》》通気胴縁を取付け、外壁材の施工をする(横張りサイディングの例)

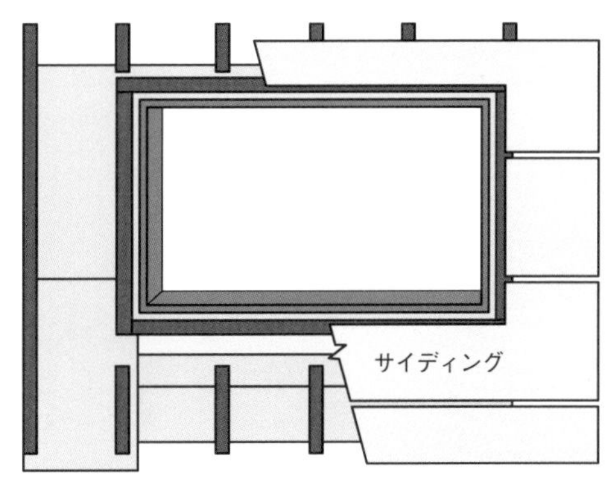


- サッシ枠とサイディング端部とのクリアランスは10㎜以上を目安とする
- 柱・間柱のピッチで通気胴縁を窓上、窓下の気流を妨げないように施工する
- サッシ枠周囲4方に胴縁を付ける(胴縁は上は横通し、下は縦通し)
- 胴縁で透湿防水シートと防水テープを押さえるように取り付ける

開口部からの雨漏りを防ぐために、サッシと合板下地の取合い部分に防水テープを張り、防水処理をしっかりと行う

サッシ廻りのシーリングの施工状態の確認

Keyword 068

# ガラス

**Point** ガラスは、環境、設計条件に応じたふさわしい性能のものを選択しているかチェックする

## 多様な種類

窓などの開口部にガラスを使用することで、家の中に光を採り込み、また、外の風景を楽しむことができる。ガラスによって住宅を開放感にあふれた健康的なものにすることができる。しかしながら、ガラスは熱や音をよく伝えるために断熱性や遮音性に欠け、耐久性はあるが衝撃に弱く、防犯性、防火性に劣るという欠点がある。

これらの欠点を補うために、近年、普通単板ガラスのほかに複層ガラス、強化ガラス、網入りガラスなどいろいろな種類のガラスが開発されている。これらは、用途、使用部位、予算に合わせて選択する。

## 選択ポイント

ガラスは面積が大きくなると風圧が大きくなり、割れやすくなる。そのため、開口部面積が大きい場合は、厚いガラスを使用する。ただし、ガラス面積が大きい場合は窓台の負担も大きくなるうえにサッシの開閉も重たくなるので、普通ガラスと比べて薄い強化ガラスを使用する。

省エネルギーの観点から、断熱性と結露防止のためには、断熱性の高い、複層ガラスを使用するとよい。

空き巣の侵入経路の半分以上が窓ガラス破りという統計がある。普通ガラスに特殊な膜を組み合わせた、合わせガラスを使用することで防犯性を高めることができる。ガラスを破る時間が長くかかるほど、空き巣が侵入を諦める確率が高くなる。

防火・準防火地域では、延焼線内の開口部には、防火戸が必要であるため、ガラスは網入りガラスを使用する。また、すり板ガラス・型板ガラスは光線は通すが視線を遮るので、浴室や便所など目隠しが必要なところに使用するとよい。

## 住宅に使用されるガラスの種類と特徴

| | |
|---|---|
| フロート板ガラス（単板ガラス）<br>略式記号：FL〇 | もっとも一般的な平板ガラスのこと。平面が平滑で歪みがなく、透視性や採光性に優れている。窓や建具、鏡などに使用される |
| すり板ガラス<br>略式記号：SG〇 | 透明ガラスの片面にケイ砂などで摺り加工をした不透明なガラスのこと。普通透明ガラスに比べて、強度は３分の２程度になる。光線は通すが、視線を遮る。外部から見られたくない便所、洗面所、浴室などに使用する |
| 型板ガラス<br>略式記号：F〇 | ガラスの片面に型模様をつけた不透明のもの。梨地、石目などの模様がある。光線は通すが、視線を遮る。外部から見られたくない便所、洗面所、浴室などに使用する。装飾目的でも使用される |
| 網入板ガラス<br>略式記号：FW〇（網入り型板）、PW〇（網入り磨き） | 破損しても破片が飛び散らないように、金属網を封入したもの。磨きガラスと型板ガラスがある。防火・安全性が高いガラス。法律上、防火・準防火地域で指定されている防火戸として使用される |
| 複層ガラス<br>略式記号:FL〇+A〇+ FL〇(FLはフロートガラス、型板ガラスならばF、Aは空気層の厚さ) | ２枚または３枚の板ガラスの間に乾燥した空気を封入することで断熱性を高めたガラス。結露を防ぐ。外部に面する窓に使用される。フロートガラス、型板ガラス、網入りガラスなど、目的に合わせていろいろなガラスと組み合わせて使われる。また、最近では、内面部に特殊な金属膜を張り付け、断熱性能をさらに大きくしたLow-Eガラスを使用することが多い |
| 強化ガラス | 衝撃強度、曲げ強度を高めたガラス。熱にも強く、割れると破片は顆粒状になるため安全。板ガラスを高熱処理したもの。浴室などのガラスドアなど割れたら危険と思われる個所に使用される |
| 合わせガラス<br>略式記号：FL〇＋FL〇（FLはフロートガラス、型板ガラスならばFと表示する） | ２枚以上のガラスの間に、フィルムの中間膜をはさんで加熱・圧着させたガラス。風圧に強く、割れても飛び散ることがほとんどない。突き破るのに時間がかかり防犯性に優れる。面格子のない外部に面する窓に使用される |

※略式記号の後の〇は、厚みを示す

## ガラス仕様の確認

ガラスに張ってある納品ラベルによりガラスの仕様を確認する。準防火地域なので、延焼線に当たるところは防火仕様（網入りガラス）となっている

## ガラス、サッシの寸法の確認

スケールを当てて、実際の寸法を図面どおりか確認する

Check Point

### サッシ、ガラス工事のチェックポイント

- □ まぐさ、窓台の寸法、間柱の間隔は適切か
- □ 窓台と縦枠の取合い部分の水仕舞は適切か
- □ サッシの種類、仕様は設計図書どおりか
- □ サッシのレベルと水平・垂直、歪みは大丈夫か
- □ 外壁下地とサッシとの取合い部は隙間なく防水テープが張られているか
- □ 窓台において防水テープと防水シートの取合い部は適切か
- □ サッシと外壁材の取合いのクリアランスは適切か
- □ サッシ廻りのシーリングは適切か
- □ ガラスの種類、厚みは設計図書どおりか
- □ ガラス廻りのシーリングは適切か

Keyword 069

# 外壁下地（通気工法）

**通気工法は、透湿防水シートで完全に防水し、胴縁により土台から軒裏へ通気をとる**

## 通気工法の構成

サイディングなどの乾式工法における外壁下地（通気工法）の説明をする。

通気工法は、構造用合板や間柱、柱の上に透湿防水シート（防水シート）を張り、その上に設ける胴縁で通気層を確保し、土台水切部から軒裏、小屋裏に通気ができるようにした工法である。

透湿防水シートは、サイディングのシーリングが切れて外壁内に水が浸入してもそれ以上の壁内への浸入を防ぐために設けられるものである。

また、透湿防水シートは外部からの雨を通すことなく、内部からの湿気を通し、外部へ逃がす。これにより、防水の役目を果たしつつ壁体内に生じた水蒸気を排出し、結露を防ぐのである。

土台には、水切を取り付け、透湿防水シートは、その水切にシートをかぶせ、たるみがないようにして下から張り上げる。シートの上下の重なりは90㎜以上、左右の重なりは150㎜以上とする。左右の重なりは間柱に留める。出隅、入隅部は柱分だけ2重に重ねる。

## 胴縁は隙間を設けて張る

透湿防水シートの上に胴縁を留める。胴縁の厚みは12～18㎜以上とし、幅はサイディングのジョイント部で90㎜、そのほかは45㎜以上とする。縦張りサイディングの場合は横方向に、横張りサイディングの場合は縦方向に取り付け、胴縁の間隔は455㎜以下とする。釘は長さ65㎜以上のステンレス釘か鉄釘を500㎜以内で不陸がないように留め付ける。横胴縁は１８２０㎜以下の間隔で30㎜以上の隙間をあけて張る。

開口部廻り、出隅、入隅部分は胴縁を入れて、サイディングを確実に留め付けられるようにする。開口部廻りの胴縁は、通気のために30㎜程度隙間を確保する。

# 外壁下地（サイディング横張りの場合）

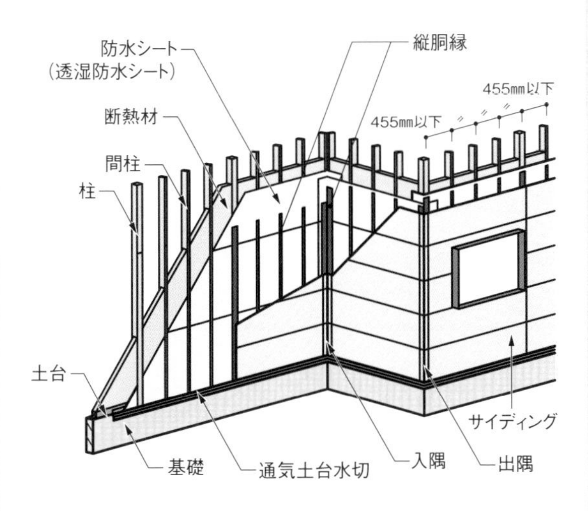


横胴縁で施工するタイプ、専用の金物で留め付けるタイプもある

### Check Point 外壁下地(通気工法)のチェックポイント

- □ 透湿防水シートは土台水切にかぶさっているか
- □ 重ね代は上下で90㎜、左右で150㎜あるか
- □ 出隅・入隅部は柱分だけ２重に重ねてあるか
- □ 胴縁の厚みは12～18㎜あるか
- □ 胴縁の幅はジョイント部で90㎜、そのほかで45㎜あるか
- □ 胴縁を留める釘は、長さ65㎜以上のステンレス製か鉄製の釘か
- □ 胴縁を留める釘の間隔は455㎜以下であるか
- □ 横胴縁は、1,820㎜以下の間隔で30㎜以上の隙間があいているか
- □ 開口部廻りは、30㎜程度の隙間があいているか

## 透湿防水シート施工の注意点

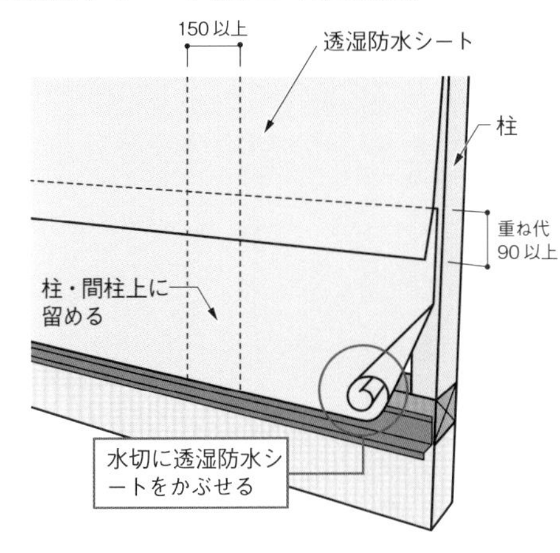


## 外壁防水シートの重なり長さの確認

シートは下から上に張っていき、重なりは90㎜以上なければならない

シートは水切にかぶせているか確認する

# 開口部廻りの通気胴縁の留め方

縦縁を用いた開口部廻りの施工例１　胴縁を用いた開口部廻りの施工例２

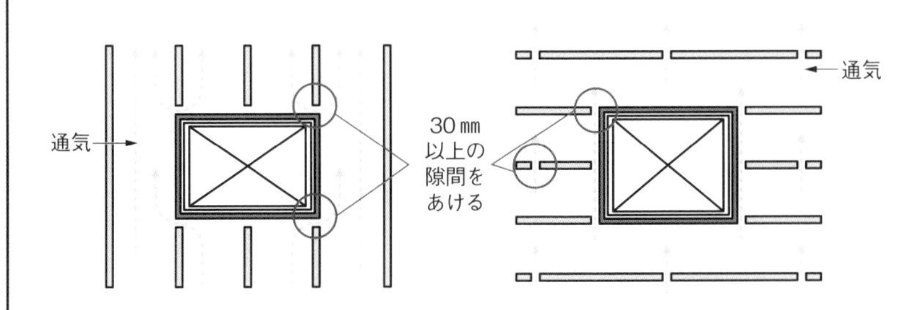


## 通気胴縁の確認

通気の胴縁のサイズ、間隔、釘の種類、打ち方は適切か、開口廻りの隙間、横胴縁の隙間は適切か確認する

Keyword 070

# 外壁下地(ラス張り)

**モルタルにひび割れが起こらないようにラス張りは重ねを十分にとり、開口は2重張りにして補強する**

## モルタル外壁の下地の構成

外壁をモルタル仕上げとする場合は、下地に防水シートを張り、その上にラス張りとする。防水シートの張り方は、乾式の場合と同じである。シートは下から張り上げ、継目を縦、横とも90㎜以上重ね合わせる。留め付けはタッカー釘にて留め、たるみ、しわのないように張る。軒裏の場合は防水シートを省略してもよい。

## ラスは千鳥に張る

ラスには、メタルラス、ワイヤラスおよびラスシートなどが使われ、それぞれ施工ポイントが異なる。

メタルラスは、縦張りを原則として、千鳥に配置する。継目は縦、横とも30㎜以上重ね、釘やタッカー釘にて留める。ラスにたるみ、浮き上がりがないように千鳥で打ち付けるのが重要だ。モルタル仕上げのひび割れをできるだけ少なくするために、出隅・入隅などの継目は突き付けとし、200㎜幅のラスを90度に折り曲げ重ね張りをする。開口部廻りは、200×100㎜のラスを斜めに2重張りにして補強をする。継目、開口部、出隅・入隅は力骨で押さえ込み、また継目周囲は釘で200㎜内外に、その他は300㎜内外に留める。力骨の重ねは100㎜以下とする。

ワイヤラスの場合は、上から仮留めし、上下の継目はワイヤで編み込み、左右の継目は1山以上重ねて横網張りとする。コーナーは縦網張りとして角を出し、縦網と横網の継目は1山以上重ね継ぐ。釘の場合は300㎜以内、タッカー釘の場合は100㎜以内で千鳥に打ち付ける。

ラスシートの場合、継目は1山重ねとし、間柱、もしくは胴縁にN38の釘を200㎜間隔で平打ちする。受材が間柱の場合は横張り、胴縁の場合は縦張りとする。

## ラス張りの手順

アスファルトフェルト、ラスの仕様を確認する

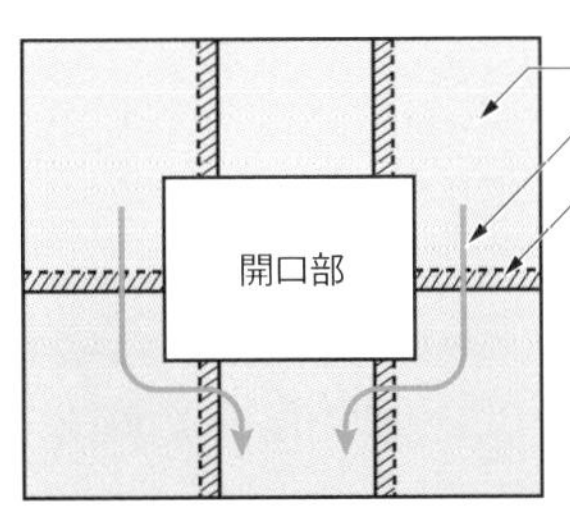

アスファルトフェルトは水が浸入しないように上から下へ、外側から内側へ約 100 mm程度重ね張りとする

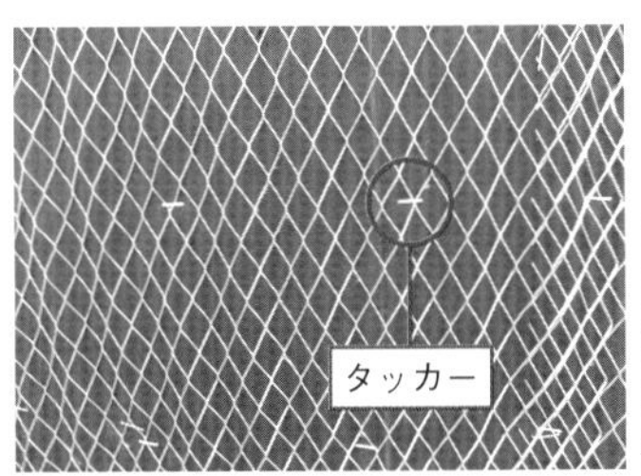

ラスを留め付ける。タッカー釘は 300mm以内に千鳥状に打ち付ける

開口部廻りは、200×100 mm以上のラスで斜めに補強する

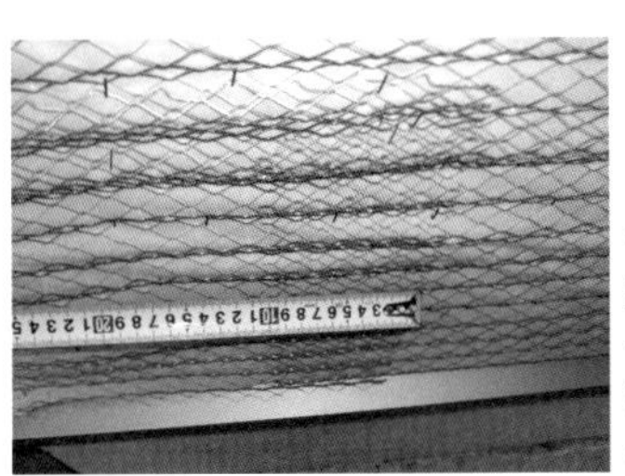
ラスシートの重なり長さ、タッカー釘の間隔を確認する

タッカー釘の長さを確認

### 防水シート張りのチェックポイント

- □ 防水シートは所定の品質ものか
- □ 防水シートの重ね代は縦、横 90mm以上あるか
- □ 防水シートにたるみ、しわなどないか
- □ 防水シートの継目部分のタッカー釘は 300 mm程度か

### メタルラス張りのチェックポイント

- □ メタルラスの継目は、縦、横共 30mm以上重ねているか
- □ メタルラスの留め付けは釘の場合は 200 mm、タッカー釘の場合は 70mm以下となっているか
- □ メタルラスに浮き上がり、たるみはなく千鳥に張られているか
- □ 出隅・入隅部分の継目は突き付けで、200m 幅のラスを折って重ね張りをしているか
- □ 開口部廻りは、200 × 100mm幅のラスを各コーナーにできるかぎり近づけて斜めに 2 重張りとして補強をしているか

### ワイヤラス張りのチェックポイント

- □ ワイヤラスの上下の継目はワイヤで編み込み、左右の継目は 1 山以上重ね、横網張りとしているか
- □ コーナーは縦網張りとして角を出し、縦網と横網の継目は 1 山以上重ね継いでいるか
- □ 留め付けは、釘の場合は 300mm内外、タッカー釘の場合は 100mm内外で千鳥に留めているか

### ラスシート張りのチェックポイント

- □ 継目は 1 山重ね、N38 の釘を 200mm以内で打っているか
- □ 胴縁下地の場合は縦張り、間柱の場合は横張りとしているか

Keyword 071

# 外壁仕上材

**Point 外壁材は、周りの環境、設計条件、予算などによりふさわしいものを選択する**

## 家の性能・イメージを決める

外壁に使用する仕上材によりその家の性能、イメージは大きく変わる。外壁仕上材は、雨水を通さない、風により変形しない、温度変化に強い、飛ばされない、太陽光により劣化しないなど、外部の厳しい環境に対抗できるものでなければならない。

また外壁仕上材は、直接、目に触れるため住まいの印象を左右し、周辺の街並みにも影響を与えるので、デザイン、色、テクスチュアなどにも十分な配慮が必要である。それらは工期、施工性、コスト面などから仕上材を決定するための重要な要素となる。

## 乾式工法と湿式工法

工法としては、乾式工法と湿式工法がある。乾式工法は、あらかじめ工場で生産されたセメント系、金属系のパネルなどを釘やネジ、ボルトなどで取り付けるもので、サイディング、ALC板などがある。防火性、断熱性、加工性、耐久性に優れ、また、デザイン、色などが豊富である。施工性もよく、工期も短縮され、工場で大量生産が可能なので、安価であるというメリットがある。

湿式工法は、従来からのやり方で左官職人により土、漆喰、セメントなどに水を加え仕上げる。モルタル塗り下地の上に吹き付け、塗り仕上げなどが行われる。防火性、断熱性、加工性、耐久性に優れるが、水を使用するため乾燥に時間がかかる。また、乾燥するとひび割れが起きやすいという欠点もある。

作業に手間ひまをかけるので乾式に比べて高価である。しかしながら、見た目に落ち着きや味わいがあり、根強い人気がある。

このなかから適切なものを選び、適切な工法で施工しなければならない。

# 外壁材の種類

## 乾式系

| | |
|---|---|
| 窯業系サイディング | セメントなどを主原料とし、繊維質の木片や無機物などを混ぜ、強化してプレス成形などで板状としたもの。色もデザインもさまざまで、レンガタイル風、自然石風など多くのデザインがある。比較的低価格であるうえ、雨水で汚れが落ちたり、長く再塗装をしなくて済む。メンテナンスは比較的楽であるが、ジョイントのシーリングは、10～15年程度で打ち替える必要がある |
| 金属系サイディング | 成形したスチールの板などを表面材とし、断熱材を裏打ちしたもの。軽量で施工性もよく、バリエーションも豊富。断熱材を包んで、金属のもつ熱しやすく冷めやすい特徴を克服しているものが多い。デザインがモダンであり、最近、よく普及している |
| 木質系サイディング | 天然木、合板、木片セメントなどを塗装したもの。断熱性能などの点で優れた機能をもつ。ただし、建築基準法や消防法の関係で都市部には使用できないなどの制限がある |
| 木板 | スギやヒノキなどの耐久性のある木材を挽き割り、本実もしくは相決り加工したもの。木質系サイディング同様、建築基準法や消防法の関係で都市部には使用できないなど制限がある。不燃加工したものもある。なお、木材保護塗料を塗って仕上げる場合が多い |
| ALC板(パネル) | ALCはAutoclaved Lightweight Concreteの略。石灰質材料とケイ酸質材料を微粉末にして水と混ぜ、ガス発生剤を添加して気泡をつくり、固まった後に高温高圧で養成して硬化させたものである。気泡などの空隙部分が全容積の80%を占め比重0.5と軽量である。耐火性能が高く、加工が簡単である。この上に吹き付けをしたり、タイルを張って仕上げることもできる |

## 湿式系

| | |
|---|---|
| モルタル塗り | モルタルは比較的安価であるうえ強度が高く、耐火性もある。また、アルカリ性であるために下地のラスに対して防錆効果がある。したがって、防火構造材として使用され、モルタルを下地として吹き付けをしたり、珪藻土を塗ったりして仕上げる。ただし、乾燥収縮により、ひび割れが入りやすい欠点がある |
| 漆喰 | 漆喰は、左官用消石灰にスサ、糊などを練り混ぜてつくる。防火性が高いので、財産を守るために古くから土蔵や町家、城郭に使用されてきた。また、調湿機能も持ち、季節の変化に耐え、カビがつきにくいという性質ももつ。このため、内部の押入れの壁などに使われることもある。乾燥に時間がかかり、乾燥後の収縮率が高いためひびが入りやすいのが欠点である |
| 珪藻土 | 植物性プランクトンの遺骸が蓄積されてできた土。調湿・保湿性がある。有害物質の吸着・脱臭も期待でき、土に還る素材でもある。自然素材であるため、人体への影響がなく、最近、急速に広まっている |
| 土壁 | 土壁は、古くからの壁下地から小舞壁とも呼ばれている。壁下地には小舞下地のほかに木摺下地、ラス網下地などがある。工程として、下塗り(荒壁)→中塗り→上塗り(色土塗り)の順序で行われる。色土には、産地と色によりさまざまな種類がある。最近では、工程が複雑で時間がかかる、重たいという理由であまり使われない |
| タイル | 粘土を主原料に各種の鉱物を混ぜて板状に成形し、焼成した素材。外壁だけではなく、床や内装にも用いられる。焼き方や吸水率の違いなどで、磁器質、せっ器質、陶器質に分けられる。なかでも、水分を吸収しにくい磁器質やせっ器質は、耐候性、耐久性、耐火性にも富む。木造の外壁では、引っ掛け方式の乾式工法で使用される場合が多い。汚れがつきにくく、メンテナンスは不要である |
| 吹き付け、仕上げ塗り材 | 従来からは、吹き付けと称して、モルタル塗り下地やALC板にエアーガンで吹き付けをしているが、飛散防止や養生の経済性からローラー塗り、鏝塗りが多くなってきた。これらを総じて仕上げ塗り材という。薄付仕上げ、厚付け仕上げ、複層仕上げの3種類に分けられ、豊富なパターンとテクスチュアがあり、広く使用されている |

**乾式サイディングの上に塗り壁材で仕上げたもの**

サイディングの目地が消えて、すっきりと高級感がある。しかしながら、下地の乾燥収縮、振動などでひび割れが入りやすい欠点がある

**窯業系サイディングで仕上げたもの**

サイディングは、色、テクスチュアが豊富で安価、施工性、メンテナンス性がいいことから、急速に普及している

**モルタル塗りに火山灰を入れて仕上げたもの**

自然素材でできており、調湿性、断熱性に優れている。また、いろいろなパターンの仕上げ方で表情も変わる

Keyword 072

# 窯業系サイディング

**サイディングの取り付けは、継目、出隅・入隅部分の納め方に注意する**

## 施工要領書を確認

サイディングの施工方法は、各メーカーから出している施工要領書に従って施工するが、基本的に通気工法（150頁参照）とする。施工方法として特に注意すべき点を説明する。

サイディングを釘で留める場合は、メーカー指定の釘を使用する。幅455㎜のサイディングの場合、両端と中央に3本ずつ留めることを標準とし、端から20㎜以上、離したところに留める。釘打ち機を使用する場合は、打ち込み過ぎに注意する。

サイディングの下端は、土台に水切を取り付け、通気層に空気を取り込むため、また結露水を排出するために水切とサイディングとの間を10〜15㎜開ける。

横張りの場合の接合部は、幅90㎜の胴縁に目地ジョイナーと呼ばれる金物を取り付けたうえ、端から20㎜のところに釘で留め付ける。継目は10㎜程度のクリアランスを設け、シーリングを打つ。縦張りの接合部は、横張りと同じように幅90㎜の胴縁に10㎜程度の隙間を開け、中間水切を取り付け、水が接合部から浸入しないようにする。

出隅・入隅部への取り付けは、メーカー指定の役物を使用する。また、下地として縦胴縁に取り付ける。

## サッシや換気口との取合い

サッシ廻りの取合いは10㎜程度の隙間を開けて、シーリング工事をする。サッシ上部に1m以内ごとに結露水を排出するための排水口を設ける。

換気口などのパイプは、外部に水勾配をとり、取合いは10㎜程度の隙間を開けてシーリング工事をする。パイプ廻りは、防水シートを張り、防水テープにて完全に止水する。バルコニーの取合い部は、捨て水切、防水テープ、シーリング工事で雨仕舞をする。

## サイディングの張り方

### 横張りサイディング　　縦張りサイディング

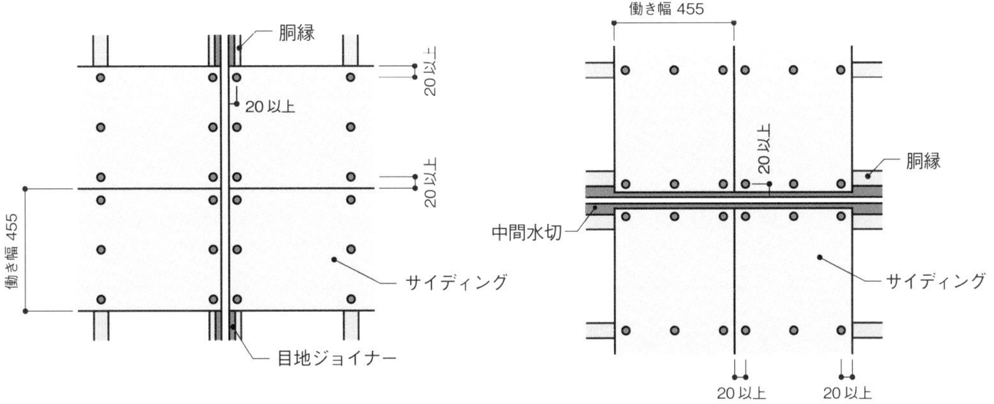


### 接合部（横張り）

### 接合部（縦張り）

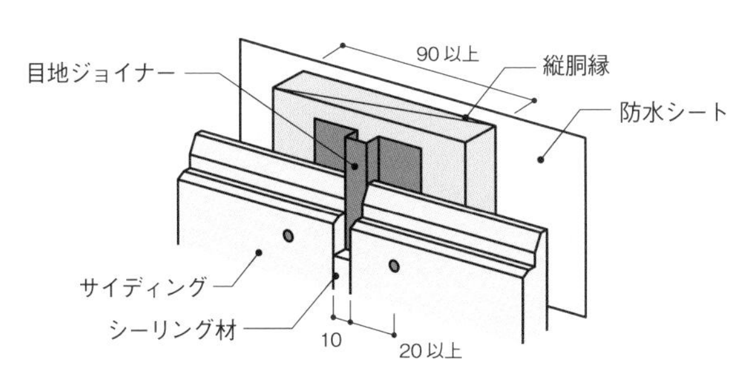


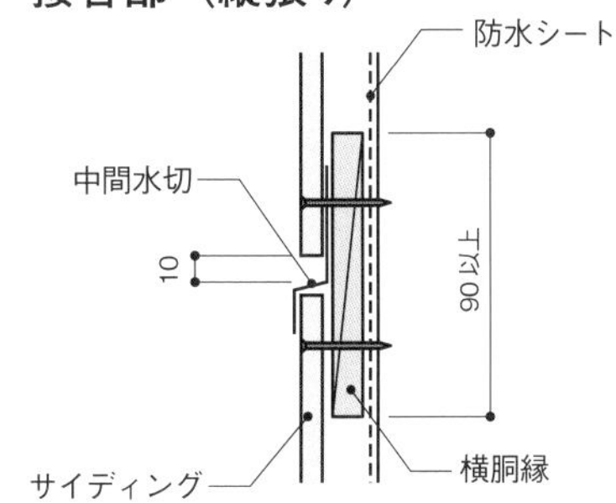


### 出隅部　入隅部　土台との取り合い

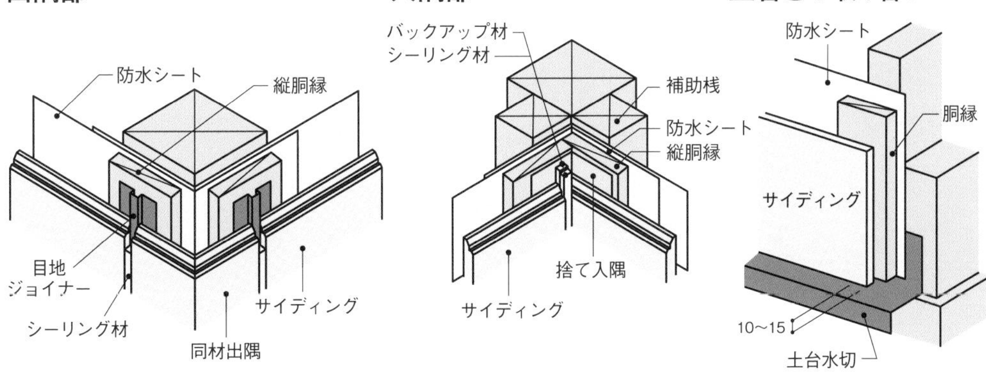


### 出隅部分の納め

目地ジョイナーに出隅用サイディングを取り付けているところ。メーカーの施工要領書どおりか確認する

### サイディング張りの確認

不陸、割れ、浮きはないか、取り合い部分のシーリング、釘頭処理はしっかりできているか足場が解体される前にしっかり確認する

Keyword
073

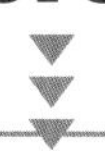

# モルタル塗り

**ひび割れをなくすために、下地、調合、塗り厚、工程、養生、すべてに細心の注意を払う**

## モルタル塗りの欠点

最近では、外壁として乾式工法のサイディング張りが主流となりつつあるが、モルタル塗りも多い。モルタルは防火性に優れ、アルカリ性なので下地のラスの防錆効果がある。また、15㎜以上の塗り厚で防火構造材として使用される。しかしながら、ひび割れ（クラック）が発生しやすいという大きな欠点がある。ひび割れを起こす原因となるのは、下地木材の乾燥収縮、ラス張りの施工不良、調合不良、塗り厚不足・反対に過大な塗り厚、モルタルの工程と養生の不足などである。

## モルタル塗りのポイント

セメントは作業性がよく、平滑に塗られ、収縮が少ないものはひび割れを起こしにくい。砂などの骨材の割合を増し、セメントの割合を小さくした貧配合にすると収縮は小さくなるが、作業性が悪くなるので、富配合のモルタルを使用する場合が多い。したがって、ひび割れにくさと作業性を両立させるためには骨材を多く配合し、作業性をよくするために混和材といわれるものを適度に配合するとよい。砂は、原則として、不純物の少ない川砂を使用したいが、最近では採取できにくい状況にある。山砂や海砂を使用する場合は、有害とされる泥土、塩分、有機物を取り除く。

施工において大切なのは、下塗り、中塗り、上塗りの工程を守ることと適切な塗り厚さとすることである。これを省略して1度に厚いモルタル付けをするとひび割れが生じやすくなる。また、下塗りは2週間以上できるだけ長時間乾燥させ、上塗りは、ムラ、不陸なく平坦に仕上げる。コンクリートと面とラス下地面との境目は、ひび割れを起こしやすいので目地を設ける。硬化後の養生はしっかりと行う。

## モルタル塗りのポイント

### 下塗りが終了したところ

十分に乾燥させてから上塗りを行う

### 開口廻りの補強

開口廻りなど、特にひび割れが発生しやすいところは、ファイバーメッシュを張って、補強する

### 仕上がったところ

仕上がると、ムラ、不陸がないか、大きなひび割れがないか確認する。十分に乾燥させてから、仕上げ工事を行う

### 塗り厚の確認

水切などで、モルタル塗りの所定の厚みがあるか確認する

## モルタルの調合と塗り厚

外壁のモルタルの調合目安

| 下地 | 下塗り・ラス擦り | ムラ直し・中塗り | 上塗り |
|---|---|---|---|
| ワイヤラス、メタルラス、ラスシート | セメント：砂＝1：3 | セメント：砂＝1：3 | セメント：砂＝1：3（適度に混和材を入れる） |

注：混和材は消石灰、ドロマイトプラスター、ポゾラン、合成樹脂などを使う。ラス擦りには必要であればスサを混ぜる

外壁のモルタルの塗り厚目安

| 下地 | 下塗り・ラス擦り（mm） | ムラ直し（mm） | 中塗り（mm） | 上塗り（mm） |
|---|---|---|---|---|
| ワイヤラス、メタルラス、ラスシート | ラスの表面より1mm程厚くする | 0〜9 | 0〜9 | 6 |

## 硬化後の養生方法

①モルタルは、各種材料に付着して取り除くことが困難なため、作業後は、しっかりと清掃する。モルタルがアルミサッシに付着した場合は、セメントのアルカリ成分によりアルミが腐食するので、特に入念な清掃が必要である。

②夏期の気温の高い時期、風のきついときに作業する場合は、急激な乾燥に注意する。硬化に必要な水分が失われて、水和せず、所定の強度が得られなくなる。また、ひび割れの原因となる。

③寒冷期の気温の低い時期に作業する場合は、硬化時期が長くなり、凍害を受けるおそれがある。そのために以下の点に注意する

イ）気温が特に低い日は、作業をしない。できる限り早い時間に切り上げる

ロ）最低気温が2℃以下になる場合は、シートなどで覆い、温風ヒーターを用いて保温する

ハ）硬化が確認できるまで、養生を継続する

Keyword 074

# 吹付け塗装

**吹付けは下地の良否が仕上げに出る。不陸、ひび割れ、亀裂などないか、しっかりチェックする**

## 3つの仕上材

吹付けは、そもそもはエアーガンを使用した塗装仕上げだが、現在は飛散防止、養生の経済性からローラー塗りが多く、刷毛塗り、鏝塗りも用いられる。吹付け塗装の種類は薄付け仕上げ、厚付け仕上げ、複層仕上げの3種類に分けられ、それぞれ、豊富なテクスチュアやパターン、色がある。

薄付け仕上材は、リシン吹付けと呼ばれ、仕上げ厚さ3㎜程度で、単層または2層で仕上げる。パターンとして砂壁状、ゆず肌状などがあり、最も普及している。

厚付け仕上材は、吹付けスタッコと呼ばれ、吹付け材のなかでは、最も厚く、スタッコ模様の山の部分で5～10㎜程度の厚さとなる。仕上面の模様には、吹き付けたままのもの、ローラーあるいは鏝で押さえたもの、山の部分だけを鏝で押さえたもの、ローラーで押さえたものなどがある。凹凸模様が大きいため、汚れやすく、擦れるとけがをする場合もある。

複層仕上材は、吹付けタイルと呼ばれ、下塗り、中吹き（主材）、仕上げの3工程で吹き重ねる。下塗り材は、シーラーと呼ばれる接着材を塗り、主材との付着性を高める。中吹きは、塗膜に厚みをもたせ、各種凹凸模様、テクスチュアの基盤となる。仕上材は、トップコートと呼ばれ、耐候性、防水性、着色といった重要な役割をする。

## 下地の確認

施工前には、十分に乾燥しているか、不陸はないか、大きなひび割れ・亀裂などがないかをしっかりと確認する。もし、不具合がある場合は、補修して平滑にしたうえで施工する。サイディング下地の場合は、ジョイント部分からひび割れを起こす場合が多いので、ジョイントの処理は特に重要である。

## 下地のつくり方

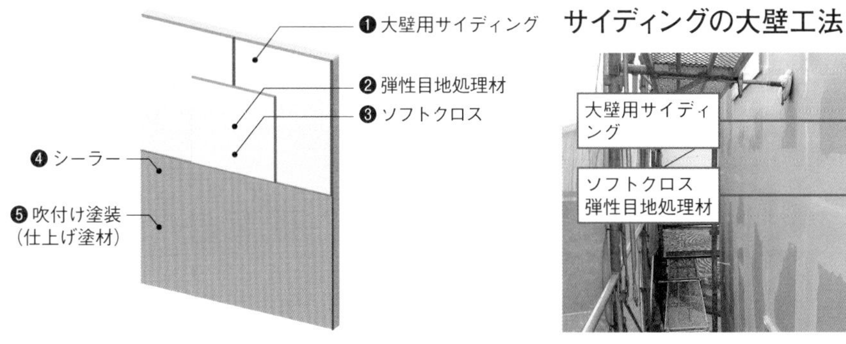


大壁専用のサイディングに弾性の目地処理材と外壁材の動きに追従できるためのソフトクロスを張る

### サイディングの大壁工法

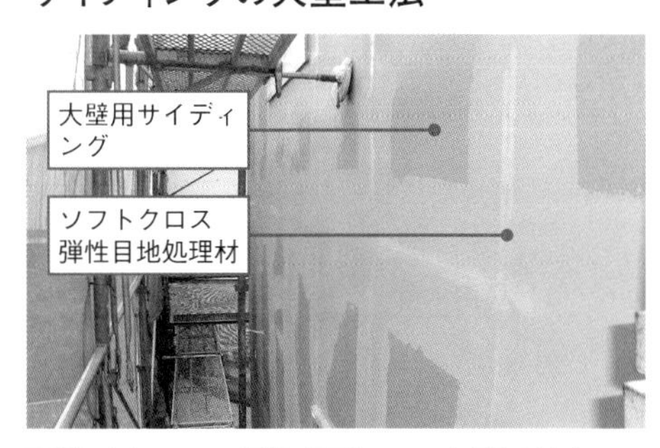


不陸はないか、目地処理、パテ処理は適切か、しっかり確認する

吹付け終了後、不陸、ムラ、吹き残し、汚れがないか確認する

材料が仕様書どおりか確認する

## 吹付けの工程

| | | |
|---|---|---|
| 薄塗り仕上げ（リシン吹付け） | ①下塗り | ローラー、刷毛 |
| | ②主材塗り | リシンガン |
| 複層仕上げ（吹付けタイル） | ①下塗り | ローラー、刷毛 |
| | ②主材塗り（基礎塗り） | リシンガン |
| | ③主材塗り（模様塗り） | タイルガン |
| | ④凸部処理 | ローラー |
| | ⑤上塗り | ローラー、刷毛 |
| 厚付仕上げ（スタッコ吹付け） | ①下塗り | ローラー、刷毛 |
| | ②主材塗り（基礎塗り） | リシンガンまたはタイルガン |
| | ③主材塗り（模様塗り） | スタッコガン |
| | ④凸部処理 | ローラー |

## 吹付けの注意点

①下地は、十分に乾燥させる
②下地の付着物は完全に除去し、傷、不陸、目違いなどは補修調整する
③材料の所要量、工程の間隔時間は、施工要領書どおりに守ること。特に凸部処理工程は、規定時間以内に行わないと、きれいな仕上げにはならない
④上塗材は、むらなく均一に塗付けをする。凹部に塗り残しができないように注意する
⑤冬期、多湿な場合は、乾燥が遅くなるので、注意する。通風をよくして、十分に乾燥養生をする。温度5℃以下、湿度85%以上の時は、施工を避ける
⑥強風時、雨、雪の場合は、施工を避ける
⑦結露が生じるような場所での施工は、膨れ、剥離、白化、しみの原因となるので避ける
⑧養生期間内に降雨、結露があれば、膨れ、剥離、白化、しみの原因となるので注意する

Keyword 075

# 防水と雨漏り

**雨漏りがしそうなところを事前に把握して、その部分を特に注意して監理することが大事**

## 防水の重要性

木造住宅において、防水は構造と同様に非常に重要である。水はあらゆるところから浸入する。雨漏りを起こすとシロアリが繁殖しやすくなり、木材が腐食し、建物の耐久性に大きく影響する。木材が腐食すると地震時に建物の倒壊にもつながってしまう。どこから雨漏りしやすいかは、設計・施工段階で予想できるので、その部分を重点的に防水し、しっかり確認する。そして、写真も多く撮っておく。

雨漏りしやすい部分というのは、屋根に関しては、屋根と壁との取合い部分、トップライト、煙突廻り、棟換気廻りである。

また、アール屋根や三角屋根、陸屋根などが複雑に組み合わさっている場合は、樋が内樋になっているような形状は危険である。また、軒が浅いような屋根も危険である。

外壁に関しては、幕板が付いていたり、パラペットが立ち上っていたり、凹凸があるような形状が危ない。サッシ廻り、壁を貫通する換気パイプ廻りなどからもよく雨漏りする。窓上に庇がないようなのも要注意である。

## 雨漏り防止対策

では、どうすれば雨漏りを防げるかというと、屋根のかたちをできるだけ単純にして、形状、材料にとって適切な勾配をとることである。さらに、軒の出は深くして、外壁は凹凸をなくすのがよい。

複雑な取合い部分には、十分な立上りをつくり、銅板などで捨て板を入れて、さらにルーフィング、防水テープなどを2重に張り、仕上げでシーリングを施すなど、多重構造にするとよい。シーリングは手軽にできるが、1次的なものであり、シーリングに頼ってはいけない。下地から完全に防水する。

## 雨水が浸入しやすい個所

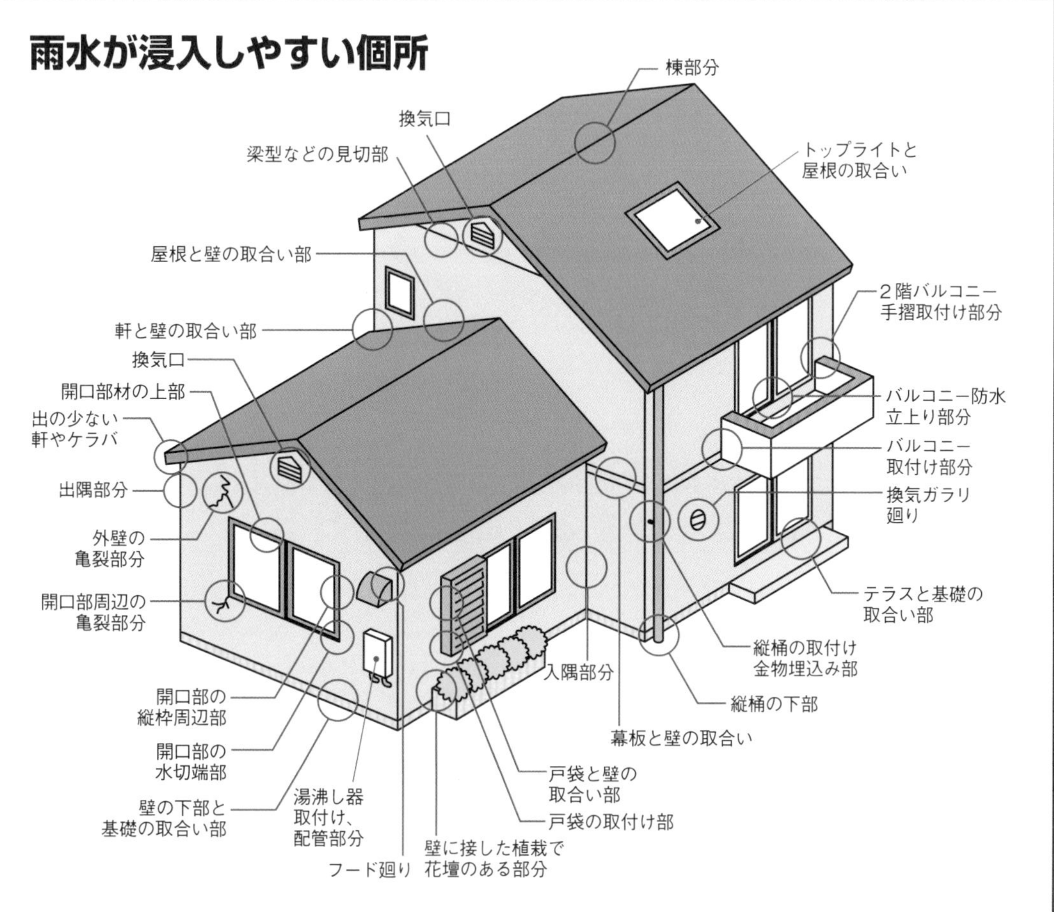


### 屋根と壁との取合い部分

納まりが複雑なところは雨漏りがしやすい。事前にしっかりとチェックしておくことが重要である

### 2階ベランダ（FRP防水）

サッシ枠と防水の取合い部分は、雨漏りがしやすいので、しっかりと確認する

### 屋根と立上り壁との取合い

普通の屋根に立上り壁が付いているので、複雑となり、雨漏りがしやすい納まりとなっている

### バルコニー手摺りと壁の取合い部分

防水テープにより防水している。これにさらにサイディングで仕上げた場合、笠木で仕上げた場合の取合い部分のシーリングと3重の防水をする

Keyword
076

# シーリング

**シーリングは破断を防ぐために目地底と縁を切り、両側面だけをシールする２面接着で行う**

## シーリング材の種類と選択

シーリング材とは、サッシ廻りやサイディングのジョイント部分、バルコニーとの取合い、屋根との取合い部分から雨水が入り込まないようにそれらの隙間に充填するもので、施工時は柔軟性があり、時間が経つと硬化する防水材のことである。取合い部分の防水にシーリングは不可欠である。

シーリング材は、１次的な防水材料であり、一般的に10～15年くらいで自然劣化し、硬化してひび割れや破断が起こり、その部分から水が浸入する。そのため、基本的には下地の防水工事をしっかりとしなければならない。

シーリング材は、形態により1成分形と多成分形に分類される。1成分形はカートリッジ式が一般的で、そのままの状態で使用でき、練り混ぜの必要がないため施工が容易で住宅用に適している。しかし、硬化が多成分形に比べてやや遅い。多成分形は、基剤、硬化剤、着色剤などを一定の割合で練り混ぜて使用する。シーリング材の選択にあたっては、十分に特徴を知ったうえ、適材適所で使用する。一般的には1成分形の変成シリコーン系、ポリウレタン系またはポリサルファイド系が使用されている。

## シーリング材の施工

シーリング材の施工に際して、シーリング材の接着をよくするためには、接着面を十分に乾燥させ清掃したうえで、プライマーという副資材を塗り残しや塗りむらのないようにしっかりと塗り込む。また、シーリング材を充填する目地には、ボンドブレーカーやバックアップ材を入れて目地底と縁を切り、両側面を接着させる2面接着にする。目地底まで接着する3面接着にすると、外力の動きにより、シーリング材が破断しやすくなるので注意する。

# シーリング材の分類

シーリング材にはいろいろな種類があるので十分に特徴を知ったうえで選択する

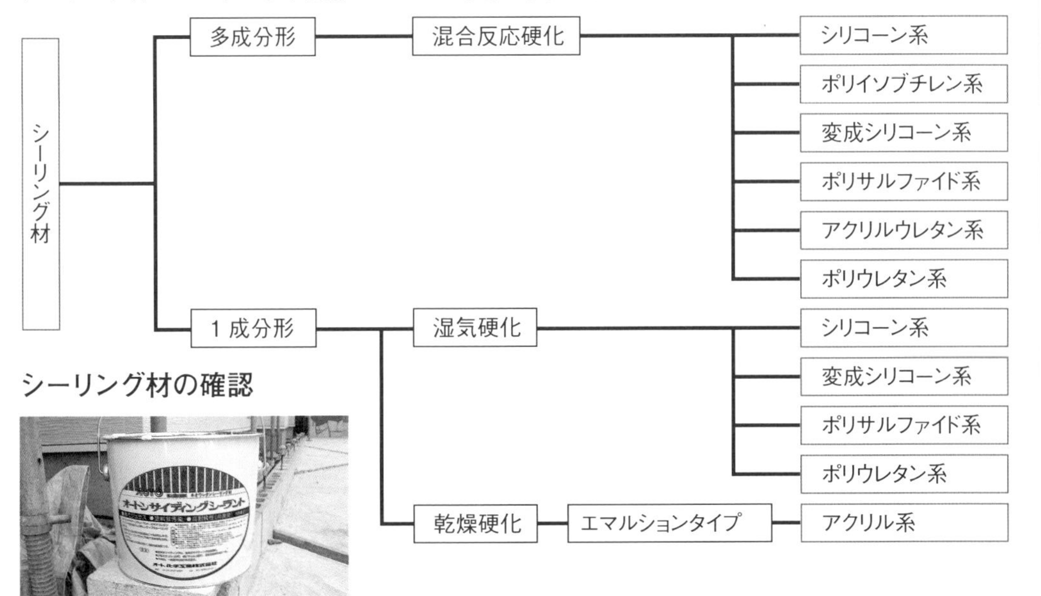


## シーリング材の確認

どのようなシーリング材料を使用しているのか確認する

# シーリングは2面接着とする

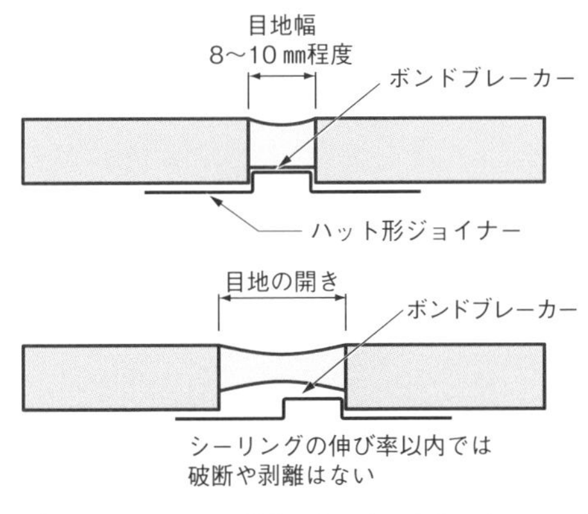


ボンドブレーカーとは、3面接着にならないようにシーリングの目地底に張る特殊フイルムのこと。バックアップ材とはシーリング目地を所定の深さに保持するために目地に詰める材料のこと

# バルコニー手摺と壁との取合い部分

# 配管廻り、サッシと壁との取合い部分

**Check Point**

## シーリング工事のチェックポイント

- □ 材料は適切か
- □ 目地幅（8～10㎜程度）は適切か
- □ 目地は十分に乾燥し、清掃してあるか
- □ プライマーは塗り残し、塗りむらなどないか
- □ 目地底にはボンドブレーカー、バックアップ材を入れ、2面接着になっているか
- □ 養生テープの張り方は適切か
- □ シーリング打設のし忘れはないか

# バルコニーの防水

**バルコニー防水は、1／50以上の水勾配をとり、サッシとの取合いは、しっかりとシーリングを打つ**

## FRP防水

木造住宅のバルコニーの防水は、最近では、ほとんどがFRP防水である。FRPは繊維強化プラスチック(Fiberglass Reinforced Plastics)の略称で、ガラス繊維の強化材（補強材）で補強したプラスチックである。FRP防水は、この特性を生かした塗膜防水で、出来上がった防水層は継目がなく、外観的にもきれいな仕上がりである。防水層は軽量で強靭であり、下地と追従性があり、耐久性・耐熱性・耐候性などに優れている。

下地として、床は50分の1以上の水勾配をとり、面積は原則として10㎡以内とする。根太は300㎜間隔以下とし、耐水合板12㎜厚を2重張りのうえ、防火板（ケイ酸カルシウム板）を張る。また、下地には目違いや釘頭などの突起物がないかを確認する。

FRP防水の工程は、基本的にメーカーの仕様に従う。工法により若干異なるが、通常10工程くらいからなる。これもメーカーの仕様書で確認しておくこと。

## 雨漏り防止のポイント

床と壁面との取合い、サッシとの取合い部分は雨漏りしやすいので、特に注意が必要である。サッシの下端で120㎜以上、それ以外の部分で250㎜以上防水を立ち上げる。排水の側溝はルーフドレンへ向けて勾配が確保できているか確認する。また、万が一ルーフドレンが詰まったときのことを考えてオーバーフロー管を設ける。オーバーフロー管は、径13㎜の塩ビのパイプをサッシの下端以下の高さに取り付ける。パイプは外側に向けて勾配をとる。手摺壁においては、防水シートを下端から張り上げ、手摺壁の点で重ね合わせ、防水テープを用いて防水シートの端部を密着させる。

# バルコニーの防水

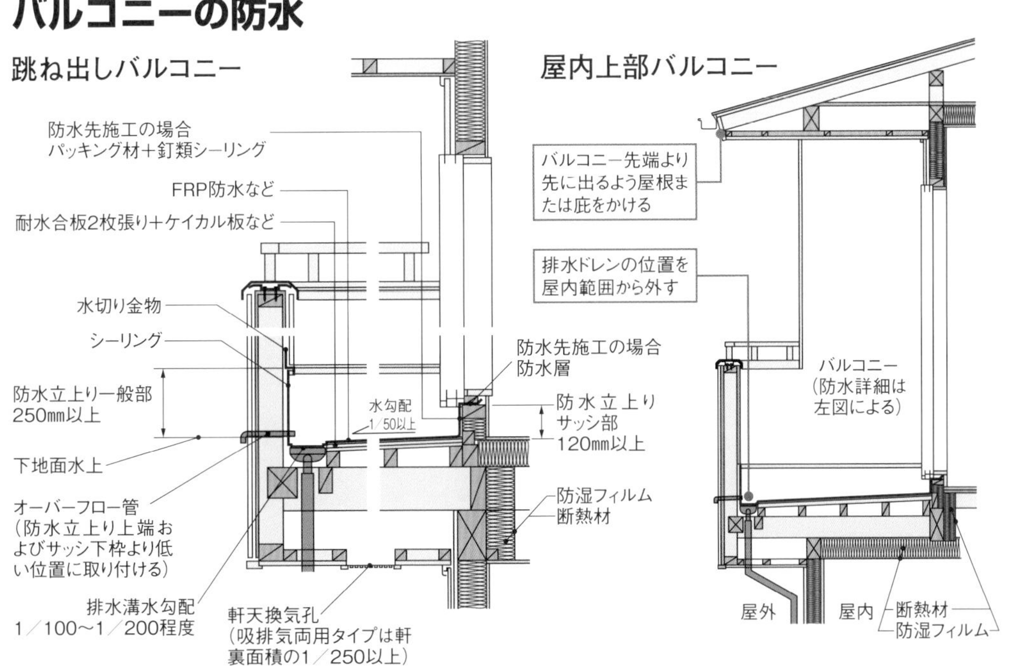


## 防水前の下地の確認

水勾配は、1／50が必要である。下地に目違いがないか、不陸がないか、清掃できているか、しっかり確認する

## 掃き出しサッシの下端

掃き出しサッシの下端は、120mm以上の立上りが必要である。サッシとの取合い部分は、雨漏りがしやすいので、しっかり確認する

## FEP 防水の立上り（バルコニー内部）

一般部分の立上りは、250mm以上必要である

### Check Point 防水工事のチェックポイント

- □ 下地は耐水合板2重張り＋ケイ酸カルシウム板張りになっているか
- □ 下地に不陸、凹凸などないか
- □ 下地に1／50 以上の勾配がついているか
- □ ルーフドレンは、適切に設置してあるか
- □ 側溝は、ルーフドレンへ適切な勾配（1／100〜1／200 程度）がとってあるか
- □ 一般部の防水立上りは、250mm以上あるか
- □ 掃き出しサッシ立上りは、120mm以上あるか
- □ オーバーフロー管をルーフドレン上部につけ、管の勾配を外側にとっているか
- □ サッシ、水切との取合い部は、シーリングを打っているか

Keyword 078

# 屋根・樋・バルコニーに関する不具合

**屋根・樋とバルコニーからの雨漏りが最も多い。下地状態の際に十分なチェックを行う**

## 屋根の不具合

屋根に関する不具合で最も多いものは雨漏りである。経年劣化、施工不良により起きる場合が多い。複雑な形状の屋根ほど注意が必要だ。特に増改築で既存の屋根に新設の屋根をつぎ足して、外壁との取り合いに谷をつくると雨漏りのリスクが高くなる。既存外壁と新設屋根の雨押えの取合いを、シーリングだけで納めている事がよくあるが、シーリングが劣化して破断すると雨漏りになる。トップライト・煙突廻りの納め方にも細心の注意を払う。

## 樋の不具合

樋の不具合として、軒樋が呼び樋から外れたり、勾配が変わったりして、オーバーフローした水が壁や窓に当たり、それが雨漏りの原因となることがある。これは、経年劣化によるものが多いが、受金物の取り付け不良によることもしばしばある。受金物は二本の釘で留めるのだが、それが一本であったり、受金物の間隔が広かったりすると、強風や地震などで樋が外れる。また、受金物を留めている軒先に水が廻り、取りつけている下地が腐食して外れることもある。これを防止するためには、受金物をしっかりと固定させ、軒先に水が廻らないよう水切りには十分な出、垂れ下がりを取る。

## バルコニーの不具合

バルコニーの不具合には、ルーフドレイン廻り、掃き出しサッシの下端からの漏水が多い。適切な勾配がとれていなかったり、側溝を設けていなかったりすると水溜まりができ、劣化が早くなる。手摺の笠木廻りからの雨漏りも多いので注意する。下地ができた状況で適切な勾配がとれているか、サッシ、ルーフドレイン、笠木廻りの納まりをしっかりとチェックする。

## 事例 1 複雑な屋根

**現状と原因**

この家は、増改築を繰り返し三棟が一棟としたものであるが、それぞれ屋根が独立しており、それぞれの外壁面に軒先が複雑に接合している。接合している部分にある廊下、洗面所の天井から雨漏りしている。

**対策**

屋根からの雨漏りを防ぐには、屋根の形状は単純であればあるほどよい。特に外壁と屋根の取り合い部分からの雨漏りが最も多い。取り合いをつくってしまうと、その部分に水が集まるので、水切りが劣化すると雨漏りするので、特に注意を要する(136 ～ 141 頁参照)。

## 事例 2 軒樋が外れている

**現状**

軒樋と呼び樋の接合部が外れている。劣化した樋が台風や地震などで動くと、接合部が外れたり樋の勾配が変わったりして､この部分から漏水する。漏れた水は、軒裏に廻り、壁・窓に当たり、雨漏りの原因となる。

**対策**

樋が外れる原因は、受金物がしっかり留まっていないことである。受金物は、通常2本の釘を打つのであるが、1本しか留まっていないこともある。軒先に水が廻り、腐食して釘が抜けていることもある。受金物は適切な間隔で留め、適切な勾配をとる（142、43 頁参照)。

## 事例 3 バルコニー笠木と下屋根との取り合い

**現状**

下屋根の棟の部分がバルコニー笠木と兼ねており、外壁の取合い部分の雨押えの小口が見えている状況である。この状況であると、この小口部分のシーリングが切れると、この部分から水が侵入し、雨漏りする。

**対策**

下屋根と外壁との取り合い部分にある雨押えを取付けできるようにバルコニー手摺壁を150㎜程度、立ち上げる。手摺の天端には専用の笠木を取付け、笠木と雨押えは、それぞれ別物とする。笠木と外壁との取り合いは、捨て谷を入れる(136 ～ 141 頁参照)。

## 事例 4 バルコニー手摺笠木、脳天から打たれた釘

**現状**

バルコニー笠木の脳天から釘が打たれているが、この釘は防水層を突き抜け下地に留まっている。また、ジョイント部分にシーリングが打たれているが、劣化して隙間ができている。この部分から水が浸入すると手摺の下地、柱・桁梁までも腐食し、雨漏りの原因ともなる。

**対策**

笠木の固定については笠木の下地に取り付け専用のホルダーをビスで留め、その上から笠木を被せて固定する。釘は、脳天から打ってはならない。

## 事例 5 バルコニーのルーフドレインからの漏水

**現状**

バルコニーのルーフドレイン廻りから漏水して、階下の広縁天井から雨漏りしている。外壁･軒裏をめくってみると、梁、柱などの構造材が完全に腐食している。

**対策**

バルコニーからの漏水は、勾配がとれていない、側溝が無い、サッシ廻り、ルーフドレイン廻りと防水との取り合いの施工不良などが原因である。これを防止するためには、下地状態の際に施工が適切かどうかをしっかりとチェックする必要がある（162 ～ 167 頁参照)。

Keyword 079

# 外装工事に関する不具合

**外装では、取り合い部分の納まり、モルタル塗のひび割れ、シーリングの破断には特に注意する**

　雨漏りは外装工事の不具合によってもよく発生する。その場所は、下屋根と壁、庇と壁との取り合い、バルコニーの笠木と壁との取り合い、外壁と配管との取り合い、サッシと壁との取り合いなどである。取り合い部分の処理を誤ると、水が直接建物内部に侵入し、雨漏りとなるので、特に注意が必要である。それを防止するには、例えば、下屋根と壁であれば、下地の状態で捨て谷水切りを入れ、雨押えをしっかりと立ち上げ、その上に防水シートを被せる（137、139頁参照）。

## 外壁モルタル塗りのひび割れ

　外壁のモルタル塗りに、ひび割れがよく発生することがある。モルタル塗りの場合、ある程度のひび割れは避けられないが、下地の施工方法、モルタルの配合・施工方法により、ある程度は防止できる。木造住宅の場合、0.3㎜未満の小さなひび割れは、さほど心配することはないが、0.3㎜以上の大きいものでは、下地材や構造材にまでひび割れが達していることがあるために注意が必要である。

　ひび割れの原因としては、メタルラスの貼り方、モルタルの調合不良、厚み不足によることが多い。ひび割れを放置して水が侵入すると、ラスが腐食し、外壁が剥落する。さらに構造材が腐食すると、著しく耐久性・強度が低下するので早急に補修する。

## シーリングの破断

　外壁とサッシ廻り、屋根、配管廻りとの取り合いでシーリングがよく破断している。破断は劣化に因るものが多いが、適切な施工により防止できる（164、165頁参照）。シーリングが破断していても、防水シートがしっかりと施工できていれば直接な雨漏りにはならないが、水が浸入することにより、防水シートが劣化する。

## 事例 1 庇が腐食している

**現状と原因**

和室の壁から雨漏りしているため、その部分の外部を見ると下屋根と庇の間に亀裂が生じている。庇を解体すると完全に庇の下地が腐食している。これは、下屋根と庇と外壁との取り合い、ひび割れ部分から侵入した水が原因である。

**対策**

屋根とか庇と外壁の取合い部分には特に注意しなければならない。取り合いに捨て谷水切り、雨押えの立ち上りを十分に設け、それに防水シートを被せる（136～141 頁参照）。

## 事例 2 外壁のひび割れ

**現状と原因**

モルタル塗りの外壁の場合、下地、塗り厚、乾燥方法等の施工不良、不同沈下、地震などによりひび割れが発生する。この部分より水が浸入し、ラス下地・構造材が腐食し、外壁の剥落、シロアリ被害の原因となり、耐久性・強度が著しく低下する。

**対策**

メタルラスの貼り方、モルタルの配合、塗り厚に十分に注意する。下塗りと上塗りの乾燥期間も十分に確保する（158、159 頁参照）。外壁のひび割れは建物の劣化につながるので、早急に補修する必要がある。

## 事例 3 笠木と壁の取り合いから浸入した水により下地が腐食

**現状**

バルコニー手摺の笠木と壁との取り合い部分から水が浸入して、階下の和室天井に雨漏りしている。これは、手摺の下地が完全に腐食し、桁梁・柱・壁下地までも腐食している。

**対策**

手摺と外壁との取り合い部分に捨て谷の水切りを入れたり、防水テープを貼ったりする。そして、笠木の立ち上がりをしっかりと確保し、防水シートを被せる。仕上げ材との取り合いには、シーリングを施す（163 頁参照）。

## 事例 4 土台がシロアリの被害を受けている

**現状**

外壁に大きな亀裂が入り、その部分から水が浸入。それを長年放置していたために土台・柱がシロアリの被害をうけ完全に腐っている。このように土台・柱・梁などの構造材がシロアリの被害を受けると強度が著しく低下し、地震の際、倒壊の原因となる。

**対策**

ひび割れ、シーリングの破断、窓廻り、庇や配管廻りの隙間などから漏水しないようにする。万が一漏水が見つかるとすぐに補修する。基礎のコンクリートの高さは 400㎜以上とする（61 頁参照）。

## 事例 5 空調機の配管廻りより水が浸入

**現状**

エアコンを取り付けるために外壁に配管孔を貫通させたが、配管廻りのシーリングが切れて水が内部に侵入し、ラス下地や柱が腐食している。

**対策**

配管廻りからの漏水例は非常に多い。漏水を防止するためには貫通部を配管カバーで覆うとよい。本来は、下地状態の際に貫通スリーブを取り付け、防水テープを配管廻りに貼り、防水シートと一体化させる（182、183 頁参照）。

# TOPICS 4 長期優良住宅

## 長期優良住宅の木造一戸建て住宅に求められる7項目の概略

### ①住戸面積

「良好な居住水準を確保するために必要な規模を有すること」住みやすさの点から、住宅に一定の広さが要求される。木造一戸建ての場合、少なくとも一の階の床面積が40㎡以上（階段部分を除く面積）、床面積の合計が75㎡以上であることが必要

### ②劣化対策

「数世代にわたり住宅の構造躯体が使用できること」通常想定される維持管理条件下で、構造躯体（建物の骨組み）の使用継続期間が少なくとも100年程度となる措置が必要。点検やメンテナンスのために、次の2点が求められる

- 床下と小屋裏（屋根と天井の間の空間）の点検口を設置
- 点検等のため床下空間に一定以上の高さを確保（木造の場合には330㎜以上）

### ③維持保全計画

「建築時から将来を見据えて、定期的な点検・補修等に関する計画が策定されていること」①構造耐力上主要な部分、②雨水の浸入を防止する部分、③給水・排水の設備について、点検の時期・内容を定め、「維持保全計画」（認定に必要）に記載しなければならない。少なくとも10年ごとに点検を実施することが求められ、最低30年間の実施が義務付けられる

### ④維持管理更新の容易性

「構造躯体に比べて耐用年数が短い内容・設備について、維持管理（清掃・点検・補修・更新）を容易に行うために必要な措置が講じられていること」建物を長期に使用すると、途中で取り替えなければならない部分が出てくるが、それを骨組みに影響を与えずに行わなくてはならない。水道やガス管、下水管などの取り替えを、骨組みに影響を与えず行えるようにすることが求められる

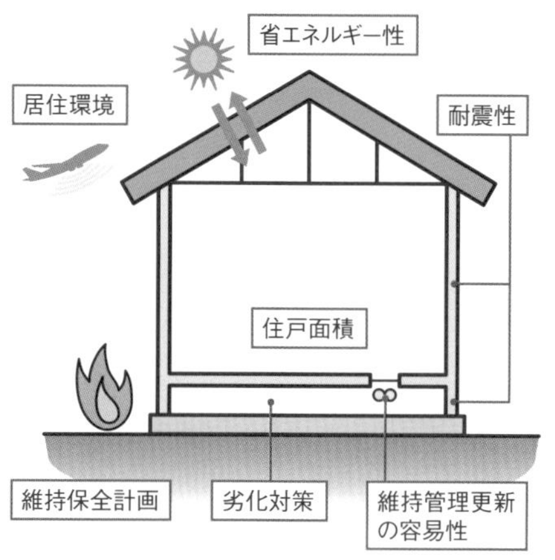


### ⑤耐震性

「極めて稀に発生する地震に対し、継続利用のための改修を容易にするため、損傷レベルの低減を図ること」建築基準法の基準の1.25倍の地震に耐えることが求められる

### ⑥省エネルギー性

「必要な断熱性能等の省エネルギー性能が確保されていること」省エネ法に規定する平成11年省エネルギー基準（次世代省エネ基準）に適合すること。屋根、床、壁、天井、開口部の断熱性能を高くする

### ⑦居住環境

「良好な景観の形成その他の地域における居住環境の維持および向上に配慮されたものであること」地区計画、景観計画、条例によるまちなみ等の計画、建築協定、景観協定等の区域内にある場合には、これらの内容と調和が図られること

### 長期優良住宅のメリット

長期優良住宅として認定されると、住宅ローン減税、住宅ローン金利優遇、所得税の特別控除、登録免許税、不動産取得税、固定資産税税制優遇などが受けられる

平成18年6月「住生活基本法」の制定により、これまでの「住宅の量の確保」から、「住宅の質の向上」へ政策の転換を図ることが明確になった。つくって壊すというフロー型（新築）重視から、「いいものをつくって、きちんと手入れして、長く大切に使う」というストック型（既存住宅）重視への転換の流れのなかで、住宅を長期にわたり使用することにより、住宅の解体や除却に伴う廃棄物の排出を抑制し、環境への負荷を低減するとともに、建て替えにかかる費用の削減によって国民の住宅に対する負担を軽減し、より豊かで、より優しい暮らしへの転換を図ることを目的として、「長期優良住宅の普及の促進に関する法律」が平成20年12月に公布され、平成21年6月4日に施行された。

この法律では、認定基準が設けられている。上記の7項目についての基準を満たせば長期優良住宅として認定される。

# 第5章

# 【断熱工事】

断熱は建物の
快適性を向上させるのに
非常に大切です。
隠れてしまう部分なので
しっかりと
監理しましょう

Keyword
080

# 断熱とは

Point 快適な家にするためには、断熱材で隙間なくすっぽりと覆い、断熱性を高め、計画換気をする

## 断熱性と気密性

最近では、冷暖房機を完備した住宅が一般的になったが、やみくもに冷暖房機を入れたところで快適な住宅にはならない。熱の逃げ場をなくすことが重要である。天井・壁・床・窓から逃げる熱を抑える断熱性と、隙間から逃げる熱を抑える気密性を高めることで部屋全体での温度差がなくなり、少しのエネルギーで建物全体が暖かい状態を保てるようになる。断熱性の高い断熱材、防湿材を壁・床・天井（屋根）全体に入れ、すっぽりと覆う。また、窓には断熱性、気密性の高いサッシや複層ガラスなどを使用する。こうしたうえで計画的な空調を行う。

断熱・気密性の低い住宅で暖房をすると、部屋全体での温度差が大きくなる。また結露が出やすくなり、カビや白アリの発生原因となって、建物の耐久性に悪影響が出る。

## 結露とは

結露とは、空気中に含まれている水蒸気が、冷たいものに触れて水滴（結露水）となる現象である。結露には表面結露と内部結露がある。表面結露は、内装表面に発生する結露のことであり、内部結露は、壁の内部や天井裏、床下など見えない部分で起こる結露のことである。

表面結露を防ぐには、外壁に面する壁の室内側壁面温度が露点温度以下にならないように断熱工事をしっかりと行い、室内の湿度が上がらないように計画的に換気するなどの対策をとる。

内部結露は、断熱材内部に浸入した水蒸気が外気に抜けずに断熱材内部に滞留し、外気温により冷却されることにより発生する。これを防ぐには、水蒸気が壁の内に入らないように気密性を上げ、なかに入った水蒸気を外部に透過させるようにする。

## 断熱と気密が不十分だとどうなるか

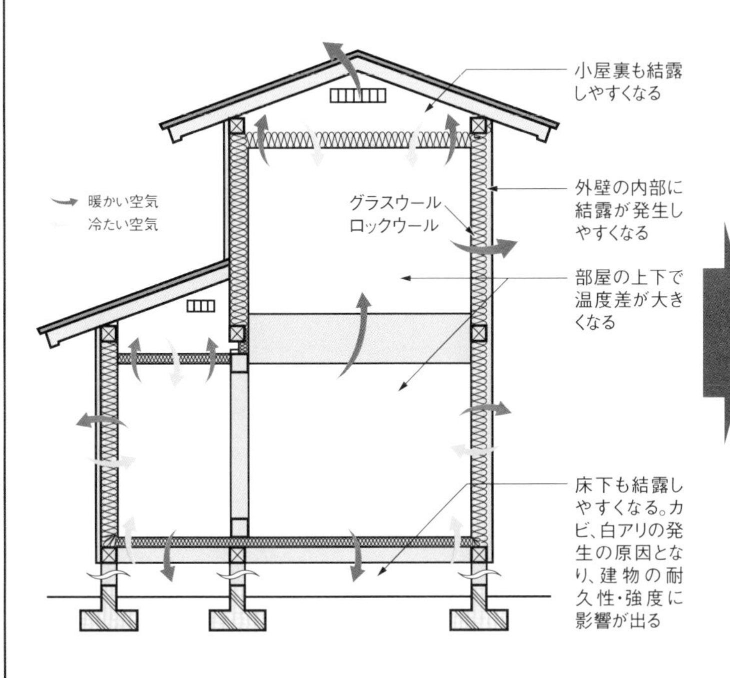


### 高気密・高断熱住宅にする

高断熱・高気密住宅にするには、建物を断熱材と防湿材ですっぽりと包むことである。外気に接している天井(または屋根)、壁、床に断熱材を施工する。窓には、断熱性・気密性の高いサッシ、複層ガラスを使用する

## 結露のメカニズム

### プロセス

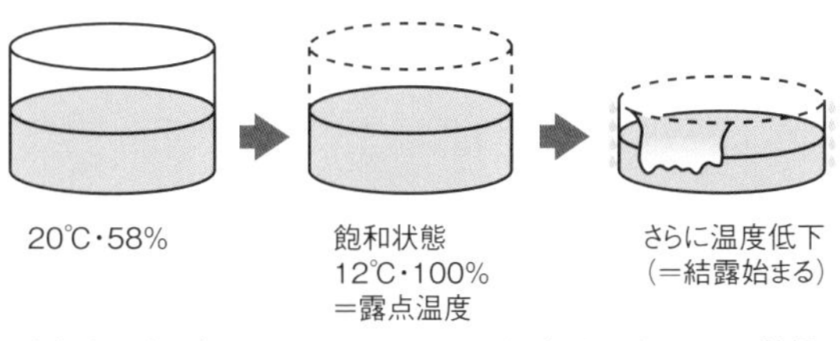


空気中の水蒸気量をそのままにしておき、温度が下がっていくと乾燥空気の容器が小さくなり、容器がいっぱいになるとあふれ出し、結露が始まる。このときの温度を露点という

### 略式空気線図

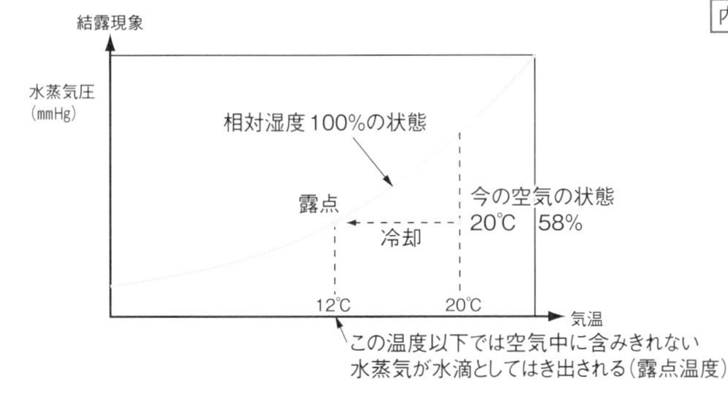


### 結露

ガラスの断熱性が悪く、外部との温度差が大きくなると、結露が発生し水滴となる

### 表面結露と内部結露

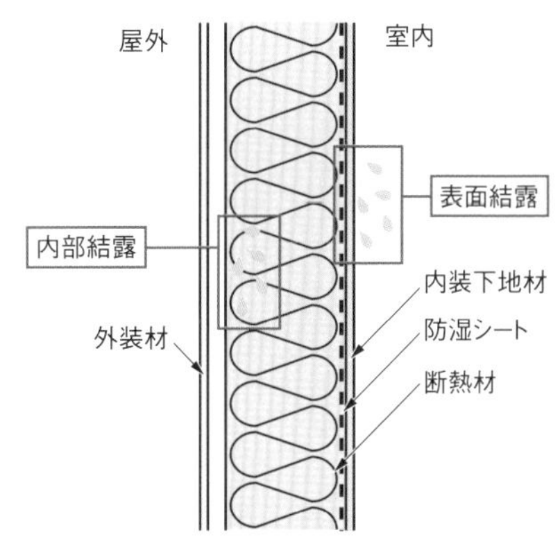


表面結露は、室内の暖かく湿った空気が冷たい壁などに触れたときに起こる現象。内部結露は、壁などの中を通過する水蒸気が低温部分で水滴となる現象

Keyword 081

# 断熱材の種類

**断熱材は、要求する断熱性能に適合した材種、厚みを適切に選択する**

## 各断熱材の施工ポイント

断熱材の主な種類は無機質系断熱材、発泡プラスチック系断熱材、木質繊維系断熱材の3種類で、そのなかでもさまざまな断熱材がある。

無機質系断熱材は、ガラス原料や鉱石を溶かして繊維状にしたもので、不燃性が高く透湿性がある。グラスウール、ロックウールなどである。

発泡プラスチック系断熱材は、プラスチックを発泡させたもので、板状製品と現場発泡品がある。吸水性が少なく、断熱性には優れているが、不燃性はそれほど高くないものが多い。押出し法発泡ポリスチレンフォームや硬質ウレタンフォームなどである。

木質繊維系断熱材は、インシュレーションボードまたは軟質繊維板と呼ばれ、木質繊維を用いた繊維板のうち、軽量のものをいう。ほかの断熱材と併用で利用されることが多く、内装下地材として用いられる。そのほか、羊毛ウールや炭化コルクの断熱材もある。

## 断熱性能の等級

断熱性能は、断熱材の種類、厚さにより決められるが、地域の気象条件がかかわってくる。そこで全国を気象条件に応じて5つの地域に分けられ、それぞれの地域で求められる断熱性能を満たすための断熱材の種類や厚さなどが決められている。

また、断熱材の性能を表すものに熱伝導率がある。単位はw/(m・K)で、この数値が小さいほど熱を伝えにくい。厚さを熱伝導率で除した値を熱抵抗といい、単位は㎡・K/Wで、値が大きいほど熱を伝えにくい。品確法の住宅性能表示基準などでは必要な熱抵抗値を定め、それにより、4段階の等級に分けて、その住宅の省エネルギー性能を決める。等級が大きいほど断熱性能が優れる。

監理 地盤と基礎 軸組 屋根・外装 断熱 内装 設備と外構 耐震改修 引渡し

## 断熱性能の地域区分（住宅に係るエネルギーの使用の合理化に関する建築主の判断の基準）

| 地域の区分 | 都道府県名 |
|---|---|
| Ⅰ | 北海道 |
| Ⅱ | 青森県　岩手県　秋田県 |
| Ⅲ | 宮城県　山形県　福島県　栃木県　新潟県　長野県 |
| Ⅳ | 茨城県　群馬県　埼玉県　千葉県　東京都　神奈川県　富山県　石川県　福井県　山梨県　岐阜県　静岡県　愛知県　三重県　滋賀県　京都府　大阪府　兵庫県　奈良県　和歌山県　鳥取県　島根県　岡山県　広島県　山口県　徳島県　香川県　愛媛県　高知県　福岡県　佐賀県　熊本県　大分県 |
| Ⅴ | 宮崎県　鹿児島県 |

## Ⅳ地域の断熱材の必要厚さ（充填断熱工法・省エネ等級 4）

| 部位 | 断熱材の厚さ | 必要な熱抵抗値 | 断熱材の種類・厚さ（単位：mm） | | | | | | |
|---|---|---|---|---|---|---|---|---|---|
| | | | A-1 | A-2 | B | C | D | E | F |
| 屋根または天井 | 屋根 | 4.6 | 240 | 230 | 210 | 185 | 160 | 130 | 105 |
| | 天井 | 4.0 | 210 | 200 | 180 | 160 | 140 | 115 | 90 |
| 壁 | | 2.2 | 115 | 110 | 100 | 90 | 75 | 65 | 50 |
| 床 | 外気に接する部分 | 3.3 | 175 | 165 | 150 | 135 | 115 | 95 | 75 |
| | その他の部分 | 2.2 | 115 | 110 | 100 | 90 | 75 | 65 | 50 |
| 土間床等の外周部 | 外気に接する部分 | 1.7 | 90 | 85 | 80 | 70 | 60 | 50 | 40 |
| | その他の部分 | 0.5 | 30 | 25 | 25 | 20 | 20 | 15 | 15 |

## 断熱材の種類と規格

断熱材は、下表に掲げる種類の断熱材または下表の熱伝導率を有する断熱材とする

記号別の断熱材の種類と規格（λ：熱伝導率（W/（m・k）））

| 記号 | 断熱材の種類 |
|---|---|
| A-1<br>λ＝0.052～0.051 | 吹込み用グラスウール GW-1 および GW-2／吹込み用ロックウール 35K 相当／シージングボード |
| A-2<br>λ＝0.050～0.046 | 住宅用グラスウール 10K 相当／吹込み用ロックウール 25K 相当／A 級インシュレーションボード |
| B<br>λ＝0.045～0.041 | 住宅用グラスウール 16K 相当／A 種ビーズ法ポリスチレンフォーム保温板 4 号／A 種ポリエチレンフォーム保温板 1 種 1 号、2 号／タタミボード |
| C<br>λ＝0.040～0.035 | 住宅用グラスウール 24K 相当、32K 相当／高性能グラスウール 16K 相当、24K 相当／吹込み用グラスウール 30K 相当、35K 相当／住宅用ロックウール断熱材／住宅用ロックウールフェルト／住宅用ロックウール保温板／A 種ビーズ法ポリスチレンフォーム保温板 1 号、2 号、3 号／A 種押出法ポリスチレンフォーム保温板 1 種／A 種ポリエチレンフォーム保温板 2 種／吹込み用セルローズファイバー 25K 相当、45K 相当、55K 相当／A 種フェノールフォーム保温板 2 種 1 号、3 種 1 号、3 種 2 号／建築物断熱用吹付け硬質ウレタンフォーム A 種 3 |
| D<br>λ＝0.034～0.029 | A 種ビーズ法ポリスチレンフォーム保温板特号／A 種押出法ポリスチレンフォーム保温板 2 種／A 種フェノールフォーム保温板 2 種 2 号／A 種硬質ウレタンフォーム保温板 1 種／A 種ポリエチレンフォーム保温板 3 種／建築物断熱用吹付け硬質ウレタンフォーム A 種 1、A 種 2 |
| E<br>λ＝0.028～0.023 | A 種押出法ポリスチレンフォーム保温板 3 種／A 種硬質ウレタンフォーム保温板 2 種 1 号、2 号、3 号、4 号／B 種硬質ウレタンフォーム保温板 1 種 1 号、2 号および 2 種 1 号、2 号／建築物断熱用吹付け硬質ウレタンフォーム B 種 1、B 種 2／A 種フェノールフォーム保温板 2 種 3 号 |
| F<br>λ＝0.022 以下 | A 種フェノールフォーム保温板 1 種 1 号、2 号 |

### 発泡プラスチック系断熱材（硬質ウレタンフォーム）を小屋裏に吹き付ける

ウレタンフォーム吹付けは付着性がよく、隙間ができない。小屋裏、壁、床に施工できる

### 木質系断熱材（セルロースファイバー）を天井に敷き詰める

セルロースファイバーは、新聞古紙からリサイクル生産される断熱材で、壁や天井によく使用する

Keyword 082

# 断熱工法

**充填断熱工法か外張り断熱工法かは、その特徴と施工方法を十分に知ったうえで使い分ける**

## 充填断熱工法

木造住宅の場合、断熱工法として充填断熱工法と外張り断熱工法がある。充填断熱工法は、柱などの構造部材間の空間に断熱材を詰め込む工法で、外張り断熱工法は、柱などの構造部材間の外側に断熱材を張り付ける工法である。これらは性能に差があるわけではなく、施工さえ正しく行えれば、ほぼ同じ性能を実現することができる。

断熱は、建物全体を断熱材で隙間なくすっぽりと覆うことで100％の性能を発揮する。その点、充填断熱工法は柱・梁などで断熱材が分断されてしまう分、外張り断熱工法より断熱性が落ちる。木造住宅の木部の面積は外壁全体の15～20％程度あるので、充填断熱工法の断熱材は外張り断熱工法よりも15％くらい分厚くする。断熱材は、グラスウール、ロックウールなどの無機質系断熱材を使用する場合が多い。

壁の施工では、間柱、柱、土台、胴差の間に断熱材をしっかりと充填する。防湿材を内側に張るか、耳を柱にタッカー釘で留め、ジョイント部は気密テープで隙間をできるだけなくす。また、内部結露を防ぐために、外壁に通気層を設ける。施工が簡単で、比較的安価に断熱性能を向上できる。

## 外張り断熱工法

外張り断熱工法は、連続的に施工ができるため、充填断熱工法と比べて断熱材の隙間ができにくい。また、硬質ウレタンフォームやポリスチレンフォームなどの発泡プラスチック系を使用するので、湿気を通しにくい。さらに、躯体の外側から施工するのでコンセントや配管などの障害物がなく施工が容易である。しかしながら、壁が外側にふいてしまうので、狭小地などではデメリットとなる。また、充填断熱工法に比べ、施工コストは高くなる。

## 充填断熱工法

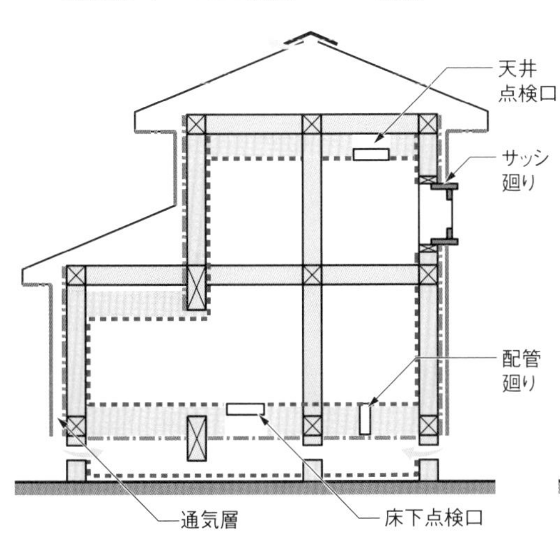


断熱材を柱、土台、桁などの構造材間の隙間に入れるので、断熱材が分断される。そのときできるだけ隙間をなくす

## 外張り断熱工法

サッシ
廻り
配管
廻り
通気層

断熱材を建物ごとすっぽりと覆うので隙間ができにくいが、断熱材の厚み分、外壁がふいてしまう

### 充填断熱工法（天井・壁）

間柱・柱・土台・胴差の間に断熱材を充填し、その外側に通気層を確保する

### 外断熱工法（屋根）

野地板の上に断熱材を敷き、通気垂木を設け、通気層を確保する

### 充填断熱工法（屋根）

垂木と垂木の間に断熱材を充填し、垂木内で通気層を確保する

Keyword 083

# 床の断熱

**床の断熱は、土台、根太、配管との取合いに隙間ができないように注意する**

## 床の断熱材と施工の注意点

基礎断熱（186頁参照）をしない場合には、床断熱を行う。床断熱は、最下階の床および外気に接する床に行う。床の断熱材としては、グラスウールなどの無機質系断熱材（ロール状のもの）とポリスチレンフォームなどのボード状断熱材がよく使用される。

施工の注意点として、まず防湿材を室内側に向ける。ロール状の断熱材はたるみやずれ、室内側の材料との間に隙間が生じないように受材を入れる。ボード状の断熱材には不要である。

床材と断熱材との間、根太との間に隙間ができないよう、根太の間隔、高さに応じた断熱材を適切に選択する。もし、隙間が生じるようであれば端材を詰めるようにする。その際、押し込み過ぎないように注意する。柱や間柱などが障害になる場合には、切り欠きを入れて隙間ができないようにする。隙間があると床下から冷気が入り、断熱性の低下や結露の発生につながるおそれがある。床断熱の効果を上げるために床下防湿工事を行うとよい。床下防湿工事は所定の方法で適切に行う（56・57頁参照）。

根太が土台と直交する部分では、床の断熱材が土台の上に載り、その上に壁の断熱材が載るようにする。根太が土台と平行になる部分では、壁の断熱材が土台の上に載るようにする。

外壁や間仕切壁の下部に床下の空気が入る隙間がある場合は、通気止めを入れる。通気止めがないとそこから床下の湿気が壁内に入り込む。床と壁の取合いは突きつけて隙間をなくす。

スリーブ廻りは、壁と同様にプラスチックの成型品をスリーブに取り付け、その廻りに気密テープを張って隙間を埋める。床下点検口は、蓋に断熱材が充填されている木製や樹脂製で専用のものを取り付ける。

監理 地盤と基礎 軸組 屋根・外装 断熱 内装 設備と外構 耐震改修 引渡し

## 床の断熱施工

### 無機繊維系断熱材の場合

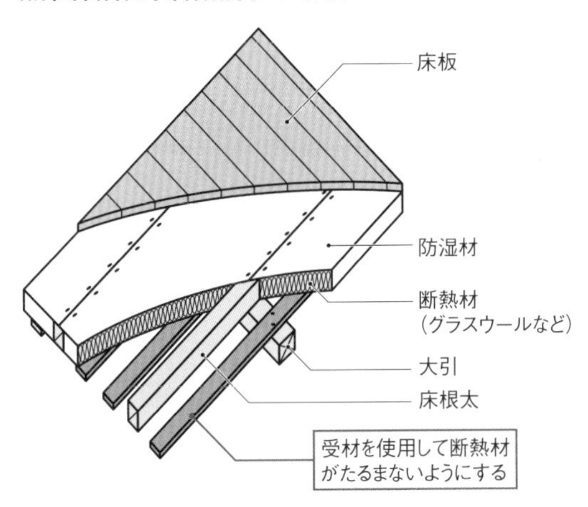


### ボード状断熱材の場合

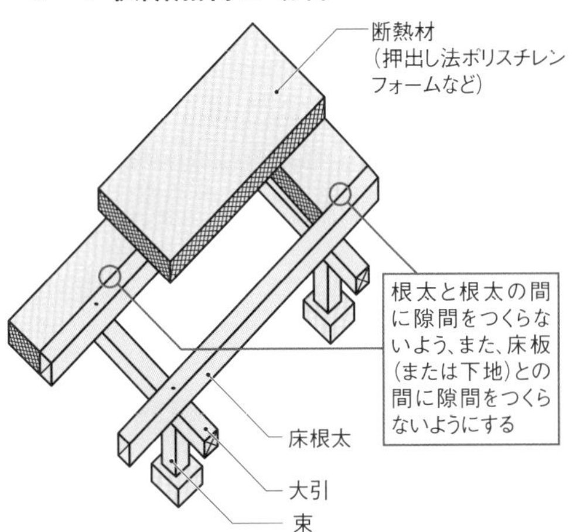


## 充填断熱の壁—床部の標準的な納まり

### 根太を設けない場合の納まり

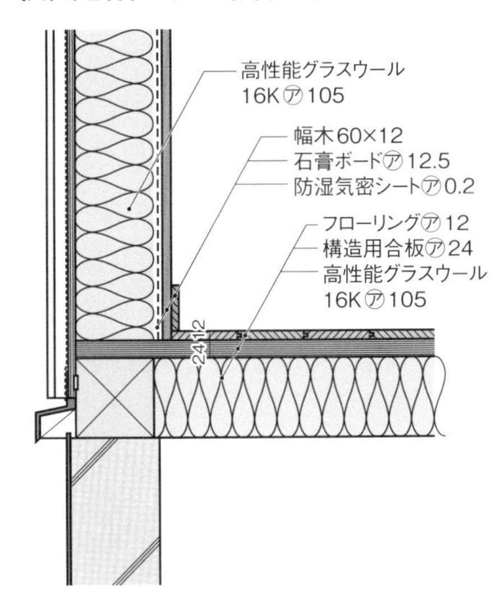


### 根太を設ける場合の納まり(土台と根太が平行)

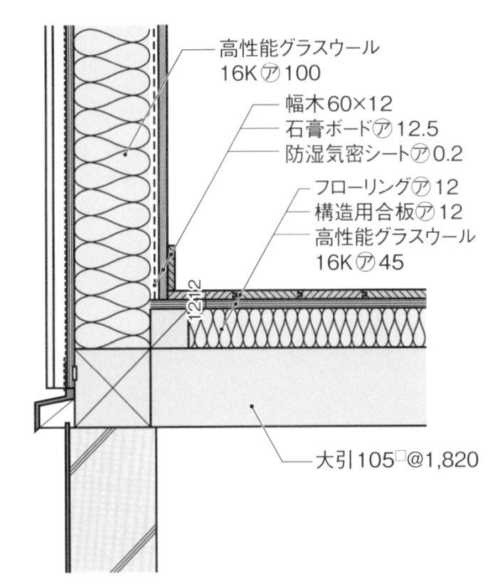


### 断熱材の確認

断熱材を入れる前には、必ず、種類、厚みなどを仕様書どおりか確認する

### 床下断熱

床下には、押出し法発泡ポリスチレンフォームを入れる場合が多い。隙間なく、ずれ落ちることなく敷き詰めることが重要である

Keyword 084

# 壁の断熱

**壁の断熱は、天井、床、柱、間柱、筋かい、ボックス、配管との取合いに隙間がないように注意する**

## 断熱施工ポイント

壁の断熱には、グラスウール、ロックウールなどの無機繊維系断熱材がよく使用される。断熱材は、土台から桁、柱、間柱間に隙間なく詰め込む。

一般的に使われる耳付き断熱材の場合、防湿材が片面の表面に付いているので、その防湿材を部屋側になるように施工する。柱、間柱、胴差に耳をタッカーで取り付けると気密性が増す。挿入した断熱材がよれていると柱、間柱とに隙間ができやすくなるので、よれないよう注意する。

コーナー部においては、受材部分の防湿材をはがし、切り込みを入れて断熱材を取り付けた後に防湿材を受け材にかぶせ、タッカー釘で留める。

筋かいや配管、スイッチ・コンセントボックス、スリーブ廻りに隙間があれば、その部分から結露が発生するので、特に気をつける。筋かい部分の断熱材は防湿材をはがし、筋かいに合わせてカッターナイフで切り込みを入れて、その後ろにも断熱材を詰め、筋かいの上に防湿材を張る。スイッチ・コンセントボックス廻りは、防湿材に切り込みを入れてはがし、断熱材だけを後ろに折り込み、補修テープでふさぐ。

配管は、防露措置を行い、防湿材をつけたまま、断熱材を配管の外側に入れる。外壁と配管の取合い部分には、貫通スリーブを取り付け、その廻りを気密テープでシールをする。

## 通気止め

外壁や間仕切壁と床との取合い部においては、外気などの冷たい空気が壁内を通って室内に流入しないよう取合い部に通気（気流）止めの断熱材をつめ込む。断熱材の代わりに木材や1階床を床勝ちの剛床として構造用合板を張ってしまってもよい。

# 壁の断熱材施工の注意点

## 基本

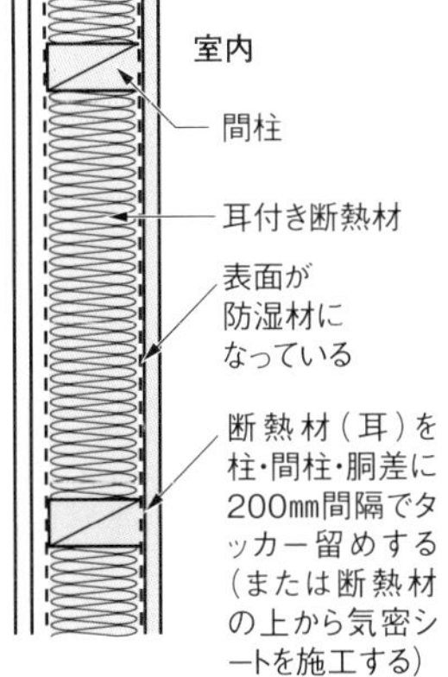


×


## コーナー部

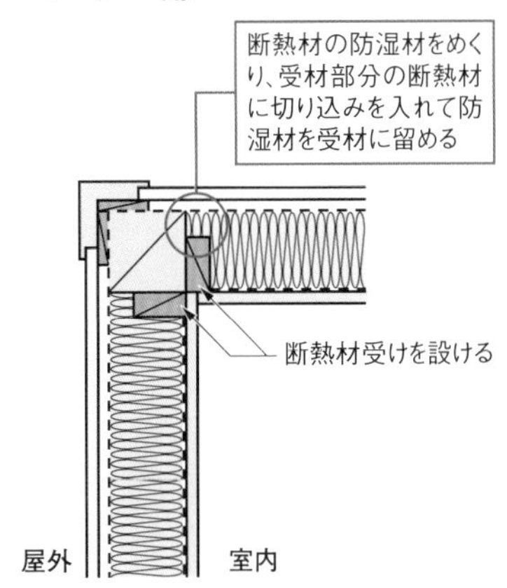


## 胴差廻り

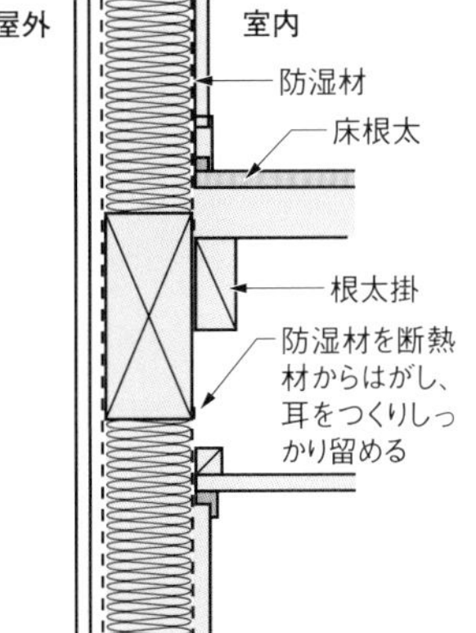


## 天井との取合い

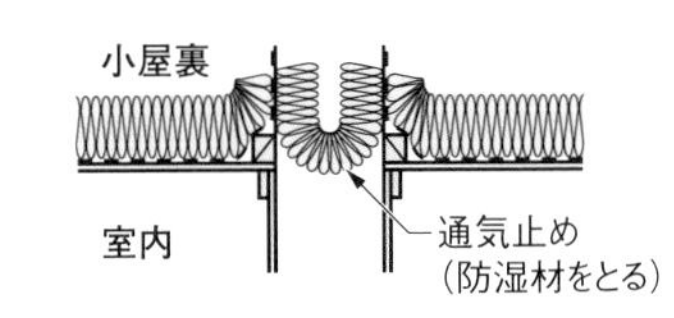


## 床との取合い



間仕切壁の上下部は通気が生じないように断熱材をつめこむ。ただし、断熱材の防湿材をつけたままでは間仕切壁内に湿気がたまる原因となるため防湿材は取り除く

## コンセントボックスの納め方

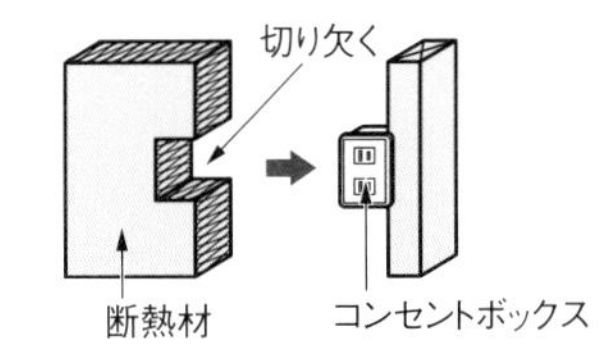


コンセントボックス廻りをカッターナイフで切り込み、ボックスの裏にグラスウールを詰める。コンセントボックスと防湿シートを防湿テープでつなぎ、隙間をつくらないようにする

## スリーブの防湿処理

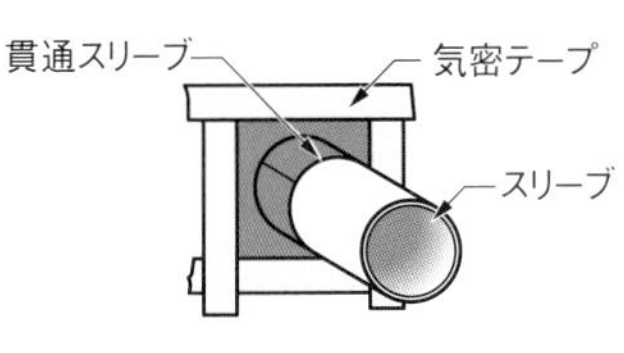


貫通スリーブ廻りは、気密テープで留め防湿シートと一体化させる

## 小屋裏と間仕切壁の取合い

小屋裏と間仕切壁の取合い部には、小屋裏の外気が間仕切り壁に入らないよう通気止めを設置する

## 壁の断熱材

断熱材の耳を柱に200mm間隔でタッカー釘を打ち、胴差との取合いは気密テープを張る。それにボードを重ねると気密性が向上する

## 断熱材の留め方の確認

断熱材の耳を留めているタッカー釘の間隔は、200mm程度とする

Keyword 085

# 天井と屋根の断熱

**天井・屋根の断熱は、壁、ダウンライト、点検口の取合いに隙間がないように注意する**

## 天井の断熱材施工

天井の断熱は、壁と同様にグラスウール、ロックウールなどの無機繊維系断熱材がよく使用される。断熱材の施工方法としては、野縁と野縁との間、または野縁をまたいで天井全面に敷き込む。通気工法によって取り込んだ外気を排出するために小屋裏、軒裏には換気口を設置する。また、天井と外壁との取合い部、間仕切壁との交差部、吊木周囲の部分で断熱材や防湿シートに隙間が生じないようにする。外壁や間仕切壁と天井との取合い部において、壁の内部の空間が天井裏に対し開放されている場合にあっては、この取合い部に通気止めを設ける。

照明器具にダウンライトを使用する場合は、器具を断熱材で覆うことができる断熱用ダウンライトなどを使用し、断熱材を途切れることなく連続して敷き込むようにする。天井点検口は蓋に断熱材が充填されている木製や樹脂製で専用のものを使用する。

## 屋根の断熱材施工

屋根の断熱は、グラスウール、ロックウールなどの繊維系断熱材のほか、ポリスチレンフォームなどのプラスチック系断熱材もよく使用される。

充填断熱工法で断熱材を屋根の垂木間に取り付ける場合、下地に受材を入れ、たるみ、ずれ、隙間などが生じないようにする。

断熱材を野地の外側に取り付ける外張り断熱工法の場合は、断熱材の外側に屋根胴縁（通気垂木）で通気層を設ける。断熱材同士、壁との取合い部においては、隙間が生じないようにする。通気層へ空気を入れるため、軒裏には換気口を設けるようにする。

屋根、天井と壁との取合い部においては、外気が室内に流入しないよう取合い部に通気止めを設ける。

# 天井断熱の場合

## 正しい施工例

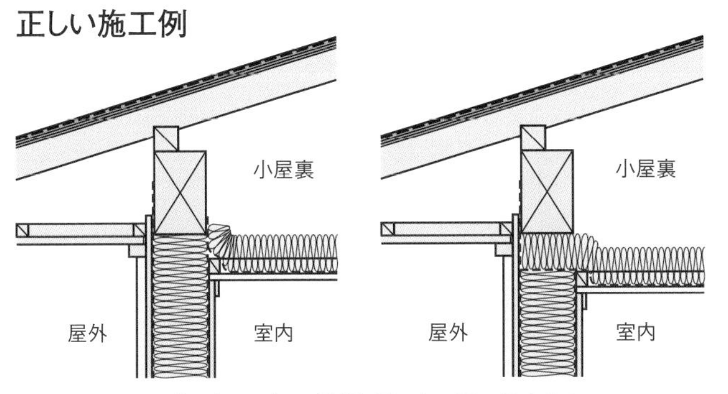


## 不適切な施工例

天井断熱が
短すぎると
隙間ができる
小屋裏
屋外
室内

天井と壁の取合いは隙間が生じないように注意する

## ダウンライトがある場合

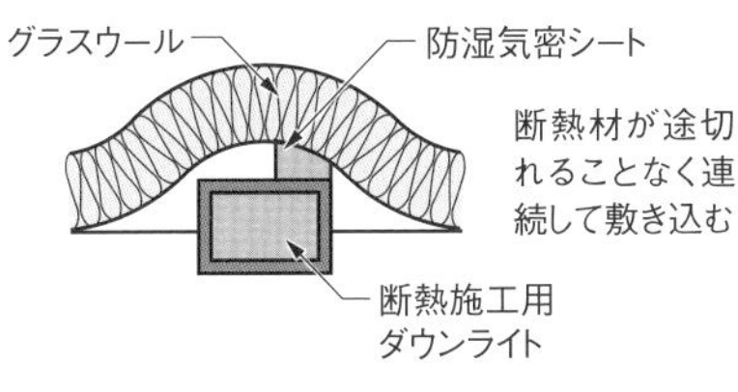


## 天井の断熱

天井にグラスウールを敷き詰めたところ。天井裏にもぐって、隙間がないか、めくれていないか、施工状況をしっかりと確認する

## 天井点検口

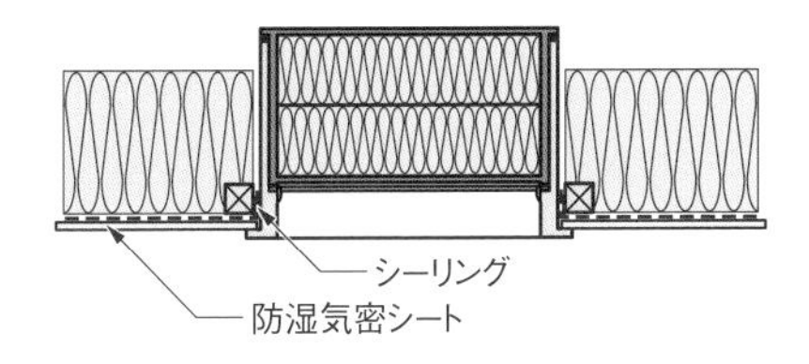

天井点検口の蓋には、断熱材がセットされているものを選ぶと良い

# 屋根断熱の場合

## 垂木内部で通気層を確保する場合（充填断熱工法）

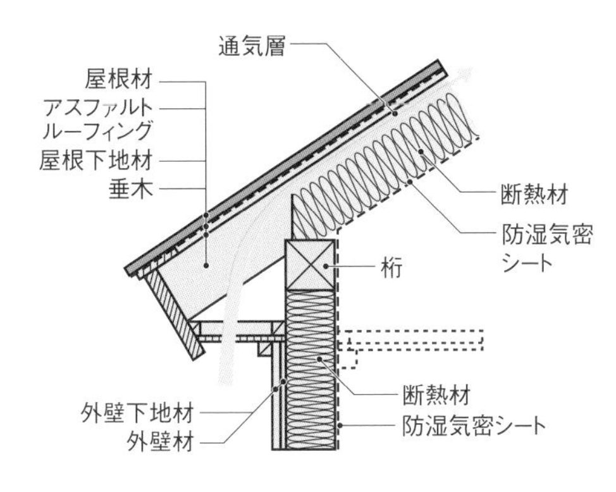


## 通気垂木を設け通気層を確保する場合（外張り断熱工法）

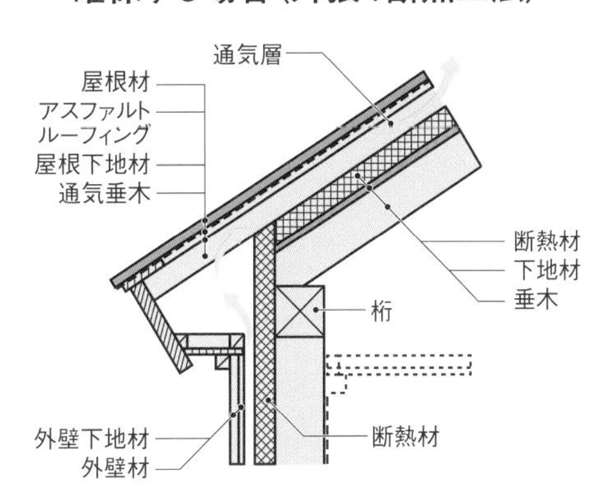


屋根を断熱する場合は通気層をしっかり設ける

Keyword 086

# 基礎の断熱

**基礎断熱は、水蒸気、結露などが発生しないように床下防湿措置を入念にしなければならない**

## 基礎断熱工法のポイント

基礎断熱工法とは、床に断熱材を使用せずに基礎の外側、内側または両側に断熱材を施工し、床下換気口を設けない工法のことである。外側に断熱材を設ける場合は、断熱材が外気に接しないよう外装仕上げをする。

基礎断熱工法は、床下空間を居住空間と考え、断熱材を施工し、床上の室内空間との間に空気の出入口を設けるのが一般的だ。こうすることで高湿になりがちな床下が乾燥状態を保て、床組の耐久性が向上する。

ただし、床下換気口を設けないので、床下防湿措置を入念にしなければならない。居住空間が高湿度の場合は、床下空間も同じように高湿度となるので、床下に換気扇を取り付け、居室の空気を床下経由で外部に排出するなどの除湿対策を施すことも有効である。また、床下空気中に防腐・防蟻薬剤が放散しないように注意する。

基礎断熱材は吸水性の小さい発泡プラスチック系の断熱材で、基礎底盤上端から基礎天端まで打ち込み工法により施工する。厚みは地域区分により定められている。

## 隙間防止と対策

基礎断熱施工後、断熱材同士の間に隙間が生じていると結露が発生する原因となるので、現場発泡ウレタンなどで補修する。基礎天端と土台の間に隙間が生じないように基礎天端には気密パッキンを設置したり、セルレベリングなどにより寸法精度を上げることも重要だ。

また、基礎断熱とポーチ、テラスなどの土間との取合い部分においても断熱材に隙間が生じないように注意が必要である。施工方法は左図のように地域区分により断熱材の入れ方が異なるので注意する。

# 基礎断熱の納まり

## 基礎外断熱の例

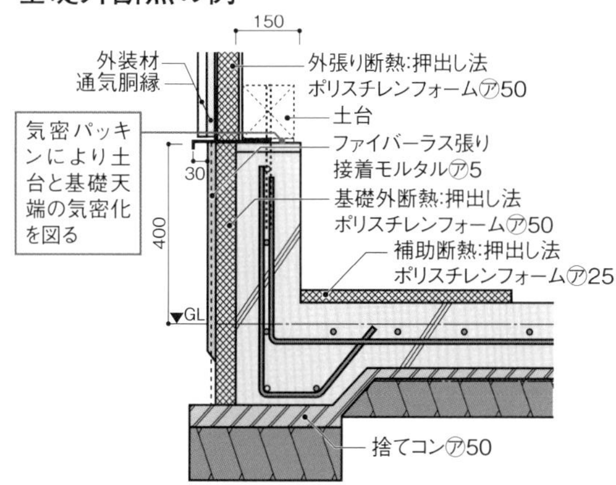

基礎の立上りに断熱材を入れる。コンクリート打設前に断熱材の厚みを確認する

## 基礎内断熱の例

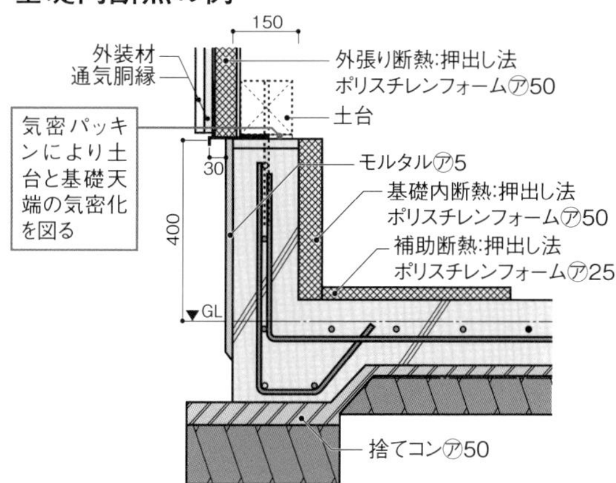

基礎の内側に断熱材を入れて、土台と基礎の隙間には気密パッキンを入れる

# 基礎と玄関土間の取合い

## Ⅰ～Ⅴ地域

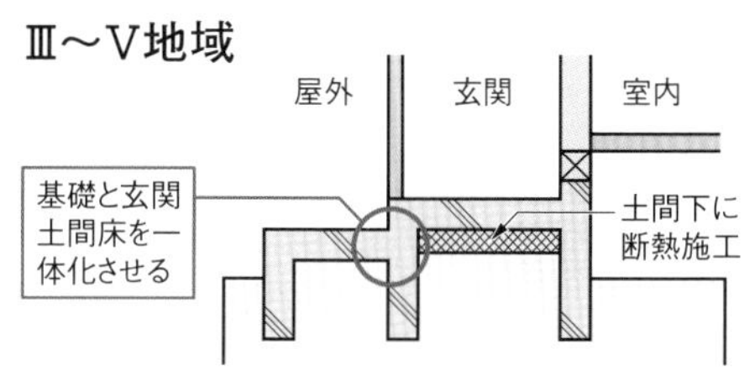


## Ⅲ～Ⅴ地域

屋外　玄関　室内

基礎と玄関土間床を一体化させる

土間下に断熱施工

Check Point

### 断熱工事のチェックポイント

- □ 断熱材の種類・厚みは適切か
- □ 断熱工事の施工範囲は適切か
- □ 断熱材は隙間なく施工されているか
  - 床と壁、壁と天井、屋根の取合いに通気止めが適切に入っているか
  - スリーブ、スイッチ・コンセントボックス廻り、天井点検口廻り
  - 筋かい、根太、胴差、垂木の取合い
- □ 防湿材は部屋内側に向いているか
- □ 防湿材に破損はないか
- □ 断熱材にたるみ、ずれなどないか
- □ 壁の配管は、断熱材の外側に設置してあるか。防露措置がしてあるか
- □ 天井断熱材は、小屋裏換気経路を塞いでいないか
- □ 天井ダウンライトは断熱専用のものを使用しているか
- □ 基礎断熱において、土台と基礎の気密化は適切か
- □ ポーチ、テラスとの取合い部分の断熱は適切か

# 断熱工事に関する不具合

**断熱材の隙間をなくすことが、断熱性能のアップ、結露防止となり、建物の劣化を防ぐ**

建物が劣化していく原因のひとつに結露がある。結露が発生する原因は、先に述べている通り（174頁参照）であるが、結露が発生すると雨漏りと同様に、壁下地や柱・梁などの構造材までも腐食させる。こうなると、建物は、どんどん劣化し、耐久性、強度が低下する。これが、大地震の際の倒壊の原因となる。また、カビが発生すると、人体に健康被害がでるため、結露は、極力発生させないようにする。

## 断熱材の隙間をなくす

結露が発生する原因は、使い方にもよるが、施工不良によるものが多い。施工不良がなければ、結露を防ぐことができるともいえる。結露を発生させる実際にある施工不良といえば、断熱材の隙間である。断熱材に隙間があれば、その部分から水蒸気が入り込み、それが外部の冷気に触れると結露が発生するので、隙間はできる限りないようにする。

断熱材に隙間がよくできる場所は、壁では、グラスウールがずれて梁との取り合いにできたり、柱・間柱との取り合い部分、サッシ廻り、配管、コンセント廻りなどが多い。床では、断熱材が落ちたり、めくれていたりすることで隙間となる。こうなると本来の断熱効果すら低下することになる。天井では、天井下地を吊り木で吊る場合、その吊り木との取り合い、グラスウール同士との間などに隙間ができる。

また、屋根断熱として、断熱材を野地板に直に貼っている場合もあるが、建物頂部の断熱材の裏に室内で発生した水蒸気が上昇して滞留し、その部分に結露が発生することもある。

いずれにしても、断熱工事を適切に行うことにより、結露を防止することができる。断熱工事は、構造部分、雨仕舞い部分と同様にしっかりとチェックしなければならない。

監理
地盤と基礎
軸組
屋根・外装
断熱
内装
設備と外構
耐震改修
引渡し

## 事例1 結露により壁のクロスがめくれた

**現状**

サッシとの取り合い部分に隙間があり、また、アルミサッシ、ガラスの断熱性能が低く、結露が生じ、窓下のクロスが下地からめくれている。

**対策**

サッシ廻りは、隙間ができやすいために特に注意する。グラスウールであれば、小さく裁断したものをサッシと窓台・まぐさの間に詰めていく。ウレタン吹付であれば、細部をカートリッジガンで埋めていく。ガラスを複層ガラスにしたり、二重サッシにしたりすることも効果的である。

## 事例2 壁グラスウールが梁下まで入っていない

**現状**

断熱材に隙間があると、室内の水蒸気がこの部分に滞留し、外部の冷気が触れると結露が発生して、断熱材にカビが付着する。こうなると断熱材自体の断熱性能も低下し、壁下地・柱・梁などが腐食していく。

**対策**

グラスウールの場合は、断熱材がずれないように端部をタッカー釘で間柱・柱・梁・土台に留める。その上に防湿シートを貼り、端部の重なりは気密テープを貼る。コンセントや配管などの障害物との取り合いには気密テープを貼り、隙間を塞ぐ（182、183頁参照）。

## 事例3 フローリングの劣化

**現状**

結露によりフローリングが劣化して腐食している。サッシがアルミ製であり、窓ガラスが単層であるため、アルミサッシ枠とガラスから結露が発生し、それがフローリングとその下地を腐食させている。

**対策**

アルミやガラスは、もともと断熱性が低く熱を通しやすい材料であるために、冬の寒い時期、この部分に水蒸気が当たると結露が発生しやすい。それを防止するには、熱を通しにくい樹脂製サッシを使用したり、断熱性能の高い複層ガラス、二重サッシにしたりする。

## 事例4 床下断熱材の垂れ下がり

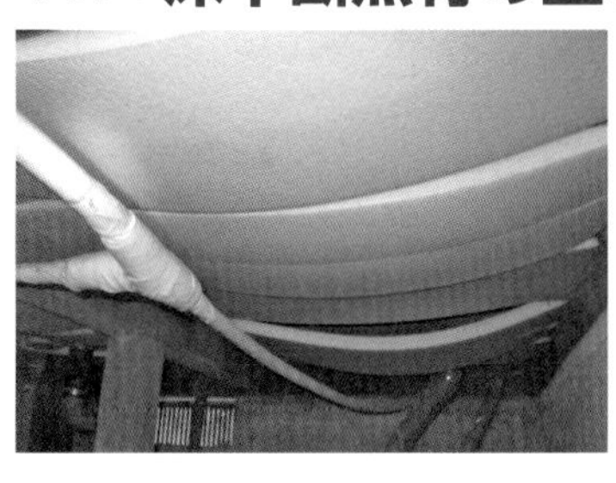

**現状**

床下のポリスチレンフォームが重みにより垂れ下がっている状態。これでは、まるで断熱材としての役割を果たしていない。

**対策**

このように断熱材が垂れ下がっていれば、外気が直に床下地に触れることになり、十分な断熱効果は得られない。そのため断熱材を受け材で固定させる必要がある。受け材は市販されている専用のものを使用する。根太・大引きと断熱材の取り合いには気密テープを貼る（180、181頁参照）。

## 事例5 配管廻りに隙間がある

**現状**

壁に発泡ウレタンフォームの吹き付けを行ったが、壁を貫通している配管との隙間が空いている。この隙間より外気の冷気が伝わってきて、この部分に入り込んできた水蒸気が冷気に触れると結露を起こす。

**対策**

配管の他にもコンセント廻り、サッシとの取り合いなどにある小さな隙間には特に注意が必要。最初から小さな隙間ができないような納まりにしておきたいが、難しいことも多い。小さな隙間は、見つけ次第丁寧に埋めていくことが必要。

TOPICS 5

# 小屋裏換気

一般に小屋裏換気には、「妻面換気」「軒裏換気」「軒裏換気と妻面換気の併用」「棟換気」の４種類があり、必要な換気口の有効換気面積が決められている。

両妻壁にそれぞれ換気口（給排換気口）を設ける場合
換気口をできるだけ上部に設けることとし、換気口の面積の合計は、天井面積の１／300以上とする

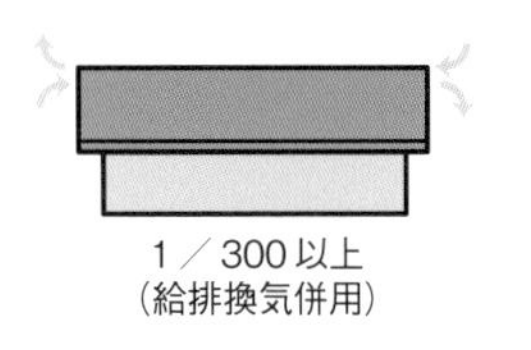


軒裏に換気口（給排換気口）を設ける場合
換気口の面積の合計は、天井面積の１／250以上とする

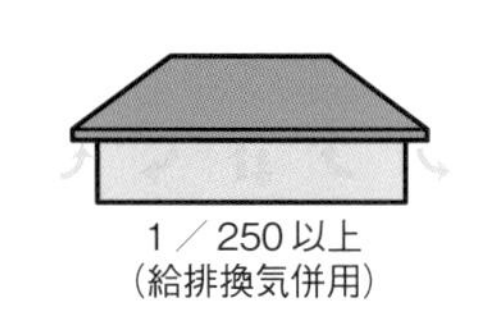


排気筒その他の器具を用いた排気口
できるだけ小屋裏頂部に設けることとし排気口の面積は、天井面積の１／1,600以上とする。また、軒裏に設ける給気口の面積は、天井面積の１／900以上とする

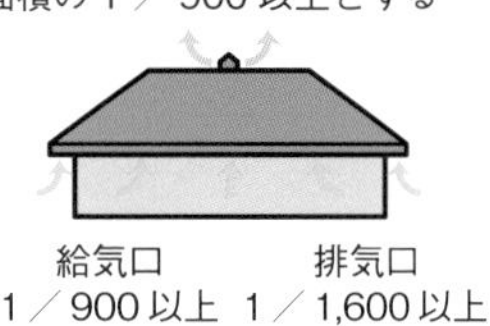


軒裏に給気口を、妻壁に排気口を、垂直距離で900㎜以上離して設ける場合
それぞれの換気口の面積を天井面積の１／900以上とする

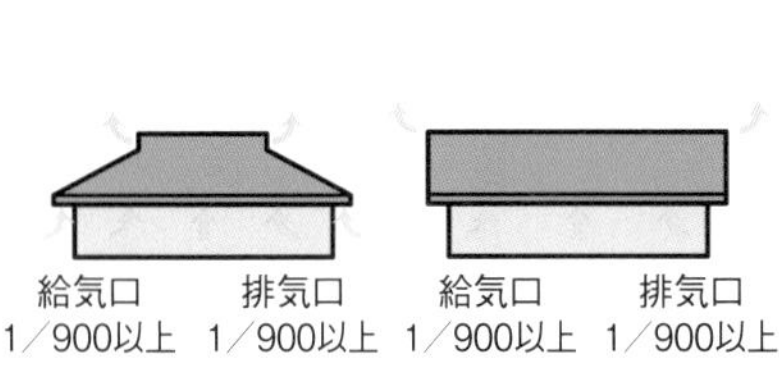


軒裏に給気口を設け、かつ、棟部に排気口を設ける場合
給気口の面積を天井面積の１／900以上とし、排気口の面積を天井面積の１／1,600以上とする

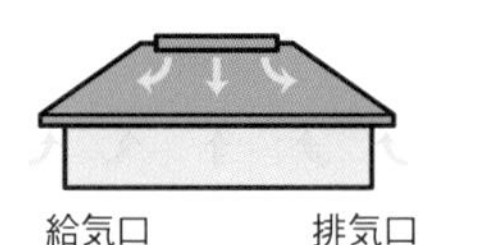


軒裏に設置された換気口

小屋裏（屋根裏）は、建物の内部で太陽にもっとも近く、特に夏場には高温多湿になり、木材の耐久性という点では劣悪な環境にある。適度に換気するということは、木造の建物にとって耐久性を高めるという点で大きな役割をもっている。小屋裏部分を換気し、溜まった熱気や湿気を外に排出するのが小屋裏換気である。

小屋裏換気口は、屋根ではなく、天井裏に断熱材を敷き込む天井断熱工法の場合に必要となる。屋根面に断熱材を入れる外断熱工法の場合は、小屋裏も室内と考えるので必要ない。

また、小屋裏換気口は、独立した小屋裏ごとに2カ所以上、換気するのに有効な位置に設ける。有効換気面積は「有効換気面積／天井面積」で求められる。換気口には、雨・雪・虫などの侵入防止のため市販のスクリーンを取り付ける。機械は用いず、空気の温度差や気圧差などで自然換気を行う。

# 【内装工事】

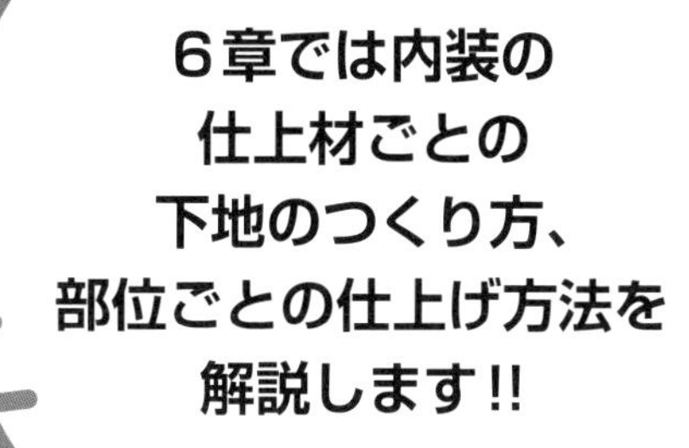

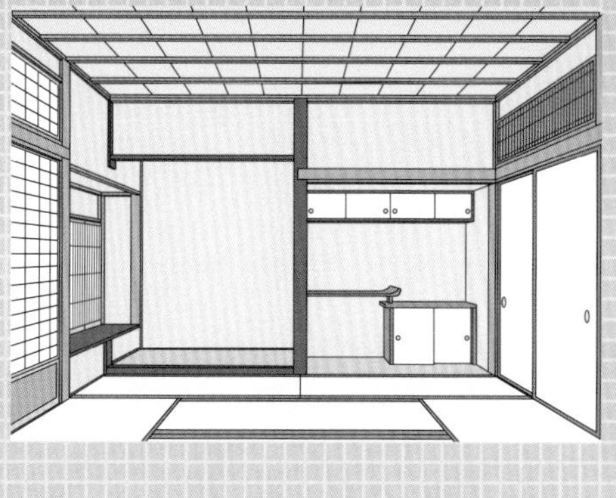

Keyword 088

# 内装仕上材と工事の流れ

**内装材は、視覚的、機能的に快適であるだけでなく、住む人の健康に十分配慮して選択する**

## 内装材に求められる条件

人が住まいに求めることは、健康的で快適に安心して暮らしたいということである。最近の住まいは気密性が高く、有害化学物質を含んだ新建材の使用によってシックハウス症候群という新たな問題が出てきた。この問題により、内装設計は大きく変わることになる。内装仕上げは、視覚的・機能的に快適であるだけでなく、健康に十分配慮して選択することが大事である。

内装材に求められる条件として、床については、歩行性がよく、滑りにくく、汚れにくく、磨耗しないもので耐水性・耐久性・断熱性が高いものが好ましい。これらの条件をおおむね満たすものとしてはフローリングがよく使われる。

カーペットは歩行感やテクスチュアはよいが汚れやすい。畳は断熱性・調湿性などに優れるが、ダニの心配がある。塩ビシート、石、タイルなどは耐久性・耐水性に優れ、水廻りに適する。

壁・天井については、視覚的に美しく、断熱性が高く、テクスチュアがよく、汚れにくいものがよい。クロスは、安価でデザインが豊富であり、張り替えやすく、最もよく普及している。そのほかに珪藻土、漆喰塗、じゅらく壁などの塗り壁、板張り、塗装仕上げ、タイルなどが使われる。

## 内装工事の流れ

軸組、サッシの取り付けが終わると、床下地、天井下地組を行い、断熱材を充填する。それが終了すると、床にフローリングを張る。工事は続くので、フローリングの養生をしっかり行う。それと並行して、設備の配線・配管工事が始まる。そして、開口部の枠関係を取り付け、壁・天井の仕上げ工事、設備機器の取り付けとなり、最後に美装して完成となる。

## 内装材の種類

**●縁甲板・フローリング**
幅 80 ～ 120㎜、厚さ 12 ～ 18㎜程度の建材で、板の長手方向の両側面に彫った溝に、本実（ほんざね）加工したものをいう。ムク材ではヒノキ、マツなどの針葉樹のほか、ブナ、ナラ、カシなどの広葉樹や、ラワン、チーク、パインなどの輸入材が使われる。壁、天井などにも使われる

**●石**
石は非常に硬くて強度があり、耐久性が大きくて、耐火性に富む。重たく、欠けやすいのが短所である。また、長材が得にくく、硬いため、加工性が悪く、高価である。内装用の石としては、大理石や御影石がよく用いられる。そのなかでも産地の違いによりさまざまな種類がある。仕上げ方もさまざまであり、加熱後水で急冷し、結晶を飛ばして表面を凹凸にするジェットバーナー仕上げ、カーボランダムや砥石などで磨き、仕上げる研磨仕上げ（磨き方の違いで粗磨き、水磨き、本磨きがある）、鑿や槌で叩いて仕上げる粗面仕上げなどがある。重厚感、高級感がある

**●塩ビシート**
塩ビシートとは、塩化ビニル樹脂を主原料としたシートのことで、クッションフロアシート（CF シート）ともいう。塩ビシートは、耐水性、耐久性に優れ、傷が付きにくいので主にキッチンや洗面所、トイレなど水廻りの床材として使われることが多い。厚み 1.8㎜が一般的。色・柄・質感が豊富で安価なため、よく普及している

**●石膏プラスター塗り**
石膏プラスターは、石膏を主材にしたもので、主成分は硫酸カルシウムである。水硬性で凝縮も速く、乾燥における収縮が少なく、亀裂が生じにくく、仕上がりが白く美しい。水には弱く、水廻りには使用できない

**●クロス**
クロスは、施工が容易でデザイン性にも富み、よく普及している。クロスには、紙、布、塩ビ製がある。紙クロスは、加工紙の表面に色や柄を印刷し、汚れないよう樹脂加工している。紙クロスのなかには、これを下地として上に自由に塗装できるものもある。布クロスは、麻やウールなどの天然繊維やレーヨンやナイロンといった化学繊維で織ったクロスである。質感に柔らかさや高級感があるが高価である。湿気を吸い取るので水拭きができず、水廻りには適さない。ビニルクロスは、色やデザインの種類が多く、安価で施工性がよい。汚れても水拭きできて手入れが簡単である。クロスのなかで最もよく普及している。しかし、湿気を吸収しないので結露しやすいという短所もある。表面の水滴をそのままにしておくとカビの原因となる

この他の内装材として、珪藻土、漆喰塗、じゅらく壁などの塗り壁、板張り、塗装仕上げ、タイルなどがある（214 ～ 219 頁参照）

## 内装工事の流れ

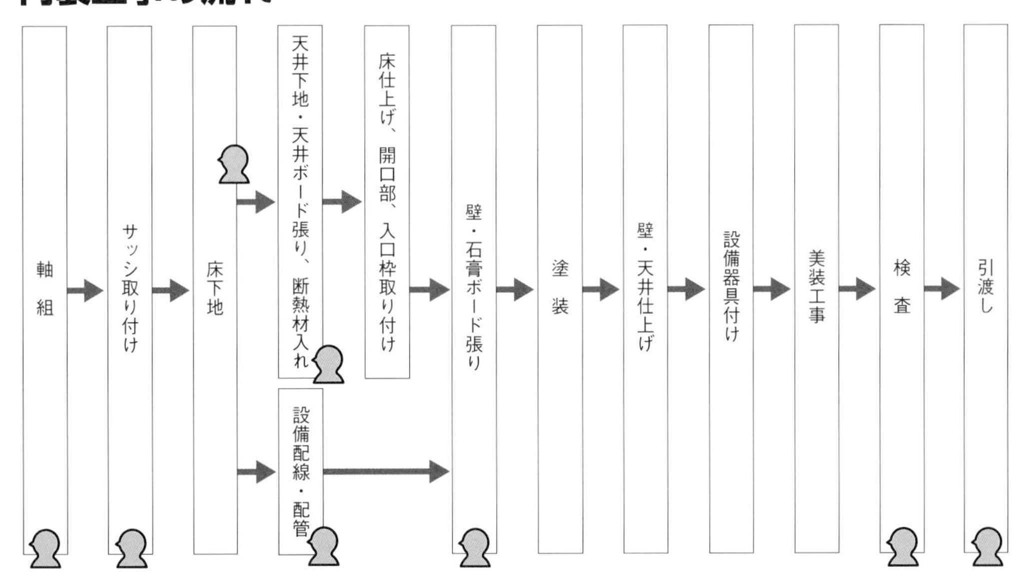

Keyword 089

# 床下地

**Point** 異なる床仕上げの厚みの違いは下地の高さで調整し、仕上げ面で段差をつくらないようにする

## フローリング・畳の下地

一般的に、フローリング、カーペット、塩ビシートなどで仕上げをする場合、床下地として、合板を捨張りする。合板の厚みはフローリング下地で12㎜厚、カーペット、塩ビシート下地で15㎜厚程度とする。

根太と捨て張り合板との接着面には十分に接着剤を塗布する。接着剤が切れると床鳴りの原因となるので注意する。釘は150㎜間隔程度で打ち、釘の長さは合板の厚みの3倍程度にする。最近では、根太なしで構造用合板を直に土台、大引に打ち付ける剛床使用とすることが多々あるが（126頁参照）、この場合は合板に床仕上材を直張りにするため、基礎、土台、大引のレベルを正確に出す必要がある。使用する構造用合板の厚みは、24㎜厚もしくは28㎜厚とする。

また、ピアノや本棚などの重量物を置くことが決まっている場合は、合板を2重張りにしたり、根太の間隔を狭くしたりする。

畳の場合は、下地として、合板を使用する場合も多々あるが、スギ本実加工した板を使用したい。ムクのスギ板は、呼吸をしているので床下の湿気を吸収してくれる。

## 異なる仕上材の下地

各々の部屋で異なる仕上材を張る場合が多々あるが、そのときは仕上材の厚みにより下地の高さを変えるとよい。下地で高さを調整して、仕上げの高さを揃えるようにしないと敷居部分で段差ができてしまう。

高さの変え方としては、捨張り合板の厚みか、もしくは、大引、根太の高さで調整する。同じ部屋で仕上げが異なり、仕上材の厚みが変わる場合は、合板で厚みを調整し、下地の高さを変える。

## 床下地のつくり方

フローリング　　　　　　畳

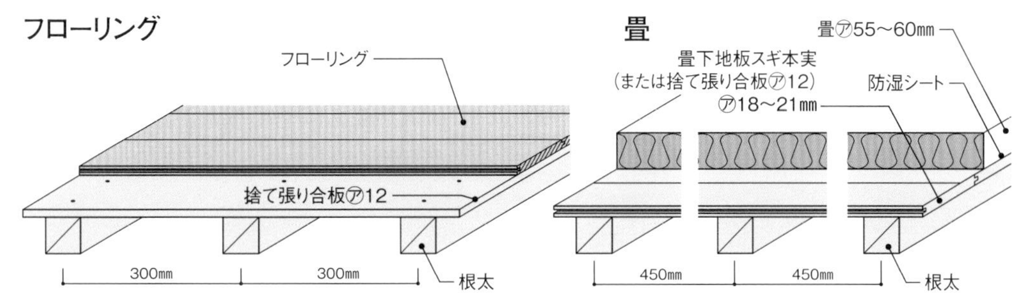


捨て張り合板（厚み12㎜）に合板の3倍程度の長さの釘を150㎜間隔で留め付ける。剛床の場合は24㎜か28㎜の合板を捨て張りする

## 異なる仕上げの床下地（仕上げが部屋によって異なる場合）

### 畳とフローリング

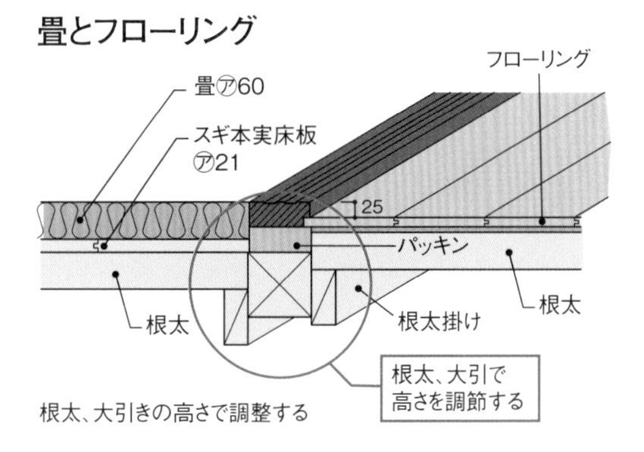


根太、大引きの高さで調整する

### ゾロに納めた場合

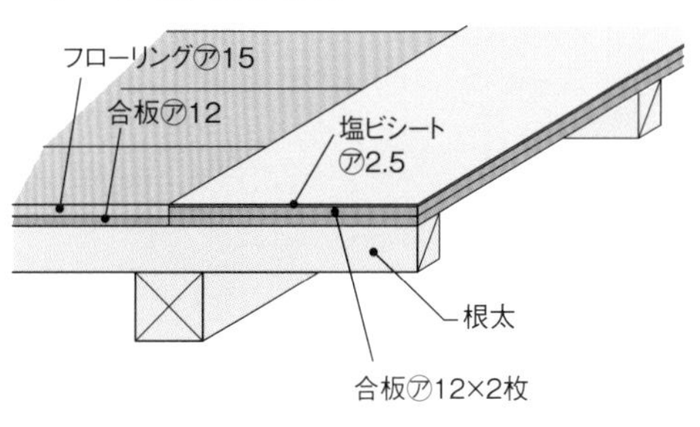


捨て合板の厚みで高さを調整する

## 重量物床下地

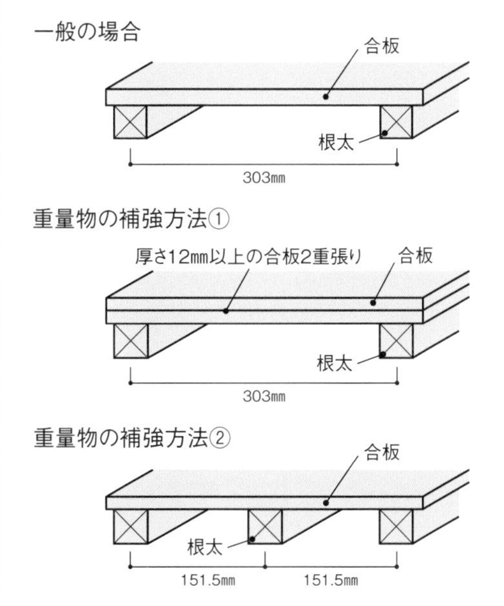

重量物を置く際は、補強する。ピアノを2階に置くので、小梁を通常の2倍、設置した

# 壁下地

**壁下地には胴縁を取り付ける場合と付けない場合がある。石膏ボードは必ず目地処理をする**

## 石膏ボードとは

壁仕上げには、乾式工法と湿式工法がある。乾式工法の下地には、石膏ボード、合板がある。湿式工法でも石膏ボード下地が一般的だ。

石膏ボードは、石膏を芯材として両面をボード用原紙で被覆し、板状に整形したもので、耐火性、断熱性、遮音性に優れるが、湿気には弱い。厚みは12・5㎜と9.5㎜が主に使用される。この石膏ボードを下地として、クロス、塗装、珪藻土などの仕上げをする。

石膏ボードにはさまざまな種類があり、強度、防火性が大きい強化石膏ボード、吸湿性の大きい吸放湿石膏ボード、表面にあらかじめプリントした化粧石膏ボード、湿気に強い耐水石膏ボードなどがある。

## 石膏ボードの施工

この石膏ボードは、柱・間柱に直に張る場合と胴縁を介して張る場合の2通りある。最近ではプレカットにより柱の通りが正確なので、柱・間柱に直に張る場合が多い。

胴縁を取り付ける場合は、45×15㎜以上のスギ材にN50釘を303㎜以下に平打ちし、厚み12㎜の石膏ボードを32㎜以上のボード釘で150㎜間隔以下で張る。

柱・間柱に直に石膏ボードを張る場合は、壁倍率の確認をする。壁倍率によって釘やビスの長さ、釘やビスを打つ間隔が異なるので注意する必要がある。

石膏ボードは、もろく傷付きやすいので、特に出隅・入隅の処理が大切である。隅にはコンパネ合板を入れるか、補強材で補強する必要がある。

また、ジョイント部は、目違いを起こしやすい。塗装や薄手のクロスで仕上げる場合は、仕上げに不陸、目違い、ひび割れが起こらないよう、補強テープなどで目地処理をする。

## 壁下地

### ボードの厚み、仕様を確認する

通常は、12.5㎜が多いが、準耐火仕様となると15㎜を張る場合もある

### ボードの釘間隔を確認する

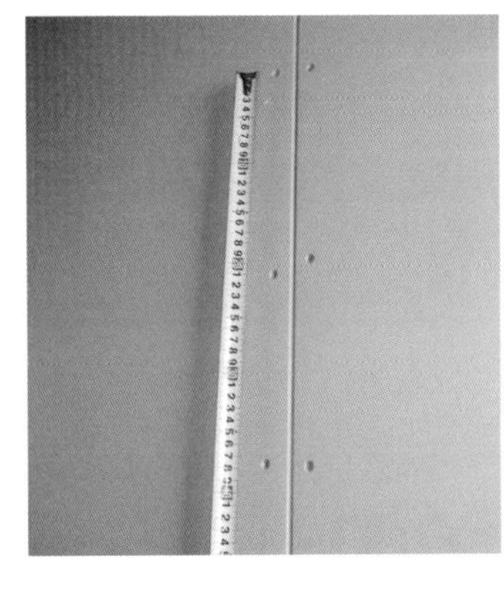

使用する釘ビスの間隔は、壁倍率によりそれぞれ異なる

### クロス下地の確認

下地に不陸がないか、釘が出ていないか、目地処理は適切か確認する

### 出隅部分の処理

出隅部分は、コーナービートで補強する。その上にパテ処理を行う

## ボードのジョイント処理方法の一例

### ジョイントテープ

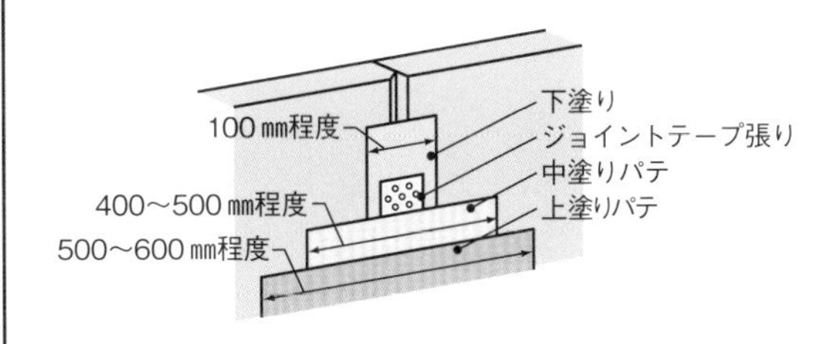


### 出隅

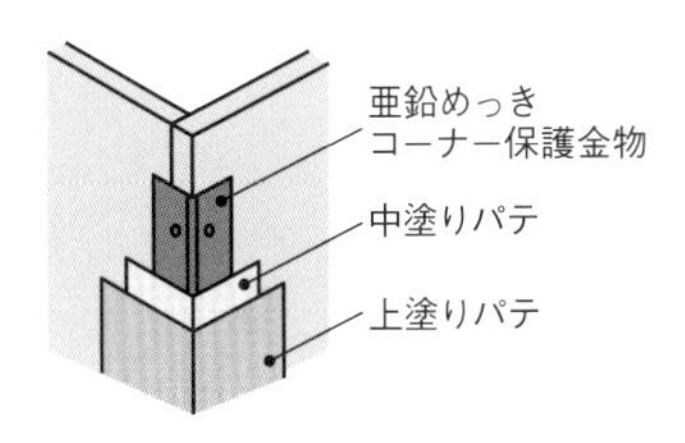


### グラスファイバーメッシュ

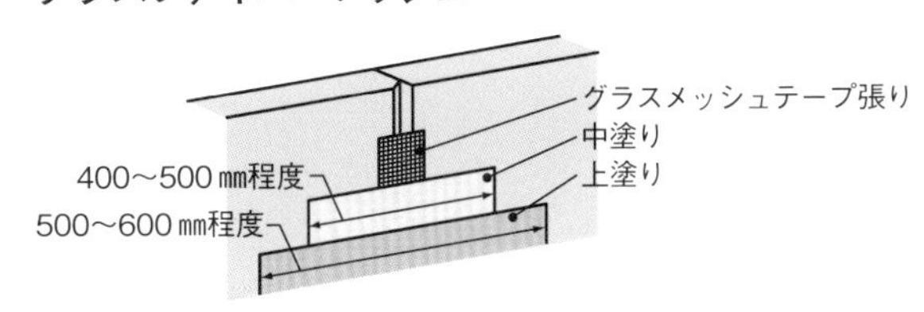


### 入隅

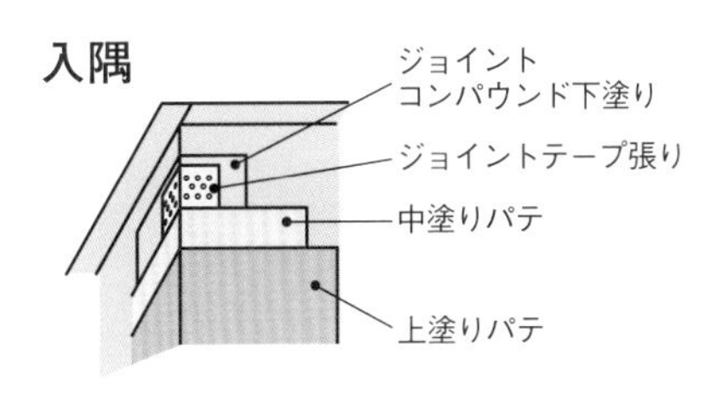

Keyword 091

# 天井下地

**天井下地には上階の振動防止のため吊木受けを取り付ける。重量物を吊るときには必ず補強する**

## 下地の組み方

天井の仕上げとして、クロス張り、板張り、塗仕上げなどさまざまなものがある。それぞれ天井下地の組み方も異なる。

最も一般的な下地である石膏ボードの場合は、455㎜間隔で36㎜角のスギ材を野縁として入れ、直交方向に910㎜間隔で石膏ボードの継目がくるように切り込んだ野縁を入れる。木下地の場合は、乾燥収縮により下地が暴れるので、継目部分には接着材を十分に塗り、釘・ビスで留める。吊木は、30㎜角のスギ材を900㎜内外に配置する。留め付けは、下部は野縁受けに添え付け、釘打ちとする。ここで注意すべきことは、上階の振動を下階に伝えないということである。そのための工夫として、吊木受けといわれる木材を梁間に渡し、吊木受けに天井吊木を取り付ける。直接、梁に吊木受けを取り付けることもあるが、床の振動が伝わりやすくなるので、お勧めできない。吊木受けの寸法は梁間の間隔により異なるが、900㎜内外に配置する。

## 点検口と照明器具

また、天井には、設備機器や照明器具、点検口を設置する場合が多く、事前にそれらの位置、配管経路を検討したうえで計画的に設置する。配管の径、必要なスペース、経路などを確認し、お互い干渉しないように計画する。不用意に下地を切断すると、下地の強度を損なってしまう。

点検口などの開口を空ける場合は、できる限り下地を切断しない位置に設置するのがよいが、やむを得ず切断する場合は、添え木を設けるなど補強が必要となる。また、シャンデリアなどの重たい照明器具を取り付ける場合は、構造梁に受梁を入れて、受梁より吊るようにする。

監理
地盤と基礎
軸組
屋根・外装
断熱
内装
設備と外構
耐震改修
引渡し

## 吊木・野縁の組み方

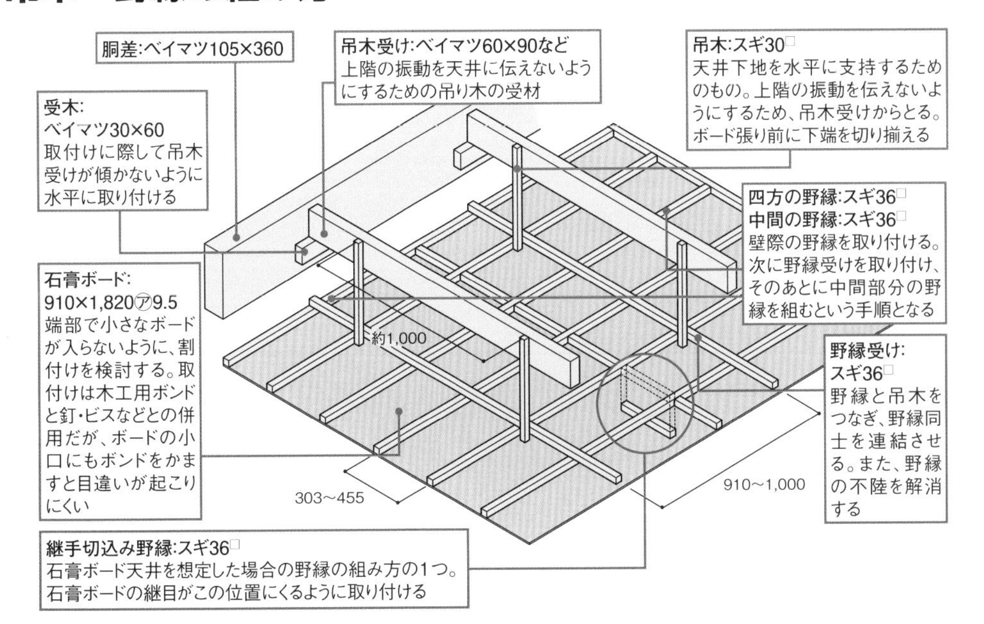


### 天井下地

不陸がないか、吊り木の間隔は適切か、野縁の間隔は適切か確認する

### ボードの仕様を確認する

石膏ボードにも、さまざまなボードの種類があるので、その用途に合わせた仕様のボードがそのとおりに納品されているか、張る前に確認する

### ボード張りに使用するビスの確認

使用する釘ビスの種類長さは、ボードの厚み、工法によりそれぞれ異なるので、仕様書に従いそのとおりか確認する

### 重たい照明器具が取り付く場合

シャンデリア取付け例

### 天井点検口が付く場合

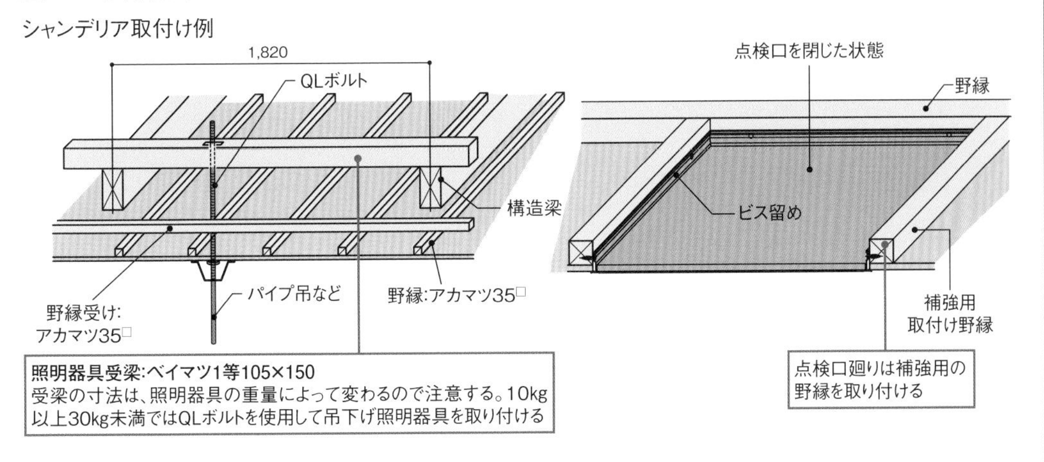

Keyword 092

# 造作材

**造作工事は、造作材の選び方や使い方で良し悪しが決まってくるので木取りのことをよく知っておくべき**

## 造作材の使い分け

木材のなかで、構造材に対して、内装工事に使用するものを造作材という。造作工事では、造作材の使い方が大きなポイントとなる。伐採された木材（原木）を角材や板材などに加工するために分割することを木取りというが、これにより、できる限り欠点が少なく、品質のよい材を選び出す。

木材を製材する位置と方向により、年輪がさまざまな文様を描くが、これを木理といい、その文様から柾目と板目に分けられる。

柾目は、樹芯を通るように、年輪に対して直角に切断した際に、縦方向に文様が平行に出る木理である。伸縮やねじれが少なく、美観がよいので造作材としては重宝される。ただし、1本の木からは多く取れないので、高価である。また、柾目でも文様により、さまざまなものがある。

板目は、年輪に対して接線方向に切断した際に現れる木理で、その文様は、たけのこ状の文様になる。伸縮による狂いが大きく、割れが起きやすい。幅の広いものが採れやすく、1本の木から多く取れるので、安価である。

和室の造作にはヒノキ、スギなどの針葉樹が多く使われる。節がなく年輪が美しく鑑賞するに値するものは銘木として区別され、主に柱、鴨居、敷居、天井板などに使用される。また、節などの数による等級が定められている。節などの欠点をどう使用するか、色目、年輪など木目をどのようにもってくるのか、慎重に吟味する。それに対して、ナラ、シオジ、マガシロ、サクラなどの広葉樹は堅木といわれ、洋風の造作によく使われる。なお、木表と木裏の使い分けには注意したい（93頁参照）。最近では、合板の上に木目を印刷したシートを張った新建材も造作工事によく使われている。

## 木取り

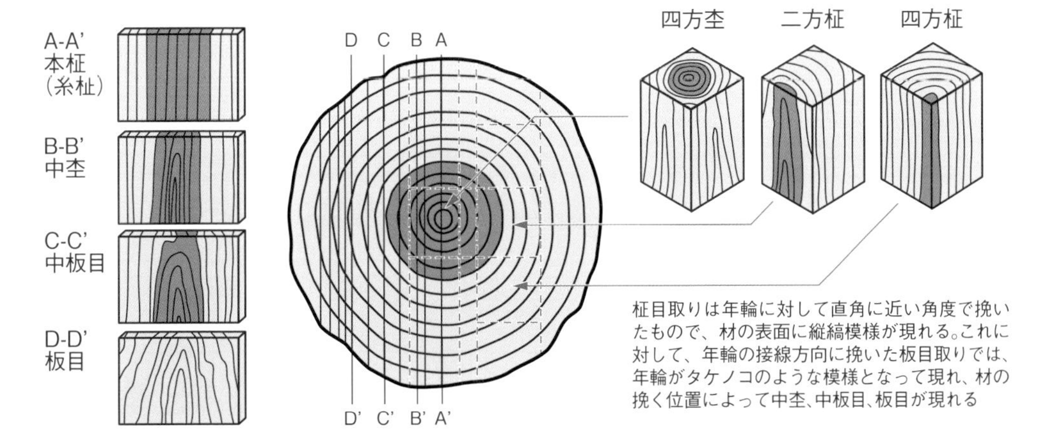


- **本柾(糸柾)**：樹心を通った断面に狭い間隔の真っ直ぐな縦縞の文様を描いた柾目。中心から離れるに従って、幅が広くなっていくが、これを「追柾」「流れ柾」という
- **中杢**：丸太を中心から板取りした場合、中心に近い部分から板取りしたとき、中心のみに板目が現れ、その両側が板目となる文様のこと。非常に美しく、1本の丸太からわずかしか取れないために重宝され、和室の天井板に使用される
- **中板目**：材の中心からさらに離れた板目部分の幅のやや広い文様のこと
- **板目**：中板目のさらに外側部分の文様のこと
- **四方杢**：四方に杢が出ている
- **四方柾、二方柾**：四方に柾目が出ている、二方に柾目が出ている

## 木材の主な欠点

| | |
|---|---|
| 割れ | 木材の乾燥収縮により発生する。心割れ、目回り（年輪に沿った割れ）、木口割れ、肌割れ(繊維方向の割れ)などがある。防止方法として、事前に背割れをし、ひび割れを集中させる |
| 節 | 枝の跡が残ったもので、硬く、加工がしにくく、強度が落ちる。節の数で木材の等級を決める基準となる。生節、死節、抜節などがある |
| あて | 日光が当たらなくて年輪が狭くなったり、傾斜地において強風を一方向だけから受けて、発育不良のために年輪が変質したりして、木質が硬くなる。加工が困難で、取り付け後に狂いが生じやすい |
| 入り皮 | 外部からの損傷で、樹皮の一部が木質部に入り込んだもの。広葉樹に多く見られ、ここから腐朽・虫害を誘発することがある |
| 狂い | 木材の収縮率の違いや材の繊維傾斜によって、曲がり、反り、暴れ、捩れなどの変形が起こる |
| 空洞 | 材の内部に鳥や小動物などが巣をつくったり、腐朽菌に侵されたりして、空洞となったもの |

## 節による等級

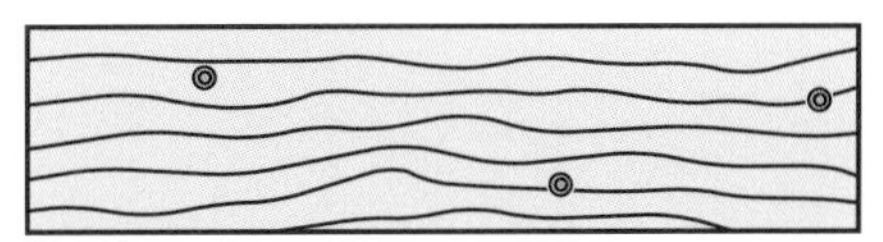

●**小節**
広い材面を含む1材面以上の材面において、節の長径が20㎜（生き節以外の節にあっては10㎜）以下で、材長2m未満にあっては5個（木口の長辺が210㎜以上のものは8個)以内であること

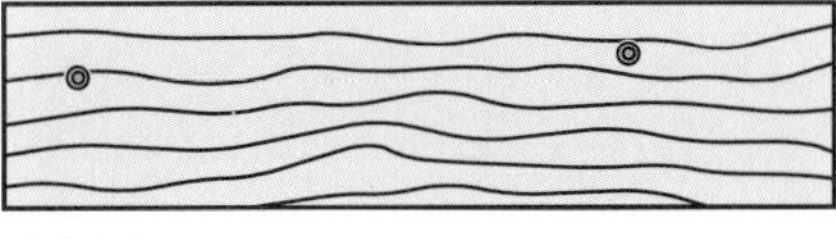

●**上小節**
広い材面を含む1材面以上の材面において、節の長径が10㎜(生き節以外の節にあっては5㎜)以下で、材長2m未満にあっては4個（木口の長辺が210㎜以上のものは6個)以内であること

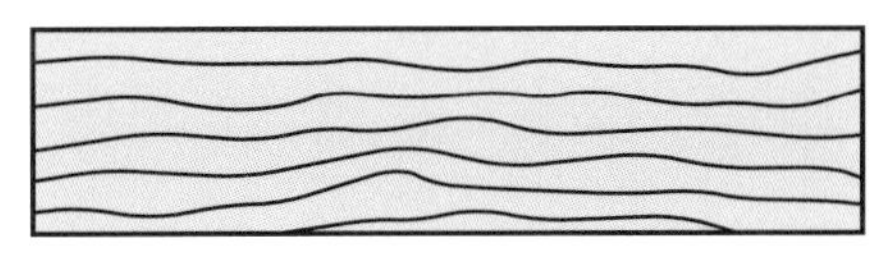

●**無節**
広い材面を含む1材面以上の材面に節がないこと

Keyword 093

# 開口廻りの造作

**開口部の納め方は、建具の形状、壁の厚み、床の仕上げ方によりすべて異なる**

開口廻りの造作には、入口枠、サッシ額縁がある。入口枠は、開き戸、引戸、引込み戸などからなり、それぞれ納め方が異なる。

## 片開き戸

片開き戸の場合は、扉が納まる本体枠と戸当たり、額縁、敷居から構成される。本体枠は100×36㎜の寸法に戸当たりと額縁を差し込む溝を付ける。額縁寸法は、壁の厚さにより変わる。見付け面は25㎜程度にし、サッシ額縁と同じ寸法に揃えるときれいに見える。

壁との取合いは、額縁に石膏ボードの厚み分だけ溝を付け、そこに石膏ボードを差し込むように張ると隙間があくことはない。額縁を省略し、クロスを巻き込む場合もあるが、角部分のクロスが傷付きやすい。

敷居は、フローリングの張り方や種類が違った場合などに見切として入れる。バリアフリーを考慮してできるだけ段差を付けないようにし、角は面を取るようにする。

## 片引戸

片引戸は、開閉スペースが不要で開戸のように扉が邪魔にならないというメリットがある。しかし、気密性、施錠の点からは、開き戸に劣るため居室には向かない。建具のレールは、敷居にVレールを埋め込むのが一般的である。床との段差をなくすためフローリングに直接埋め込む場合もある。

## サッシの額縁

サッシ廻りの額縁は、入口枠額縁と同様に内壁面より10㎜程度出す。また、サッシのアングルピース部分は、厚み分だけ決（しゃく）りを入れると、額縁と同面になりきれいに納まる。材料についてはナラ、シオジなどの広葉樹の柾目を使い、オイルステイン・クリアラッカー塗りで仕上げると美しく見える。

## 片開き戸枠の例（額縁あり）

断面詳細　　平面詳細

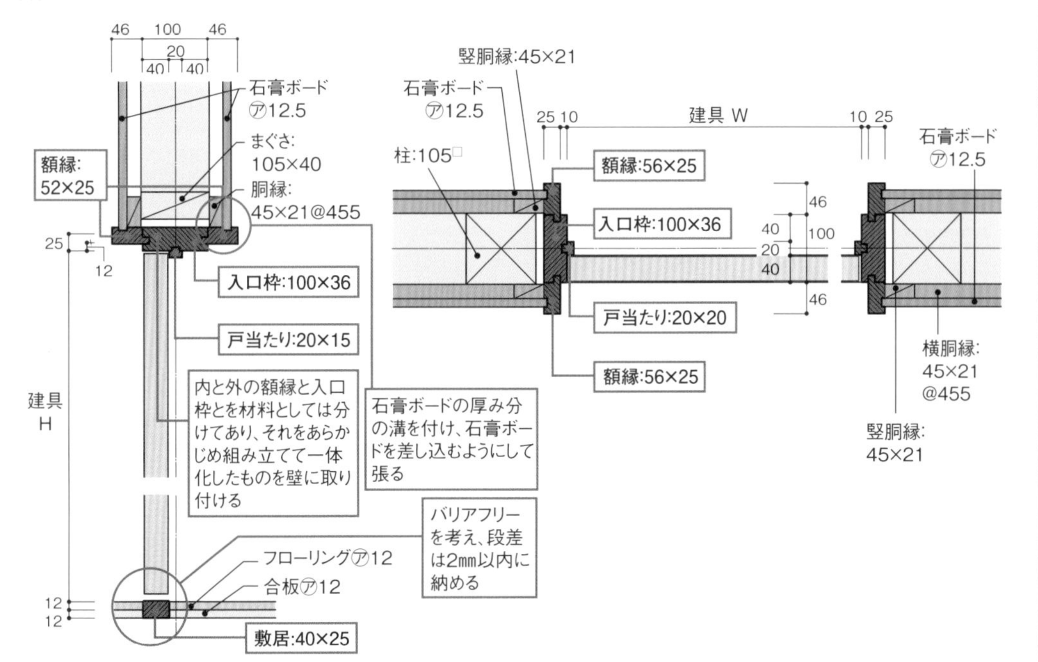


## 片引戸枠の例

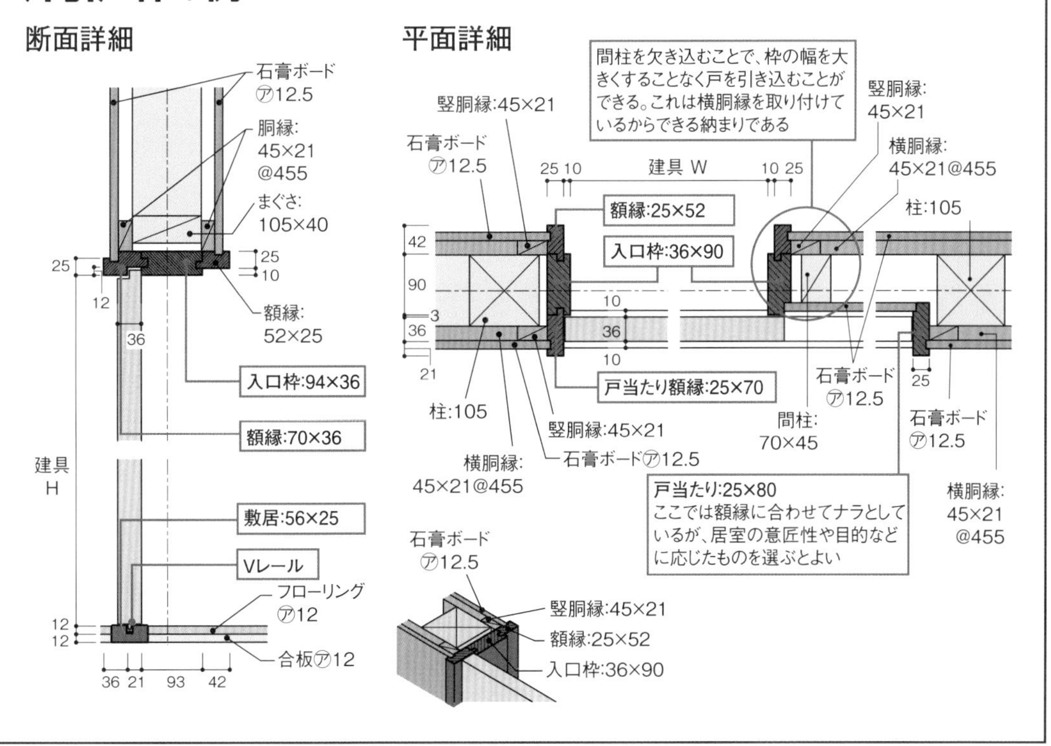

Keyword 094

# 幅木と廻り縁

**幅木、廻り縁は、いろいろな種類、納め方があり、それぞれ見え方も変わってくるので目的に応じて選択する**

## 幅木の取り付け

幅木は、壁を保護するためと納まりを美しく見せるために床と壁の取合い部に付けられる。幅木の種類は、木製のほか、軟質プラスチック製（ソフト幅木）、石製、金属製などがある。

木製幅木の納め方としては、壁面を基準にして幅木が出っ張る出幅木と内に入り込む入幅木と、壁仕上げと取合い部に目地をとり、同一面に納める平幅木がある。出幅木は壁面の保護になるが、壁面より5㎜程度出るので、その上側部分に埃がたまりやすく、家具と壁の間に隙間ができる。入幅木と平幅木は意匠上すっきりと納まる。

幅木と床との取合いは、床材の乾燥収縮などの不陸により隙間ができやすいので、それを防ぐために溝を付けた幅木台を床材に留め、それに幅木を差し込むようにする。また、床板に直に溝を付け、その部分に幅木を差し込む方法もある。ソフト幅木は、接着剤で下地に直接張り付ける。

## 廻り縁の取り付け

廻り縁は、壁と天井の取合い部に付け、納まりを美しく見せるために取り付けられる。材料としては、木製、プラスチック製、アルミ製がある。

一般的な木製廻り縁の取り付け方は、天井に石膏ボードを張り、そこに溝を付けた廻り縁を取り付け、壁石膏ボードをその溝に差し込むようにして張る。壁下地は、廻り縁と幅木を基準にして組む。また、廻り縁を用いず、天井と壁の取合い部に目地を設けてすっきりと納める方法もある。廻り縁を付けずにクロスのシーリングだけで納める方法もあるが、真っ直ぐに通すのが難しい。

幅木、廻り縁の材料・塗装仕上げは、開口部枠、家具とすべて揃えると統一感が出て美しく見える。

## 幅木の納まり例 幅木の高さは75〜90㎜とする(共通)

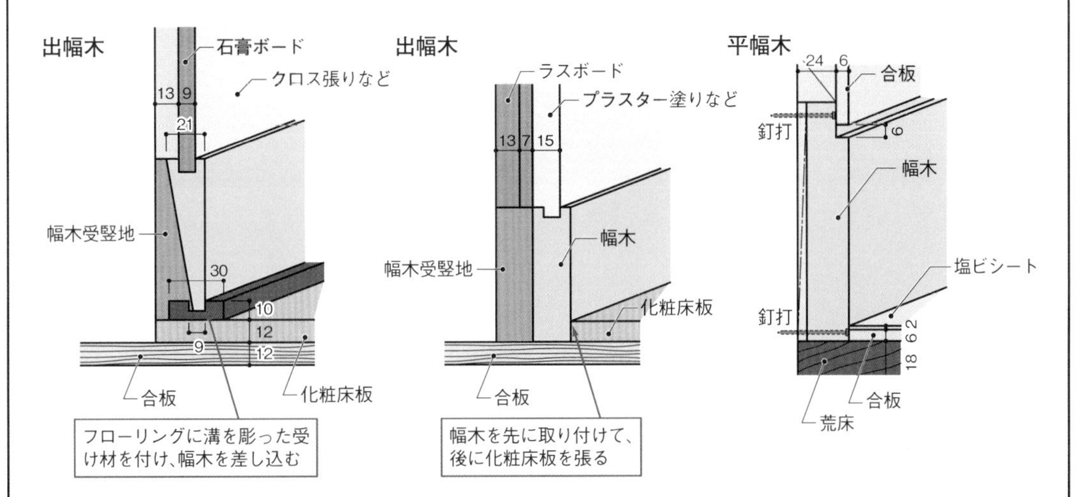


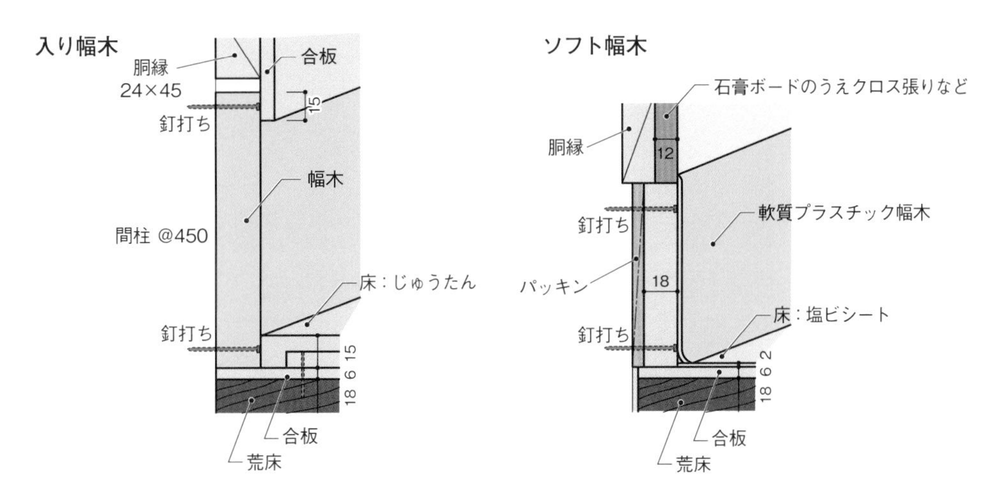


## 廻り縁の納まり例

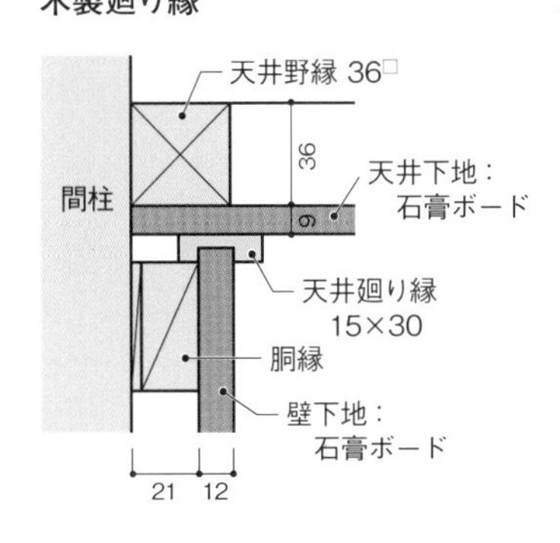


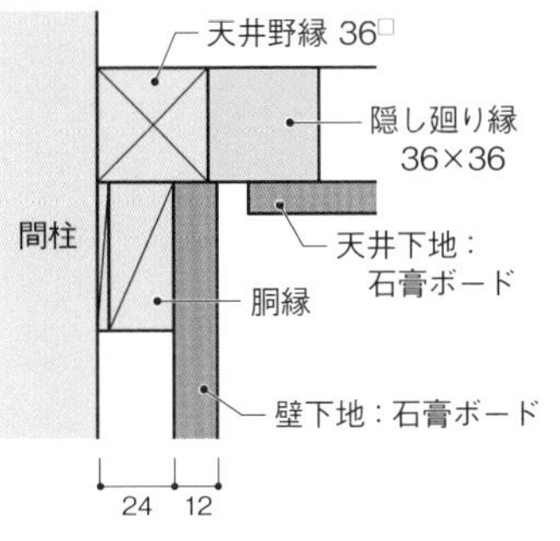


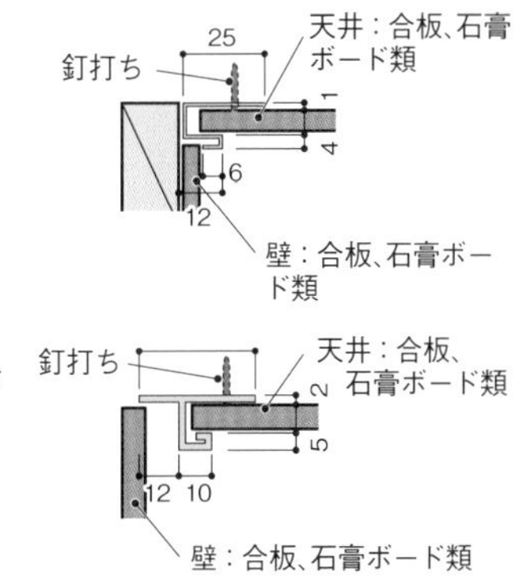

第6章▶内装工事

Keyword 095

# 和室

**和室造作は、監理者に深い知識と経験が必要とされる。最も大事なのは材料の選択と納め方**

## 材料選択と納め方

和室の造作と洋室の造作の大きな違いは、真壁工法と大壁工法の違いにある。真壁工法とは、柱と柱の間に壁を納め、柱が化粧として外面に見える壁のことである。大壁工法は、柱が見えることなく内面に納まっている壁のことである。それぞれの納め方、材料の使い方は、まったく異なる。

和室には、さまざまな形態があるが、最も大事なことは、材料の選択と納め方である。各部位にどのような材料をどのように使用するかによって、その価値、雰囲気が大きく変わる。

和室に使用する材料として、柱、鴨居、長押しには、ヒノキ、スギなどがよく使われる。天井板にはスギが多い。木理によりさまざまな表情の違いがあり、そのなかでも中杢、笹杢、筍杢などは希少価値が高い。棚板、地板などは、マツ、ケヤキなどの材料がよく使われる。

和室に使用する化粧柱はヒノキの無節が使用されるが、最近はムクで良質のものが極めて少なく高価なので、ほとんどが集成材に単板を張っているものを使用している。おのおのの部位にふさわしい材料、使い方、納まりを十分に理解したうえで和室造作を行わなければならない。

和室の形態における大きな特徴として、床の間がある。形態は、格調の高いものから簡素化したものまでさまざまにあり、床柱、落し掛け、床框、書院、床脇、違い棚から構成される。

天井の形態としては、平天井、折上げ天井、舟底天井、掛込天井、落天井、化粧屋根天井などがある。また、開口部においては、障子、襖を使うが、溝の付け方、納め方は多数ある。

和室造作は、設計監理者においては、深い知識と経験が必要であり、大工の技量によっても出来が大きく変わる。

## 和室の部位名称

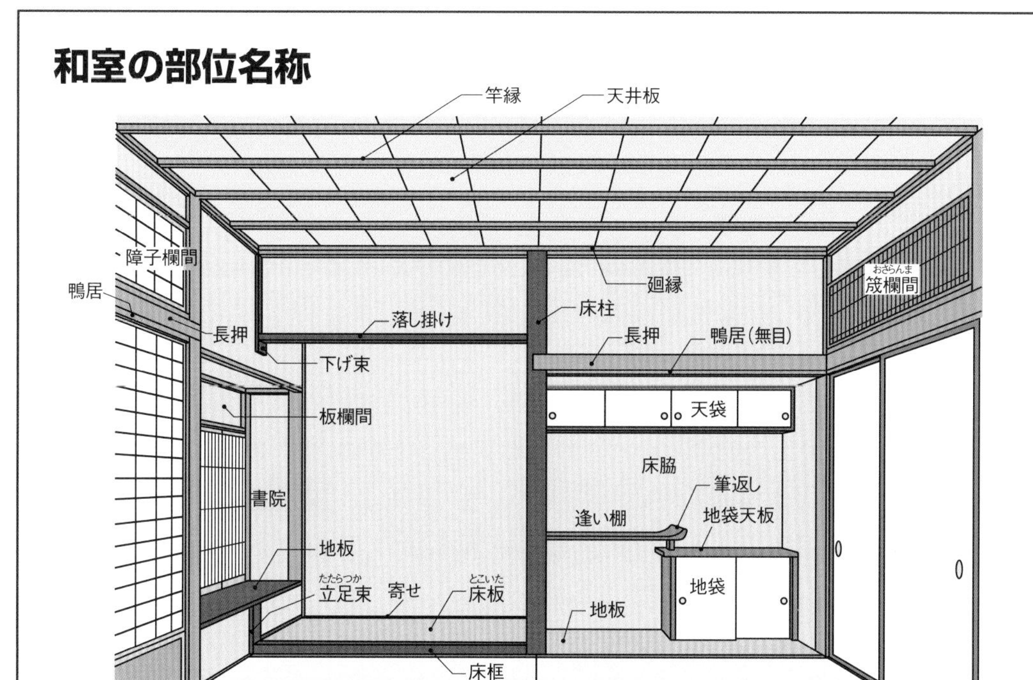


## 真壁と大壁の違い

### 真壁

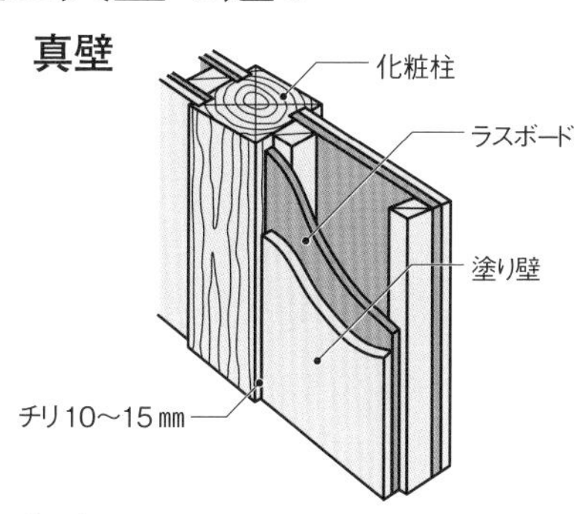


### 大壁

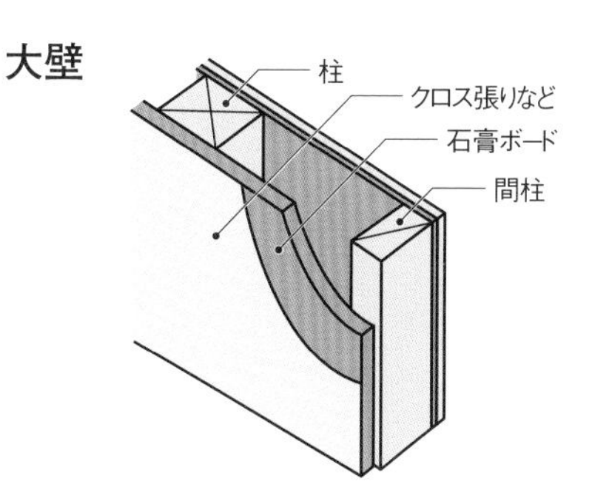


### 真壁の和室

床の間、化粧柱、長押が付いている真壁の和室。本格的な和風にする場合は、真壁とする

### 大壁の和室

化粧柱がない洋風の簡略化した和室。モダンな雰囲気となる

# 階段

**階段は、高齢者・身障者にとって、安全に昇降できるものになっているかを最優先にチェックする**

## 階段の形状

安全で使いやすい階段にするためには、階段の勾配および踏面と蹴上げをできれば勾配6／7以下の緩やかなものとする。蹴込みは、出すぎていたら足先がつまずくので30㎜以内の出にする。段鼻は出さずにテーパーにするほうがよい。

また、階段の寸法は建築基準法により建物の用途と面積規模に応じて定められている。住宅の場合では、蹴上げは23㎝以上、踏面は15㎝以上と定められている。

曲がり階段の場合の踏面寸法は、踏み板の狭い側の幅木側面から、それぞれ30㎝の点を結ぶ距離となる。

## 手摺

住戸内の階段には、手摺を設置しなければならない。手摺は、途中で途切れると危険なので連続して取り付け、階段の勾配が45度を越える場合は、両側に取り付ける。設置高さは、踏み面の先端からの高さ700㎜から900㎜の位置とする。取り付けの設置位置は、下階に向かって利用者の利き腕側に設置する。

手摺径は28～40㎜とし、断面形状はにぎりやすい円とする。手摺と壁との間隔は30～50㎜にし、受金物は、柱に取り付けるか、補強材を入れた下地にしっかりと取り付ける。また、転倒を防止するために、上階の手摺端部は最上段より水平に200㎜伸ばし、壁側または下側に折り曲げる。

また、木造住宅における階段および踊り場の幅は、75㎝以上必要と定められている。直上階の居室の床面積の合計が200㎡を超える場合などは、階段幅を120㎝以上とすることが求められる。手摺の突出部が10㎝を超える場合は、超える部分を差し引いて、手摺のないものとして算定される。

# 階段の設計の基本

## 階段各部の呼称

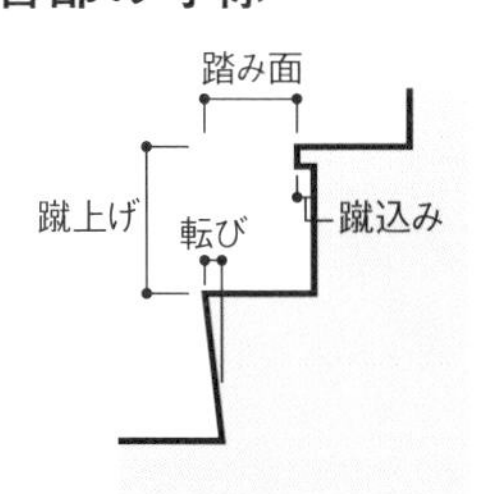


## 廻り階段の踏面寸法

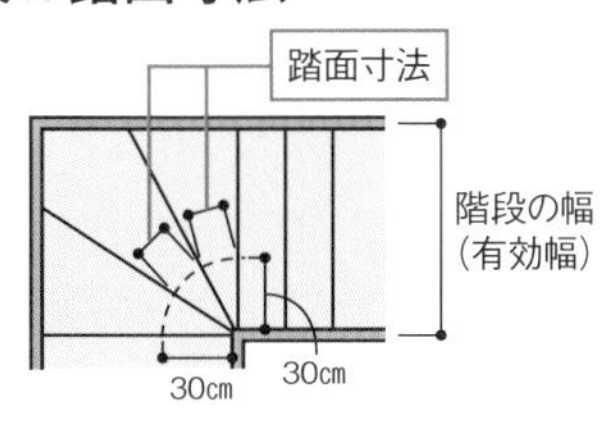


## 階段の勾配

| | | 蹴上げ寸法 | |
|---|---|---|---|
| | | 基準寸法<br>(勾配:22/21以下) | 推奨寸法<br>(勾配:6/7以下) |
| 踏面寸法 | 220mm | 165~215mm | 165~188mm |
| | 225mm | 163~212mm | 163~192mm |
| | 230mm | 160~210mm | 160~197mm |
| | 235mm | 158~207mm | 158~201mm |
| | 240mm | 155~205mm | 155~205mm |
| | 245mm | 153~202mm | 153~202mm |
| | 250mm | 150~200mm | 150~200mm |
| | 255mm | 148~197mm | 148~197mm |
| | 260mm | 145~195mm | 145~195mm |
| | 265mm | 143~192mm | 143~192mm |
| | 270mm | 140~190mm | 140~190mm |
| | 275mm | 138~187mm | 138~187mm |
| | 280mm | 135~185mm | 135~185mm |
| | 以下省略 | | |

## 危険な階段・安全な階段

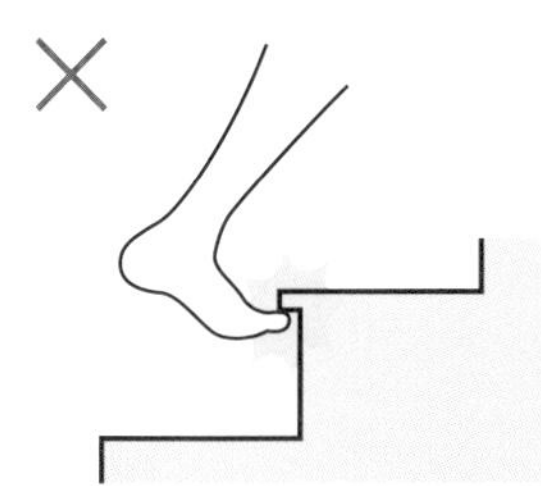

蹴込みが出ているとつまずきやすい。30mm以内とする

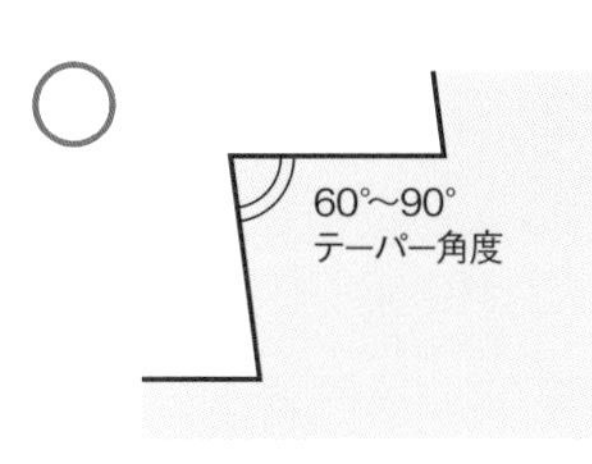


段鼻を出さずにテーパーをとると安全になる

## 階段幅の算定

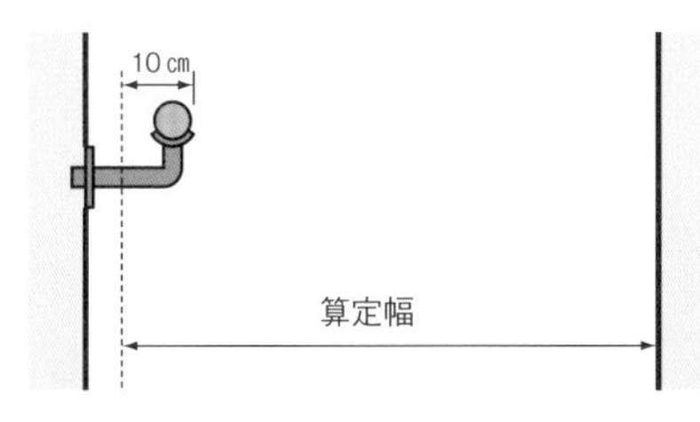


突出部が10cmを超える場合

## 手摺の入れ方

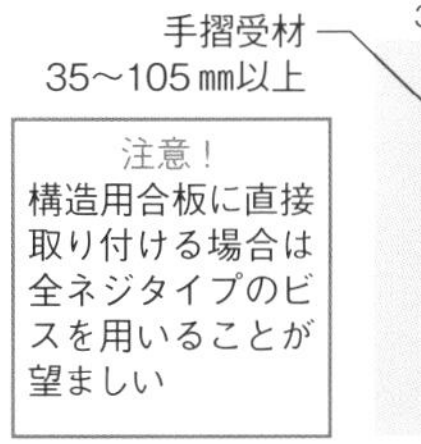


注意!
構造用合板に直接取り付ける場合は全ネジタイプのビスを用いることが望ましい

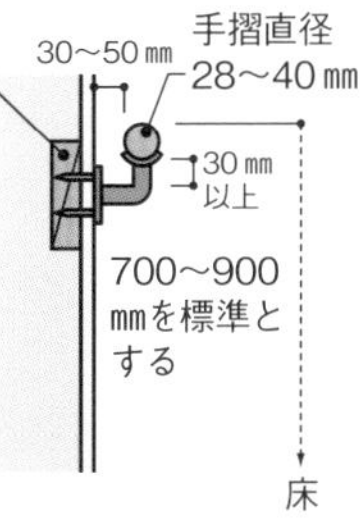


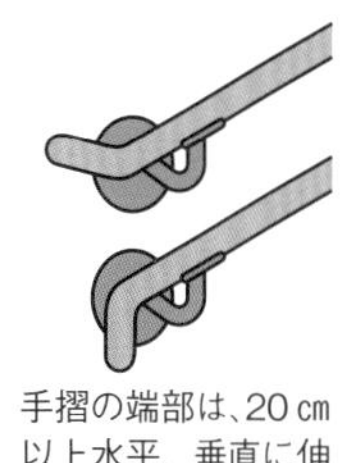

手摺の端部は、20cm以上水平、垂直に伸ばす

## 階段の踏面寸法の確認

建築基準法の寸法に適合しているか確認

## 階段手摺の補強下地

補強下地は、しっかりしているか確認

## 手摺の高さの確認

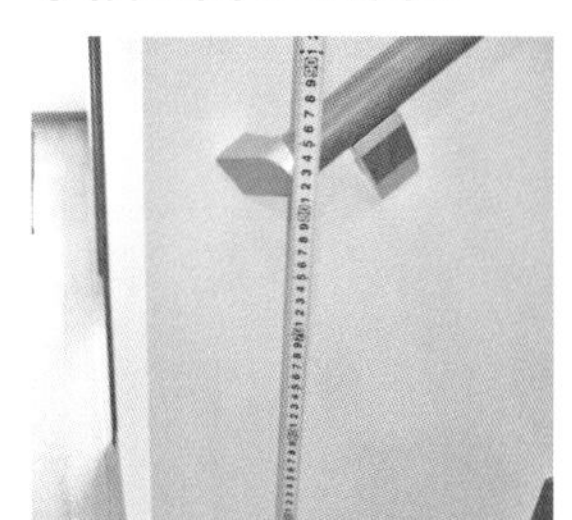

通常は、700~900mmが標準

Keyword 097

# フローリング

**フローリングは、適切な釘と接着剤で適切な施工をしないと床鳴りの原因となる**

## フローリングの長所と短所

フローリングは、床材のなかで最もよく使われている代表的な材料である。フローリングにはさまざまな種類があるが、大きく、単層フローリングと複層フローリングに分けられる。単層フローリングは、丸太から挽き割った板状のもの（ムクフローリング）のことであり、フローリングボード、フローリングブロック、モザイクパーケットに分類される。複合フローリングは、合板の基材の上に化粧単板を張ったもので、複合1種、2種、3種に分類される。

ムクフローリングを使用するメリットには、自然素材としての質感が得られること、塗料にもよるが調湿性（湿度が高いときに、湿気を吸い、乾燥しているときに水分を放出する）を期待できること、傷が付いたときに表面を削ることで補修しやすいことなどが挙げられる。

一方、デメリットは乾燥収縮が大きく、反ったり捩れやすい点である。

化粧単板のフローリングは、ムクフローリングの欠点を補ったものである。交互に合板を張り合わせたものなので寸法の狂いが少ない。種類、デザインも豊富である。デメリットとしては、かなり改善されているが、接着剤に含まれる揮発性化学物質の問題がある。また、傷が付いた場合の補修がしにくく、風合いではムクのフローリングに劣る。

基本的な張り方は、部屋の長手方向に沿って張る。根太専用の接着剤と併用し、38㎜のフロアネイルを303㎜間隔で留める。これを適切に行わないと床鳴りの原因となる。

張り終わると傷が付かないよう、薄ベニヤなどで養生する。ベニヤは、幅木を付ける部分を除き、専用の養生テープで留める。

# フローリングの種類

## フローリングの体系

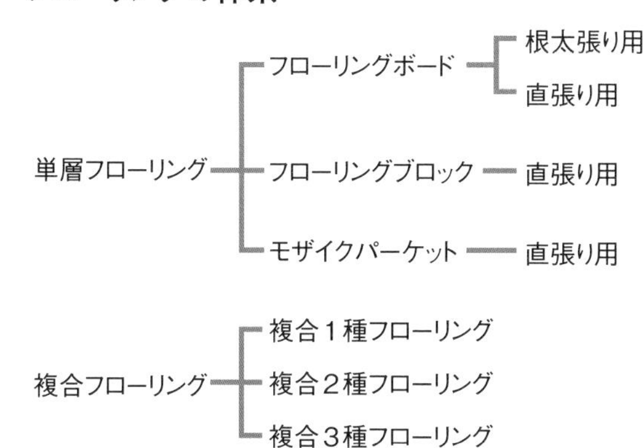


## 複合フローリング

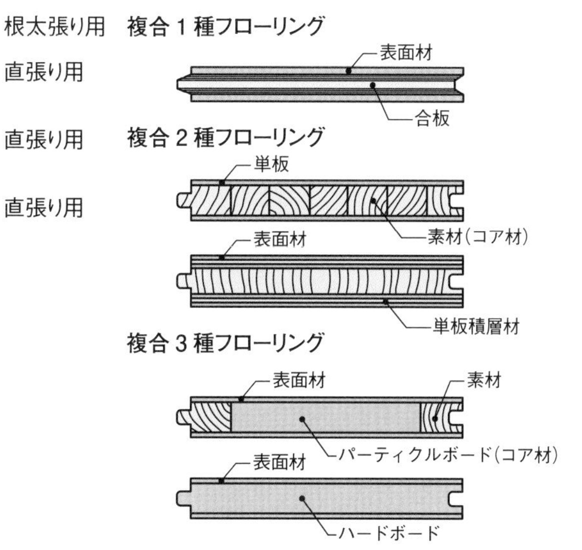


## 単層フローリング

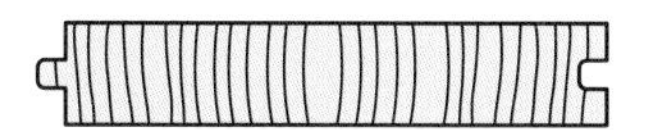

# フローリングの施工ポイント

## 基本的な張り方

### 釘の打ち込み位置

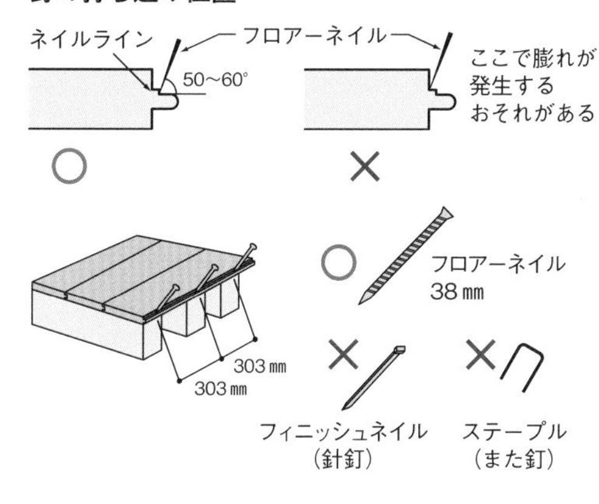


### エンドマッチ部の根太専用ボンド塗布

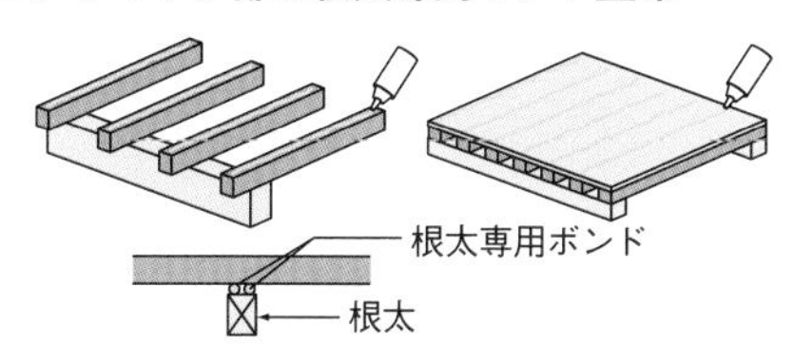


- 釘はフロアーネイルの38㎜を使用し、釘打ちの間隔は303㎜とする
- 釘の打つ位置は、ネイルライン下部に打ち込む
- 針釘は使用しない。フロアーネイルは、必ず根太に打ち込む
- 専用接着剤と併用する
- 接着剤の塗布量は鉛筆の太さ(5~6㎜)程度とする(150g/㎡)

## 壁と床との取り合い

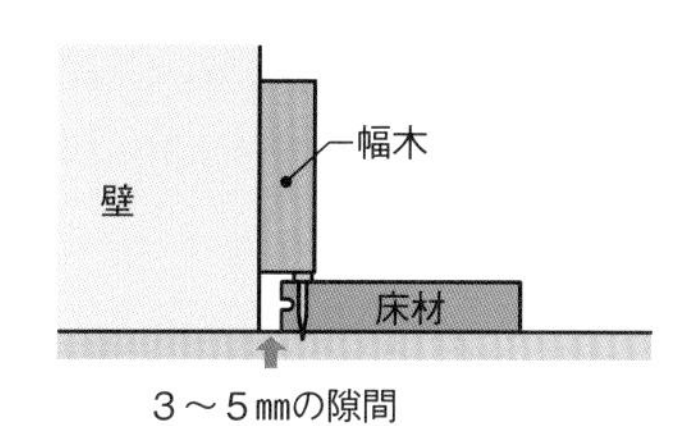


- 床材周囲の壁際およびサッシの下などには、3~5㎜の隙間をあけておく
- 単部の床材は、釘を脳天打ちで完全に固定する
- 隙間と釘を隠すため、幅木は後付けとする

## 施工後の確認

フローリングを張り終えると、床鳴りがないか、不陸がないか確認する。接着状況が悪いと床鳴りの原因となる

# 畳・カーペット

**畳・カーペットなどの下地は、不陸、目違い、凹凸などがないように十分に確認する**

## 畳

畳は、畳床、畳表、畳縁から構成される。畳床は、稲わら畳とポリスチレンフォームサンドイッチ稲わら畳などの建材畳に分類される。稲わら畳は等級により4種類に分けられる。特・1・2級品は6層以上、3級品は4層以上となっている。畳表はい草を横糸に、麻や綿を縦糸に用いて織ったもので、い草の本数が多いほど上級品となる。畳縁は幅6㎝ほどの縁の部分で、材料は絹、麻、木綿、ナイロン製のものがある。

下地には合板か、マツ・スギ・ベイマツの挽板を敷く。これらを荒床（あらゆか）という。湿気を吸収するには合板よりスギ板などが望ましいが、最近では合板を使うことのほうが多い。

畳の敷き込みは、敷居、畳寄せに不陸、目違い、隙間などがないように注意する。

## カーペット

カーペットの材料は、ウール、絹、木綿、麻などがある。パイルの形状により分類される。パイルとはカーペットの表面に出ている繊維の束のことで、ループパイル、カットパイル、ループとカットの混合パイルの3種類に分けられ、パイルの形状によりテクスチュアが変わってくる。製法には手織り、機械織り、刺繍などがあり、手織りは椴通といわれ特に高級品である。

施工方法は、グリッパー工法と全面接着工法がある。グリッパー工法は、床の周囲に釘でグリッパーを固定し、カーペットの端部をグリッパーに引っ掛けて緩みのないよう引っ張り、敷き詰める。カーペットの下には緩衝材を敷く。全面接着工法は、温湿度の変化による伸縮を防ぐ。カーペット下地は不陸や目違いがないことを確認したうえで施工する。

# 畳

## 畳の名称

畳表
い草を横糸に、麻や綿を縦糸に用いて織ったもの。い草の本数が多いほど上級品となる。い草をそのまま織る備後畳と、茎を半分に割って織る琉球畳がある

畳縁
材料は絹、麻、木綿、ナイロン製のものがある

畳床
稲わら、ポリスチレンフォームなどが使われる。また、稲わら畳は等級により4種類に分けられる

## 畳下地の確認

下地に不陸、目違い、凹凸がないか、釘の打ち方は適切か十分に確認する

## 畳床の種類

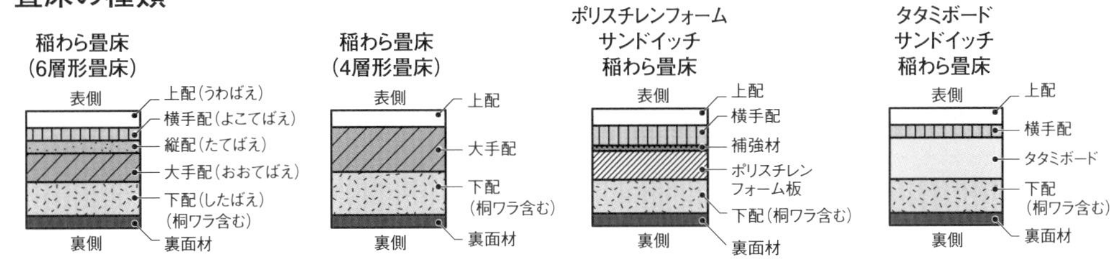


Check! 敷き込みは敷居、畳寄せに不陸、目違い、隙間などがないように注意する

# カーペット

## パイルの形状の種類

パイルの形状によりテクスチュアが変わってくる

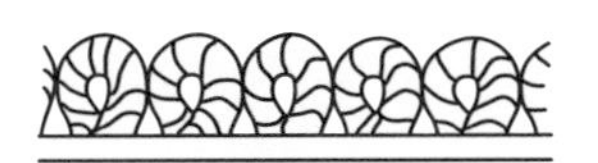

ループ

カット

ループとカット

## カーペットの納め方（グリッパー工法）

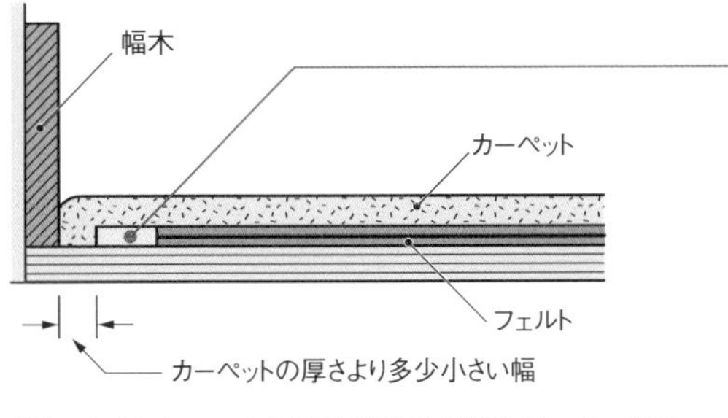


グリッパーは、カーペットの厚さに応じて、壁際から5～8mm程度隙間をあけて、床に釘で留めつける。この隙間にニーキッカーといわれる器具でカーペットの端を溝に巻き込むようにして入れる

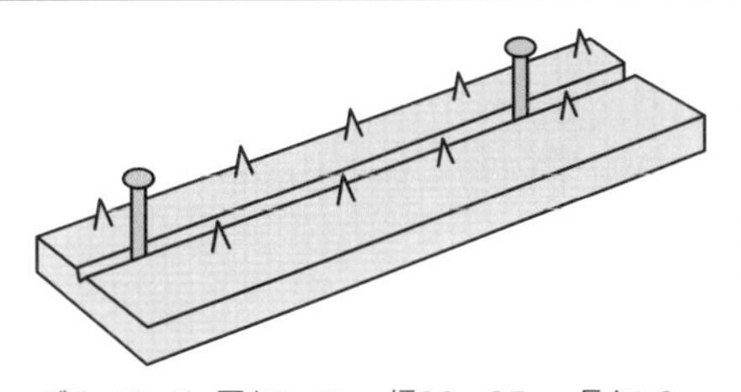

グリッパーは、厚さ6～7mm、幅23～25mm、長さ1.2mのベイマツ合板に4～5mm程度の針が60度の角度で15mm程度の間隔で2列に逆さまに打ち込んである

下地は、不陸、目違い、凹凸がないことを十分に確認する。敷き込みはたるみ、隙間がないように注意する。グリッパーからカーペットがはずれないよう、しっかりと押さえ込む

Keyword 099

# 塗装

**塗装仕上げをする素地面の汚れや付着物をきれいに取り除いて塗料の付着性を確保すること**

## 塗装の種類

塗装は目的に応じて塗料を使い分けるので、特徴やその塗装方法を押さえておきたい。一般的に、木造住宅に使用される塗料は、大きく分けて3種類ある。木部用、壁・天井塗装用、金属用塗料である。それぞれ、素地の処理の仕方、塗装方法、養生方法が異なる。

木部用塗料には、オイルステンクリヤラッカー塗り（OSCL塗り）、合成樹脂調合ペイント（SOP塗り）、自然素材の木材保護塗料がある。壁・天井用塗料は、石膏ボード面、石膏プラスター面に塗装をするが、エマルションペイント（EP塗り）、塩化ビニルエナメルペイント（VP塗り）など耐アルカリ性の合成樹脂塗料などが使用される。金属用塗料は、油性ペイント（OP塗り）・合成樹脂調合ペイント（SOP塗り）などが使用される。そのほかにもさまざまな塗料がある。

## 下地ごとの施工ポイント

塗装の素地面は、汚れ、付着物をきれいに取り除き、塗料の付着性を確保する。

素地の種類により塗装方法は異なる。木部の場合、必要であれば目止め処理を行い、研磨紙で十分に研磨し、平坦にする。石膏ボード下地の場合は、目地の処理が重要である。これを十分に行わないと、あとで目地部分にひび割れが起きる。不陸、目違いがないかも確認する。

塗装方法は、主として刷毛塗り、吹付け、ローラー塗りなどがある。これらのなかから塗料、素地、施工部位に適した方法を選択する。気温5℃以下、湿度85％以上のときの作業は避ける。

養生乾燥期間は、塗料の種類によって異なるが、一般的に24時間以上は必要である。乾燥後は汚れが付着しないようにし、適切な養生を行う。

# 木造住宅によく使われる塗料の種類と特徴

| 名称 | 略式記号 | 特徴 | 適する素地 | 塗装方法 | 養生時間(20℃) |
|---|---|---|---|---|---|
| 油性ペイント | OP | ●安価であり、刷毛塗りがしやすく、弾力性がある<br>●乾燥時間が非常に遅く、塗膜の劣化が早い<br>●モルタル、コンクリート面には適さない | 木部、鉄部 | 刷毛塗り | 48時間以上 |
| 合成樹脂調合ペイント | SOP | ●油性ペイントは乾燥時間が非常に遅く、塗膜の劣化が早いなどの欠陥があるが、合成樹脂調合ペイントはそれを改善したもの<br>●コンクリート面などアルカリ性下地には直に塗装できない | 木部、鉄部 | 刷毛塗り、吹付け | 24時間以上 |
| オイルステイン | OS | ●木に染み込ませる塗料<br>●木部の着色剤として使われる以外に、ワニスやクリヤラッカーの下塗りとして使用する<br>●安価で、木目が潰れず美しく仕上がる | 木部 | 刷毛塗り、吹付け、拭き取り | 24時間以上 |
| クリヤラッカー | CL | ●顔料を使用せず、木材の素地をそのまま見せて、透明塗膜を仕上げる<br>●塗面に艶があり、耐油性、耐摩耗性に優れるが、耐熱性に劣る<br>●壁面、柱、家具、建具などさまざまなところに幅広く用いられる | 木部 | 刷毛塗り、吹付け | 24時間以上 |
| 酢酸ビニル系エマルションペイント | EP | ●水で希釈できるもので、常温で乾燥する<br>●塗膜は耐アルカリ性があり、かつ通気性がある<br>●安価であるが、耐水性・耐候性に劣るため、外装には適さない。湿気の少ない屋内壁面に使用される | コンクリート、モルタル、ボード | ローラー塗り、吹付け | 3時間以上 |
| アクリル系エマルションペイント | AEP | ●アクリル樹脂と少量の酢酸ビニル樹脂を組み合わせたもの<br>●酢酸ビニル系エマルションと比べて、耐水性・耐候性に優れており、外装にも使用できる | コンクリート、モルタル、ボード | ローラー塗り、吹付け | 3時間以上 |
| 塩化ビニルエナメルペイント | VPまたはVE | ●難燃性で、耐アルカリ性・耐水性・耐候性・耐薬品性に優れている。また、塩素を含んでいるので防カビ性に優れる<br>●浴室・厨房・地下室の壁面や天井面、外壁のモルタル・コンクリート面の塗装に用いられる<br>●膜厚が薄く、金属面に対しては付着性にやや劣るため、プライマーなどの下塗処理が必要である | コンクリート、モルタル、ボード | 刷毛塗り、吹付け | 3時間以上 |
| ラッカー | L | ●乾燥時間が早い。温かみのある質感を出す<br>●溶剤で容易に溶融できるため、補修が簡単である<br>●家具や木工製品、床を除く木部全般に用いられる<br>●塗膜が薄いため耐候性・耐水性・耐熱性・耐溶剤性・耐磨耗性に劣るので、水掛り部分での使用は適さない | 木部 | ローラー塗り、吹付け | 1～2時間 |
| 木材保護塗料 | (略号なし) | ●木に浸透させるもので、油性塗料のように膜を張らないため、木の呼吸を妨げず、調湿機能を損なうことがない<br>●自然の植物油をベースにした無公害塗料のものもあり、防虫・防腐剤など有害物を含んでいない<br>●撥水性のものがあり、浴室、キッチンなどの湿気の多い所でも使用できる<br>●重ね塗りが簡単なので、補修が楽。傷がついた所へ重ね塗りができる<br>●施工性がよい。ウェスで伸ばすだけで、誰にでも簡単に塗ることができる | 木部 | 刷毛塗り、吹付け | 拭き取り |

Check Point

## 塗装工事のチェックポイント

- □ 素地面は汚れや付着物などがないか
- □ 素地面は十分に乾燥しているか
- □ 素地面は凹凸などなく平坦か、目違いなどないか。パテ処理は適切か
- □ ボード面の目地処理は適切か
- □ 塗装材料の選択は適切か
- □ 塗装方法は適切か、塗り工程は適切か
- □ 作業時の気温、湿度は適切か
- □ 塗装面に刷毛ムラ、垂れなどないか
- □ 養生方法、乾燥期間は適切か

Keyword 100

# 左官仕上げ

**左官仕上げの場合、ボード下地の目地処理を入念に行わないと、ひび割れを起こす**

## 左官の長所と短所

左官仕上げは、乾燥に時間がかかる、乾燥したらひびが入る、仕上がりが職人の技量に左右されやすいなど、施工の難易度が高い。そのため、最近では簡単に施工できるクロス仕上げにすることが多い。しかし、土壁、漆喰壁などは有害化学物質の心配がなく、調湿性などの機能をもつことから、そのよさが見直されてきている。職人によりじっくりと手間暇をかけてつくられた仕上がりには味わいがある。左官仕上げは、石膏プラスター塗り、土壁、珪藻土、漆喰塗り、ジュラク塗り、繊維塗り壁などさまざまなものがある。仕上げのパターン、色なども豊富である。

## ひび割れを防ぐコツ

左官仕上げの場合、ひび割れを防ぐための下地処理が重要である。一般的には、石膏ラスボードに下塗り、中塗り、仕上げと3工程に分ける。土壁の場合は、小舞下地を組む。それぞれ十分な乾燥期間が必要であり、特に漆喰壁、土壁となると乾燥するのに数カ月もかかる場合があるので、余裕のある工程計画を組むことが必要である。また、材料により施工方法が異なるので、必ずメーカーの仕様を確認する。乾燥させている間は、カビが発生することもあるので十分な換気が必要である。気温が2℃以下になると凍害を起こす場合もあるので、常に5℃以上に保つようにする。

施工後、漆喰塗りやジュラク塗りなどは手で触れたり、物を当てたりして傷を付けてしまうと部分的に補修できないので、施工後の部屋は出入り禁止とするくらいの注意が必要である。

なお、最近よく使われている薄塗り仕上げの下地処理は、石膏ボードの上に寒冷紗(かんれいしゃ)にパテなどで目地処理をし、平滑にしたうえで仕上げる。

# 塗壁仕上げの構成

## ラスボード下地の場合

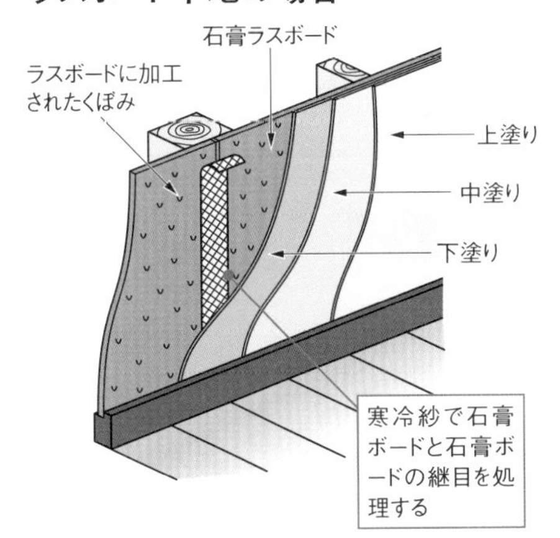


## 石膏ボード下地に薄塗りの場合

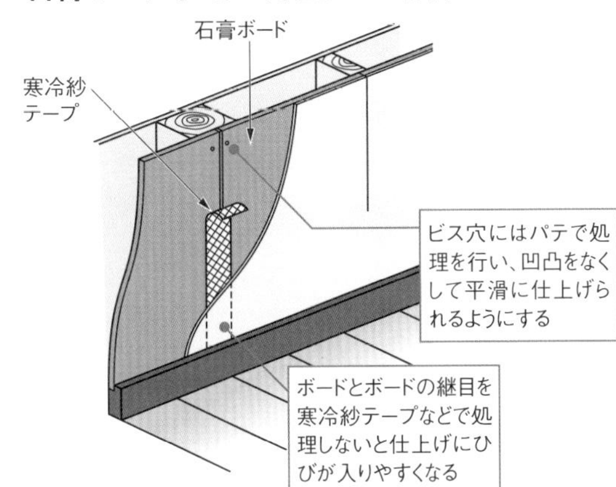


## 土壁の場合

竹小舞
通し貫
チリ決り(しゃくり)を入れて、仕上げ面を決める目安とし、また、柱の収縮による壁面との隙間を目立たせない
柱
上塗り
中塗り
下塗り

現在の塗壁仕上げでは、石膏ボード下地の上に下塗りし、仕上げるのが一般的であるが、薄塗りとなるため、下地の平滑処理が重要になってくる

## 塗壁下地

塗壁下地の場合、ひび割れを防ぐためにボードの目地処理が特に重要である。写真は、寒冷紗を張りパテ処理をしたところ

# コーナー・見切の納まり

## コーナー定木

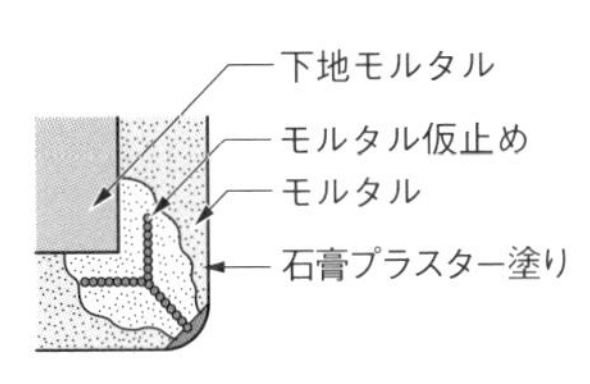


## 入幅木

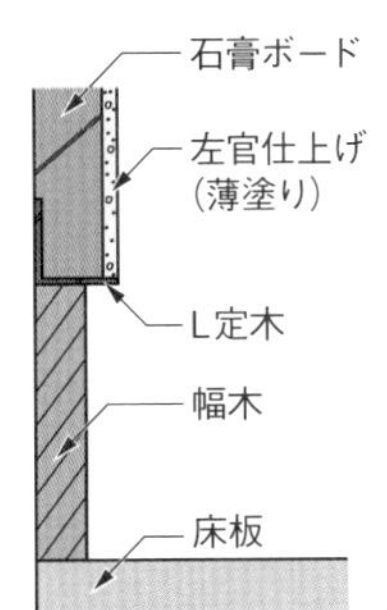


## 八掛納まり

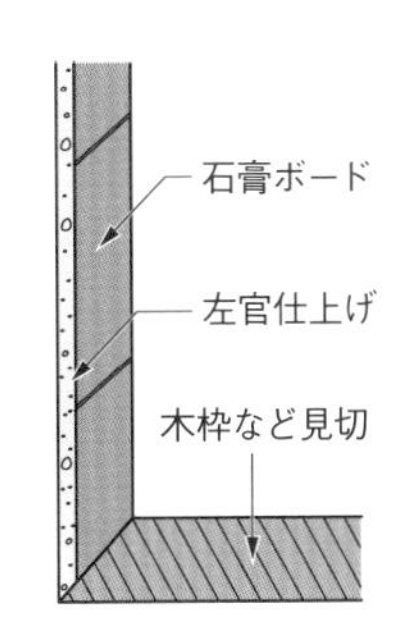


## 天井目透し壁

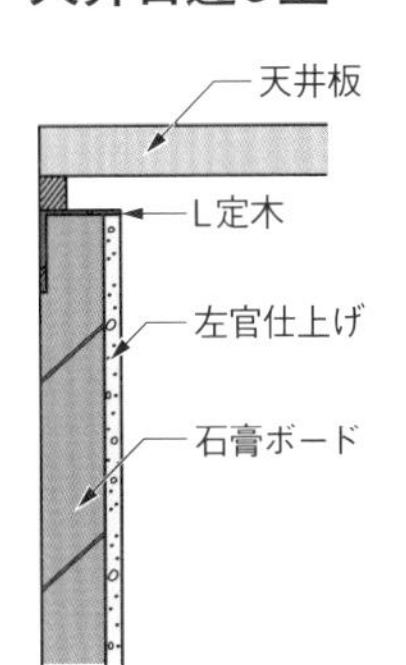

Keyword 101

# タイル・クロス

**Point** クロスは下地に不陸、目違いがあるとそのまま仕上げに出てしまうので下地は十分にチェックする

## タイル

タイルには、陶器質タイル、せっき質タイル、磁器質タイルがある。また、大きさは300㎜角、200㎜角、150㎜角、50㎜角以下のモザイクタイル、外装用の二丁掛けタイルなどさまざまなものがある。

タイル下地の工法はいろいろあるが、張る部位やタイルの種類により選択する。最近は、タイル下地としてケイカル板や合板下地の上に専用接着剤で張る方法が主流である。

以前は、圧着張りと積上げ張り（だんご張り）で施工されていた。施工手順は左頁の図のとおりであるが、積上げ張りは特に白華現象が起こりやすく、最近はあまり用いられていない。

タイルは床に張られることも多い。床にタイルを張る方法として、床タイルならしモルタル張りが一般的である。素地面を清掃し、硬練りモルタルを敷き、表面を木鏝で押さえる。その後、セメントペーストを流し、そこにタイルを敷く。張り付け後、24時間程経過したら化粧目地を詰める。

タイルの割り付けも大事である。開口廻り、壁際には、できる限り小さな切れものを入れないようにする。タイル割りができていなければ、見苦しいだけでなく、切れ目が出て尖がっていて危険である。また、スイッチ・コンセント、給水口は目地の中心にくるようにする。これらは、施工前にタイルの寸法、目地を計算し、タイル割付図を作成し計画的に張る。

## クロス

クロスは、デザインが豊富で、施工が容易であるうえ、安価なため張り替えがしやすい。クロス張りは、クロスが特に薄い場合は、下地の不陸、目違い、凹凸がそのまま仕上げに影響するのでパテ処理などの下地処理をしっかりと行う。

## タイル施工

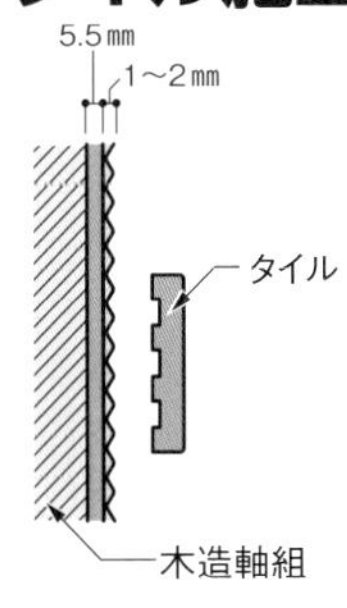


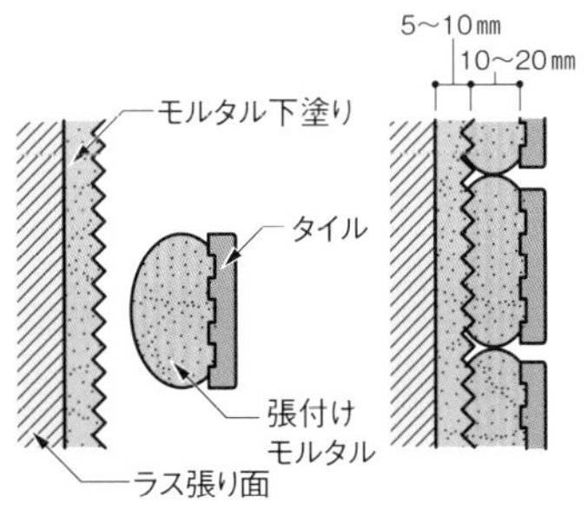


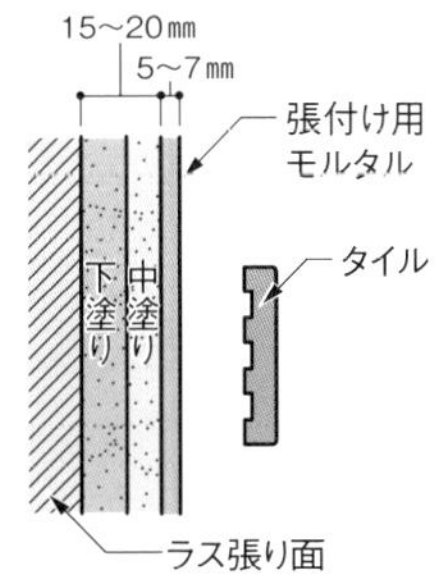


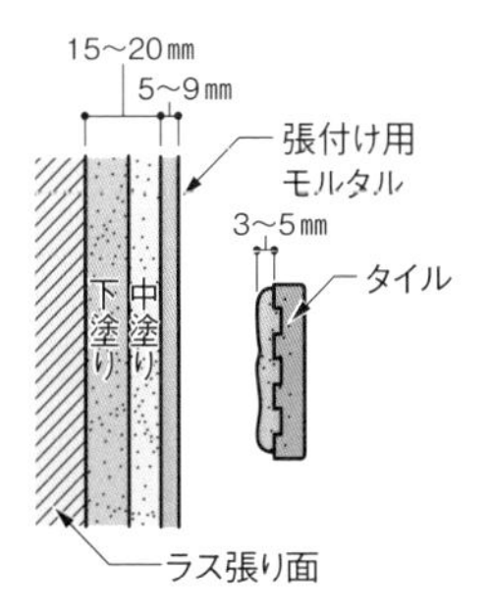


**接着剤工法**
ケイカル板や合板、石膏ボードの上に専用接着剤で張る

**積上げ張り工法**
積上げ張りはモルタルで下塗りをして、タイルの裏にモルタルを乗せてモルタルを隙間なく十分になじむように押し付けて張る

**圧着張り工法**
タイル下地の上に張付けモルタルを塗って、タイルをもみ込むようにして張り付ける

**改良圧着張り工法**
タイル下地の上とタイルに張付けモルタルを塗って、タイルをもみ込むようにして張り付ける

## タイルの施工

### タイル張り部分の打診チェック

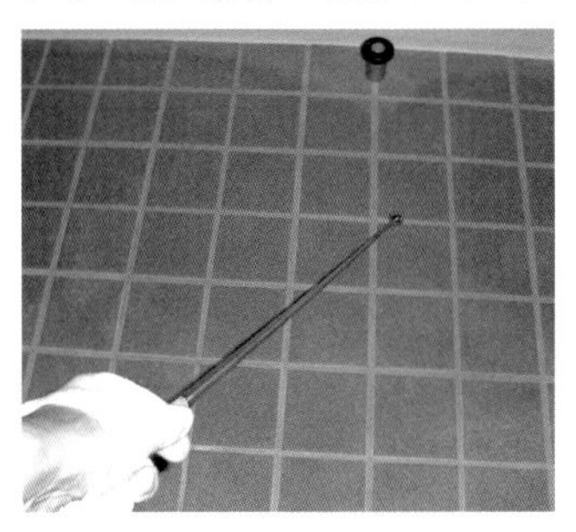

タイル張り部分は、施工終了後に打診棒により、打診チェックを行う。接着不良があると、空洞音がする

## クロスの施工

### 接着剤の確認

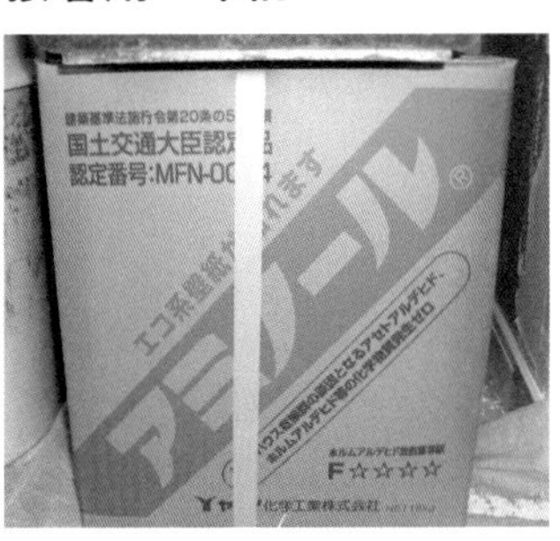


クロスを張るための接着剤がシックハウス対策品（F☆☆☆☆）であるか確認する

### クロスの確認

クロスがシックハウス対策品（F☆☆☆☆）であるか確認する

Check Point

### タイルのチェックポイント

- □ 下地に不陸、目違いなどないか
- □ モルタル下地の場合、十分に乾燥しているか
- □ 張付け用モルタル、接着剤の塗り厚さは適切か
- □ 施工時において、タイルに十分なもみ込み、たたき押さえはしているか
- □ タイルの割付けは適切か
- □ 仕上がりに不陸、目違いはないか
- □ タイルと下地に接着不良は起こしていないか

### クロスのチェックポイント

- □ 下地に不陸、目違いなどないか、釘頭の処理は適切か
- □ 下地石膏ボードのジョイントの目地処理は適切か
- □ 出隅・入隅部の補強の処理は適切か
- □ 接着剤、材料は適切か、F☆☆☆☆のものを使用しているか
- □ 仕上がりにおいて、ジョイントに大きな隙間などがないか
- □ 開口枠、廻り縁、幅木廻りのシーリング処理は適切か
- □ 仕上がりに不陸、目違いなどがないか

# 木製建具

**木製建具は、十分に乾燥した材料を使用する。建具金物は、使い勝手を考慮し適切なものを使う**

内部の木製建具は大きく分けて、既製品のものと、設計者により独自にデザインし、建具店により製作するものと2種類がある。また、素材、形状、開閉方式、構造などさまざまな種類がある。

ムク材で組んだ枠の間に鏡板やガラスなどをはめ込んだ框戸や、骨組下地の両面に合板を張り合わせたフラッシュ戸などが主流である。框戸は重厚で堅牢であるため、玄関建具に適している。フラッシュ戸は軽量につくれるため、内部の扉はほとんどがフラッシュ戸でつくられている。そのほかの木製建具として、襖や障子などがある。

## 既製品建具

既製品建具は、最近ではデザイン、材種が非常に豊富にあり、MDFに突板シート張りであってもほとんどムク材と見分けがつかないくらい精密にできている。また、新建材を多用するので寸法に狂いが少なく、施工に関する注意点がほとんどない。

## 製作建具

一方、製作建具は、デザイン、サイズがまったく自由でその部屋の用途に応じてさまざま製作が可能である。

木製建具に使う木材は、反りや割れなどの狂いが生じると機能が著しく損われるので含水率は10～15%程度の通常の造作材よりもさらに乾燥させた材を使用する。よく使われる樹種としては、ヒノキ、スギ、ベイマツ、スプルス、ナラ、シオジ、チーク、ラワンなどである。

ナラ、シオジ、ラワンなどの広葉樹を洋室廻りに使用する場合は、オイルステイン・クリアーラッカーなどの塗装をすると非常に木目が美しく出る。ただし、塗装の前には面材に手垢などが付いているので十分に美装をかけないと塗装むらが出る。

## 主な建具のつくり

### 框戸

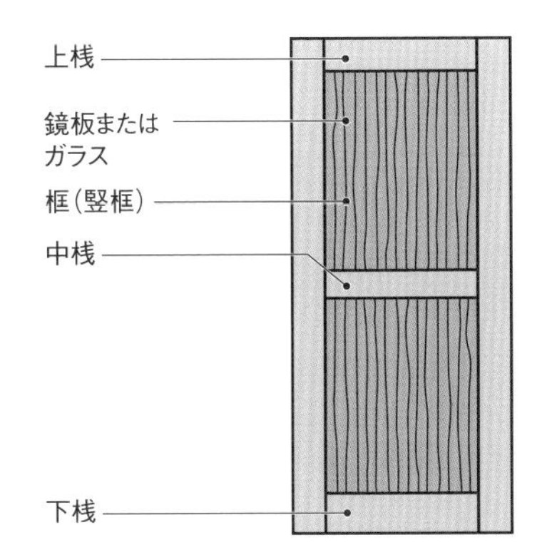


### フラッシュ戸

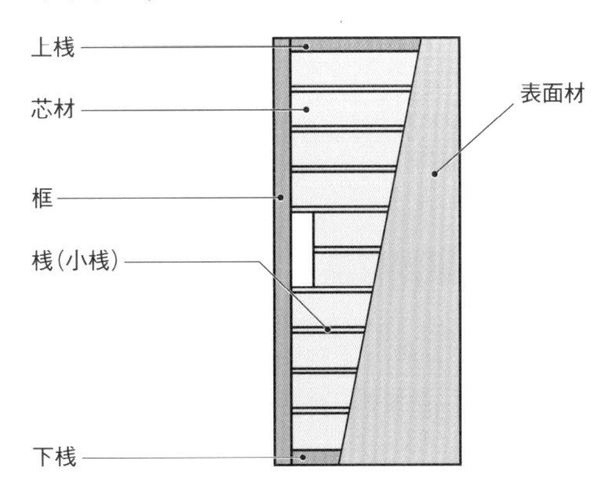


## 建具取り付けの注意点と確認事項

### 建具の水平確認

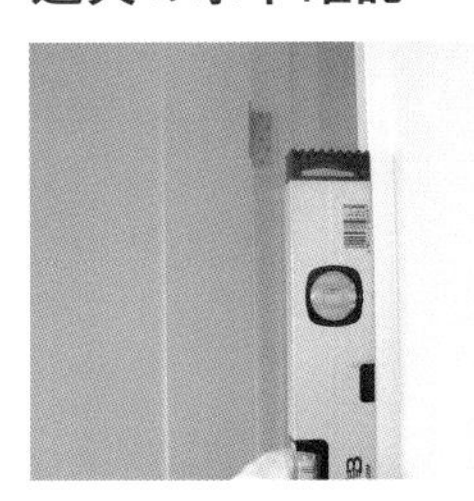

建具枠が付くと、枠が傾いていないか、歪んでいないか、水平器を当てて確認する

### 施錠状況の確認

扉の釣り込みが終了すると開閉、施錠状況を確認する。スムーズに開閉できるか、異音がないか、反りがないかなど確認する

### 戸当たりの確認

開き扉の場合、取手が壁に当たり、壁が傷つかないよう戸当たりが必要になってくる。歩行の妨害にならない位置の取り付け、動作状況を確認する

### アンダーカットの確認

建具の吊り込みが終わると、シックハウス対策のため開き戸の場合、扉の下部に10㎜以上のアンダーカットが必要である

Check Point

### 建具工事のチェックポイント

- □ 建具は、十分に乾燥しているか、反り、歪みなどないか
- □ 建具金物の選択に間違いはないか
  - ●丁番の種類
  - ●把手の種類
  - ●施錠の方法
  - ●戸当たりの種類、位置
- □ 取り付けに水平、垂直は出ているか
- □ 把手の取り付け位置は適正か
- □ 建具金物にガタツキなど取り付けに問題はないか
- □ 枠との取合いに隙間、歪みなどないか
- □ 開閉状況に問題はないか、ガタツキ、異音などないか
- □ 施錠状況に問題はないか
- □ 開き扉の場合、下部に10㎜程度のアンダーカットができているか

# シックハウス対策

## 木造住宅における対応方法の例

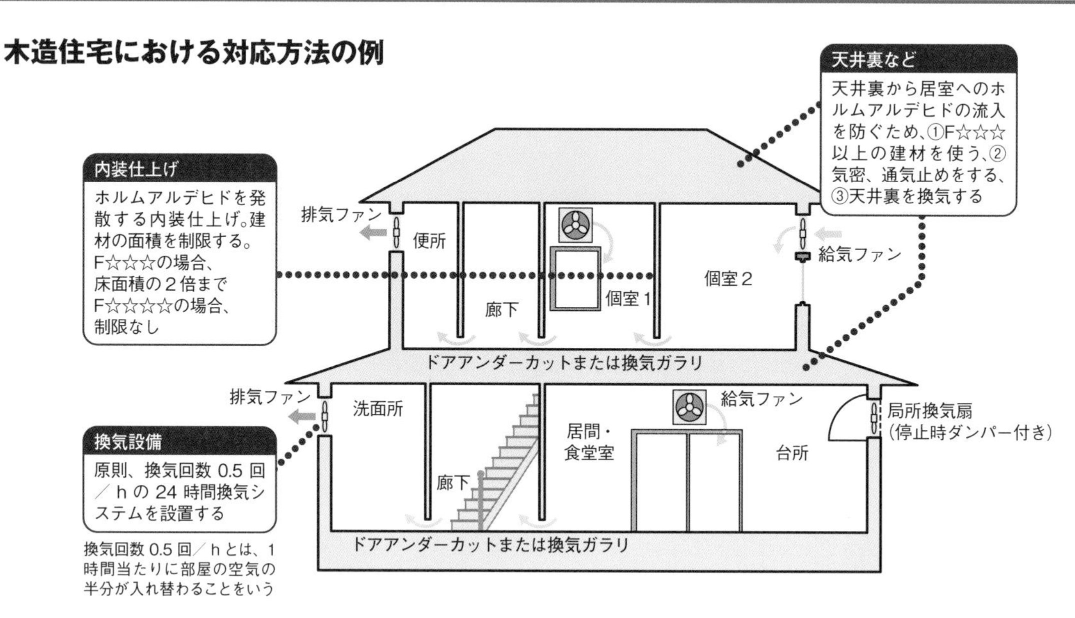


## ホルムアルデヒド発散量による使用制限（令20条の7）

| ホルムアルデヒドの発散速度（μg／㎡h） | JAS 規格<br>JIS 規格 | 建築材料の区分 | 内装仕上げの制限 |
|---|---|---|---|
| 5 以下 | F ☆☆☆☆ | 建築基準法の規制対象外 | 使用面積制限なし |
| 5 超 20 以下 | F ☆☆☆ | 第 3 種ホルムアルデヒド発散建築材料 | 使用面積制限あり |
| 20 超 120 以下 | F ☆☆ | 第 2 種ホルムアルデヒド発散建築材料 | 使用面積制限あり |
| 120 超 | F ☆ | 第 1 種ホルムアルデヒド発散建築材料 | 使用禁止 |

注　測定条件：28℃、相対湿度 50%、ホルムアルデヒド濃度 0.1㎎／㎥（化学物質の室内濃度の指針値（厚生労働省））
建築物の部分に使用して 5 年経過したものについては制限なし

2003年の建築基準法の改正により、シックハウス法が施行された。その概要は、クロルピリホスおよびホルムアルデヒドが有害化学物質として規制対象となり、特にクロルピリホスは、使用禁止となった。ホルムアルデヒドは、居室の種類および換気回数に応じて、ホルムアルデヒドを含む建材の使用に面積制限を行い、24時間の換気設備の設置が義務付けられた。

また、天井裏から居室へのホルムアルデヒドの流入を防ぐための措置をする。ホルムアルデヒドを含む建材の面積制限を行うが、その規制対象となる建材は、木質建材（合板、木質フローリング、パーティクルボード、MDFなど）、壁紙、ホルムアルデヒドを含む断熱材、接着材、塗料、仕上げ塗材である。これらは、JIS、JAS、国土交通大臣認定による等級付けが必要となる。また、天井裏から居室への有害化学物質の流入を防ぐために、F☆、F☆☆の建材を使用してはいけない。

# 第7章

# 【設備と外構】

7章では電気配線設備、
給排水設備、換気空調設備
などの監理ポイントと
擁壁や塀などの
外構の監理ポイントを
解説します

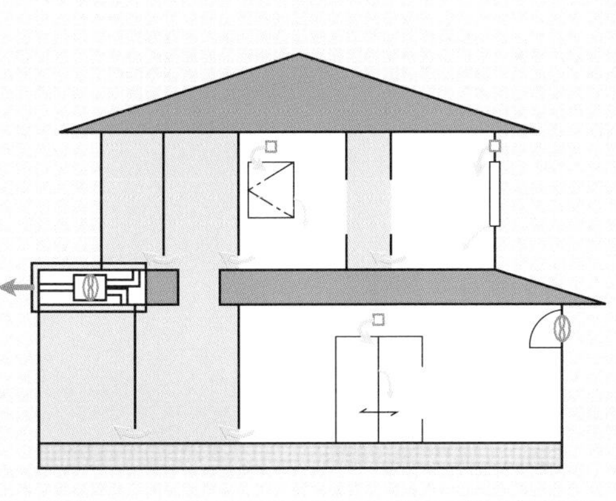

第7章▶設備と外構

Keyword 103

# 電気設備

**コンセントボックスの取付けは、絶対に構造材を欠いてはいけない。外壁との取合いは、雨仕舞に注意する**

## 予備の回路のチェック

内装下地工事が始まると、それに並行して電気設備工事が始まる。

分電盤は、使用する電気機器により1機器につき1回路必要なものと、照明器具などをグループ単位にまとめて1回路にするものがある。これが適切でないと過電流が流れたとき、事故につながる。一般的な住宅では、1階と2階の電灯関係とエアコンなどの容量が大きいものはそれぞれ単独に分ける。最近では、10～15回路程度は必要である。将来の増設も考慮して2～4回路程度の予備を設ける。それぞれのブレーカーには、回路名称を記載する。

## 配線のチェック

配線材料は一般的にFケーブルを使用する。これはVVFといわれ、照明やコンセントに使われ、平型をしている。CD管（配線管）を使用する場合もある。材料は、JIS適合品かどうか確認する。

天井裏や壁内の配線をステープルで固定させ、コンセントボックス・スイッチボックスに接続する。配線の接続部はジョイントボックスを設置する。これを露出させてはいけない。これらのボックスはしっかりと木ネジで柱、梁や間柱に留める。柱や筋かいが当たるからといって、これらを絶対に欠いてはいけない。外壁などの貫通部は、雨仕舞、シーリング打設状況などを十分にチェックする。

重量が大きい照明器具、分電盤を取り付ける場合の補強方法なども石膏ボードを張る前にチェックする。

また、ダウンライト設置時の断熱材との取合い部は、器具自体から熱を発するので、その周囲には配線や配管を避ける。仕上がるとやり替えは難しくなるので、ダウンライトボックスが取り付けられた段階でチェックする。

# 配線工事の監理ポイント

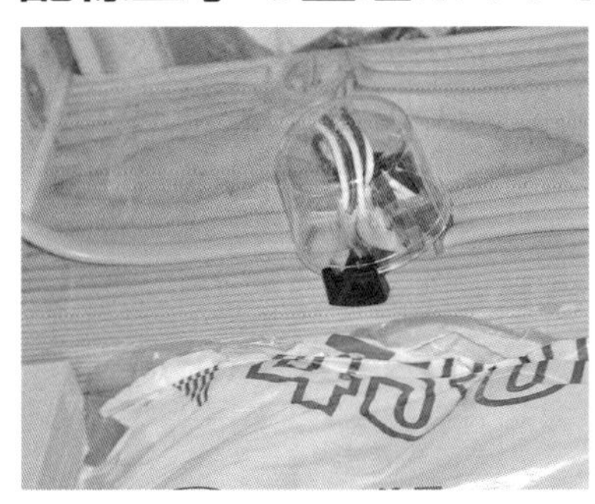
配線の接続部にジョイントボックスが付けられているかをチェック

コンセントボックスの位置や取り付けの状態をチェック

配線はステープルできちんと固定されているかをチェック

照明の通電が適切に行われるかテスターなどによりチェック

## 配線材料

Fケーブル

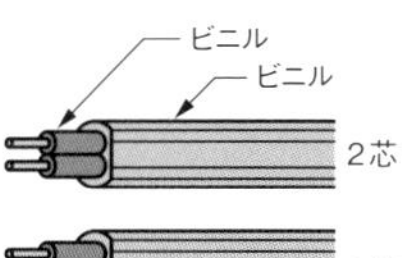

Fケーブルは、フラットケーブルの略。平らな長円形のもの

CD管

CD管で配線をまとめると、配線を保護できるうえ、配線の交換がしやすくなる

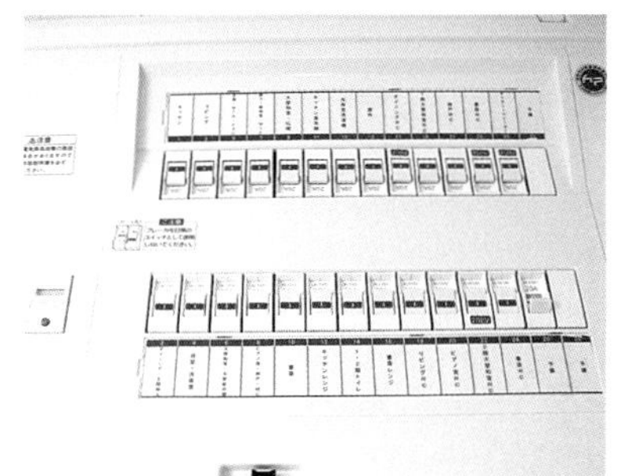
分電盤は、グループごとに回路が分けられているかをチェック

## 外壁配線

外壁と配線の取合い

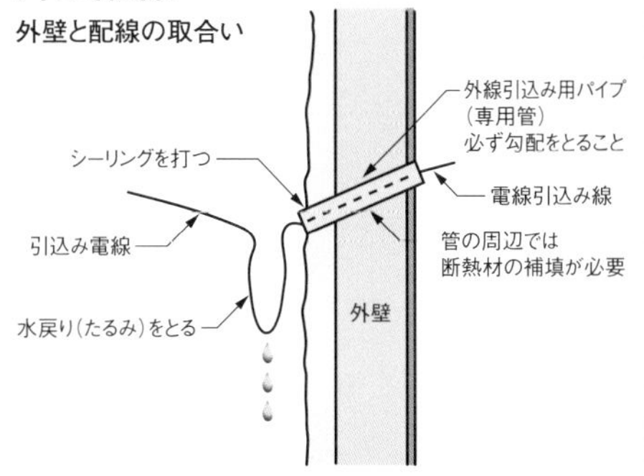

電線を引き込むための専用管は取出口が水下になるようにし、専用管と外壁の間にはシーリングを施す。電線は曲げて外壁に雨水が伝わらないようにする

Check Point

### 電気設備工事のチェックポイント

- □ 分電盤の回路の分け方、回路数は適切か
- □ 材料は、JIS 適合品か
- □ 配線は、ステープルでしっかり留められているか
- □ ジョイントボックス内の結線は適切か
- □ 柱、筋かいなどの構造材を欠いていないか
- □ ボックス、照明の位置、個数、留め方は適切か
- □ 照明器具などが重たい場合、下地補強をするが、その方法は適切か
- □ ダウンライトと断熱材の取合いは適切か
- □ 外壁との取合い部の雨仕舞は適切か
- □ 通電状況に問題はないか

Keyword 104

# 給排水設備

**配管は、絶対に構造材を欠いてはいけない。排水管は内外部とも1／50～1／100の勾配をつける**

## 配管の施工方法

給排水設備工事に使用する材料はさまざまな種類があるが、まず所定の規格品かどうかを確認する。配管の径、厚みなども仕様どおりか確認する。

施工方法としては、排水管は基礎コンクリート打設前にスリーブ管を埋設し、後で排水管の取り替えができるようにする。

横走り配管の吊具および振れ止め器具の支持間隔は、鋼管およびステンレス管は2m以下、ビニル管、ポリエチレン管、銅管は1m以下とする。横走り勾配は、75㎜以下は1／50、75㎜以上は1／100を標準とする。

縦管は、各階ごとに1カ所以上固定支持し、排水が流れやすくするために空気を取り入れるための通気管を設ける。配管は、絶対に構造材を欠くようなことをしてはいけない。トラップは、排水管を通して下流の下水道管から悪臭ガスや虫類などが屋内に侵入することを防ぐために設置し、内部に50～100㎜の封水深さが必要である。

## トラブルとメンテナンス

よくあるトラブルに、ウォーターハンマー現象がある。これは、レバー水栓などを急に閉めたり開けたりしたときに配管内の圧力が瞬間的に高まり、それが圧力波となって上流に伝わり、配管を振動させ、ハンマーで叩くような衝撃音を伴う。防止対策としては、給水圧を押さえたり、急激な閉鎖がされにくい給水器具を使用する。

配管のメンテナンス用に床、壁、天井面に点検口を取り付ける。屋内排水管は、配管工事の終了後、30分以上水を張る満水試験をして漏水のないことを確認する。最後に洗面台、便器などの機器を取り付け後、通水し、水漏れがないかを確認する。外部配管の流水状況も、会所を開けて必ず確認する。

## 配管工事の監理ポイント

排水管などの配管が構造材を切り欠いていないかなどを確認する

排水管の径と材質状態をチェック。勾配も適切かをチェックする

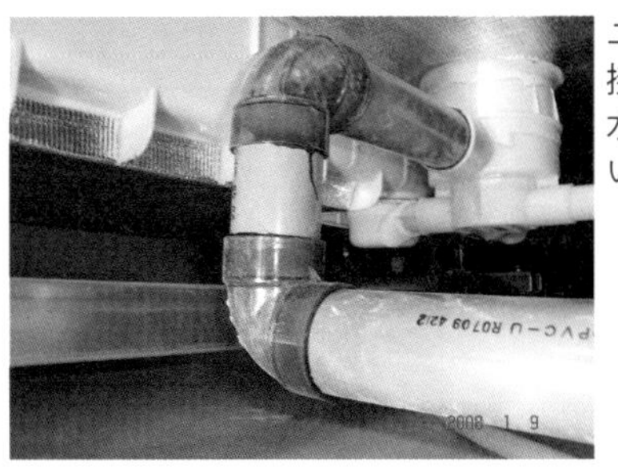


ユニットバス下部接続部のチェック。水漏れを起こさないか確認する

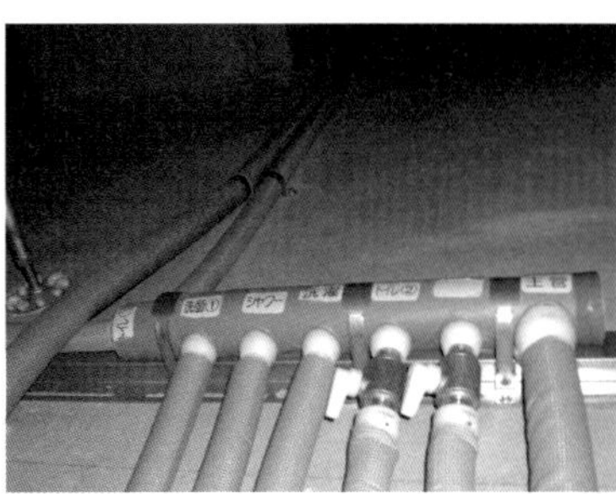

ヘッダー方式の接続部のチェック。接続が適切か、位置や数は図面どおりか確認する

## トラップと通気管

### トラップの種類

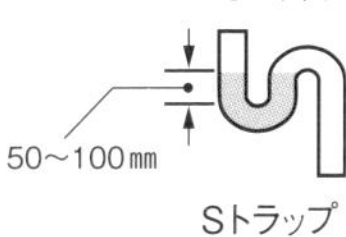


Sトラップ

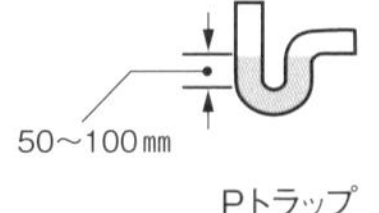


Pトラップ

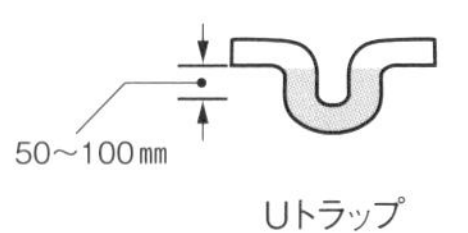


Uトラップ

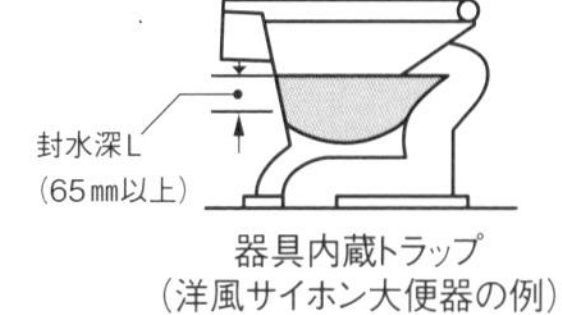


器具内蔵トラップ
(洋風サイホン大便器の例)

トラップは、下水道管からの悪臭、虫類の侵入を防ぐために取り付ける。
4種類のトラップがある。50〜100㎜の封水が必要である

### 通気管の取り付け

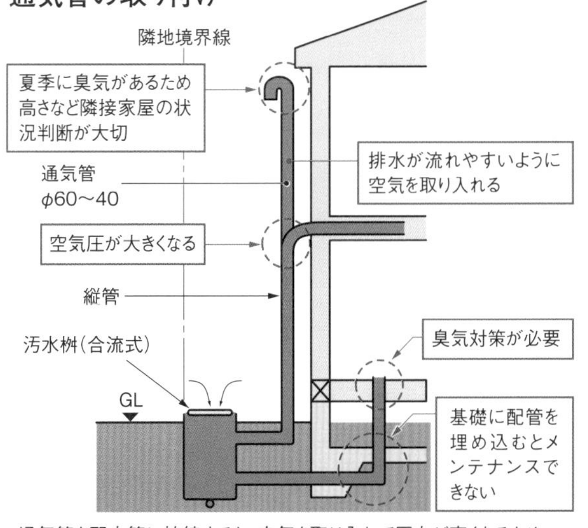


通気管を配水管に接続すると、空気を取り入れて圧力が高くなるため、水が流れやすくなる。ただし、通気管の出口の高さや向きには、周辺の家屋の状況を判断することが重要

**Check Point**

### 給排水設備工事のチェックポイント

- □ 配管接続状況、取付け状況は適切か
- □ 配管をコンクリートに埋め込む際は、スリーブ管を用いているか(P79参照)
- □ 材料は、JIS 適合品か
- □ 配管の径、材質は仕様書どおりか
- □ 排水管の勾配は適切か
- □ 構造材を欠いていないか
- □ 配管の防露・保温状態は適切か
- □ 設備機器の位置、個数、留め方は適切か
- □ 給水管、排水管、洗面台、ユニットバス下部に水漏れはないか
- □ 点検口は適切なところにあるか

# 換気設備

**24時間換気では、2時間ですべての部屋の空気が入れ替わるようにしなければならない**

## 3つ換気方式

２００３年改正建築基準法におけるシックハウス対策として、機械による24時間換気が義務付けられた。これにより、２時間で部屋の空気がすべて入れ替わるようにしなければならなくなった。換気設備が必要となる居室などとは、居間、食堂、台所、寝室、個室、和室、応接室、書斎などである。納戸、物入れ、押入れなどは対象外である。

24時間換気システムには、第1種換気方式、第2種換気方式、第3種換気方式の3種類ある。これらの特徴は左頁を参考にされたい。いずれの方式もダクトを用いる方式とダクトを用いない方式とがある。

ダクトを用いない方式で、第3種換気設備の場合、各居室に自然給気口を設置し、各ドアの隙間を通って廊下を経由して便所、洗面所などから局所換気扇により排出する仕組みとなる。片開きドアの場合は、ドアの隙間にガラリを付けたり、下部に1cm程度のアンダーカットをしたりして、必要な換気を確保する。その他の引戸、折れ戸に関しては、周囲に十分な隙間があるので、特別な換気の措置を必要としない。

## 設置ポイント

居室の給気口、排気口は空気の流れがスムーズにできるように、ドアから最も遠い場所に設置する必要がある。ドアのすぐ近くに設置してもあまり意味がない。ホルムアルデヒドは随時発散されるため、換気扇は常時運転できるものとする。スイッチは、容易に停止されないものとする。

天井裏にF☆、F☆☆の建材を使用した場合は、天井裏のホルムアルデヒドが居室へ漏れないよう換気設備が必要となる。これらが、漏れないよう天井と居室間仕切壁の隙間に通気止めの措置をした場合は免除される。

# 換気システムの種類

## ダクトを用いる第3種換気設備

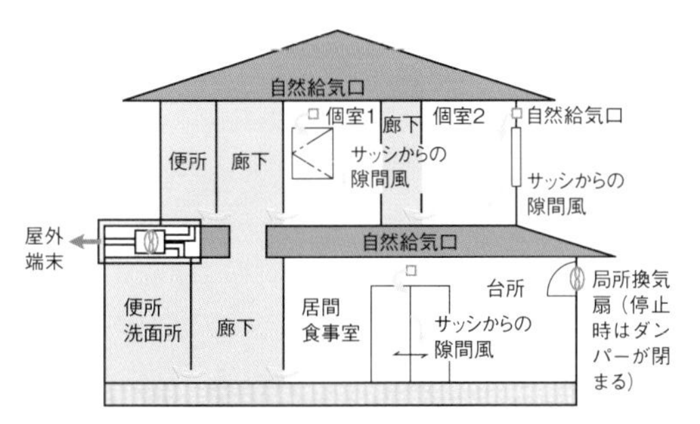


## ダクトを用いない第3種換気設備

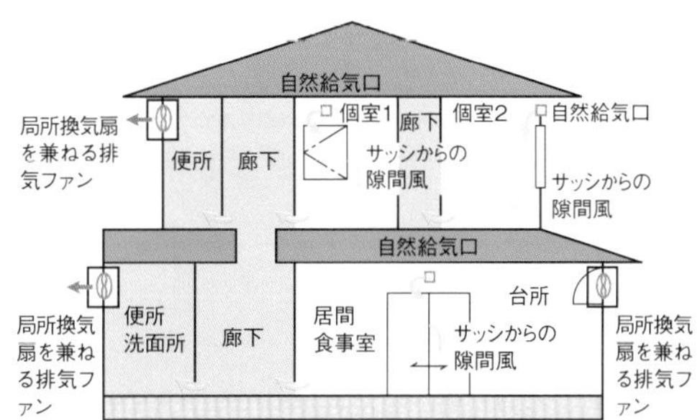


## ダクトを用いる第1種換気設備

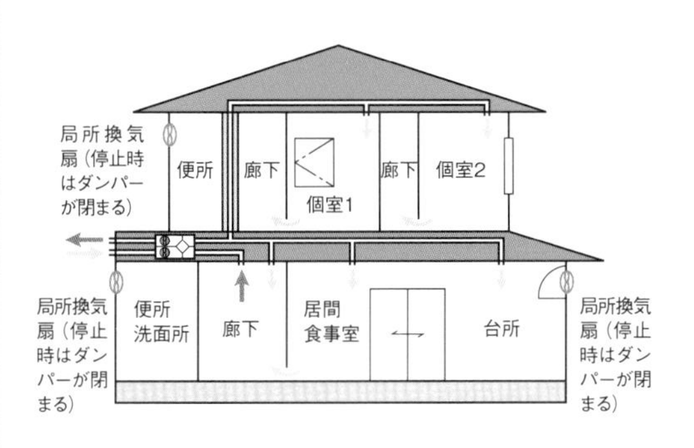


## 第1種換気設備と給気ファンの組み合わせ

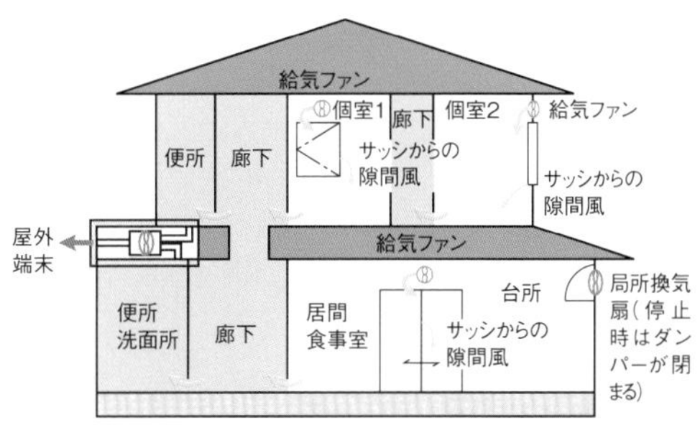


# 換気回数の意味

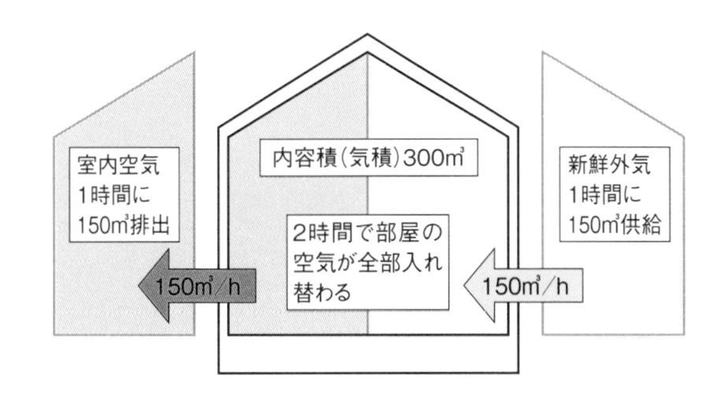


室内の容積が300㎥の住宅で、換気回数の基準値0.5回／hの意味するものは、室内の空気が150㎥排出され、同量の新鮮外気が供給されることである

# 第1種換気設備

天井裏のダクト配管。給気、排気とも機械を使い、各部屋の給気口にダクトを引っ張り、廊下に設けた排気機械で室内の空気を排出している

Keyword 106

# 床暖房設備

## 床暖房には、電気式と温水式があるが、それぞれ、メーカーの仕様書により適切に施工する

### 電気式と温水式

エアコンの暖房では室内温度の上昇が早く部屋は素早く暖まるが、床面温度がなかなか高くならない。床暖房のみでは、床面温度は徐々に足元から温もりは得られるが、室内温度の上昇が遅いため、部屋全体の暖かさを感じるまでに時間がかかる。床暖房とエアコンを併用すれば、床暖房の暖房感が得られるまでエアコンで素早く部屋を暖め、その後、床暖房のみで快適で暖かい空間を維持することができる。

床暖房には、電気式と温水式がある。電気式は電気をその熱源とし、発熱体あるいは蓄熱体を床材直下に組み込み、これに通電して加温する。立ち上がりが早いなどの特徴がある。

温水式は、外部の熱源で温水をつくり、この温水を配管により床材直下に導いて床材を加温する。温度分布が均一であるなどの特徴を持つ。熱源はガスあるいは灯油（重油）などによる。これらは、方式により、さらに細かく分類される。

### 施工方法と注意点

施工方法は、方式、メーカーによりそれぞれ異なるので各メーカーの仕様書に従って適切に行う。床暖房パネル、温水マットの上に仕上げをする場合、仕上材の種類により工法が違うので注意が必要である。

一般的にフローリングの場合は、必ず床暖房対応のものを選び、専用の接着剤、フロアネイルを使用する。カーペットの場合は、グリッパー工法が適している。畳は、一般の畳は熱伝導がよくないので床暖房専用畳を使用する。タイルは、床暖房専用があるので、それを使用する。クッションフロアは、専用接着剤にて全面接着をする。なお、床暖房は、頻繁に水が接する場所には使用できない。

## 電気式の施工例

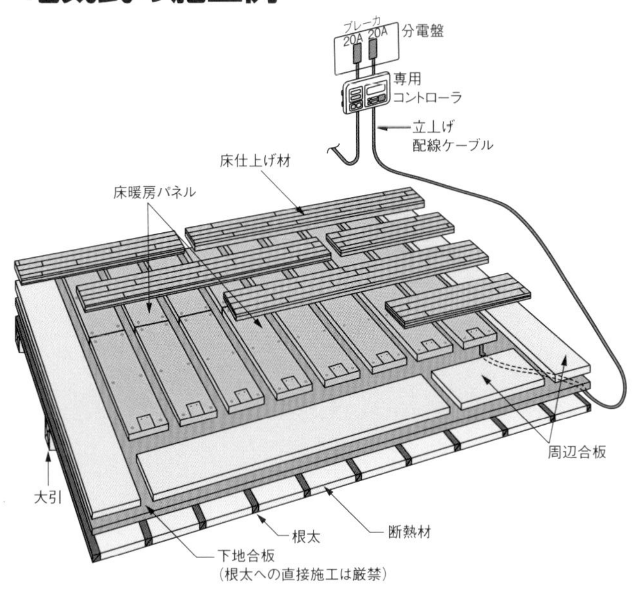


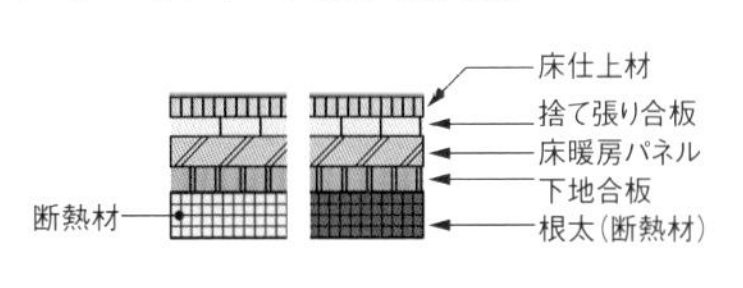


**Check Point**

- 床暖房パネルの下側には、適切な断熱工事を行う
- 根太は、十分乾燥したもの（含水率 13%以下）を使用し、45㎜角以上のものを303㎜間隔で施工する
- 合板下地は、12㎜厚以上とし、根太と接着剤と釘で確実に留め、不陸、目違いなどないようにする
- フローリングは根太に直交かつ短手側の継目が小根太上に位置するように割り付ける
- フローリングの継目と床暖房パネルの継目や下地合板の継目と床暖房パネルの継目とが重ならないようする（目安として 150㎜程度ずらす）
- フローリングの張り方向は、床暖房パネルと直交する方向にしか張らないので、事前に張り後方を十分に確認する
- 床暖房パネルの釘打ちできる範囲は決まっているので、仕様書で十分に確認する

### 床暖房の設置

## 温水式の施工例

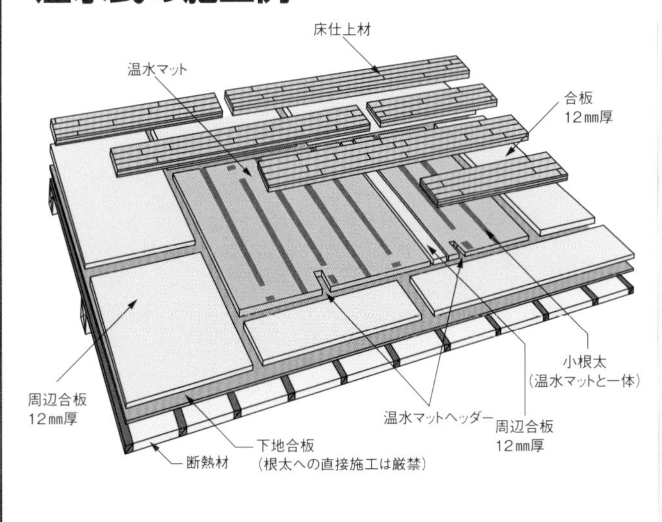


**Check Point**

- 温水マットの下側には、適切な断熱工事を行
- 根太は、十分乾燥したもの（含水率 13%以下）を使用し 45㎜角以上のものを 303㎜間隔で施工する
- 床下は、作業できるよう 300㎜以上開ける
- 合板下地は、12㎜厚以上とし、根太と接着剤と釘で確実に留め、不陸、目違いなどないようにする
- フローリングは根太に直交かつ短手側の継目が小根太上に位置するように割り付ける
- フローリングの継目と温水マットの継目や下地合板の継目と温水マットの継目とが重ならないようする（目安として 150㎜程度ずらす）
- 壁際から 20㎜以上離して温水マットを取り付ける
- 温水マットヘッダー部は必ず周辺の合板と接するように取り付ける

# 外構

## 外構工事においても建物と同様にしっかりとした施工、工事監理が必要である

### 外構工事全体の注意点

外構工事は、門、アプローチ、テラス、カーポート、擁壁、塀工事などがその範囲となる。このなかで最も重要なのは、擁壁工事と塀工事といえる。これらは、施工がずさんであると地震時などに倒壊し、大きな被害をもたらすからである。詳しい施工注意点については次項から解説する。

外構工事をする際、境界の確認は、隣家とのトラブルを防ぐために重要である。プレートが動きそうな場合は、必ず動かない位置にコンクリート釘を打ち、逃げておく。

また、カーポート、テラスも含めて、掘削、埋戻しをしてすぐに安易に土間コンクリートを打設するのではなく、しっかりした転圧と十分な養生期間を確保する。よく建物と土間との間に隙間ができたり、タイル目地に亀裂が入ったりしているが、いずれも地盤沈下が原因である。

また塀の基礎底盤天端の土のかぶりが少なければ、植栽の妨げになる。塀を鉄筋コンクリート造、組積造にする場合、高さが２ｍを超えるような大規模なものになれば、構造計算、工作物の申請まで必要になる場合があるので注意が必要である。

### よくあるトラブル

美観上よくあるトラブルは、施工時のタイルの接着不良が原因で、白華が出た、塀のモルタル下地が浮いて、何年か経つと剥落した、ひび割れが起きたなどがある。また、塀工事においては、塀壁などが汚れないよう、水が完全に切れるように笠木を取り付ける。

外構工事は、境界付近での工事が多いため、近隣への十分な配慮も必要である。トラブルによっては人命にかかわる場合もあるので、建物と同様にしっかりと工事監理を行う。

# 外構工事の注意点

カーポートの配筋。十分に転圧した上に鉄筋を組む

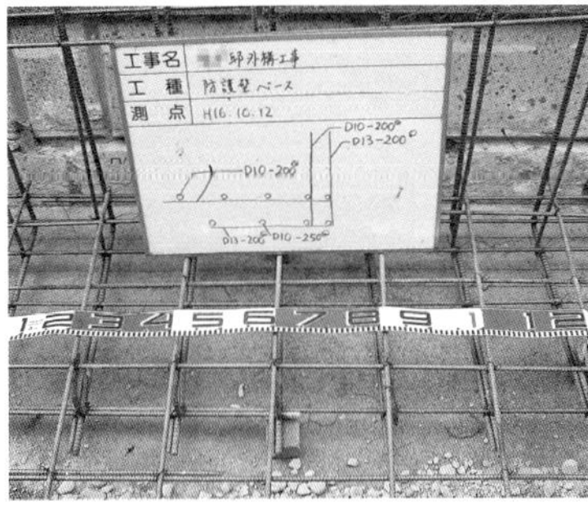


外構工事においても建物と同様に配筋写真は撮っておく

塀工事などで境界プレートが外れてしまいそうな場合、必ず、動かない位置にコンクリート釘などを打ち逃げておく

コンクリートブロック工事。縦筋は、400㎜間隔で入れている

# 外構工事の不具合の例

タイルの接着不良により土間タイルに白華が出ている

転圧が十分でなかったため、テラスが下がり、基礎コンクリートとの間に口が開いた

モルタルが浮いていると数年後に剥落する

**Check Point**

## 外構工事のチェックポイント

- □ 土間コンクリート下は十分な転圧、養生をしたか
- □ 構造図どおりの施工ができているか
- □ モルタル下地に浮きはないか
- □ タイルの接着状況はよいか
- □ 笠木の壁からの出は適正か
- □ コンクリート、モルタルの配合、品質、施工方法に問題はないか
- □ 境界をしっかり確認したか、境界線から出ていないか
- □ 塀などの基礎底盤の天端は、植栽が育つような十分な土かぶりがあるか

Keyword 108

# 擁壁

**擁壁の背面には水を抜くための透水層、水抜き穴を決められた方法で設置する**

## 許可申請

宅地に傾斜があり、道路と敷地に高低差があるときには擁壁をつくる。その擁壁が地震や豪雨で崩壊すると、その敷地ばかりでなく周辺にも大きな被害をもたらすことになるので、構造的に強固なものにしなければならない。宅地を造成し、擁壁をつくる際は、宅地造成等規制法により許可申請を必要とする場合があるので、事前に役所で確認する。役所に許可申請した場合は検査を受ける。検査済証は確認申請時に必要となる。

## 施工のポイント

擁壁の構造としては、鉄筋コンクリート造と石積みがあるが、自治体によっては、石積みは禁止されているところもある。鉄筋コンクリート造の場合は、高さにより鉄筋量、壁厚、底盤大きさ・厚みが異なる。自治体によっては、高さにより仕様が決められているところがあるが、構造計算によりその仕様を決めてもよい。配筋・コンクリート打設要領は、建物同様、JASS（日本建築学会「建築工事標準仕様書」）にもとづく。基礎底面には、15～25㎝厚の割栗石を敷き、捨てコンクリートを打設する。また、20ｍ以下の間隔で厚さ20㎜の伸縮目地を入れる。

擁壁の背面には、溜まった水を抜くために水抜き孔を設置し、その周辺には、透水層または透水マットを設けなければならない。透水層の下部には、厚さ5～10㎝の止水コンクリートを施工し、その上部に栗石で透水層を設ける。断面厚は擁壁高さに応じた数値とする。透水マットは、擁壁高さにより施工要領が変わる。透水マットの張り付けは、メーカーの仕様書に従い行う。水抜き孔は、内径75㎜以上の硬質塩化ビニル製のもので擁壁3㎡に1カ所以上の割合で千鳥配置する。

# 鉄筋コンクリート造擁壁 H=3,000（高さにより断面は異なる）

## 鉄筋コンクリート造擁壁の一例（神戸市擁壁基準）

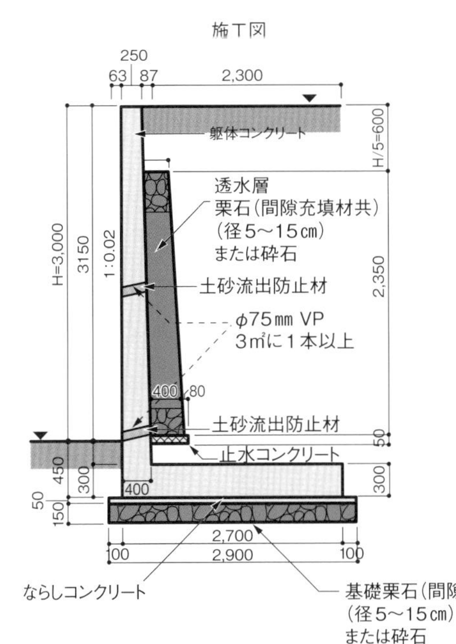


## 石積み擁壁の一例（神戸市擁壁基準）

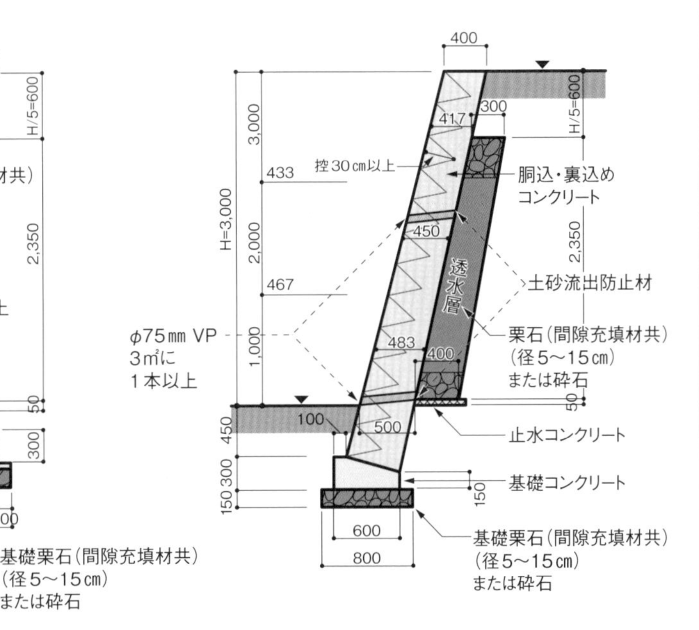

擁壁のコンクリート打ち。建物と同じ要領でコンクリートを打設する。スランプ値、空気量、塩化物などの現場試験も行い、1週間後、4週間後の供試体も採取する

擁壁の背面には透水マットを全面にわたって張り付ける。透水マットは5m以下の擁壁に限定される

### 擁壁工事のチェックポイント

- □ 掘削の高さ、割栗石、捨てコンクリートの厚み、底盤の幅は図面どおりか
- □ 配筋に間違いはないか（配筋要領は、建物とまったく同じ）
- □ 水抜き孔は、3㎡に1個以上設置してあるか
- □ 立上りコンクリートの幅、高さは図面どおりか
- □ コンクリート打設において、強度、スランプ値、塩化物量、空気量は配合計画どおりか（コンクリート打設要領は、建物とまったく同じ）
- □ コンクリート打設において突き固めを十分に行っているか
- □ 透水層は仕様どおりに設置してあるか
- □ 埋戻しにおいてガラなどもきれいに除去しているのか
- □ 埋戻しにおいては十分に軽圧しているか
- □ 20m以下の間隔で厚さ20㎜の伸縮目地を入れているか

# コンクリートブロック塀

**ブロック塀は、1.2 m以上の高さになると 3.4 m以内ごとに控え壁が必要となる**

## コンクリートブロック塀の基礎

塀のなかではコンクリートブロック塀が最も多い。しかし、施工が容易だからといって安易な気持ちで施工すると、地震時に倒壊し大きな事故につながる。ブロック塀は、建築基準法62条、平12建告1355号により最低限の基準が定められている。

コンクリートブロック塀の基礎は、地盤にあった形状、根入れ深さが必要である。軟弱地盤につくる場合は大きくしっかりとした基礎をつくる。基礎は鉄筋コンクリート造とし、根入れ深さ35cm以上とするが地盤の強さにより異なる。基礎の立上りは地面より5cm以上、上げる。基礎の形は、I型、逆T型、L型とする。地盤によっては鋼管杭打ち基礎とする場合がある。

## 施工の注意点

コンクリートブロックは圧縮強度の違いによりA種、B種、C種に分けられる。塀には、通常、C種を使用する。鉄筋は、SD295A、コンクリートは、18N/mm²以上のものを使用する。高さは地盤面より2.2m以下とし、厚みは高さにより決める。

配筋のうち、縦筋は、基礎から壁の上まで1本の鉄筋で立ち上げる。途中でつないではいけない。横筋は、控え壁があるときは塀本体と控え壁をつなぎ、一体とする。横筋は、通常、80cm以下の間隔で入れる。

笠木は、塀の中へ雨水が入り込むことを防ぐもので、ブロックや鉄筋を保護し、モルタルなどでしっかりと固定させる。控え壁は、倒壊を防ぐために重要である。塀の高さが1.2m以上になるときは、塀の長さ3.4m以内ごとに控え壁を設け、鉄筋を入れて本体と一体化させる。ブロックの空洞部分や目地には、鉄筋が錆びないよう十分にモルタルを詰める。

## コンクリートブロック塀の基本構成

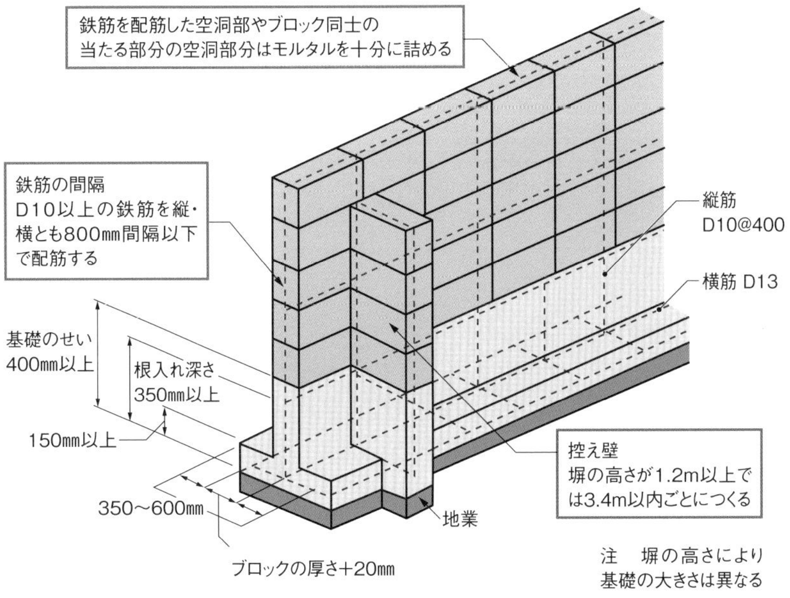


注　塀の高さにより
基礎の大きさは異なる

## 配筋検査

配筋が悪いと倒壊する場合もあるので、建物基礎と同様にしっかりと配筋検査をする

## 基礎形状の種類

### I型基礎

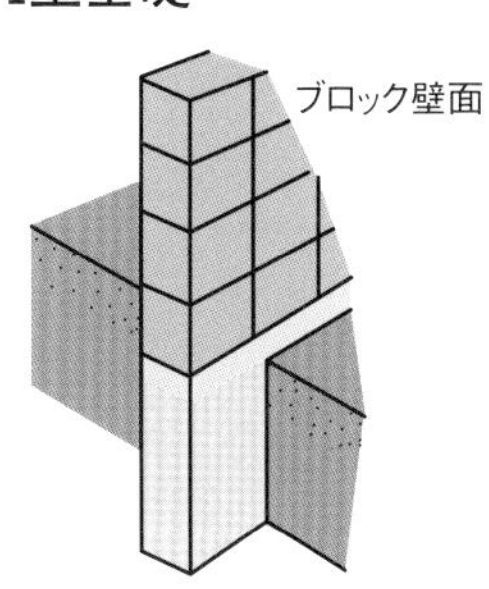


植木、建物などの障害物があり、底盤がつくれない場合

### 逆T型基礎

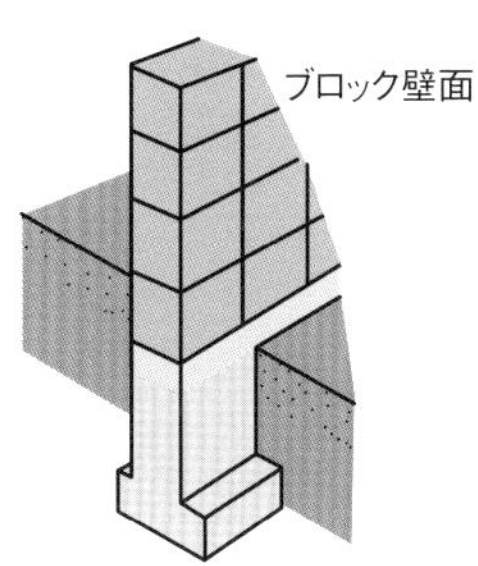


一般的な基礎の形状

### L型基礎

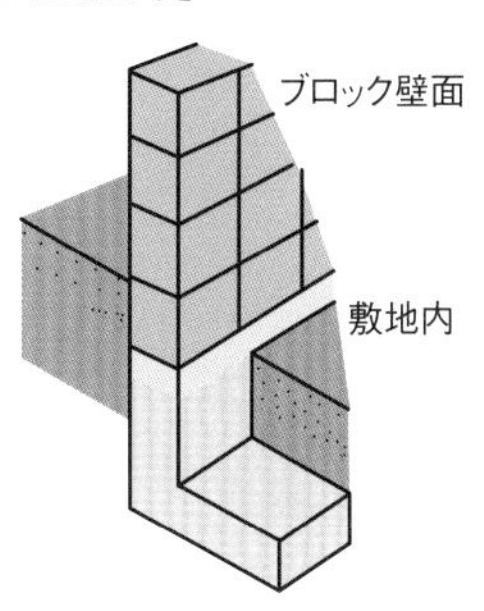


境界線がブロック塀に隣接している場合、境界線から基礎ははみ出してはいけない

## ブロックの厚さと塀の高さ

| 塀の高さ／ブロックの厚さ | 10cm以上 | 12cm以上 | 15cm以上 |
|---|---|---|---|
| 2.0m 以下 | ○ | ◎ | ◎ |
| 2.0m を超え 2.2m 以下 | × | × | ◎ |

説明記号：◎推奨 ○最低基準 ×不可

## 縦筋・横筋の鉄筋間隔

| 控壁 | 塀高さ | 空洞ブロック | 化粧ブロック | | 共通 |
|---|---|---|---|---|---|
| | | 縦筋間隔(cm) | ブロック長さ(cm) | 縦筋間隔(cm) | 横筋間隔(cm) |
| あり | 1.6m 以下 | 80 以下 | 40、50、60 以下 | 60 以下 | 80 以下 |
| | | | 90 以下 | 45 以下 | |
| | 1.6m を超える場合 | 40 以下 | 40、50、60 以下 | 60 以下 | 80 以下 |
| | | | 90 以下 | 45 以下 | |
| なし | 1.2m 以下 | 80 以下 | 40、50、60 以下 | 60 以下 | 80 以下 |
| | | | 90 以下 | 45 以下 | |
| | 1.2m を超え 1.6m 以下 | 40 以下 | 40、50、60 以下 | 60 以下 | 80 以下 |
| | | | 90 以下 | 45 以下 | |

Keyword 110

# 設備に関する不具合

**排水管の不具合が、漏水をまねく。適切な施工を行うことが、建物の劣化を防ぐ**

設備工事で最も多い不具合は、給排水管からの漏水と排水管がつまることによるオーバーフローである。浴室、キッチン、便所、洗面所などの水廻りでは大量の水を使用するので、排水管の設置には、特に注意が必要となる。

## 床下点検口と排水管の設置

常に床下点検できるように、水廻り付近に点検口を設置して、床下全体を行き来できるようにする。万が一の補修工事に備えて、人が作業できるくらいの十分な空間を確保する。

流しなどからの排水管にはトラップを設置し、配管から悪臭や虫が上がってくるのを防止する。しかし、常に水が溜まっている状態であり、詰まることもあるので、容易に点検ができて、取り外し修繕ができるようにしなければならない。

排水管は、適切な勾配、適切な管径が必要である。勾配を確保するために排水管を支持金物で底版のコンクリートにしっかりと固定させる。これが固定することなく、置いてあるだけだと、地震などで排水管が動き、外れたり、勾配が変わったりして、漏水、詰まりの原因となる。(81頁参照)

## 埋設排水管の注意点

外部の埋設排水管に使用する材料は、管の上を人が歩いたり、車が通ったりするので、耐衝撃性のある肉厚のある硬質ポリ塩化ビニル管(VP管)を使用する。

埋設管の接合部、会所には木の根などが侵入することがしばしばあり、これが詰まりの原因となるので注意が必要である。また、深さは、通常20㎝以上となっているが、重量物が載るとか、寒冷地などで凍結するとなると、それに応じた深さが必要となる。会所は曲がり部分に設置し、容易に清掃できる可能な間隔で設置する。

監理
地盤と基礎
軸組
屋根・外装
断熱
内装
設備と外構
耐震改修
引渡し

## 事例 1 浴室からの漏水（床板、土台の腐食）

**現状**

浴室の防水層の不具合がある事例。タイルと浴槽、サッシとの取り合い、排水口と排水管の接合状況等の不具合により、漏水し、土台、床板下地が腐食している。

**対策**

浴室は鉄筋コンクリート造の高基礎として、床下に水が廻らないようサッシとタイル、排水管との取り合いなどしっかりと防水する。排水管の接合部分には特に注意が必要である。適切な防水工事をしても、20 ～ 30 年も経つと劣化して漏水することもあるので、できれば完全防水型のユニットバスをお勧めする。

## 事例 2 腐った床

**現状**

浴槽の排水口と配管の接続不良により漏水した事例。床下全体が浸水し、床下地が腐り、玄関ホールの床が陥没した。その他の部屋の床も腐食し、押入れなどはカビだらけになった。

**対策**

浴室は最もよく水を使用するので、排水口と排水管のジョイントには特に注意が必要である。水廻り付近には床下点検口を設け、定期的な点検を可能にする。床下には万が一の補修工事ができるような十分な空間を確保する（226、227 頁参照）。

## 事例 3 汚水排水管の詰まり

**現状**

キッチン外部の会所。埋設排水管が詰まり、オーバーフローしてキッチンから流れ出た油の塊が浮いている。原因は、会所と排水管の接続部において木の根が浸入してきて水路を塞いだことによる。

**対策**

会所やエルボなどと排水管との接合部分は、しっかりと接合できていないと木の根が浸入して、それが原因で配管が詰まり、オーバーフローする。埋設管は、肉厚の分厚い硬質塩ビ管 VP を用い、適切な勾配をとり、曲がり部分には会所を設けて定期的に点検できるようにする（80、81 頁参照）。

## 事例 4 排水管の勾配不良

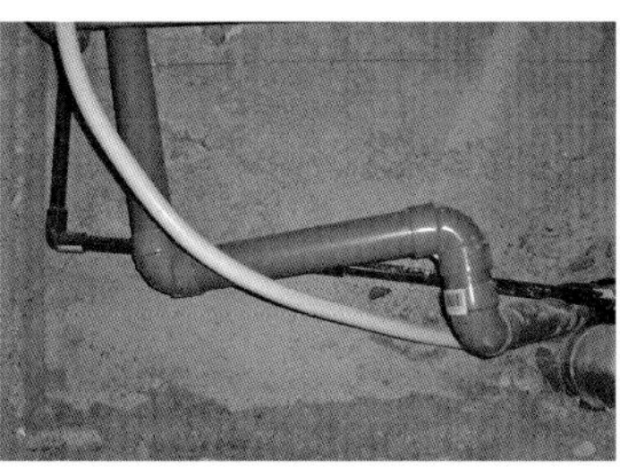

**現状**

洗面所下部の排水管の設置状況。排水管が傾いており、曲がりの部分に物が詰まれば、そのままオーバーフローをしてしまう。詰まった際には、掃除口もないために掃除するのも困難である。

**対策**

洗面器などの下部にある排水管の途中にはトラップを取り付け、悪臭や虫類が上がってこないようにする（227 頁参照）。しかし、この部分には物が詰まりやすいため、点検掃除口を設け、詰まりがあれば容易に掃除できるようにしておく。

## 事例 5 配管廻りの隙間

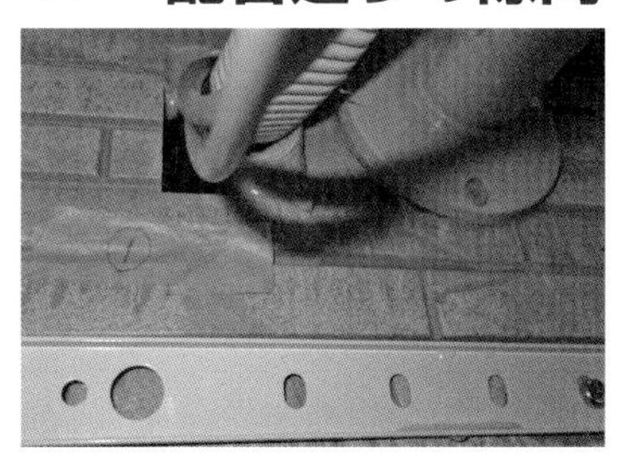

**現状**

給湯器の給水管と外壁サイディングとの取り合い。シーリングができておらず、隙間が空いている。

**対策**

外壁と設備配管との取り合い部分から水が侵入することは多いので、しっかりとシーリングする必要がある。防水シートとの取り合い部分においても、防水テープを配管廻りに隙間なく貼る必要がある。配管やスリーブ類は、勾配を内側にとると水が内部に侵入するので、必ず外部に向けて勾配をとることが必要である。

Keyword 111

# 外構に関する不具合

**擁壁、ブロック塀に不具合があれば、大きな事故になるので、しっかりとした施工・監理が必要である**

## 擁壁の不具合

宅地造成規制区域において、擁壁は、高さが2ｍ以上となると、許可が必要となり、各自治体が定めた技術基準を順守しなければならない。

擁壁として、ブロック積を使用しているところもよく見かける。擁壁にブロックを使用する際は、構造計算を行うか、もしくは国土交通大臣が認定した方法で施工しなければならない。

土圧がかかる擁壁でブロック積とする場合は、厚さ150㎜以上のものと決められているが、厚さ100㎜のブロック積の擁壁をよく見かける。そのような場合だと土圧に耐え切れず、塀全体が膨らんだりずれたりして、倒壊の原因となり非常に危険である。

擁壁には、水抜きが必要であるが、詰まってその機能を果たしていないものや、水抜きすら付いていないものもある。水抜きがないと、内側はプール状態となり、大きな水圧がかかり危険である。擁壁が膨らんでいる、ひび割れがある、鉄筋が露出して錆びている、などの現象は危険な兆候だ。

そして、埋め戻しをする際は、十分に転圧をする。転圧が不十分であれば、時間が経つと、不同沈下を起こし、さまざまな不具合が発生する。

## ブロック塀の不具合

平成30年の大阪北部地震において、ブロック塀の高さが基準を超え、控え壁すらついていなかったため、登校途中の小学生が倒壊したブロック塀の下敷きになり死亡する事故が起きた。

ブロック塀は道路面によく設置されているが、施工が杜撰であれば転倒して大きな事故につながる。施工基準は、建築基準法で定められているが、塀の高さが基準を超えている、控え壁がない、鉄筋が入っていない、基礎が無いなど、杜撰な塀は多々ある。

## 事例1 二段擁壁

**現状**

この擁壁は間知石積の上に150㎜のブロックを4段積み、さらに100㎜のブロック積となっており、いずれも土圧がかかっている。また、水抜き孔も設置されていない。異なる素材を使用して増し積みしている擁壁を二段擁壁といい、危険な擁壁とされている。これは建築確認もおりない。

**対策**

擁壁に関しては、各自治体で設置基準が定められている（234、235頁参照）。二段擁壁は、非常に危険なので基準通りに造り直す。傾斜地に擁壁を設置し、建物を建てる際には、周辺への安全性の配慮が必要である。

## 事例2 ずれたブロック塀

**現状**

地震によりブロック塀が揺れて、上部2段が外れている。この敷地の地盤は、不同沈下を起こし、ブロック塀も大きく傾いている。鉄筋が入っておらず、控え壁もとられていない。倒壊寸前の非常に危険なブロック塀である。

**対策**

ブロック塀の設置基準は、建築基準法で定められている（236、237頁参照）。このようなブロック塀は、基礎もまともにできていない可能性が高いので、基礎から造り直す必要がある。道路に面するブロック塀は、特に注意が必要。

## 事例3 擁壁の割れ

**現状と原因**

造成した敷地の東西方向に高低差400㎜の重力式擁壁を設置したが、すぐに10㎜の亀裂が入った。原因は南北方向に高さ5mのL型擁壁を築造し、埋め戻しを行ったこと。この擁壁は埋め戻した地盤と既存地盤をまたいで設置したが、埋め戻した部分の転圧が不十分で、不同沈下を起こして折れたものと思われる。

**対策**

埋め戻し、盛り土を行う際には、30㎝ごとにローラー、ランマー等で十分に転圧、水締めをし、地盤が安定した事を確認のうえ施工する。

## 事例4 傾いたテラスの土間コンクリート

**現状**

この建物は、傾斜地にある敷地で盛土をした上に建っている。建物は大きく傾き、土間コンクリートと基礎との取り合い部分に大きく口が開いている。

**対策**

地盤改良を行う場合、通常は建物部分のみを行う。建物周辺にも行うと埋設配管ができず植栽も育たなくなる。盛土をした緩い地盤の上に土間コンクリートを打設する際は、傾きや割れを防止するために十分な転圧を行った上に鉄筋を入れて、コンクリート厚みは100㎜以上確保する。

## 事例5 堀込車庫土留めの傾き

**現状**

堀込車庫をつくる際に土留めが傾き、隣家に多大な影響を与えている。H鋼のサイズが小さいうえに打設間隔が大きく、根入れが十分でないことが原因。土留が傾くと周辺家屋の基礎に亀裂がはいる、床が傾く、土間・塀が壊れるなど、大きな影響を与える。建物全体が傾くこともあるので、細心の注意が必要である。

**対策**

土留の杭打設は、基礎の場合と同様に非常に重要。事前に打設計画を立て、慎重な施工が必要である。そして、周辺の地盤に影響が出ていないか常に確認する。

TOPICS 7

# バリアフリー住宅

## バリアフリー化に関する設計・監理の要点

| | |
|---|---|
| 1.部屋の配置 | 日常生活で使用する玄関、廊下、居間・食堂、便所、洗面脱衣室、浴室などはできる限り同一階とする。最低限、寝室と便所は同一階にする |
| 2.手摺の取付け | 玄関、廊下、階段、浴室、便所などに転倒予防、移乗動作を助けることを目的として設置する。取り付ける手摺の形状は、2段式、縦付け・横付けのものを適切な位置にする。手摺には、壁下地補強をする |
| 3.段差の解消 | 居室、廊下、便所、浴室、玄関などの出入口敷居部分の段差をフラットにする。特に玄関ポーチの段差は180㎜以下とする |
| 4.寝室・便所および浴室 | 浴室は、介助入浴が可能なスペースをあらかじめ確保しておく。短辺方向の内法寸法を1,300㎜以上とし、有効面積を2.0㎡以上とする。便所は、介助できるスペースを確保し、洋式便器を設置する。寝室の面積は内法で9㎡以上とする<br>介助スペース<br>内法1,300㎜以上<br>500㎜以上<br>500㎜以上<br>W(注)<br>便所の介助スペースの例<br>注　出入口の寸法Wは、居室の出入口と同様750㎜以上とする |
| 5.建具に関して | 建具は、引戸、折れ戸、アコーディオンカーテンなどの安全で開閉しやすいものにする。建具金物は、把手、引手は使いやすい形状で適切な位置につける |
| 6.廊下、出入り口の幅員の確保 | 廊下においては、手摺の設置、車椅子介護者の通行が円滑に行えるように有効780㎜以上の幅員を確保する。出入口においては、建具を開放したときに居室では、有効750㎜以上、浴室では600㎜以上の幅員を確保する |
| 7.その他 | 部屋間の温度差が少ない全室暖房とする。水栓金具、スイッチ、コンセントは、適切で使いやすい位置に設置する。照明は適切な照度を確保し、安全な個所に設置し、足元が暗がりにならないようにする。ガス設備は、安全で操作しやすいものとする。住戸内は、床・壁材の滑りにくく、転倒しない仕上材とする |

日本は世界一の長寿国であり、厚生省の試算では2025年には4人に1人が高齢者になると予測している。高齢化、障害などにより身体機能の低下が生じた場合でも安全で安心、快適に暮らすためにバリアフリー住宅にすることは、常識となっている。

住宅性能評価、住宅金融支援機構では、高齢者配慮対策等級によってバリアフリー化の基準を定め、高齢化社会への対応を図っている。また、厚生労働省によってバリアフリー化のための住宅改修補助金制度も準備され、給付を受けるためのそれぞれ基準が定められている。

住宅性能評価などの基準では、部屋の配置、手摺の取付け、床の段差を解消すること、寝室、浴室および便所の介助に必要なスペースを確保すること、車椅子でも通行できる廊下幅員・出入口幅を確保することなどである。

そのほかにも高齢者が安全に暮らせるよう、細かく定められている。

# 第8章

# 【耐震改修】

耐震改修工事は
リノベーションや
古民家改修には必須！
耐震診断の考え方から、
建物のバランスを見て
チェックする項目を紹介。
具体的な改修方法と
その監理ポイントを
まとめました

# 耐震診断・改修（補強）工事の必要性

**2045年までに大地震の発生率は70%とされ、昭和56年以前の建物は、耐震改修が急務である**

1995年1月17日午前5時46分に阪神・淡路大震災が発生し6434人もの尊い命が奪われました。その中で住宅の倒壊による圧死と言われる人達は、83.3%、焼死等では12.8%にも及び、甚大な被害をもたらした。

そして、2011年には東日本大震災、2016年には、熊本においても大地震が発生して、同様に多くの建物が倒壊し、地震に対する建物の安全性が大きく問われている。

現在の耐震基準は、「新耐震設計基準」と呼ばれているもので、1978年の宮城県沖地震後、耐震設計法が抜本的に見直され、1981年（昭和56年）に大改正されたもの。大きな被害を受けた建物のほとんどは、昭和56年5月以前に建築された旧耐震基準による木造住宅であったとの指摘もある。

## 耐震診断・改修工事の必要性

今後30年の間にさらに大きな地震が高い確率で発生するものと予測され、これらの地震は、いつ発生してもおかしくない。しかしながら、昭和56以前の旧耐震の木造住宅で耐震化されていなものは、まだ数多く存在しているといわれ、地震から命を守るためにも、それらの耐震化が急務とされている。

阪神・淡路大震災の教訓をもとに1995年に「建築物の耐震改修の促進に関する法律（耐震改修促進法）」が施行され、現在の新耐震基準を満たさない建築物について耐震診断を行い、耐震性が確保されていない場合は、耐震改修を進めることとされている。

## 耐震診断とは

「耐震診断」とは既存の建築物において旧耐震基準で設計された建物を、新耐震基準で耐震性の有無を確認することである。また、新耐震基準で建てられた建物においても耐震性が懸念される場合は耐震診断を行う。

## 南海トラフ沿いの地震発生の歴史

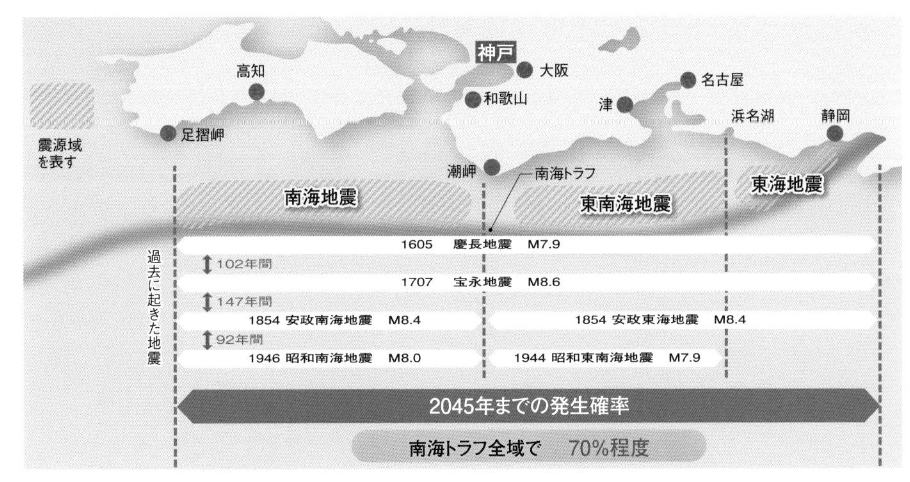


阪神・淡路大地震発生直前における30年以内の発生確率は0.02～8%だった

## 過去の大きい地震と大地震に伴う主な死亡原因

| 昭和以降で100人以上の死者・行方不明者を出したM7.0以上の地震 | |
|---|---|
| 昭和2年（1927年） | 北丹後地震（M7.3） |
| 昭和5年（1930年） | 北伊豆地震（M7.3） |
| 昭和8年（1933年） | 昭和三陸地震（M8.1） |
| 昭和18年（1943年） | 鳥取地震（M7.2） |
| 昭和19年（1944年） | 東南海地震（M7.9） |
| 昭和21年（1946年） | 南海地震（M8.0） |
| 昭和23年（1948年） | 福井地震（M7.1） |
| 昭和58年（1983年） | 日本海中部地震（M7.7） |
| 平成5年（1993年） | 北海道南西沖地震（M7.8） |
| 平成7年（1995年） | 阪神・淡路大震災（M7.3） |
| 平成23年（2011年） | 東日本大震災（M9.0） |
| 平成28年（2016年） | 熊本地震（M7.3） |

参考：大阪府住宅まちづくり部建築防災課パンフレット

### 阪神・淡路大震災の死亡原因

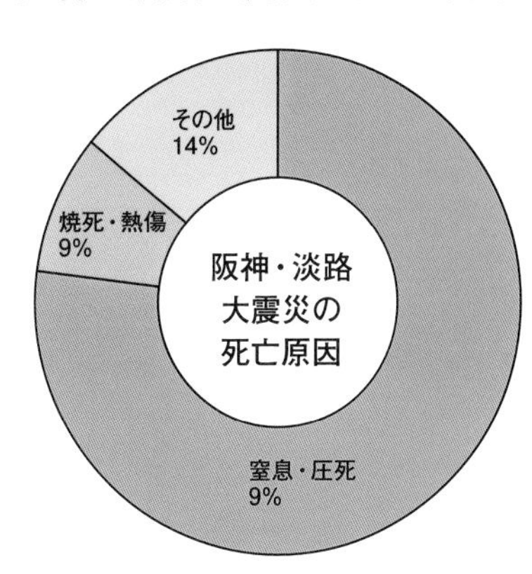


国土交通省近畿地方整備局震災復興対策連絡会議「阪神・淡路大震災の経験に学ぶ」より作成（災害関連死を除く）

## 旧耐震基準と新耐震基準の主な特徴

| | 旧耐震基準～1981年 | 新耐震基準1981年～ |
|---|---|---|
| 壁量 | 少ない | 多い |
| 基礎 | 鉄筋なし | 鉄筋あり |
| 接合部 | 金物なし | 金物あり |

阪神・淡路大震災では多くの家屋が倒壊した（1995年神戸市HPより）

Keyword 113

# 耐震診断とは

**昭和56年以前の建物は、耐震診断を行い、耐震性が確保されていない場合、耐震補強を行う**

耐震基準を知るために耐震診断を行うが、その方法として一般財団法人日本建築防災協会「木造住宅の耐震診断と補強方法」（2012年改訂版）がある。これは1995年にスタートし、阪神・淡路大震災の経験を経て、地震被害例や耐震診断、耐震改修に係る調査・研究・試験成果により2002年に改正。2012年にさらなる見直しで大改正となり、現在はこの方法が一般的な診断方法となっている。

耐震診断には、「誰でもできるわが家の耐震診断」と「一般診断」および「精密診断」がある。「誰でもできるわが家の耐震診断」は、一般の人々が自ら住まいの耐震性をチェックする場合の診断方法である。

## 一般診断とは

「一般診断」は、建築士・建築関係者により行われる一般的な方法である。診断は、住宅に必要とされる耐力（必要耐力）と、住宅が実際に保有している耐力（保有耐力）との比較で行われる。必要耐力は想定する地震力と住宅の仕様と形状、重量、劣化度などにより総合的に算定する。保有耐力は床の仕様や接合部などを考慮した耐震要素（耐力壁、耐力が期待できる無開口壁、垂れ壁、柱等）の耐力の和で評価する。診断基準は、大地震（震度6弱）において、倒壊の可能性の評価となる。これは、既存の床・壁を壊したりすることなく、目視にて調査することが原則となる。そして、これらの結果は評点というもので表現される。

## 精密診断とは

「精密診断」は、「一般診断」よりもさらに細かい部分まで調査し、実際に補強設計を行う際に用いる。目視での調査で不明な部分は、壁・天井を壊すこともある。一般的に構造専門家により行われる。

## 上部構造評点の求め方

$$【上部構造評点】= \frac{【保有耐力】Pd}{【必要耐力】Qr}$$

上部構造とは、壁や柱・梁・土台など家の構造物のこと。必要耐力（Qr）とは、震度6強の地震で建物が倒壊しないために必要な力を数値化したもの。保有耐力（Pd）とは、現状の建物が保有している力を数値化したものである。その割合が上部構造評点であり、その建物が持っている耐震性能を評価するというものである。

| 評点 | 判定 |
|---|---|
| 1.5 以上 | 倒壊しない |
| 1.0～1.5 | 一応倒壊しない |
| 0.7～1.0 | 倒壊する可能性がある |
| 0.7 未満 | 倒壊する可能性が高い |

## 耐震診断チャートと被害評

### 耐震改修チャート（評点別想定被害）

| 被害＼震度 | 5弱 | 5強 | 6弱 | 6強 | 7 |
|---|---|---|---|---|---|
| 無被害 | 1.0 1.3 | 1.3 | | | |
| 小破 | 0.4 0.7 | 1.0 | 1.3 | | |
| 中破 | | 0.7 | 1.0 | 1.3 | |
| 大破 | | 0.4 | 0.7 | 0.7 1.0 | 1.3 |
| 倒壊 | | | 0.4 | 0.4 | 1.0 0.4 0.7 |

出典：井戸田秀樹、嶺岡慎悟、梅村恒、森保宏／在来軸組木造住宅における一般耐震診断の評点とその損傷度の関係 耐震改修促進のための意思決定支援ツールに関する研究（その1）、日本建築学会構造系論文集 第612号、pp.125-132、2007年2月

阪神・淡路大震災において大破した家屋（1995年神戸市HPより）

| | 被害の様子 | 修復の可能性と被害状況 |
|---|---|---|
| 無被害 | | ほぼ無被害<br>・仕上げのモルタル、漆喰などに軽微なひび割れが発生する場合がある<br>・壁紙にしわが寄ることがある<br>**変形：1cm以下** |
| 小破 | | 継続使用可・軽微な補修要<br>・部分的なタイルの剥離<br>・窓周辺のモルタルなどにひび割れ<br>・壁紙の部分的破損<br>・瓦のずれ、部分的落下<br>**変形：1～5cm** |
| 中破 | | 多くの場合避難生活・かなりの修復費用が発生<br>・外壁の剥離、脱落<br>・窓、扉の開閉不具合<br>・内装仕上げの剥離<br>**変形：5～10cm** |
| 大破 | | 避難生活・修復困難<br>・内外装の激しい剥落<br>・大きな柱の傾き<br>・窓、扉の損壊<br>・余震による倒壊の可能性<br>**変形：10センチ以上** |
| 倒壊 | | 命を落とす危険性大<br>・室内空間がなくなる<br>・近隣への影響大<br>・火災発生の可能性大 |

※「変形」は揺れているときに家全体が横方向に変形した大きさを意味する

地震の際に受ける被害の大きさは、震度と評点の関係から決まる。例えば、評点が0.4の場合、震度5弱の地震であれば小破程度、5強であれば大破する。震度が6弱以上であれば倒壊の危険があるということである。評点が0.7であれば、震度6強で大破する危険性があるが倒壊は避けられる。倒壊を避け、避難する時間を確保するためには、最低でも評点0.7以上が必要である。

# 現地調査

**現地調査では、建物の仕様、形状、劣化状況、筋違、基礎鉄筋の有無などを入念にチェックする**

一般診断と精密診断とで調査方法は異なるが、ここでは一般診断を行う場合の実際の調査方法を説明する。

## 現地調査の事前準備

調査の準備として、まず図面を入手する。当時の確認申請書があれば一番よいが、なければ建築計画概要書だけでも確認する。図面では、筋かいはどのような大きさのものがどこに入っているのか、壁の仕様はどうか、材料、仕上げは何かなどを入念にチェックする。そして、検査済証が出ているのかどうかを確認することも重要である。検査済証が出ていれば、現場は申請図の通りにできているものとしても差支えない。

## 現地での調査

現地で確認することは、間取り、仕様が図面通りにできているのか、増築はしているのか、図面がなければ目視にて、間取り図を描きながら壁の仕様を確認していく。

重要なことは劣化状況である。外部では、屋根、軒裏、樋、外壁などにひび割れ、隙間、浮き、変褪色、防水の劣化などないか。基礎は鉄筋探査機にて鉄筋の有無もチェックする。

内部においては、雨漏りがないか、床にへこみ、きしみなどないか、レーザーレベルや下げ振りなどで柱・壁・床の傾きもチェックする。浴室などの水廻りにおいては、タイルが割れていないか、取り合い部分のシーリングの劣化がないかなどチェックする。

床下においては、基礎の有無、コンクリートにひび割れ、床組みに蟻害はないか、水漏れはないか、換気状況などをチェックする。

天井・小屋裏においては、筋かいの状況、金物の設置状況、換気状況、雨漏りがないか、蟻害はないかなど、入念にチェックする。

## 耐震診断でチェックするポイント

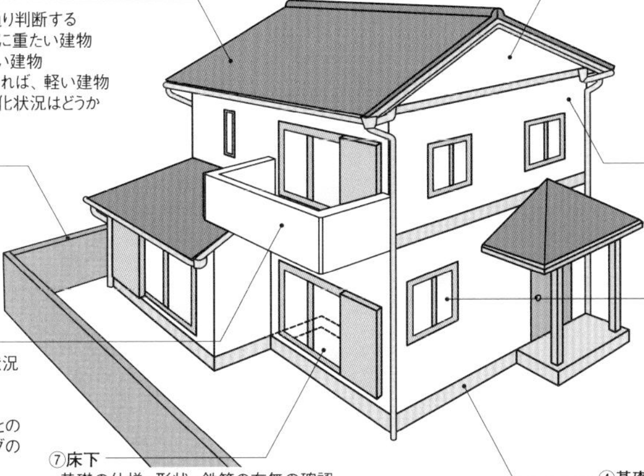


## 現地調査の具体例

基礎・土間にひび割れはないか

屋根の仕様、劣化状況はどうか

外壁・軒裏・樋の劣化状況はどうか

バルコニーの劣化状況はどうか

雨漏り、結露などないか

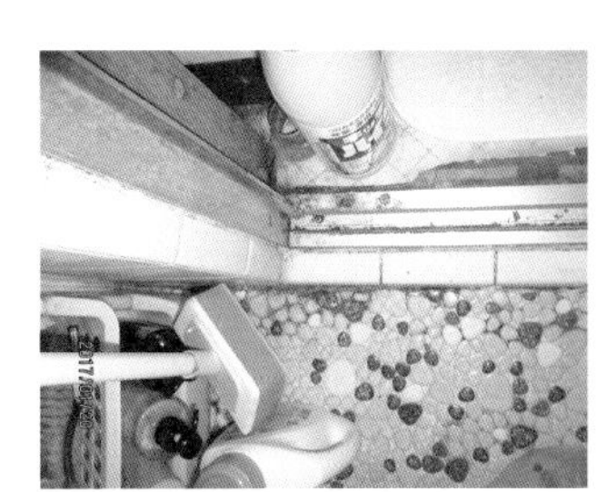
シーリングの劣化状況はどうか

基礎コンクリート、蟻害の状況

筋違、金物設置の状況はどうか

壁の仕様、換気、劣化状況はどうか

Keyword 115

# 耐震補強

**耐震補強方法には、屋根の軽量化、耐力壁設置、金物の設置、劣化改善、基礎補強が有効である**

耐震診断により、評点が1.0以下であれば、耐震補強が必要となる。このように補強方法を計画することを耐震補強設計といい、耐震補強工事には適正な施工・工事監理が必要である。

## 大地震で家屋が倒壊した原因とは

まず、阪神淡路大震災や東日本大震災、熊本地震などで多くの家屋が倒壊したが、その原因を考えてみる。

- 屋根が重く、建物が大きく揺れた。
- 柱・土台がシロアリに喰われた。
- 基礎に鉄筋が入っていない。
- 柱・筋違が梁・土台から外れた。
- 2階の重要な柱・壁の直下に1階の柱・壁がなかった。

などが挙げられる

## 耐震補強方法とは

耐震診断補強では、これらの原因を一つ一つ解決する。具体的には、

- 屋根をスレートや金属などの軽いものにする。
- 蟻害のある柱・土台などを取り替え、雨漏りの原因となるひび割れ、防水などの劣化を改善する。
- 基礎が壊れないよう補強する。
- 柱・筋違が梁・土台から外れないよう、金物で補強する。

などである。その他の方法として、強度が不足している部分に筋かいや構造用合板などでできた壁(耐力壁)を新たに設置する。そしてその壁を均等にバランスよく配置することなどがある。特に大きな開口があることの多い南側の補強は重要な要素である。

耐力壁、接合金物の設置方法は、基本的に新築の場合と同じである。大きな力が加わるところには、大きな倍率の壁、金物が必要となる。

古い建物は無筋の場合が多く、また、基礎すらないこともあるので、耐力壁を設置する部分には鉄筋コンクリート造の基礎が必要である。

# 耐震補強の主な方法

## 屋根の軽量化

屋根をスレートや金属など、軽い素材のものにすることで建物の揺れが小さくなり、耐震性を高める。

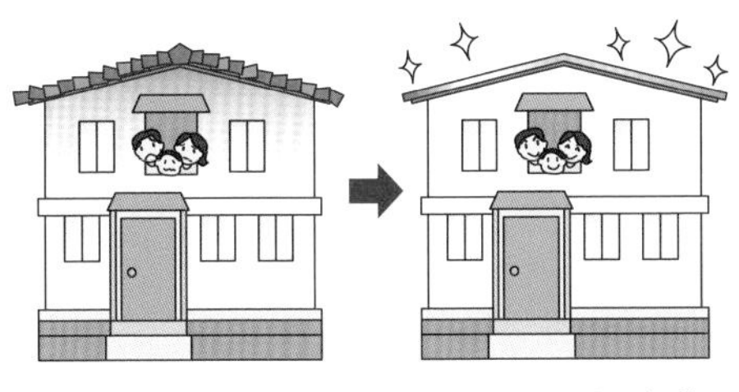

土葺き瓦　　スレート・金属板葺

## 基礎の補強

基礎にひび割れや大きな欠損があると、耐力が損なわれ地震時に倒壊する危険が高くなる。また、古い住宅の基礎にはもともと鉄筋が入っていないか、入っていても少ないものが多くある。こうした基礎はしっかりと補修・補強をしないと地震時に大きな被害を受ける可能性がある。

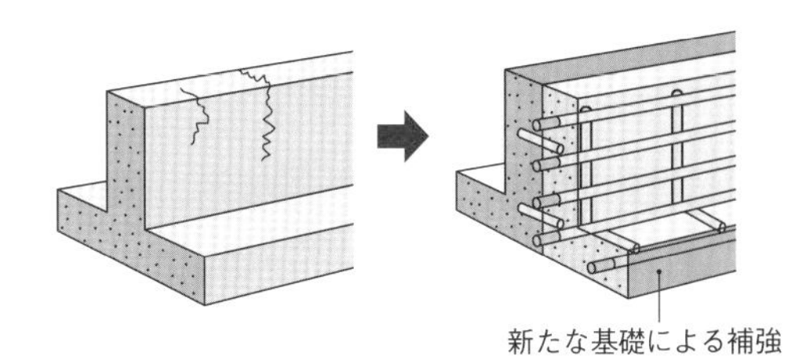

新たな基礎による補強

## 耐力壁の設置

地震の揺れに耐える壁（耐力壁）が少ない場合や、配置のバランスが悪い場合に倒壊する危険が高くなる。住宅に必要な耐力壁の長さは住宅の仕様・面積によってほぼ決まり、必要な耐力壁をバランスよく配置する必要がある（114～119頁参照）新たに耐力壁を増やす等の方法で耐震性を高める。

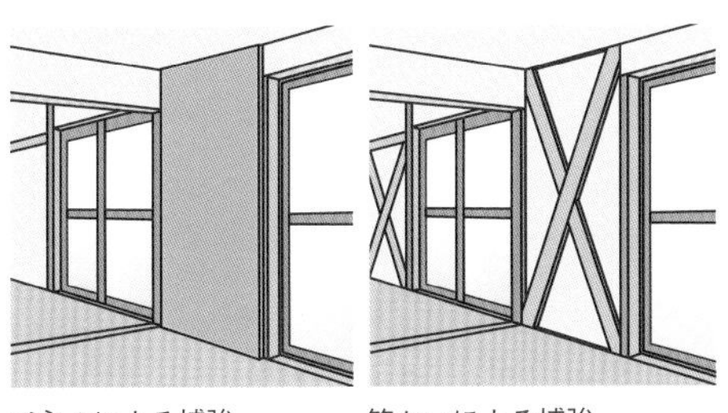

パネルによる補強　　筋かいによる補強

## 接合部の補強

柱の上下の接合部などが十分に緊結されていることが必要。壁、柱、梁などの接合部が十分に緊結されて一体となって地震に耐えるように補強金物を設置し、耐震性を高める。接合部が緊結されていなければ耐力壁があっても地震に抵抗できない（120～123頁参照）。

金物による補強

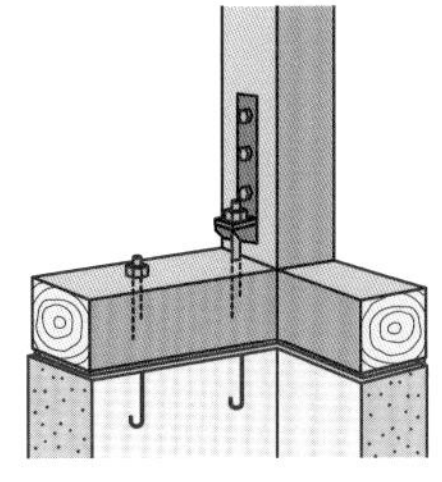

ホールダウン金物・アンカーボルトによる補強

## 劣化した部分の補強・部材の交換

雨漏りなどで柱・土台などが腐食したり、蟻害があると、郷土が著しく低下し、大地震の際にはその部分から崩壊するので、劣化した部分は交換する。

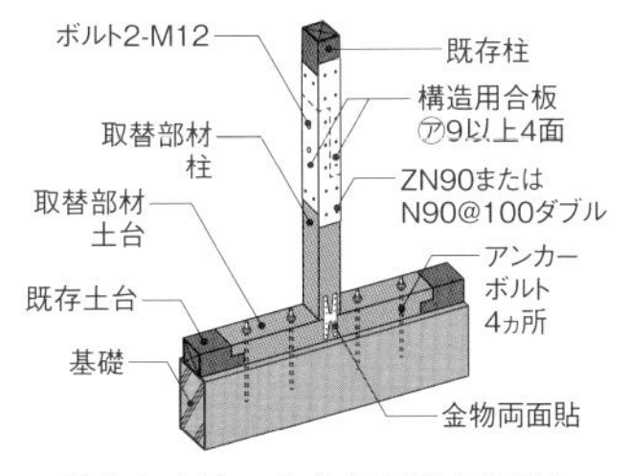


劣化した柱・土台を交換することもある

## 耐震シェルター

建物全体の補強だけでなく、一部の部屋の補強を行い、命を守る耐震シェルターの設置という方法もある。耐震改修工事を行うというより、比較的安価で工期も短くなる。

参照：日本建築防災協会パンフレット、大阪府住宅まちづくり部建築防災課パンフレット

# 耐力壁設置

**耐力壁の設置には、筋違を設置する場合と構造用合板を設置する場合がある**

耐震補強の方法である耐力壁に関しては、基本的な考え方は新築と同じである。木造住宅は柱が太くて多いため耐震性が高いわけではない。地震の横揺れや台風などの強い横風により建物には水平力がかかるが、これらに抵抗する力をもつ壁が「耐力壁」である。柱が多くあれば、真上からの重さには耐えることができるが、横からの力に対しては弱いのだ。一般的に面積・階数の大きい建物、重い建物ほど多くの耐力壁が必要になる。

## 耐力壁設置の注意点

耐力壁には、大きく「筋かい」によるものと「構造用面材」によるものの二通りがある。これらに関しては112～119頁を再度見直していただきたい。新築と異なるのは、既存の骨組みに耐力壁をはめ込むことになる点である。なので、計画上ではできるはずのものが、いざ現場で施工となるとなかなか計画通りにいかない事が多々あるので、臨機応変な対応が必要となる。

既存建物に新築と同様に筋かい、構造用合板を設置するとなると、天井や床を解体しないと設置できない。しかし、実際に天井・床を解体するのは大掛かりな工事となり、費用的にも高額となるため、お勧めはできない。これに関しては、各メーカーから、耐震改修用の耐力壁キットが販売されているので、それらの使用も検討したい。

また、構造用合板を使用した場合でも、下地の入れ方を工夫することにより新築同様の壁倍率が確保できるものが開発されている。これらは、いずれも国土交通大臣の認定が必要であり、その認定書にあるマニュアル通りに行わないと必要な耐力が確保できないので、注意が必要である。

耐力壁には、換気口、コンセントなどのような開口がよくあるので、その施工には十分な注意が必要である。

監 理
地盤と基礎
軸 組
屋根・外装
断 熱
内 装
設備と外構
耐震改修
引渡し

## 床や天井を壊さない面材耐力壁の製品

筋かいや構造用合板を使って壁補強した場合

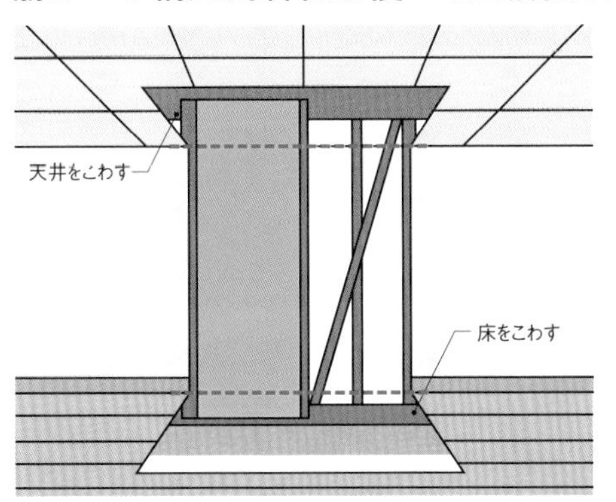


床や天井を壊さずに補強した場合

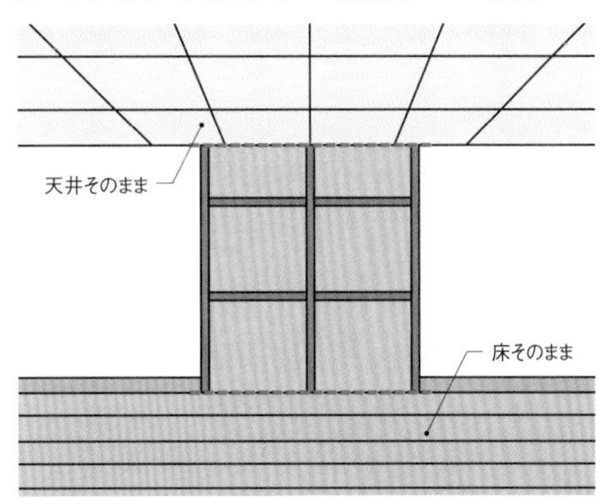


国交省
認定品の例

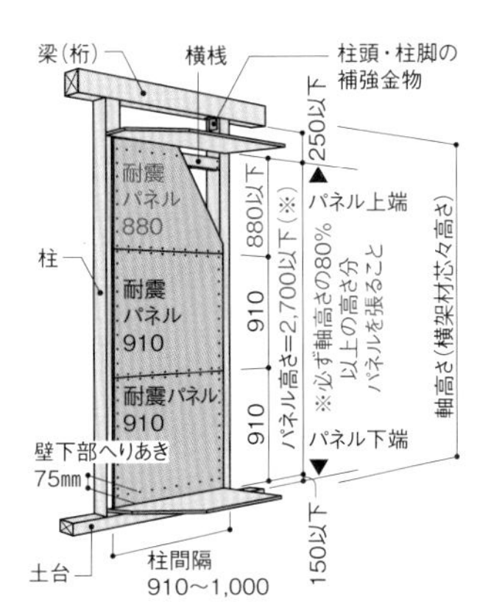


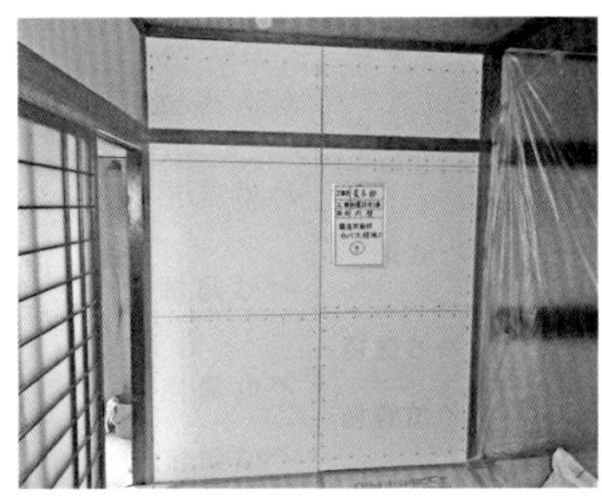

認定を取得したものは、天井、床を壊すことなく施工できる

## 施工が容易な面材耐力壁の仕様例

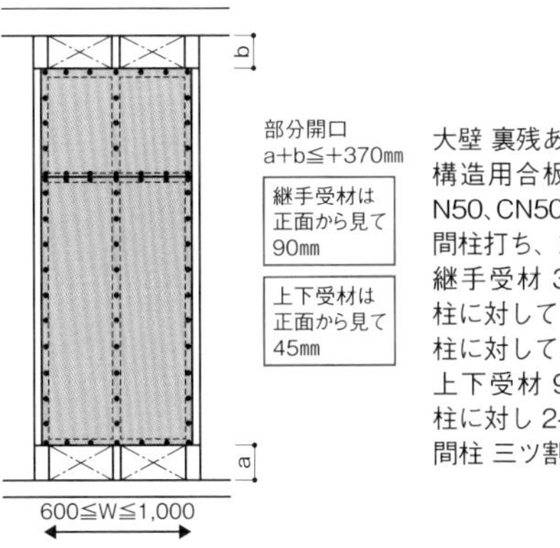


部分開口
a+b≦+370mm

継手受材は
正面から見て
90mm

上下受材は
正面から見て
45mm

大壁 裏残あり
構造用合板 厚さ 9mm以上：釘 N50、CN50 @150mm以下、四周、間柱打ち、端あき 15mm以上
継手受材 30 × 90mm以上：釘 柱に対して 2-N75 斜め打ち、間柱に対して、継手受材負け
上下受材 90 × 45mm以上：釘 柱に対し 2-N75 斜め打ち
間柱 三ツ割材以上

壁に開口を設けることも可能

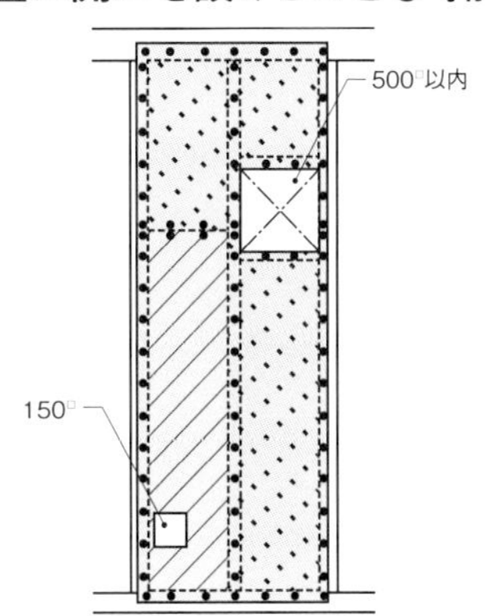


これは愛知建築地震災害軽減システム研究協議会による面材耐力壁の仕様。既存壁の仕様や必要な耐力ごとに、構造用合板を使用し、下地の入れ方を工夫することで新築同様の壁倍率が確保できるものが開発されている。これは国土交通大臣の認定を受けており、そのマニュアル通りに施工する必要がある。また、工法の講習を受けた工務店のみが施工することができるため、取り入れる際には注意が必要だ。

# 耐震改修工事の実際1

**蟻害を防止するために水の侵入を完全にくい止めることが重要である**

## 屋根の軽量化と劣化改善

補強設計ができあがると、耐震改修工事が始まる。

屋根の軽量化であるが、これは屋根を軽量にする事と屋根材の劣化改善とを兼ねることが多い。瓦を撤去し、土が載っている場合は土まで撤去して、下地の劣化状況を確認する。下地（野地板・垂木）がそのまま使えるようであれば使用できるが、使用できない場合はやり替える。野地板状態になれば、後はルーフィングを貼って新築の場合と同様に施工する。

劣化改善であるが、外壁などにひび割れや雨漏りがある場合は、その部分から水が浸入して、柱・梁・土台などが腐食していることが多い。怪しい場合は、外壁をめくって調査する必要がある。シロアリの被害があればその部分は取り替える。問題がないようであれば、水が浸入しないように防水処理を行う。モルタル塗のひび割れ部分はVカットの上、シーリング処理を施す。バルコニーの防水が劣化している場合は、劣化部分を撤去してやり替える。浴室などの水廻りのシーリングが劣化している場合もやり替える必要がある。

## 基礎の補強

基礎補強であるが、耐力壁下に基礎が無い場合や、鉄筋が入っていない場合などは、鉄筋コンクリート造の基礎をつくることが必要となる。

無筋コンクリート基礎を補強する場合は、それに抱き合わせで新しい基礎をつくる。その場合、既存基礎の側面に既存基礎と新設基礎とが一体化するように、目荒らしをした上にケミカルアンカーを打設して、新築同様の布基礎もしくはベタ基礎をつくる。アンカーボルトは、新設基礎から既存土台と専用金物で緊結する。

# 屋根の軽量化

土葺き瓦は非常に重たく、軽量化することは有効な方法である

下地の状況をチェックし、劣化している場合はやり替える

野地板を貼った後は、新築と同様に進めていく

# 劣化改善

## 外壁の補修

ひび割れ部分をVカットする

Vカットした部分に防水剤（シーリング剤）を注入する

## 浴室タイルの補修

浴室からの漏水は蟻害の原因となるのでシーリング処理を施す

# 基礎の補強

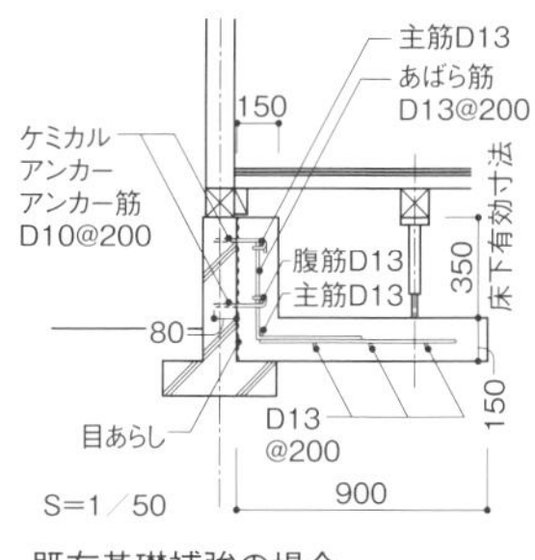

既存基礎補強の場合

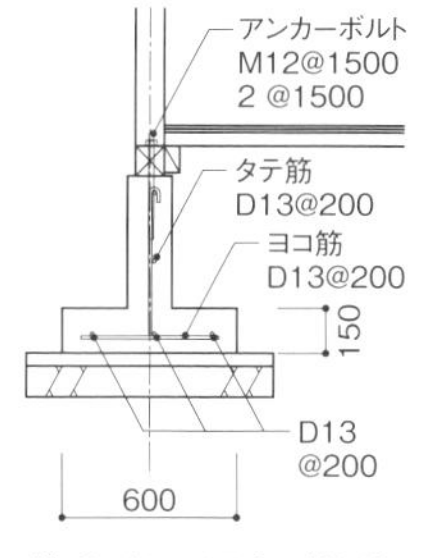

基礎がない場合（基礎の新設）

基礎補強の例

既存基礎にFRP等で補強する方法もある。鉄筋と同様の強度がでる

既存基礎にアンカーボルトを打ち目荒らしをする

既存基礎に抱き合わせて新設の基礎をつくる

新設基礎から専用金物によりアンカーボルトを柱と緊結する

# 耐震改修工事の実際2

**耐力壁の設置には、釘・ビスの仕様、打ち方が非常に重要である。必ず、認定書通りに施工する**

耐力壁とそれに伴う接合金物の設置の仕方において、特に重要なことが釘・ビスの留め方である。この留め方により強度が変わってくるので、認定のとれている定められた仕様で正しく施工されているのか、特に注意を払わなければならない。

## 耐力壁設置の注意点

耐力壁を設置する際には釘で合板を留める。しかし厚み12㎜の構造用合板にCN65の釘を外周100㎜の間隔で打った場合、壁倍率は4.0。一方、CN50の釘を100㎜の間隔で打った場合、壁倍率は3.1となるので、合板の仕様、釘の種類、間隔には注意する。

合板下地であるが、認定を取った方法で、決められた材質およびサイズのものを、決められた釘を用いて必要な本数打つ。横桟を入れる位置も重要で、天井の懐が深いと所定の強度が出ない場合があるので、注意が必要である。

## 接合金物設置の注意点

接合金物を取付ける際に注意しなければならないことは、指定された強度の金物を取付けることは言うまでもない。耐力壁の倍率、筋かいの方向により金物の強度も変わってくるので注意が必要である。また、既存であるがゆえ、どうしても指定された金物が付けることができない場合がある。このような場合には設計変更が必要となる。

使用するビスは、メーカーが指定した認定のとれているビスを使用しなければ所定の強度が出ない。必ず金物付属のビスを所定の本数で留める必要がある。既存建物の場合は、よく柱に鴨居や長押の切り欠きがあったり、背割りなどがあったりしてビスが効かない場合もある。そのような場合には、埋木などして所定の強度がでるようにしてからビスを打つ。ビスの本数が少なくなれば、その分の強度は低下する。

## 耐力壁の設置

耐力壁として筋かいを設置

筋かいの大きさにより壁倍率が変わるので寸法を確認する

合板下地材にもサイズ、釘の種類、間隔が決められている

認定品は、必ずマニュアル通りに下地を入れて施工する

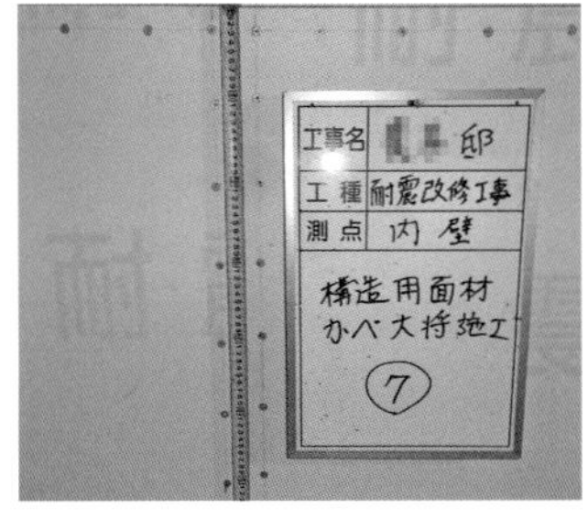

ビスは、必ず決められたものを決められた間隔で打つ

認定のとれた工法で天井・床を壊すことなく構造用合板を貼る

## 接合金物の設置

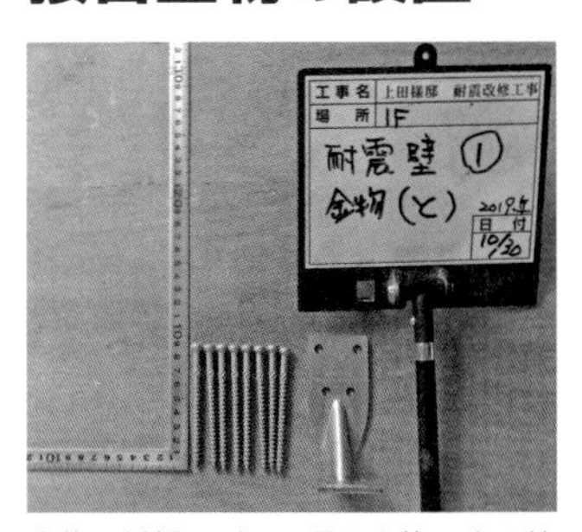

金物の種類、ビスの長さを施工する前に確認する

ケミカルアンカー打設。コンクリートが脆い場合は使用できない

アンカーボルトとして、専用金物で既存土台と緊結する

接合金物には、所定の金物に所定の本数が必要である

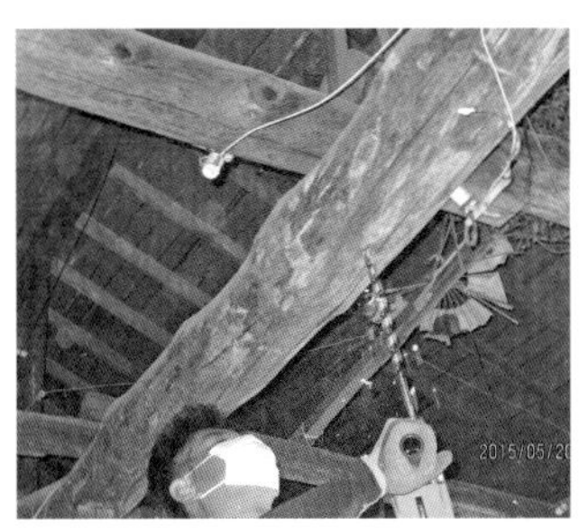
丸太同士の接合は、ボルトを貫通させて縫い合わせる

既存柱の場合、背割り部分にはビスが効かないので要注意

Keyword 119

# 耐震改修工事の実際3

**耐震改修工事の場合、工事写真をしっかりと撮り、それを記録して残しておくことが重要である**

耐震改修工事の場合、仕上がってしまうとどのように補強したのかが分からなくなってしまう。そこで、工事写真をしっかりと撮り、それを記録として残すことが重要となる。

## 工事記録写真の注意点

記録写真の撮り方は新築の場合とほとんど変わらず、工事ごとに各工程を撮っていく。例えば、屋根の軽量化の場合、解体前→解体後→野地板貼→ルーフィング貼→完成というように、順を追って各方向から撮影する。その際には、工事用看板に現場名、日付、補強箇所、工事内容を記載する。

耐力壁は耐震改修工事の要なので特に重要である。屋根工事と同様に解体前、解体後と撮る。そして、接合金物を設置する際、どのような接合金物なのか、メーカーの品番、仕様が解るように近影を、さらにビスの種類、長さまでも撮る。加えて、その金物の設置時の近影と全景を撮る。同様に、耐力壁の下地の入れ方、面材の仕様、厚み、筋かいのサイズ、釘の仕様と打ち方など全ての箇所を細かく撮影する。基礎補強、劣化改善の場合も同様である。

撮影した箇所、方向を記した図面も用意する必要がある。このように撮影した写真は大量になるが、これを工事別に補強箇所ごとに整理する。

## 工事監理と報告書

監理者は、工事内容が設計図通りにできているのかしっかりと確認しなければならない。既存建物の改修の場合は、解体してみると予期せぬことが多々起きる。その際には、臨機応変に対処する必要があり、どうしても設計変更せざるを得ない場合には、設計者と相談し、慎重に変更する。そして、工事記録写真と合わせて、設計図書、診断書、打合せ記録、変更内容などは報告書として保管する。

# 必要な写真リスト例

## 基礎補強

- □ 施工前
- □ アンカーボルト設置、目荒らし状況
- □ 配筋状況（鉄筋の仕様、径、間隔、全体写真）
- □ コンクリート打設
- □ 脱型、完成（底盤の厚み、大きさ、立上りの厚み、高さ）

## 屋根の軽量化

- □ 解体前、解体中の状況
- □ 下地状況
- □ ルーフィング貼の状況
- □ 完成

## 外壁ひび割れ補修

- □ 施工前の状況
- □ ひび割れをVカットしたところ
- □ 防水剤の注入（防水剤の仕様）
- □ 完成

## バルコニー防水補修

- □ 施工前の状況
- □ 防水をめくったところ
- □ 下地を改善したところ
- □ 防水剤の注入（防水剤の仕様）
- □ 完成

## 耐力壁の設置

- □ 解体前、解体後の状況
- □ 筋かい設置状況（筋かいのサイズ、筋かい金物、全体写真）
- □ 金物の仕様、設置状況（柱頭・柱脚の左右、各箇所が必要、全体写真）
- □ 構造用合板下地状況 ( 合板の仕様、釘の仕様、間隔、全体写真 )
- □ 完成

## 耐震補強工事写真に入れる看板の例

| 工事名 | ○○邸耐震改修工事 |
|---|---|
| 工　種 | 接合金物設置工事 |
| 測　点 | 補強箇所 No. ○○ |

柱頭金物取付 右上
ホールダウン金物
（へ）10kN

令和○○年○○月○○日
㈱ ○○工務店

工事名、日付、補強箇所、工事内容を記載する

# 工事監理報告書のサンプル（一部）

令和○年○○月○○日

○○様邸　耐震補強工事監理報告書

神戸市中央区浜辺通 4-1-23-702
安水建築事務所　安水　正

○○ 様邸の耐震補強工事監理を以下の通りに実施し、耐震性を有することを確認しましたので、報告致します。

記

耐震診断結果

| | | |
|---|---|---|
| 1 建物の名称 | | ○○ 邸 |
| | 所在地 | 神戸市須磨区○○○○ |
| 2 築年月日 | | 昭和 55 年 10 月 1 日 |
| 3 耐震診断の方法 | | (財) 日本建築防災協会 「木造住宅の耐震診断と補強方法」による一般診断 |
| 3 補強前における耐震診断結果 評点 0.44 | | (所見) 屋根が土葺き瓦で建物が全体的に非常に重たいこと、柱頭・柱脚・筋違いに金物が設置されていないこと、開口が多くあること、また、外壁にひび割れがあり、樋、防水が劣化していることなどで評点が低くなっている。評点は 0.44 で、大地震が来ると 「倒壊する可能性が高い。」 となっている。 |
| 4 補強後における耐震診断結果 評点 1.21 | | (具体的な補強・改善方法) (財) 日本建築防災協会「木造住宅の耐震診断と補強方法」に基づき、耐力の不足している部分には、耐力壁の補強として、筋違い、構造用合板を新たに設置し、筋違い、柱頭・柱脚に補強金物を設置する。劣化改善として、外壁ひび割れ補修の上、吹付をやり替え、樋は架け替える。そして、バルコニー防水をやり替える。 |

耐震補強工事概要

| | |
|---|---|
| 所在地 | 神戸市須磨区○○○○ |
| 構造・規模 | 木造軸組工法 2 階建　延べ床面積　○○㎡ |
| 工事期間 | 令和○年○○月～令和○年○○月 |
| 施工者 | 住所：神戸市兵庫区○○○○<br>会社名：○○○○　担当者：○○○○ |
| 設計及び確認者 | 住所：神戸市中央区浜辺通 4-1-23 三宮ベンチャービル 702 号<br>氏名：安水建築事務所　安水　正<br>資格：一級建築士　登録 第 229648 号<br>事務所：安水建築事務所　兵庫県知事 登録 第 01A01016 号 |

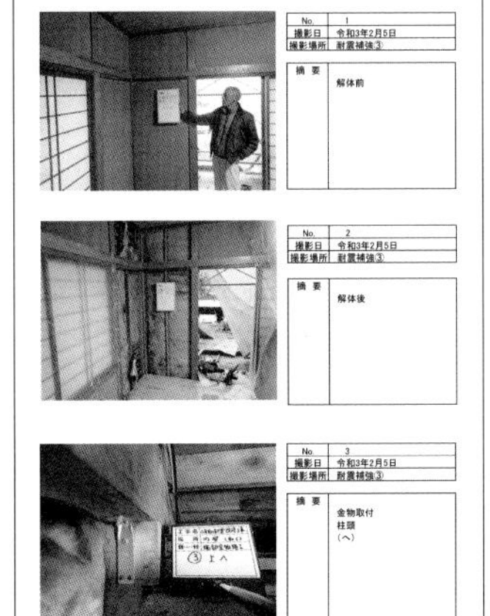

| No. | 1 |
|---|---|
| 撮影日 | 令和3年2月5日 |
| 撮影場所 | 耐震補強③ |
| 摘要 | 解体前 |

| No. | 2 |
|---|---|
| 撮影日 | 令和3年2月5日 |
| 撮影場所 | 耐震補強③ |
| 摘要 | 解体後 |

| No. | 3 |
|---|---|
| 撮影日 | 令和3年2月5日 |
| 撮影場所 | 耐震補強③ |
| 摘要 | 金物取付<br>柱頭<br>（へ） |

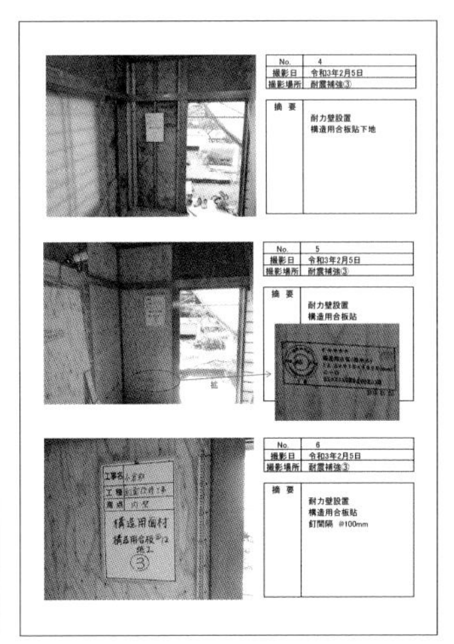

| No. | 4 |
|---|---|
| 撮影日 | 令和3年2月5日 |
| 撮影場所 | 耐震補強③ |
| 摘要 | 耐力壁設置<br>構造用合板貼下地 |

| No. | 5 |
|---|---|
| 撮影日 | 令和3年2月5日 |
| 撮影場所 | 耐震補強③ |
| 摘要 | 耐力壁設置<br>構造用合板貼 |

| No. | 6 |
|---|---|
| 撮影日 | 令和3年2月5日 |
| 撮影場所 | 耐震補強③ |
| 摘要 | 耐力壁設置<br>構造用合板貼<br>釘間隔 @100mm |

# 既存住宅状況調査

## 調査箇所と内容

| 1.構造耐力上主要な部分、雨水の侵入を防止する部分に係るもの | |
|---|---|
| 屋根 | 屋根材・水切りに破損、ずれ、ひび割れ、欠損、浮き、はがれ等はないか。軒樋・竪樋に劣化、外れ、勾配不良等ないか。劣化状況はどうか。 |
| 軒裏 | 雨漏り跡、ひび割れ等はないか。劣化状況はどうか。 |
| 外壁 | ひび割れ、欠損、浮き、タイル・塗装の剥がれ、劣化等ないか。仕上げ材・サッシ廻りのシーリングに破断、欠損、ひび割れ等ないか。劣化状況はどうか。 |
| バルコニー | 防水層、シーリングに破断、欠損、ひび割れ、劣化等ないか。笠木、水切り、ルーフドレインに腐食、不具合はないか。劣化状況はどうか。 |
| 床・内壁・天井 | 傾斜、ひび割れ、亀裂、へこみ、不陸、雨漏り跡等ないか。劣化状況はどうか。 |
| 天井裏・小屋裏 | 雨漏り跡はないか、構造材にひび割れ、劣化、欠損、たわみ、蟻害等ないか、金物の設置状況はどうか。 |
| 柱・梁・土台 | 劣化及び傾斜はないか、腐朽・腐食・蟻害等はないか。 |
| 基礎 | コンクリートにひび割れ、剥落、欠損等はないか、鉄筋の有無、露出、錆び等はないか、劣化状況はどうか。 |
| 耐震性に関する書類の審査 | 新耐震基準に適合している建物であることを書類によって確認する。調査対象になるのは、昭和56年6月1日以降に建築済証の交付を受けた建物が対象である。確認済証・検査済証・確認台帳記載事項証明・新築時の建設住宅性能評価書・住宅瑕疵担保責任保険の付保証明書等の書類のうち1つが必要となる。 |

| 2.オプション調査として | |
|---|---|
| 設備配管（給水・給湯管） | 給水・給湯管に赤水・漏水跡等がないか、排水管に滞留、漏水等がないか、換気ダクトの脱落がないか。<br>キッチンコンロ、換気扇、パッケージエアコンの作動不良はないか、給排水設備、電気設備、ガス設備の作動不良はないか。 |
| 外構 | 門、塀、車庫、擁壁に異常はないか、劣化状況はどうか。樋の詰まりを確認して、清掃で解決するかどうか。 |

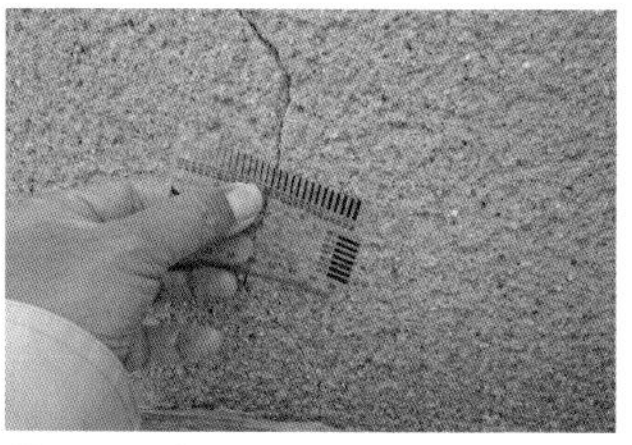
外壁のひび割れ幅をクラックスケールにて測定する

基礎の鉄筋の有無、間隔を鉄筋探査器にて確認する

床の傾斜のレーザーレベル器にて測定する

中古住宅を購入する際、瑕疵があるにもかかわらずそれを知らずに購入し、売主、仲介業者との間でトラブルになることがある。そこで、平成30年4月「改正宅地建物取引業法」にて、「既存住宅状況調査」を実施したか否か、およびその調査状況を売買契約の際に告知することが義務付けされた。

調査は原則として目視で行なわれ、主な調査箇所は「既存住宅の構造耐力上主要な部分と雨漏りに関する部分」である。他には調査部位ごとに「劣化事象」が無いかどうかの調査を行う。調査結果は「建物状況調査の結果の概要」としてまとめられ、「不動産の売買契約」に先立って行われる「重要事項説明」時の資料として使用され、購入の是非を判断するための情報を提供する役割を担っている。

調査員は、国土交通省の既存住宅状況調査技術者講習団体において講習を受け、「既存住宅状況調査技術者」の登録を受けた建築士としている。

# 第9章

# 【引渡し】

9章ではいよいよ
引渡しです。
引渡し時に監理者が行う
べきことを解説します。
最後まで気を
抜かないように!!

建物引渡書

全ての工事が終了し、完了検査に合格しましたので、下記の書類を添えてお引き渡し致します。

引渡日　平成 ○○ 年　○○ 月 ○○ 日

1. 建物概要
　建 設 地：　神戸市東灘区○○○○
　構造規模：　木造軸組工法２階建て、延べ床面積 110.5㎡

2. 請負金額　¥○○○○○（うち消費税¥○○○○）

3. 添付書類　中間検査済証、完了検査済証、竣工図面、仕様書、各種保証書、取扱い説明書、工事記録写真、鍵（鍵明細書）、緊急連絡先一覧

4. 引渡鍵　玄関３個　勝手口３個　門扉３個　計 ９ 個

上記の建物を検査・確認し、確かに受け取りました。

受取日　平成 ○○ 年　○○ 月 ○○ 日

発注者（甲）　氏名＿○○○○＿印

住所＿○○○○○○○○○○○○○＿　TEL＿＿＿＿

請負者（乙）　氏名＿株式会社　○○ 工務店　代表取締役　○○○○＿印

住所＿○○○○○○○○○○○○○＿　TEL＿＿＿＿

第9章▶引渡し

Keyword 120

# 完了検査・だめ直し

**完了検査により、仕上材の不具合、設備機器の動作確認を行う。指摘個所は、すぐに補修する**

## 仕上げ検査から引渡しまで

工事が完了すると監理者による完了検査が行われる。完了検査においては、ほとんど仕上げ検査になる。また、契約書、仕様書、設計図書、打ち合わせ記録などにもとづき工事が適正に行われたかどうかを最後に確認するものである。

現場においては、工務店とともに外廻りから内部にわたり、チェックシートに従い、細かいところまでチェックする。設計図書どおりにできているかどうか。仕上材に関しては、傷、汚れ、不陸などないか。建具に関しては、開閉不良、施錠不良などないか。電気設備に関しては、照明などの点灯、コンセントなどの位置、個数、通電が適切か。給排水に関しては、すべて水を出し、異音、異臭、流れ具合、水漏れなどないかをチェックする。

時間をかけてじっくりと見ていくとさまざまな不具合が出てくる。不具合には付箋などで印を付け、チェックシートと図面に不具合個所を記入していく。検査終了後、工務店と補修方法、補修期日などを入念に打ち合わせをする。一般的にこの補修を「だめ直し」という。数日後に補修完了したら、再度チェックを行う。

これに前後して建築基準法、住宅金融支援機構、瑕疵担保責任保険、住宅性能評価などの完了検査がある。監理者はこの検査に工務店とともに立ち会い、指摘されたところは工務店が速やかに是正する。これらの検査が終わるといよいよ引渡し前の建築主による内覧会がある。この内覧会というのは、建築主に対するお披露目の会である。工事関係者にとっては最も緊張する日であり、これにより建築主から指摘を受けたならば、速やかに手直しをして再度、確認していただく。これでOKとなると引渡しとなる。

# 監理者による完了検査の主なポイント

軒裏・外壁に傷、クラック、むら、汚れなどないか確認する

コンセントに電気が正常に通電しているかチェック。また、位置・個数など図面どおりか確認

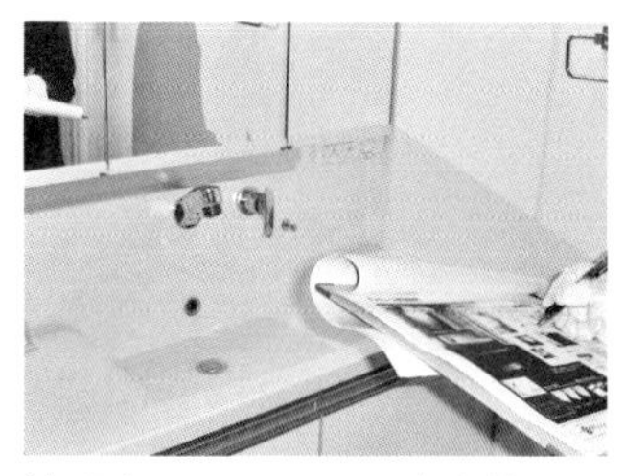
洗面台のチェック。水を流してみて水漏れがないかをチェックする

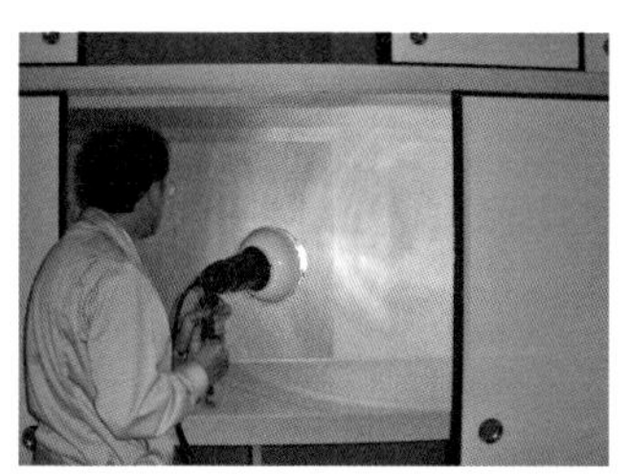
収納のチェック。仕様どおりか、棚板・ハンガーパイプにガタツキはないか、清掃できているか

サッシ、雨戸の開閉状況、施錠は正常にできるか、建付けに問題はないかチェック

換気扇にティッシュを当てて動作状態をチェック

## Check Point 監理者による完了検査のチェック項目

●外部に関して

- □ **全体**：仕様書・図面どおりに施工されているか。建物が傾いていないか
- □ **外壁・軒裏**：仕上材に傷・クラック・ムラ・汚れなどがないか
- □ **土間**：タイル、コンクリートに浮き、汚れ、不陸、傷などの有無、目地に目違い、隙間はないか
- □ **サッシ**：開口部まわりのシーリングは適切に打設されているか
- □ **基礎**：コンクリートにひび割れはないか
- □ **屋根**：屋根材に割れ、不陸、汚れはないか。取合い部分の雨仕舞は適切になされているか
- □ **雨仕舞い・地下車庫**：水漏れはないか
- □ **設備機器**：機器は仕様どおりか、正常に作動しているか
- □ **設備配管**：配管の流れが適正か、会所の位置は適正か、異臭、異音はないか
- □ **外構**：門扉の開閉状態の確認、ネットフェンスなどに傷、汚れなどないか、インターホンの動作など

●内部に関して

- □ **全体**：仕様書・図面どおりに施工されているか
- □ **床**：床鳴り、浮き、汚れ、不陸、傷などの有無、目地に目違い、隙間はないか、水平にできているか
- □ **幅木**：汚れ、不陸、傷などの有無、床との取合いに隙間はないか
- □ **壁**：クロスなどに浮き、汚れ、不陸、傷、シール切れなどの有無、ジョイント処理はどうか
- □ **天井**：クロスなどに浮き、汚れ、不陸、傷、シール切れなどの有無、ジョイント処理はどうか
- □ **建具**：建具金物、戸当たりは適正に取り付けてあるか、汚れ、不陸、傷などの有無、建て付けの確認、開閉状態の確認
- □ **サッシ**：網戸の有無、汚れ、不陸、傷、破損などの有無、建て付けの確認、開閉状態の確認
- □ **収納**：汚れ、傷などの有無、棚板は水平に取り付けてあるか、ハンガーパイプにガタツキはないか、扉の開閉状態の確認、戸当たりは適正に取り付けてあるか、清掃状況はどうか
- □ **電気設備**：照明器具、換気扇、スイッチコンセントなどの機器は仕様どおりか、位置、個数は図面どおりか、破損、汚れ、傷の有無、動作の確認
- □ **給排水設備**：洗面台、収納棚などの機器は仕様書どおりか、破損、汚れ、傷の有無、動作は正常か、水漏れはないか、臭気はないか、異音はないか、タオル掛けにガタツキはないか

Keyword 121

# 取り扱い説明

**取り扱い説明では、大事なポイントを簡潔に伝える。引渡し時に説明書をファイルにまとめて手渡す**

## 取り扱い説明会のコツ

引渡しをするにあたって、建築主への取り扱い説明会を設ける。これは内覧会と兼ねてもよい。これには、建築主（できれば、そこに住む人全員に来てもらうのがよい）、監理者、工務店、設備機器メーカーの担当者などが集まる。長時間になる場合が多いが、建築主にとってはこれからの新生活への大きな期待と希望に満ちたときなので、楽しく、和気あいあいとした雰囲気にする配慮も必要だ。

説明会の内容は、建物や設備機器の使用方法、手入れの方法、万が一故障した場合の対処の仕方などである。

設備機器に関しては、各メーカーの担当者により説明してもらう。たとえばキッチンの使い方・清掃の仕方、インターホン、ウォシュレット、給湯器の使い方などである。最近の設備機器は多機能のものが多く、一度にまとめて聞いても、覚えることはできないので、大事なポイントを簡潔に説明する。メーカーからは説明書が出ているので、1冊のファイルにしてまとめて引き渡し書類と一緒に渡す。

## 必ず文書にまとめる

建物に関して口頭で説明するだけの場合が多いようだが、必ず、文書にまとめるべきである。説明すべき内容は、サッシ・シャッターの開閉の仕方、換気の仕方、フローリング、クロスなどの仕上材に汚れや傷が付いたときの補修の仕方、手入れの仕方、清掃の仕方、長く使うためのメンテナンスの方法などである。サンプルとして掃除用品、補修用品を揃えて渡すと非常に親切である。また、フローリング、タイルやクロスの予備なども渡しておくと補修のときに役立つ。万が一、不具合が起きた場合の対処方法、連絡先なども説明するとよい。

## 取り扱い説明会で説明すべきこと

| 確認個所の工事種別 | 説明内容 |
|---|---|
| 外装・内装・収納・建具工事 | 屋根仕上材のメンテナンスの時期、割れた場合の補修方法、外装仕上材のメンテナンスの時期、その方法 |
| | 収納の説明（材質、扉の開閉・棚の上下の仕方など）以下、造付け家具についてはそれぞれ同様の説明をする |
| | 各部屋で壁仕上げ、床仕上げ、天井仕上げの説明とそのメンテナンス、特に汚れた場合の掃除方法 |
| | 玄関ドア、木製建具の説明とメンテナンスについて、また鍵の説明 |
| | 窓サッシについても全数、開け方と施錠の仕方、掃除の仕方、ガラスや網戸について説明 |
| 電気・換気設備工事 | 電気の受電位置、メーター、外廻り照明器具、分電盤、スイッチ、タイマースイッチ、テレビアンテナの説明 |
| | テレビ付きインターホンの取り扱い説明 |
| | 照明器具およびスイッチについても全数、その性能、機能、入り／切りの方法、球の種別についての説明とその取り替えについての説明 |
| | 24時間換気の目的とシステムの説明、換気扇は全数、その機能と性能について説明し、入り／切りの方法と、掃除の仕方についてを注意 |
| 給排水・衛生・ガス設備工事 | 給水メーター、下水公共桝、各汚水雨水桝、外部水道の使い方や水抜きの方法、掃除について |
| | 雨樋の説明と日ごろのメンテナンスについて |
| | ガスの供給の仕方、地震などの緊急時における取り扱い |
| | 給湯器の使い方と注意点 |
| | 各位置の水栓について、使い方、特に温度調節についての説明 |
| | 各換気扇や給気口などのフードの説明 |
| | システムキッチンの使い方と掃除の仕方、特に食洗器の使い方について実演をしながらの説明 |
| | 床暖房の使い方と注意点 |
| | ユニットバスや洗面化粧台、ウォシュレットの取り扱い説明 |
| 外構工事 | 各樹木の名前や特徴。庭木の水のやり方。枝切り、薬撒き、雪囲いなどのメンテナンス契約について |
| | 玄関アプローチの石・タイルの洗出しやカーポート平板の掃除の仕方 |
| | 濡縁、デッキなどの取り扱い説明とメンテナンスの注意 |

取り扱い説明会

## 建築主に提出する取り扱い説明書

**設備機器に関して**

- インターホン
- システムキッチン、レンジフード、食器洗い機、コンロ台
- 洗面台、24時間換気扇
- 給湯器、乾燥機、ユニットバス
- ウォシュレット

**建物に関して**

- 各仕上材の手入れ、清掃の仕方、メンテナンスの仕方
- 各仕上材の汚れたとき傷付いたときの補修の仕方
- 建物の使い方、注意
- サッシ、建具、家具などの使い方
  - ○換気の仕方、注意点
  - ○長期間、家を留守にする時の注意点
  - ○各部位の点検、取り替え時期の説明

  など

Keyword 122

# 引渡し・工事監理報告

**引渡しでは、建物に関する書類、図面、鍵を整理してすべて手渡す。その直後に監理報告をする**

## 引渡しから監理業務終了まで

内覧会で建築主の確認によりOKとなるといよいよ引渡しとなる。内覧会での指摘個所の確認を引渡しと兼ねる場合もある。引渡しに必要な書類として、引渡し書、建築確認申請書、中間検査合格証、検査済証、竣工図面、仕様書、地盤調査報告書、各種保証書、取り扱い説明書、工事記録写真、鍵（鍵明細書）、緊急連絡先一覧などがある。これらの書類に不備がなければ、引渡し書に押印して、引渡しとなり、工事は終了となる。監理者は、この書類を事前にチェックし、引渡し時には必ず立ち会うようにする。追加変更で残工事がある場合には、このときに説明する。

また、工務店はこのときに契約に従い、建築主に対して工事代金の残金を請求することになる。工事金額に追加変更があれば、精算する。追加変更精算書は、監理者が事前に査定する。引渡し後、建築主は契約に従い、速やかに工事残金、追加変更代金を支払う。

引渡し時における書類は、万が一、何か不具合が生じたときや増改築するとき、転売するときなどに必要になるので、建築主は、その建物を所有している間は大切に保管しなければならない。

引渡しが終わり、工事監理者としてのすべての業務が終了すると、建築主に監理報告を行う。その際に工事中の監理記録、写真を整理し、工事監理報告書として提出する。また、コンクリート、鉄筋などの検査結果もこのときに提出する。写真、報告書などは、データをCD－Rなどに収めて渡すのもよいだろう。

この工事監理報告書は、建築士法により15年間、保管することになっている。監理業務が終了したところで、監理業務報酬の残金を請求する。

## 引渡し時に必要な書類

| | |
|---|---|
| 引渡し書 | 完了検査に合格し、関わるすべての人が納得のうえで引渡しをします、という証書 |
| 確認申請書副本 | 間違いなく建築基準法に適合していることを確認した証明となる書類。正本は、確認をした確認検査機関に保存されている。後に、住宅を転売するときや増改築する際にも必要になってくる |
| 中間検査合格証<br>検査済証 | その現場が間違いなく確認申請通りにできていることを現場にて検査し、合格していることを証明したもの。融資手続きや登記、増改築、転売の際にも必要である |
| 鍵引渡し書および鍵 | その建物の鍵と鍵の位置・本数を記したリスト |
| 下請業者一覧表 | その建物に関わった下請け業者のリスト。大工、屋根、左官、建具、タイル、設備などすべての業者の連絡先が書かれている。何か不具合が生じた場合、通常は、請負った工務店に連絡するが、緊急の場合には直接連絡できるように一覧にしてまとめたもの |
| 各種取り扱い<br>説明書 | 設備機器、建物に関して、取り扱いを詳しく説明したもの。設備機器に関しては、多機能であるものが多いので特に必要。建物に関しては、手入れの仕方、掃除の仕方、メンテナンスの仕方まで説明されたものが必要 |
| アフターサービス規準 | 引き渡した住宅に瑕疵が発見された場合に、売主または施工業者が無償で修補するための規準を定めたもの |
| 各種保証書 | 住宅瑕疵担保責任保険付保証明書、防水、シロアリ、地盤改良、各種機器を保証したもの。何か不具合が生じた場合に必要になってくる |
| 工事記録写真 | 工事中の構造、下地状態を撮影したものが必要。何か不具合が生じた場合に見えない部分をチェックするときに重要になってくる。増改築・転売するときなどにも重要になる |
| 竣工図面 | 契約以後、工事が始まるとよく変更されるので、実際に現場ではどうようにできあがったのかを修正した最終的な図面。契約時と同じように「仕様書」・「仕上表」・「配置図」・「平面図」・「立面図」・「断面図」・「矩計図」・「平面詳細図」・「展開図」・「建具表」・「天井伏図」「構造図」・「設備図」・「施工図」すべての図面が必要である。将来、増改築したり、転売したりする際に必要になってくる |

## 引渡し書サンプル

建物引渡書

全ての工事が終了し、完了検査に合格しましたので、下記の書類を添えてお引き渡し致します。

引渡日　平成 ○○ 年　○○ 月 ○○ 日

1. 建物概要
　建 設 地：　神戸市東灘区○○○○
　構造規模：　木造軸組工法２階建て、延べ床面積 110.5㎡

2. 請負金額　¥○○○○○(うち消費税¥○○○○)

3. 添付書類　中間検査済証、完了検査済証、竣工図面、仕様書、各種保証書、取扱い説明書、工事記録写真、鍵(鍵明細書)、緊急連絡先一覧

4. 引渡鍵　玄関３個　勝手口３個　門扉３個　計　９　個

上記の建物を検査・確認し、確かに受け取りました。

受取日　平成 ○○ 年　○○ 月 ○○ 日

発注者（甲）　氏名＿○○○○＿印
　住所＿○○○○○○○○○○○○＿　TEL＿＿＿＿

請負者（乙）　氏名＿株式会社 ○○ 工務店 代表取締役 ○○○○＿印
　住所＿○○○○○○○○○○○○＿　TEL＿＿＿＿

## 工事記録写真サンプル

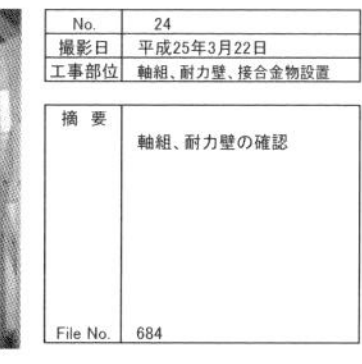

| No. | 24 |
|---|---|
| 撮影日 | 平成25年3月22日 |
| 工事部位 | 軸組、耐力壁、接合金物設置 |
| 摘要 | 軸組、耐力壁の確認 |
| File No. | 684 |

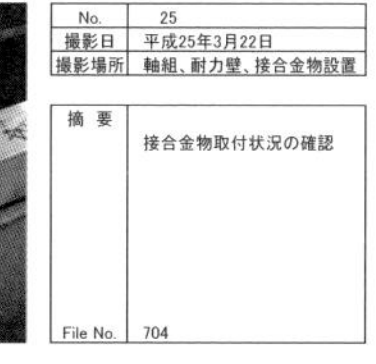

| No. | 25 |
|---|---|
| 撮影日 | 平成25年3月22日 |
| 撮影場所 | 軸組、耐力壁、接合金物設置 |
| 摘要 | 接合金物取付状況の確認 |
| File No. | 704 |

| No. | 26 |
|---|---|
| 撮影日 | 平成25年3月22日 |
| 撮影場所 | 軸組、耐力壁、接合金物設置 |
| 摘要 | アンカーボルトの位置確認<br>柱より200mm |
| File No. | 726 |

21

Keyword 123

# メンテナンス

**建築主とは、引渡しが終わってから、本当のお付き合いが始まる。定期的に適切な建物点検を行う**

## 定期点検のポイント

設計監理・施工者と建築主とは、建物が出来上がってから本当のお付き合いが始まるといわれている。設計監理者は、建物が出来上がったらそれで終わりというわけにはいかない。建物に入居すると予期せぬさまざまな問題が発生する。雨漏りがした、建具の締りが悪い、エアコンが故障したといったクレームはもちろん、数年経つと子供が大きくなったので増改築したいなど、これらの要望に対しても柔軟に対処しなければならない。

建物のメンテナンスは入居後3カ月、半年後、2年後というように、施工者とともに定期点検を行う。点検では建築主にヒアリングしたうえでチェックシートに従い点検する。定期点検の重要なポイントは、構造部分と雨漏りの原因となる部分のチェックである。外壁・基礎にクラックがないか、劣化状況はどうか、サッシ・サイディング廻りのシーリングに劣化はないか、屋根材に破損・劣化はないか、バルコニーの防水に劣化はしていないか、建具・サッシの開閉は問題ないかなどのチェックを行う。

外壁にクラックがあると、その部分より水が浸入して下地を腐らせ、仕上材が下地から落下する場合もある。また、その部分にシロアリがつくこともある。基礎・土間コンクリートに亀裂があると地盤が不同沈下を起こしているのかもしれない。

また、コンクリートのクラックを放置していると鉄筋が錆びて、クラックをさらに広げることになる。外壁などのシーリングが劣化すると雨漏りの原因となる。万が一、これらのような不具合があったなら、速やかに対応する。また、定期点検にて不具合があれば、その原因は何かを徹底的に調査し、今後の設計監理に活かす。

## 建物の点検・診断

基礎の点検。クラック幅が大きいと構造的に問題があると疑い、原因を解明する

レベルを据えて不同沈下を起こしていないかをチェック

下げ振りを降ろして柱・壁が傾いていないかチェック

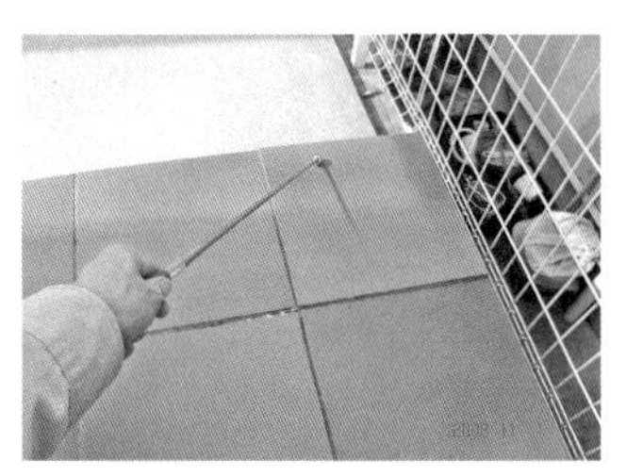
打診棒にてタイルを叩くとタイルが浮いているかどうかすぐに分かる

床下、基礎コンクリートにひび割れがないか、木に腐食がないかを点検

母屋、垂木にたわみがないか、接合金物は緩んでいないか、雨漏り跡はないかをチェック

### Check Point　定期点検のチェック項目

**●外部に関して**

- □ 建物（地盤）が傾いていないか
- □ 外壁仕上材にクラックなどがないか、劣化状況はどうか
- □ 開口部廻りのシーリングの劣化状況はどうか
- □ サッシは腐食していないか、取付け状況はどうか
- □ 基礎コンクリートにひび割れはないか
- □ 土間コンクリートにひび割れはないか
- □ 設備機器が正常に作動しているか、劣化状況はどうか
- □ 外部排水は正常に流れているか
- □ 配管、会所の詰まり、匂い、劣化状況はどうか
- □ インターホンなど正常に作動するか
- □ バルコニーにおける防水の劣化状況はどうか
- □ バルコニーのルーフドレンの取付け状況、劣化状況はどうか。詰まりはないか
- □ バルコニー手摺、笠木などの取付け状況、劣化状況はどうか
- □ 樋の取付け状況、劣化状況はどうか
- □ 門扉の開閉状況、取付け状況、劣化状況はどうか
- □ 塀、ネットフェンスなどのエクステリアの取付け状況、劣化状況はどうか

**●内部に関して**

- □ 天井・壁・床が傾いていないか
- □ 床・幅木・壁・天井の下地、仕上材に浮き・不陸・目違い・ひび割れなどがないか
- □ 床材に床鳴り・不陸・暴れ・伸縮・反りなどがないか
- □ サッシ・建具は正常に開閉するか、反り・暴れ・腐食などないか
- □ 給排水機器に水漏れ・異臭・異音などはないか、正常に作動するか

**●床下に関して**

- □ 基礎コンクリートにひび割れ、錆び、白華などないか
- □ 土台、大引などの木材は、雨漏り、結露により腐食していないか、シロアリはついていないか
- □ 排水管などから水漏れはないか。勾配は問題はないか

**●小屋裏に関して**

- □ 接合金物にボルトの緩みなどないか。取付け状態に問題はないか
- □ 雨漏りはないか
- □ 母屋、垂木などにたわみはないか

Keyword 124

# 住宅瑕疵担保履行法

**売主・請負人は構造耐力上主要な部分、雨水の浸入を防止する部分を対象に10年間の瑕疵担保責任を負う**

## 瑕疵担保責任をフォロー

新築住宅については、平成12年「住宅の品質確保の促進等に関する法律(品確法)」により、売主および請負人(施工者)に対し10年間の瑕疵担保責任を負うことが義務付けられた。しかし、平成17年に構造計算書偽装問題が発覚すると、デベロッパーが倒産し、瑕疵担保責任が負えないという事態が発生した。この瑕疵担保責任として補修工事などを行うのに大きな資力が必要であり、その資力確保のために新たに「特定住宅瑕疵担保責任の履行の確保等に関する法律(住宅瑕疵担保履行法)」が制定されることになった。この法律により、安心して買主、建築主は、住宅を手にすることができるようになる。

この法律は、住宅品質確保法で定められた新築住宅に関する10年間の瑕疵担保責任をいい、対象となるのは新築住宅のうち特に重要な部分である構造耐力上主要な部分と雨水の浸入を防止する部分である。資金確保の手段として、新築住宅を買主、建築主に引き渡す売主または請負者に対し、「保証金の供託」または「保険への加入」を義務化するものである。

供託とは、供給した新築住宅の補修に要した費用の支払いができるように、売主および請負人が自らの財産を10年間、供託所(法務局)に預け置くものである。保険とは、住宅瑕疵担保責任保険法人との間で、瑕疵が判明した場合に保険金を支払うことを約した保険契約を締結するものである。保険は、工事着工前に保険に申し込み、対象となる部分の検査を受け、その基準を満たしていなければならない。これにより、瑕疵が生じた場合に修補請求、損害賠償請求ができるようになる。売主または請負人が倒産した場合でも補修に必要な費用の支払いがされる。

監理
地盤と基礎
軸組
屋根・外装
断熱
内装
設備と外構
耐震改修
引渡し

## 瑕疵担保の範囲(部位)

### ●期間

新築住宅の引渡しから10年間

### ●対象部位

住宅の品質確保の促進等に関する法律(品確法)94条1項または95条1項の規定による瑕疵担保責任保険の付保等の義務づけの範囲

※法令で定めるものの瑕疵

- **構造耐力上主要な部分**

  住宅の基礎、基礎杭、壁柱、小屋組、土台、斜材(筋かい、方づえ、火打ち材、その他これらに類するものをいう)。床板、屋根板または横架材(梁、桁、その他これらに類するものをいう)で、当該住宅の自重もしくは積載荷重、積雪、風圧、土圧もしくは水圧または、地震その他の震動もしくは衝撃を支えるものとする

- **雨水の浸入を防止する部分**

  ①住宅の屋根もしくは外壁またはこれらの開口部に設ける枠その他の建具

  ②雨水を排除するため住宅に設ける排水管のうち、当該住宅の屋根もしくは外壁の内部または屋内にある部分

### ●請求できる内容

修補請求・損害賠償請求・解除(売買契約でかつ重大な瑕疵に限定)

**対象となる瑕疵担保責任の範囲(例)**

木造(在来軸組工法)の戸建住宅

2階建ての場合の骨組み(小屋組、軸組、床組)等の構成

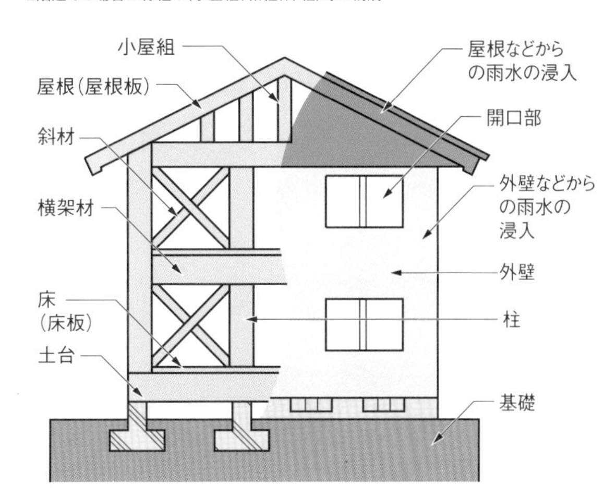


## 供託と保険のスキーム

### ●供託

新築住宅の売主等に対し、住宅の供給戸数に応じた保証金の供託を義務付け

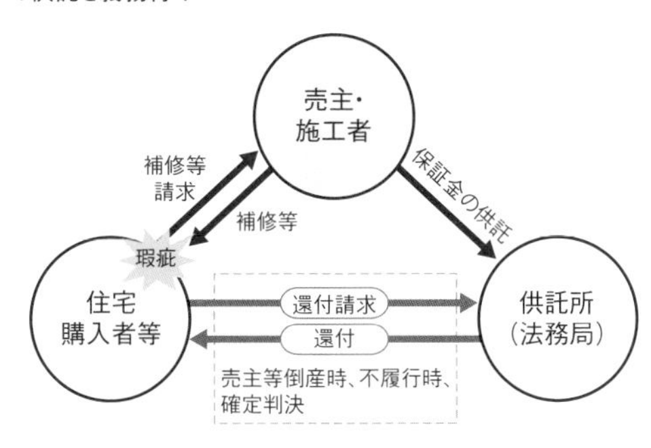


### ●保険

個々の住宅について、保険契約を締結し、瑕疵により損害が発生した場合には保険金が支払われる

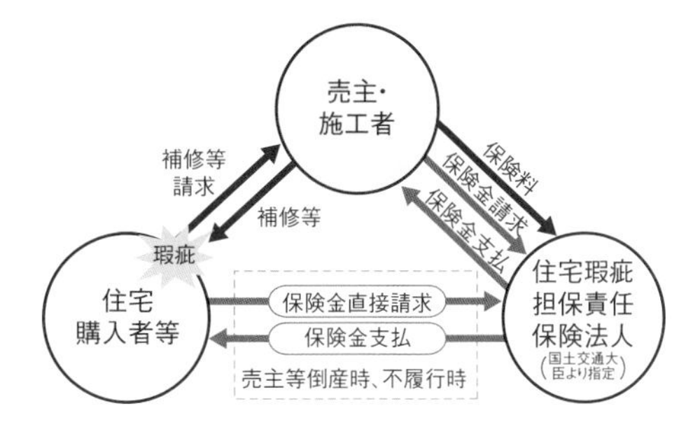

設計監理者は、保険の申し込みの際にこの内容について建築主に十分に説明する必要がある

第9章▶引渡し

Keyword 125

# 欠陥住宅と建築紛争

**施工と立場の異なる建築士が適切に監理にすることで欠陥住宅、建築紛争を防ぐことができる**

## 欠陥住宅の原因

引渡しが終わり、入居したら雨漏りがした、外壁にクラックが入った、家が傾いた、建物が揺れるなどさまざまな欠陥(瑕疵)が出てくる場合がある。欠陥(瑕疵)とは、契約書・設計図書どおりにできていなかった、あるいは設計が悪かった、施工に手抜きがあったなど、その建物が有するべき品質や性能が欠けていることである。通常は、施工と工事監理を分けるべきものであるが(法律上は施工者と監理者が同一人でもよい)、請負者が設計施工する場合、監理業務が正常に機能せずに、施工に不具合があった場合でも工期、費用の関係で見過ごされることがある。請負者と監理者が分離していても、あまりに安い費用で設計・監理業務を請けて、現場にろくに行かず、確認申請書に名前が記載されているだけ(いわゆる名義貸し)という場合もある。これらのことが原因となり欠陥住宅ができてしまう。

## 欠陥住宅の対処方法

欠陥住宅が発生した場合の対処としては、その原因はどこにあるのかを第三者である建築士が詳細に調査し、契約書、法律にもとづいて責任追及する。これに対し、請負者が誠実に対応しない場合は、契約約款にもとづき、調停などの申し立てをする。これで解決できない場合は、民事訴訟を行うことになるが、建築紛争は多大な不安と労力、費用、時間がかかるので、絶対に起こしてはならない。万が一、紛争になった場合、住宅瑕疵担保責任保険が付された住宅においては、指定住宅紛争処理機関で紛争処理が受けられる。

欠陥住宅を未然に防ぐためには、施工とは立場の異なる建築士が、適切な費用で適切な監理業務をしっかりと行うことが重要だ。

## 訴訟および付調停の流れ

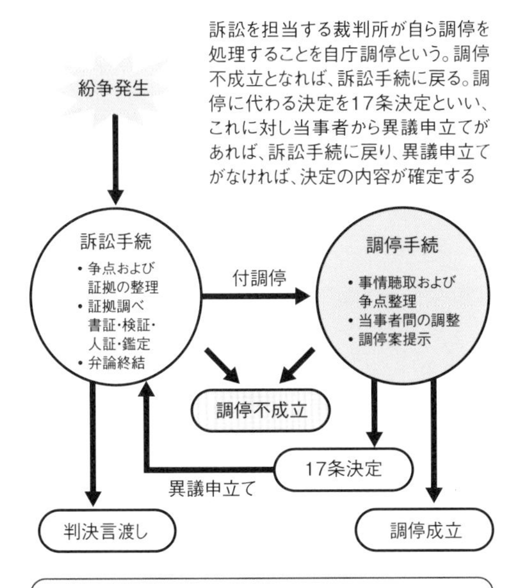


## 保険付住宅に関する紛争処理制度

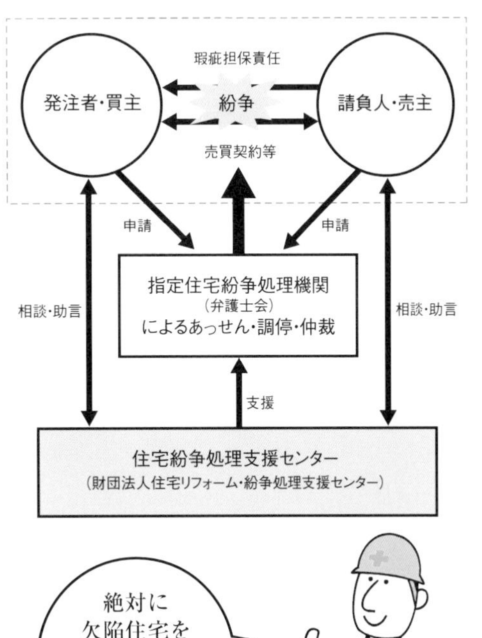


**民事調停法第17条にもとづく「調停に代わる決定」**

裁判所は、調停委員会の調停が成立する見込みがない場合において、調停委員の意見を聴き、職権で事件の解決のために必要な決定をすることができる。決定は、異議申し立て期間内に異議がなければ確定する。1人でも異議申し立てをした場合には、決定は効力を生じない

## 欠陥（瑕疵）の実例

工事監理が不適切であったため欠陥住宅となってしまった

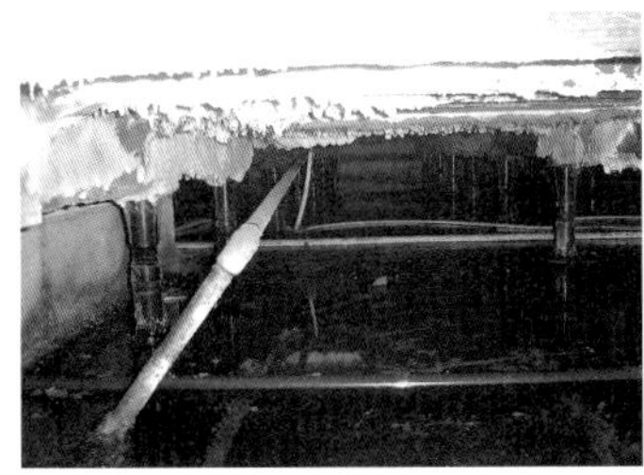
床下に水が侵入して溜まり、床板が腐っている

サイディングが台風で飛び、下地合板が腐食、雨漏りしている

ボルトが入っておらず、火打ち梁が梁から外れている

不同沈下を起し、建物が大きく傾いて、基礎が割れた

# おわりに

マイホームが欲しいと思ったときに、誰しも望むことは、「安全で安心して暮らせる快適な家」を持つということです。そして、その家で家族が集い、団らんがあって、安らぎがあってこそ幸せを感じます。そして、幸せを感じたときに、この家に暮らせてよかったと思い、喜びを感じます。建築士はそのような家をつくり、建築主から喜ばれたときに幸せを感じるのです。

建築士の使命は､その「安全で安心して暮らせる快適な家」をつくることです。まず、建築主の要望を聞き、それを具体的な図面として表現する設計があり、その図面の通りに施工していきます。その設計がいくら素晴らしくとも、つくったものが雨漏りしたり、構造的に不安だったりというのでは、最早、建物ではありません。そこに暮らす人が、みんなが不幸になってしまいます。

建築士は、全身全霊でもって「安全で安心して暮らせる快適な家」をつくることに臨まなければなりません。それでは、具体的にどうすればそのような家ができるのでしょう。まず、本書のようなマニュアル本を読むことが第一です。そして、日頃からの自己鍛錬が必要となってきます。特に建物の不具合、不満というのは宝物です。それは何故かというと、建物を見て、何か不具合があれば、それを元に何が原因なのか、どうしたら防げるのか、どうしたらうまくいくのか、そのような事を常に考え、それを実行するためのヒントがあるからです。そのような事を繰り返したら、必ず「安全で安心して暮らせる快適な家」ができ上ります。

どうしたら、少しでも不具合の無い、建築主から喜ばれる建物ができるのか。家づくりをする人には、設計者、現場監督、職人、工事監理者など色々な人が関わります。その中でも工事監理というのは、特に重要な部分を占めます。工事監理者として、どうしたら、建築主から心から喜んでもらえるよい建物をつくることができるのか、そのためのヒントがこの本にはあります。

これから、建築を目指そうとしていたり、現場に出ようとしたりしている若者は、是非、自己鍛錬して、建築主から心から喜ばれる「安全で安心して暮らせる快適な家」をつくることを目指して下さい。最後ですが、その家を通してみんなが幸せになることを心より願っております。

令和3年4月1日

安水　正

# 索　引

## あ



## い



## う



## え



## お



## か



## き



## く



## け

ゆ



よ



ら



り



る



れ





ま



み



む



め



も



や





ふ



へ



ほ

## ろ



## わ



## アルファベット＆数字

**安水　正[やすみずただし]**
1959年生まれ。一級建築士。'84年大阪工業大学工学部建築学科卒業。同年株式会社あめりか屋に入社。住宅建築の基礎を学ぶ。'03年安水建築事務所を設立、日本工科専門学校非常勤講師。'06年建築コンサルティング会社㈱アーキアシストを設立。'09年より大手前大学非常勤講師。兵庫県建築士会神戸支部理事。神戸市住まいの耐震診断員。現在、主に住宅の設計監理、耐震診断、欠陥住宅調査・鑑定、建物調査、建物に関するコンサルティングを行っている。

**世界で一番やさしい　木造住宅 監理編**
**最新改訂版**

2021年7月19日　初版第1刷発行

著　者　安水 正
発行人　澤井聖一
発行所　株式会社エクスナレッジ
〒106-0032
東京都港区六本木7-2-26
https://www.xknowledge.co.jp/
問合先　編集　Tel:03-3403-1381
Fax:03-3403-1345
Mail:info@xknowledge.co.jp
販売　Tel:03-3403-1321
Fax:03-3403-1829